Kohlhammer
Deutscher Gemeindeverlag

Schriftenreihe
Verwaltung in Praxis und Wissenschaft (vpw)

Juristische Methodik

mit Technik der Fallbearbeitung

Professor Dr. Peter Schwacke

5., überarbeitete Auflage

Kohlhammer
Deutscher Gemeindeverlag

© 2011
5., überarbeitete Auflage
Deutscher Gemeindeverlag GmbH und Verlag W. Kohlhammer GmbH
Verlagsort: Stuttgart
Gesamtherstellung: Deutscher Gemeindeverlag GmbH
Umschlag: Gestaltungskonzept Peter Horlacher
Nachdruck, auch auszugsweise, verboten – Alle Rechte vorbehalten
Recht zur fotomechanischen Wiedergabe nur mit Genehmigung des Verlages
ISBN: 978-3-555-01536-1

Vorwort zur 5. Auflage

Neuauflagen, so auch diese, bieten nicht nur Gelegenheit, fällige Aktualisierungen vorzunehmen, sondern können auch Anlass sein, durch ergänzende Verdeutlichungen und Vertiefungen die Zugänglichkeit einer Materie weiter zu steigern, die es – wie die Juristische Methodik – an sich hat, selbst dem Bemühten nicht gerade stürmisch entgegenzukommen.

Insgesamt gilt unverändert, dass die Darstellung mehr sein will als eine sich nur im Schematischen erschöpfende Falllösungstechnik, ohne deshalb auf entlegene Höhen erpicht zu sein. Solides Handwerk eben.

Berlin, im Mai 2011   Peter Schwacke

Inhaltsverzeichnis

Vorwort V
Verzeichnis der abgekürzt zitierten Literatur IX
Abkürzungsverzeichnis X

Erster Abschnitt: Methodik der Rechtsgewinnung

1	**Gegenstand und Ziel**................................	1
2	**Recht – Rechtsordnung – Rechtssatz**..................	3
2.1	Recht und Rechtsordnung.............................	3
2.1.1	Elemente der Rechtsordnung	3
2.1.2	Objektives Recht	9
2.2	Rechtssatz und Rechtsordnung	10
2.2.1	Rechtsquellen	11
2.2.2	Geltung von Rechtssätzen	13
2.2.3	Anwendbarkeit und Konkurrenz von Rechtssätzen..........	17
3	**Der Rechtssatz**.....................................	22
3.1	Die Struktur eines Rechtssatzes	22
3.2	Die Bestandteile eines Rechtssatzes im Einzelnen.........	25
3.2.1	Tatbestand...	25
3.2.2	Rechtsfolge	28
3.3	Arten von Rechtssätzen	28
3.3.1	Überblick	28
3.3.2	Vollständige Rechtssätze	29
3.3.3	Unvollständige Rechtssätze	31
3.4	Normengefüge......................................	41
3.5	Begrifflichkeit und Bestimmtheit von Rechtssätzen.........	45
4	**Die Rechtsanwendung**	51
4.1	Ziel und Anwendungslehren	51
4.2	Die Lehre von der Subsumtion	52
4.2.1	Der allgemeine Syllogismus	53
4.2.2	Der juristische Syllogismus	54
4.3	Der äußere Ablauf der Rechtsanwendung	56
4.4	Das Verfahren der Rechtsanwendung im Einzelnen........	57
4.4.1	Aufbereitung des Sachverhalts und Bestimmung der rechtlichen Frage.................................	57
4.4.2	Bestimmung und Aufbereitung der einschlägigen Normen....	59
4.4.3	Das Subsumtionsverfahren...........................	64
4.4.4	Bestimmung und Konkretisierung der Rechtsfolge	77
5	**Die Rechtsauslegung**	80
5.1	Gegenstand, Aufgabe und Sinn der Auslegung	80
5.2	Auslegungslehren	85
5.3	Die Auslegungskriterien...............................	88
5.3.1	Wortsinn (grammatische Auslegung)	89

5.3.2	Kontext (systematische Auslegung)	93
5.3.3	Entstehungsgeschichte (historische Auslegung)	97
5.3.4	Zweck (teleologische Auslegung)	99
5.4	Regeln zur Auslegung	106
5.4.1	Auslegungsziel und Auslegungskriterien	106
5.4.2	Das Verhältnis der Auslegungskriterien zueinander	107
5.4.3	Argumentationsmethoden – Topik	109
5.5	Sonderprobleme der Auslegung	113
5.5.1	Ausnahmevorschriften	113
5.5.2	Unbestimmte Rechtsbegriffe, Generalklauseln, Rechtsgrundsätze	114
5.5.3	Gewohnheitsrecht	115
5.5.4	Richterliche Entscheidungen	115
5.5.5	Verfassungsrecht	116
6	**Die Rechtsfortbildung**	121
6.1	Gegenstand, Aufgabe und Grenzen der Rechtsfortbildung	121
6.2	Rechtsfortbildung im gesetzlichen Rechtsraum: Die Ausfüllung von Lücken	125
6.2.1	Der Lückenbegriff	125
6.2.2	Lückenarten	127
6.2.3	Verfahren zur Lückenschließung im Überblick	129
6.2.4	Die Verfahren zur Schließung offener Lücken	130
6.2.5	Die Verfahren zur Schließung verdeckter Lücken	140
6.3	Gesetzesübersteigende Rechtsfortbildung	144
7	**Fazit: Der Weg zur Antwort auf die Rechtsfrage**	146
8	**Einflussfaktoren der Rechtsgewinnung**	149

Zweiter Abschnitt: Technik der Fallbearbeitung

1	**Klausurtechnik**	153
1.1	Allgemeines	153
1.2	Erfassen des Sachverhalts	154
1.3	Aufbereiten der Fragestellung	158
1.4	Aufsuchen der einschlägigen Norm(en)	162
1.5	Festlegen der Prüfungsreihenfolge und Skizzieren des Lösungswegs	166
1.6	Niederschrift	171
1.6.1	Formales	171
1.6.2	Stilistisches	172
1.6.3	Allgemeine Regeln zur Ausarbeitung der Lösung	173
1.6.4	Gutachten- und Bescheidtechnik	181
2	**Die Hausarbeit**	191
2.1	Allgemeines	191
2.2	Die Themenarbeit	195

Sachverzeichnis 197

Verzeichnis der abgekürzt zitierten Literatur

Bydlinski, Franz	Juristische Methodenlehre und Rechtsbegriff, 2. Aufl. 1991
Engisch, Karl	Einführung in das juristische Denken, 11. Aufl. 2010
Esser, Josef	Vorverständnis und Methodenwahl in der Rechtsfindung, 2. Aufl. 1972
Fikentscher, Wolfgang	Methoden des Rechts in vergleichender Darstellung, 5 Bände, 1975–77
Kaufmann, Arthur	Das Verfahren der Rechtsgewinnung. Eine rationale Analyse, 1999
Koch, Hans-Joachim/ Rüßmann, Helmut	Juristische Begründungslehre. Eine Einführung in Grundprobleme der Rechtswissenschaft, 1982
Kriele, Martin	Theorie der Rechtsgewinnung, 2. Aufl. 1976
Larenz, Karl/ Canaris, Claus-Wilhelm	Methodenlehre der Rechtswissenschaft, Studienausgabe, 3. Aufl. 1995
Looschelders, Dirk/ Roth, Wolfgang	Juristische Methodik im Prozeß der Rechtsanwendung, 1996
Müller, Friedrich/ Christensen, Ralph	Juristische Methodik, Bd. I: Öffentliches Recht, 10. Aufl. 2009
Pawlowski, Hans-Martin	Einführung in die Juristische Methodenlehre, 2. Aufl. 2000
Röhl, Klaus F./ Röhl, Hans Christian	Allgemeine Rechtslehre, 3. Aufl. 2008
Rüthers, Bernd	Rechtstheorie. Begriff, Geltung und Anwendung des Rechts, 5. Aufl. 2010
Schmalz, Dieter	Methodenlehre für das juristische Studium, 4. Aufl. 1998
Vogel, Joachim	Juristische Methodik, 1998
Wank, Rolf	Die Auslegung von Gesetzen, 4. Aufl. 2008
Zippelius, Reinhold	Juristische Methodenlehre, 10. Aufl. 2006

Abkürzungsverzeichnis

a. A.	anderer Ansicht
a. a. O.	am angegebenen Ort (Verweisung auf vorherige Zitierung im jeweiligen Abschnitt)
Abs.	Absatz
AcP	Archiv für civilistische Praxis
AG	Ausführungsgesetz
Alt.	Alternative
AO	Abgabenordnung
Art.	Artikel
AsylVfG	Asylverfahrensgesetz
AufenthG	Aufenthaltsgesetz
Aufl.	Auflage
AWG	Außenwirtschaftsgesetz
BauGB	Baugesetzbuch
Bd.	Band
BeamtStG	Beamtenstatusgesetz
BetrVG	Betriebsverfassungsgesetz
BGB	Bürgerliches Gesetzbuch
BGH	Bundesgerichtshof
BGHSt	Amtliche Sammlung der Entscheidungen des BGH in Strafsachen
BGHZ	Amtliche Sammlung der Entscheidungen des BGH in Zivilsachen
BImSchG	Bundes-Immissionsschutzgesetz
BJagdG	Bundesjagdgesetz
BNatSchG	Bundesnaturschutzgesetz
BPolG	Gesetz über die Bundespolizei
BSHG	Bundessozialhilfegesetz
BT	Bundestag
BVerfG	Bundesverfassungsgericht
BVerfGE	Amtliche Sammlung der Entscheidungen des BVerfG
BVerfGG	Bundesverfassungsgerichtsgesetz
BVerwG	Bundesverwaltungsgericht
BVerwGE	Amtliche Sammlung der Entscheidungen des BVerwG
BVO	Beihilfeverordnung
BWaldG	Bundeswaldgesetz
ders.	derselbe
DÖV	Die öffentliche Verwaltung
DSchG	Denkmalschutzgesetz
E	Entscheidung (in der amtlichen Sammlung des jeweils zuvor genannten Gerichts)

Abkürzungsverzeichnis

EDV	Elektronische Datenverarbeitung
EGV	Vertrag zur Gründung der Europäischen Gemeinschaft
etc.	et cetera
EuGH, Slg.	Entscheidungssammlung des Europäischen Gerichtshofs (in Verbindung mit der Gesetzesbezeichnung)
EuGRZ	Europäische Grundrechte-Zeitschrift
EU	Europäische Union
EUV	Vertrag über die Europäische Union
f., ff.	folgende
Fn.	Fußnote
G	Gesetz
GastG	Gaststättengesetz
GebG	Gebührengesetz
gem.	gemäß
GewO	Gewerbeordnung
GG	Grundgesetz
ggf.	gegebenenfalls
GjS	Gesetz über die Verbreitung jugendgefährdender Schriften und Medieninhalte
GO	Gemeindeordnung
GVG	Gerichtsverfassungsgesetz
Halbs.	Halbsatz
h. M.	herrschende Meinung
IfSG	Infektionsschutzgesetz
insbes.	insbesondere
i. S. d./e.	im Sinne des/eines
i. V. m.	in Verbindung mit
JGG	Jugendgerichtsgesetz
JuS	Juristische Schulung
JZ	Juristenzeitung
KostO	Kostenordnung
krit.	kritisch
KrW-/AbfG	Kreislaufwirtschafts- und Abfallgesetz
LadSchlG	Gesetz über den Ladenschluss
LBG	Landesbeamtengesetz
LImSchG NRW	Landes-Immissionsschutzgesetz
Lit.	Literatur
LS	Leitsatz
LVO	VO über die Laufbahnen der Beamten im Lande NRW

Abkürzungsverzeichnis

m. Beisp.	mit Beispiel(en)
m. (w./e.) N.	mit (weiteren/eingehenden) Nachweisen
NJW	Neue Juristische Wochenschrift
Nr.	Nummer
NRW	Nordrhein-Westfalen
NuR	Natur und Recht
NVwZ	Neue Zeitschrift für Verwaltungsrecht
NZV	Neue Zeitschrift für Verkehrsrecht
O	Ordnung
OBG	Ordnungsbehördengesetz
OVG	Oberverwaltungsgericht
OWiG	Gesetz über Ordnungswidrigkeiten
PersAuswG	Gesetz über Personalausweise
PolG	Polizeigesetz
PsychKG	Gesetz über Hilfen und Schutzmaßnahmen bei psychischen Krankheiten
RGSt	Amtliche Sammlung der Entscheidungen des Reichsgerichts in Strafsachen
RGZ	Amtliche Sammlung der Entscheidungen des Reichsgerichts in Zivilsachen
Rn.	Randnummer(n)
Rspr.	Rechtsprechung
s.	siehe
S.	Seite/Satz
SGB	Sozialgesetzbuch (die römischen Ziffern bezeichnen das jeweilige Buch des SGB)
sog.	sogenannte(r)
StAG	Staatsangehörigkeitsgesetz
StGB	Strafgesetzbuch
StPO	Strafprozeßordnung
st. Rspr.	ständige Rechtsprechung
StrWG NRW	Straßen- und Wegegesetz des Landes NRW
StVG	Straßenverkehrsgesetz
StVO	Straßenverkehrsordnung
TVG	Tarifvertragsgesetz
UIG	Umweltinformationsgesetz
u. U.	unter Umständen
VersammlG	Versammlungsgesetz
vgl.	vergleiche
VO	Verordnung

Abkürzungsverzeichnis

Vorbem.	Vorbemerkung
VR	Verwaltungsrundschau
VwGO	Verwaltungsgerichtsordnung
VwVfG	Verwaltungsverfahrensgesetz des Bundes
VwVfG NRW	Verwaltungsverfahrensgesetz für das Land NRW
VwVG	Verwaltungs-Vollstreckungsgesetz
WaffG	Waffengesetz
WHG	Wasserhaushaltsgesetz
z. B.	zum Beispiel
ZiP	Zeitschrift für Wirtschaftsrecht
ZPO	Zivilprozessordnung
z. T.	zum Teil

Erster Abschnitt: Methodik der Rechtsgewinnung

1 Gegenstand und Ziel

Menschliches Zusammenleben, zumal in einem staatlich geordneten Gemeinwesen, bedarf zu seiner Stabilität der Gestaltung, Ordnung und Steuerung. Diese Aufgaben hat und erfüllt vor allem das Recht. Durch ein allgemein verbindliches Regelnetz bestimmt es, wie sich Menschen in konkreten Lebenssituationen verhalten oder nicht verhalten sollen und wie zu entscheiden ist, wenn solche Verhaltensregeln nicht befolgt werden. Die in einer Rechtsordnung festgelegten Anweisungen dienen der Vermeidung und Beendigung von (Interessen-)Konflikten. Rechtsanwendung ist also letztlich die Entscheidung von Konfliktsituationen nach den Maßstäben der bestehenden Rechtsordnung.

Was geschieht in einem rechtlich zu bewertenden oder zu lösenden Konfliktfall? Der Beteiligte sucht in der Rechtsordnung eine Rechtsvorschrift, aus der eine Konfliktentscheidung in seinem Sinne folgt. Es geht ihm um die Frage, ob in der Rechtsordnung eine Regel vorhanden ist, die – als Rechtsfolge – die Erfüllung seines konkreten rechtlichen Verlangens vorsieht, etwa die Verpflichtung des Konfliktgegners zu einem Tun oder Unterlassen, zur Leistung von Schadenersatz oder zur Rücknahme einer behördlichen Maßnahme. Im Mittelpunkt jeder Konfliktlösung steht nach allem die **Feststellung einer Rechtsfolge**.

Beispiel:
A bringt durch unachtsames Öffnen seiner Wagentür B zu Fall, der sich dadurch den Arm bricht. B verlangt von A Erstattung der ihm entstandenen Arztkosten. B hat ein Recht auf Kostenerstattung, wenn es in der Rechtsordnung eine Vorschrift gibt, die eine Person, die eine andere Person verletzt, zum Ersatz des Schadens verpflichtet. Es müsste sich also aus einer Rechtsregel die angestrebte Rechtsfolge „Schadenersatz" ergeben. Eine solche Rechtsfolge enthält z. B. § 823 Abs. 1 BGB: „Wer ... den Körper ... eines anderen ... verletzt, ist dem anderen zum Ersatz des daraus entstandenen Schadens verpflichtet."

Um diese Feststellung treffen zu können, ist es notwendig, die Tatsachen, welche die Konfliktlage konkret bestimmen, zu ermitteln und sodann zu prüfen, ob sich die betreffende Rechtsregel auf diesen Sachverhalt bezieht. Die Entscheidung kann also erst in der Erkenntnis gegebener Tatsachen und bestehender Rechtssätze (Verhaltens- und Entscheidungsanweisungen) gefällt werden.

Beispiel:
Im Wagentür-Fall lassen sich als Tatsachen erkennen: Armbruch, also eine Körperverletzung des B, als Folge des Sturzes durch das unachtsame Öffnen der Wagentür durch A. Diese Tatsachen werden z. B. vom Rechtssatz des § 823 Abs. 1 BGB („Wer vorsätzlich oder fahrlässig ... den Körper ... eines anderen ... verletzt, ...") erfasst, der mit diesen Tatsachen als Rechtsfolge die Verpflichtung zur Leistung von Schadenersatz verbindet.

Wie schwierig die Anwendung, also Konkretisierung von Recht im Einzelfall sein kann, ergibt sich schon aus dem Umstand, dass die Rechtsordnung, um überschaubar zu bleiben, mehr oder minder abstrakt ausgestaltet, also allgemein formuliert ist, damit die denkbare Tatsachenflut des Lebens bzw. der Lebenskonflikte überhaupt erfasst wird. Das führt zum Problem der Auslegung. Tatsachen, vor allem aber Rechtsnormen (Rechtssätze) sind unterschiedlich klar. Daher bildet sich ein Entscheidungsspektrum, innerhalb dessen man von einer präzisen, auf einer eindeutigen Vorschrift fußenden Entscheidung bis zu den Fällen hinübergleitet, in denen gesetzgeberische Anweisungen vollständig fehlen, in denen das Recht also lückenhaft ist.

Beispiel:
Im Wagentür-Fall (S. 1) ist die Entscheidungsanweisung des § 823 Abs. 1 BGB (Verpflichtung zu Schadenersatz) klar. Auch hinsichtlich der Tatsache der unmittelbaren Körperverletzungshandlung und des Schädigers A gibt es keine Auslegungszweifel. Diese Klarheit ist aber schon nicht mehr gegeben, wenn etwa die Ehefrau des B wegen der Verletzung ihres Mannes einen derartigen Schock erleidet, dass sie ebenfalls ärztlich behandelt werden muss. Ob der Schädiger A diese Arztkosten erstatten, also auch für einen mittelbar angerichteten Schaden aufkommen muss, ergibt sich nicht eindeutig aus § 823 Abs. 1 BGB.

Den sehr komplexen Rechtsanwendungsvorgang zutreffend abzubilden und zur Rechtsfindung derart anzuleiten, dass vor allem Berechenbarkeit, Kontrollierbarkeit und Akzeptanz der Rechtsentscheidung weitestgehend verbürgt sind, ist Sinn und Aufgabe der juristischen Methodik. Sie entwickelt die zur Rationalität der Rechtspraxis erforderlichen Maßstäbe.

Diese Maßstäbe anzuerkennen und zu beachten, ist primär denen aufgegeben, die von Amts wegen und im Rahmen der Rechtsordnung einen ihnen zur Entscheidung anvertrauten Konfliktfall zu lösen haben, also Gerichten und Behörden.

Mit den nachfolgenden Ausführungen soll also gezeigt werden, wie die zur Bewältigung rechtlicher Konfliktlagen bestehenden Anweisungen in der Rechtsordnung aufzufinden und zu handhaben sind. Beabsichtigt ist, zur Ermittlung dessen anzuleiten, was rechtens ist, was also **aus dem geltenden Recht folgt**.

2 Recht – Rechtsordnung – Rechtssatz

2.1 Recht und Rechtsordnung

Recht ist die auf Gerechtigkeit zielende, verbindliche Ordnung äußeren menschlichen Zusammenlebens. Die angestrebte **Ordnung** wird ermöglicht und ausgedrückt in Rechtssätzen, die in ihrer Summe und ihrem Zusammenhang die **Rechtsordnung** bilden. In ihr erscheint und wirkt das Recht.

Recht ist Wesenselement einer jeden Gemeinschaft. Diese ordnet ihr Recht in einer Weise, dass ihre maßgeblichen (rechts-)politischen Ziele und Zwecke und damit ihre Grundüberzeugungen und Wertvorstellungen bestmöglich und dauerhaft verwirklicht, dass also spezifische ideelle und materielle Güter, Werte und Interessen festgelegt und geschützt werden. Hinter der Rechtsordnung einer Gesellschaft steht mithin deren **Wertordnung** (s. dazu z. B. Art. 1 bis 20 GG). Drückten sich in einer rechtlich bestimmten Staats- und Gesellschaftsordnung Rechtsempfindung und Rechtsüberzeugung zumindest der Masse der Bürger nicht aus, hätte eine solche Ordnung als Gestaltungs-, Orientierungs-, Steuerungs- und Kontrollmaßstab im tieferen keine Bedeutung. Freiwillig würden die Menschen ihr Verhalten auf sie nicht ausrichten. Die Rechtsordnung bedarf insofern, um tatsächlich als Recht zu wirken, der Akzeptanz, also der Anerkennung durch die Gemeinschaft (acceptio necessitatis).

Aufoktroyiertes Recht (wie es z. B. Besatzungsrecht sein kann) ist insofern problematisch, da es in der Regel die Masse der Gemeinschaft nicht überzeugt, also zwar auf die Gemeinschaft bezogen, nicht aber vom Gemeinschaftswillen getragen ist. Eine solche Rechtsordnung dient nicht wirklich der Vermeidung und Bewältigung von Lebenskonflikten, sie erzeugt eher, solange die Machtträger ihre Einhaltung erzwingen, quasi Konfliktsituationen. Auf die Dauer lässt sich der Ungehorsam einer Gemeinschaft gegen aufgezwungenes Recht nicht wirksam unterdrücken.

2.1.1 Elemente der Rechtsordnung

Die wesentlichen Elemente der Rechtsordnung sind die Rechtssätze, deren Allgemeingültigkeit sowie Verbindlichkeit, ferner Ordnung und Gerechtigkeit. Sie sind im Einzelnen zu verdeutlichen.

(**1**) Grundgerüst einer Rechtsordnung ist ein Netzwerk von Rechtsregeln, und zwar von sprachlich gefassten Sätzen mit rechtlichem Inhalt, den **Rechtssätzen**. Sie sind prinzipiell von denen, an die sie sich richten, auch zu befolgen.

Rechtssatz, Rechtsvorschrift, Rechtsnorm, Gesetzesbestimmung bzw. -vorschrift und (gesetzliche) Norm werden in dieser Darstellung gleichsinnig verwendet. Tatsächlich ist man sich über die exakte Abgrenzung dieser Termini nicht einig. Zur Unterscheidung der Begriffe Rechtsnorm und Rechtssatz s. Rüthers, Rn. 92. Vgl. zum Ganzen auch Engisch, S. 62 Fn. 25.

Rechtssätze sind **Gebote**, die sich ausschließlich an Menschen richten, weil nur sie ihr Verhalten (Tun, Dulden oder Unterlassen) steuern können. Auf dieses Verhalten sind Gebote stets bezogen. Der Begriff des Gebots schließt den des Verbots ein; denn ein Verbot ist nur das Gebot, etwas zu unterlassen. „Gebot" ist daher der Oberbegriff.

Beispiele:
§ 823 Abs. 1 BGB gebietet demjenigen die Leistung von Schadenersatz, der „vorsätzlich oder fahrlässig das Leben, den Körper … eines anderen … verletzt."

Erster Abschnitt: Methodik der Rechtsgewinnung

§ 1 Abs. 1 S. 1 u. 2 PersAuswG gebietet (unter bestimmten Voraussetzungen), „einen Personalausweis zu besitzen, ..." und „ihn auf Verlangen einer zur Feststellung der Identität berechtigten Behörde vorzulegen."

§ 1 Abs. 2 StVO: „Jeder Verkehrsteilnehmer hat sich so zu verhalten, dass kein anderer geschädigt, gefährdet oder mehr, als nach den Umständen unvermeidbar, behindert oder belästigt wird."

Ob Rechtssätze stets Gebote (Befehls- oder Imperativsätze) sind, so die These der Imperativentheorie, ist umstritten. Teilweise wird zwischen Geboten und Bestimmungssätzen (Gewährungen) unterschieden, also angenommen, dass Rechtssätze entweder Gebote oder Gewährungen sind (so Enneccerus/Nipperdey, Allgemeiner Teil des Bürgerlichen Rechts, 15. Aufl. 1959, Bd. I 1, §§ 30, 72). Eine Gewährung sei – wie Rechte allgemein – z. B. das Eigentum. Dieser Auffassung folgt der Verfasser nicht. Er sieht auch in Rechten Gebote, und zwar solche der Nichteinmischung. Deshalb ist eine Bestimmung wie die des § 903 BGB (S. 1: „Der Eigentümer einer Sache kann, soweit nicht das Gesetz oder Rechte Dritter entgegenstehen, mit der Sache nach Belieben verfahren und andere von jeder Einwirkung ausschließen.") ein Gebot. Vgl. dazu Engisch, S. 25 f.
Zur Imperativentheorie im Einzelnen s. Rüthers, Rn. 148 ff.

Nicht in allen Rechtssätzen werden Verhaltensweisen ausdrücklich vorgeschrieben. Auch derartige Gesetzesvorschriften dienen aber letztlich der Verhaltensregelung.

Beispiele:
„Sachen im Sinne des Gesetzes sind nur körperliche Gegenstände" (§ 90 BGB).
„Der Besitz einer Sache wird durch die Erlangung der tatsächlichen Gewalt über die Sache erworben" (§ 854 Abs. 1 BGB).
„Verkehrszeichen sind Gefahrzeichen, Vorschriftzeichen und Richtzeichen" (§ 39 Abs. 2 S. 2 StVO).

Rechtssätze richten sich nicht nur **an Bürger**, sondern auch an den **Staat**. So gebietet Art. 19 Abs. 4 GG dem Staat, Einrichtungen des justizförmigen Rechtsschutzes zu schaffen, an die der Bürger sich wenden kann, wenn er sich durch Akte der öffentlichen Gewalt in seinen Rechten verletzt fühlt. Er verbietet, die Gerichte wieder abzuschaffen.

Normadressaten von Rechtssätzen können überdies sowohl Bürger wie Staat sein. Für Bürger ist § 17 i. V. m. § 1 SGB XII (Gewährung von Sozialhilfe, wenn Bürger ihren „notwendigen Lebensunterhalt nicht oder nicht ausreichend aus eigenen Kräften und Mitteln, ... , beschaffen können") eine Regel, die (unter bestimmten Voraussetzungen) finanzielle Unterstützung verspricht. Für die Behörden bzw. Gerichte ist der Rechtssatz ein Gebot, in bestimmten Fällen Sozialhilfe zu gewähren.

(2) Rechtssätze müssen **allgemeingültig** sein, haben also Maßstabfunktion. Anhand ihrer Regelungen soll eine unbestimmte Vielzahl von Lebenssituationen in gleicher Weise gestaltet bzw. gelöst werden können. Inhalt und Sinn einer Vorschrift müssen für alle Adressaten gleich sein, dürfen also nicht Individuen bzw. Gruppen bevorzugen. Allgemeingültigkeit setzt deshalb voraus, dass ein Rechtssatz unbestimmt viele Sachverhalte regelt (**abstrakt**) und sich dabei an unbestimmt viele Adressaten richtet (**generell**).

Das gilt nur grundsätzlich, denn es gibt Maßnahmegesetze, die nur einen konkret-individuellen Einzelfall regeln, manchmal sogar nur einzelne Personen betreffen. Zur Problematik von Einzelfallgesetzen s. BVerfGE 25, 371 ff.

Einzelfallregelungen wie Verwaltungsakte, Verträge, ebenso meistens (s. S. 13) Gerichtsurteile sind keine Rechtsnormen. Sie legen zwar auch Verhaltensweisen fest, haben aber keine Maßstabfunktion für die Allgemeinheit. Das gilt in besonderem Maße für privatrechtliche Verträge (z. B. Kauf- oder Mietverträge), durch die Vertragspartner individuell ihrer Interessenlage dienen wollen und die auch nur für sie verbindlich sind.

Allgemeingültig sind prinzipiell auch Rechtssätze, in denen die denkbaren (Konflikt-)Fälle, die die Normen erfassen sollen, aufgezählt sind (Fallrecht oder kasuistische Normierung).

Nicht zu verwechseln ist kasuistisches Recht mit Normen, die Leitbeispiele enthalten. Beispielhaft ist hier § 98 BGB zu nennen:

„Dem wirtschaftlichen Zweck der Hauptsache sind zu dienen bestimmt:
1. bei einem Gebäude, das für einen gewerblichen Betrieb dauernd eingerichtet ist, insbesondere bei einer Mühle, einer Schmiede, einem Brauhaus, einer Fabrik, die zu dem Betrieb bestimmten Maschinen und sonstigen Gerätschaften,
2. bei einem Landgut ..."

Für den rechtsunkundigen oder -ungewohnten Adressaten können solche Regelungen wegen ihrer größeren Anschaulichkeit zwar verständlicher erscheinen. Verfährt man regelungsstechnisch in dieser Weise, ist ein Gesetz aber unübersichtlicher (s. dazu z. B. §§ 312 ff. BGB, die der Umsetzung von EU-Richtlinien geschuldet ist; vgl. zum Ganzen auch S. 46). Abstrakte Ausgestaltungen des Rechts haben zudem den Vorteil, dass sie offen, ihrer Entstehungszeit also nicht so verhaftet sind und damit Veränderungen in Staat und Gesellschaft von vornherein mitberücksichtigen können. Das abstrahierende, also typisierende Rechtssystem, für das sich neben dem deutschen fast alle kontinentaleuropäischen Gesetzgeber entschieden haben, dürfte auch dem Gleichheitsgebot (Art. 3 Abs. 1 GG) eher genügen, also gerechter sein.

(3) Eine Rechtsordnung sollte ihre Wirksamkeit zwar in einer Weise entfalten, dass sie tatsächlich beachtet wird. Sie unterscheidet sich aber von anderen sozialen Ordnungen dadurch, dass die Gebote ihrer allgemeingültigen Rechtssätze **verbindlich** sind.

Verbindlichkeit bedeutet, dass die Einhaltung der Vorschriften **erzwingbar** ist. Für den Fall der Nichtbefolgung eines Gebots ist ein Übel (z. B. die Zahlung einer Geldstrafe oder von Schadensersatz) angedroht. Von daher lassen sich die Gebote als Verhaltenserwartungen auffassen, die mit grundsätzlich durchsetzbaren **Sanktionsdrohungen** (Vollstreckung, Strafe, Buße) gesichert sind, wobei es Sache **des Staates** ist, dies in den – ebenfalls in der Rechtsordnung geregelten – Durchsetzungsverfahren zu tun.

Nur ausnahmsweise gewährt die Rechtsordnung Bürgern ein Selbsthilferecht, also die Durchsetzung von Rechten selbst in die Hand zu nehmen (etwa in Notwehrsituationen, § 227 BGB, § 32 StGB, oder im Fall der Erwehrung gegen verbotene Eigenmacht, § 859 BGB).

Zwangscharakter des Rechts heißt nach heute herrschender Meinung nur eine „Tendenz zum Zwang" (Fikentscher, S. 646), weil nicht immer wirksamer Zwang zur Durchsetzung von Geboten vorhanden ist (z. B. im Völkerrecht).

Mit Verbindlichkeit von Rechtssätzen ist deren **Geltung** angesprochen. Zum einen geht es dabei um die Frage der Gültigkeit und Wirksamkeit von Normen (normative Geltung, S. 13). Erst wenn eine Norm rechtswirksam außer Kraft gesetzt ist, gilt sie **normativ** nicht mehr. Dieser Sinn ist in der Regel auch gemeint, wenn in dieser Darstellung der Begriff der Geltung verwendet wird.

Dass ein Rechtssatz „gilt", bedeutet andererseits, dass er auch tatsächlich allgemeingültiger Verhaltens- und Entscheidungsmaßstab ist, dass Normen mithin wirklich beachtet werden. Das wiederum heißt: die Menschen richten ihr Verhalten tatsächlich nach ihnen und die Rechtsanwender (Gerichte, Behörden) ziehen sie zur Konfliktlösung tatsächlich heran und handhaben sie methodisch korrekt (s. dazu Art. 20 Abs. 3, 97 Abs. 1 GG; vgl. zum Ganzen BVerfGE 87, 209, 224). Von der normativen (juristischen) ist also die **faktische** (tatsächliche) Rechtsgeltung zu unterscheiden, d. h. die Beachtetheit (Effizienz) von Normen.

Unerlässlich ist zudem, dass Gesetze die Rechtsgemeinschaft **überzeugen**, von ihr also inhaltlich akzeptiert werden (S. 3). Gegen die entschiedene Ablehnung der breiten Mehrheit der Bevölkerung kann sich eine vom Staat rechtsgültig verfügte Normierung auf Dauer nicht halten. An eine allgemein als etwa ungerecht oder veraltet empfundene und bewertete Regelung wird sich die Rechtsgemeinschaft kaum gebunden fühlen. Hier dürfte sich dann auch die faktische Geltung lockern. An der normativen Geltung ändert das freilich nichts. Nichtbeachtung heißt nicht Nichtbeachtlichkeit.

Rüthers (Rn. 337) spricht bei der Geltung aus Rechtsüberzeugung von „moralischer" Geltung. In dieser Darstellung können die rechtstheoretischen Fragen zur Rechtsgeltung nicht vertieft werden (s. zum Ganzen auch Larenz/Canaris, S. 255 f.).

Für Savigny (System des heutigen Römischen Rechts, 1840) ergab sich die Geltung der vom Staat erlassenen Gesetze nicht schon aus dem Gesetzgebungsakt, sondern erst aus der Rezeption durch die Rechtsgenossen. Erst wenn sie von Gesetzen überzeugt waren und nach ihnen lebten, waren Gesetze „geltendes Recht".

Dass Recht nicht aufhört, (normativ) zu gelten, wenn es tatsächlich nicht eingehalten wird, ist selbstverständlich. Wenn Geldwäschedelikte gem. § 261 StGB begangen, aber vielfach nicht entdeckt oder gar abgeurteilt werden, bedeutet das nicht, dass § 261 StGB nicht mehr gilt. Wenn allerdings bestimmte Rechtssätze etwa durch Wandel der Moralvorstellungen faktisch nicht mehr befolgt und sogar nicht mehr durchgesetzt werden, dürfte sich die Frage stellen, ob solchen Regelungen nicht auch die normative Geltung genommen, sie also durch den Gesetzgeber beseitigt werden sollten. Als Beispiel ist hier § 120 Abs. 1 Nr. 2 OWiG zu nennen, wonach Prostitutionswerbung grundsätzlich ordnungswidrig ist. Entsprechende „Kontaktanzeigen" finden sich aber, ohne dass der Staat dagegen einschreitet, im Werbeteil etlicher Medien. Würden hier in Einzelfällen Geldbußen doch noch verhängt, dürfte zweifelhaft sein, ob das gerecht wäre, da dann von Allgemeingültigkeit des § 120 Abs. 1 Nr. 2 OWiG kaum mehr gesprochen werden kann.

Das Moment der Verbindlichkeit hebt den Rechtssatz von anderen **sozialen Verhaltensbestimmungen**, etwa denen der Sitte und der Sittlichkeit (soziale Normen), ab. Deren Missachtung kann zwar zu sozialem Druck (etwa gesellschaftlicher Ächtung) führen, insofern soziale Folgen haben, die durchaus ein empfindliches Übel bedeuten. Soziale Gebote sind aber **nicht erzwingbar**.

Unter **Sitte** fallen Erscheinungen wie Anstandsregeln, Umgangsformen, Lebensbräuche, die gelegentlich zu Recht erhoben werden und dann auch durchsetzbar sind (s. dazu z. B. § 242 BGB: „... die Leistung so zu bewirken, wie Treu und Glauben mit Rücksicht auf die Verkehrssitte es erfordern").

Sitte ist zu sondern von **Sittlichkeit** (Moral bzw. Ethik, Anstandsgefühl, Gewissen). Sitte ist beobachtbar, Sittlichkeit nicht. Auch moralische Gebote können ausnahmsweise als Rechtspflichten festgelegt sein (s. z. B. § 1601 BGB, wonach Verwandte in gerader Linie unterhaltspflichtig sind. Gegenüber Verwandten in horizontaler Linie, etwa gegenüber Geschwistern, gibt es nur moralische, aber keine rechtlichen, also durchsetzbaren Unterhaltspflichten). Siehe in diesem Zusammenhang auch den Begriff „sittliche Pflicht" in § 814 BGB, wo es um die Kenntnis der Nichtschuld im Rahmen der ungerechtfertigten Bereicherung geht.

Fließend kann die Grenze insbesondere zwischen rechtlich bedeutsamen und außerrechtlichen Gefälligkeiten sein. Beruhen Gefälligkeitsverhältnisse ausschließlich auf einem außerrechtlichen Geltungsgrund wie z. B. Kollegialität oder Nachbarschaft, sind sie keine Schuldverhältnisse im Rechtssinn und damit keine verbindlichen, erzwingbaren Gebote. Beispiele für rechtlich bedeutsame Gefälligkeitsverhältnisse: Schenkung, §§ 516 ff. BGB; Leihe, §§ 598 ff. BGB; Verwahrung, §§ 688 ff. BGB.

(4) Wenn eingangs davon die Rede war, dass die Normen in ihrer Summe die Rechtsordnung bilden, so bedeutet das nicht, dass jeder Rechtssatz, also jeder einzelne Teil dieser Summe, für sich steht. Das Recht erscheint und wirkt vielmehr in einer Ordnung. **Ordnung ist System**. System ist etwas einheitlich geordnetes Ganzes; zwischen den (geordneten) Systemelementen besteht ein einheitlicher Zusammenhang. Ordnung bzw. System im Rechtsgefüge besagt seiner Idee nach, dass die einzelnen Verhaltens- und Entscheidungsnormen für das menschliche Zusammenleben in seinen mannigfachen Aspekten unter einem durchgängigen Prinzip strukturiert und nach einem übergreifenden Wertsystem sachlich zu einem Ganzen zusammengefügt sind. Nur eine derartige äußerlich und innerlich widerspruchsfrei ausgestaltete Gesamtrechtsordnung (Wertordnung) ermöglicht eine hinreichend sichere Verhaltensorientierung und -steuerung und gewährleistet ein hohes Maß an einheitlicher Anwendung des Rechts. Ist die Rechtsordnung in sich **frei von Regelungs- und Wertungswidersprüchen**, schließt die Anwendung eines Rechtssatzes letztlich die Anwendung der gesamten Rechtsordnung ein. Das wäre dann der Idealgrundriss einer Rechtsordnung (s. zum Ganzen BVerfGE 7, 198, 205).

Ohne einheitliche Rechtsmaßstäbe für alle, d. h. ohne Rechtsgleichheit, könnte der Grundsatz der Gerechtigkeit (S. 4) verletzt sein.
In der Rechtspraxis sind Widersprüche etwa zwischen den Prinzipien der Gerechtigkeit, Zweckmäßigkeit und Rechtssicherheit nicht durchgehend auszuschließen. Während z. B. das Gebot der Rechtssicherheit verlangt, dass grundsätzlich selbst unrichtiges oder unzweckmäßiges gesetztes Recht zu beachten ist, kann die Gerechtigkeit das Gegenteil, nämlich Nichtbeachtung von positivem Recht, erheischen (s. dazu die Lückenproblematik mit Beispielen, S. 123 ff.; vgl. allgemein zu Prinzipienwidersprüchen Engisch, S. 281 ff.).

Innerhalb der alle Normen umfassenden Rechtsordnung gibt es Teilrechtsordnungen für die einzelnen Lebensbereiche (z. B. das Bürgerliche Recht, das Verwaltungsrecht, das Strafrecht), deren Inhalte ebenfalls in puncto Regelung und Wertung widerspruchsfrei sein müssen, und zwar in sich und bezogen auf die gesamte Rechtsordnung. Entsprechendes gilt für die einzelnen Normierungen innerhalb der Teilrechtsordnungen bis hin zu den sachlich aufeinander bezogenen einzelnen Rechtssätzen innerhalb von Normierungen. Angesichts der Unmenge an Gesetzen auf allen Ebenen ist es eine große Herausforderung, auf Widerspruchsfreiheit zu achten und damit die Einheit der Rechtsordnung zu wahren.

(5) Recht steht im Dienst der **Gerechtigkeit**. Gerechtigkeit innerhalb des Rechtsordnungsbegriffs verdeutlicht, dass die Rechtsordnung nicht zweckfrei besteht. Mittels der Rechtsordnung sollen Rechte und Pflichten gerecht verteilt, Rechts- und Interessenkonflikte gerecht gelöst oder etwa Straftaten gerecht sanktioniert werden. Kern der Gerechtigkeit ist der Gedanke der Gleichheit und damit des Verbots willkürlicher Behandlung, was Unparteilichkeit mit einschließt. Das **Willkürverbot** ist als Konkretisierung der materiellen (materialen) Gerechtigkeit anzusehen (s. BVerfGE 3, 125, 237 f.).

Dass Rechtsnormen allgemeingültig, d. h. abstrakt-generell gefasst sein müssen (S. 4), dient nicht zuletzt dem Gerechtigkeitsgebot.

In seiner Nikomachischen Ethik (5. Buch) differenziert Aristoteles (384–322 v. Chr.) zwischen zwei Arten von Gerechtigkeit, der ausgleichenden und der austeilenden. Mit **ausgleichender** Gerechtigkeit (iustitia commutativa) meint er **absolute Gleichheit** (allen das Gleiche), mit **austeilender** Gerechtigkeit (iustitia distributiva) **relative Gleichheit** (jedem das Seine). Diese Vorstellung von Gerechtigkeit beeinflusst bis in unsere Tage die Gerechtigkeitsdiskussion. Weitergehende Feststellungen erlaubt der Gerechtigkeitsbegriff nicht; er ist letztlich nicht definierbar.

Wie sich z. B. ausgleichende und austeilende Gerechtigkeit in Übereinstimmung bringen lassen oder wie etwa bei austeilender Gerechtigkeit zu verfahren ist (gleiche Begünstigungen oder Belastungen für alle Bürger?), damit man der Idee von Gerechtigkeit möglichst nahekommt, lässt sich nicht abschließend klären. Eine Antwort darauf gab auch Aristoteles nicht.
Nach Radbruch (Rechtsphilosophie (Studienausgabe), 2. Aufl. 2003, S. 34 ff.) ist eine Regelung bzw. Konfliktlösung als „gerecht" anzusehen, wenn sie für „sittlich gut und deshalb billigenswert" befunden wird. Letztendlich kann man aber mit einem solchen Rückgriff auf andere, nicht minder uneindeutige Begriffe dem Problem auch nicht beikommen.

Es gibt Ideen und Vorstellungen von Gerechtigkeit, aber nicht die Gerechtigkeit schlechthin. Materielle Gerechtigkeitsinhalte festzulegen, also „der Rechtsordnung einzuverleiben, würde geistige Vergewaltigung Andersdenkender bedeuten" (Enneccerus/Nipperdey, Allgemeiner Teil des Bürgerlichen Rechts, 15. Aufl. 1959, § 33 II). Die Gerechtigkeitsfrage muss wegen des Zwangscharakters des Rechts offen, final bleiben. In diesem fragenden Sinn gehört das Element der Gerechtigkeit zur modernen Definition der Rechtsordnung.

Welchen ungefähren Gerechtigkeitsbegriff eine Gemeinschaft hat und mit ihrer Rechtsordnung zum Ausdruck bringen will, bestimmen nicht einzelne Rechtsgenossen. Soll eine Rechtsentscheidung (Konfliktlösung) gerecht sein, muss sie zumindest dem **Gerechtigkeitsgefühl der breiten Mehrheit** entsprechen. Individuelle Gerechtigkeitsvorstellungen können schon deshalb nicht maßgeblich sein, weil der Mensch in der Regel nicht in der Lage ist, von seinen höchstpersönlichen Interessen abzusehen. Wessen Interesse im Fall eines Konfliktes bzw. einer Konfliktentscheidung nicht befriedigt wird, wer also nicht zu „seinem Recht" gelangt, wird sich normalerweise „ungerecht" behandelt bzw. beschieden fühlen, also dazu neigen, den Gerechtigkeitsbegriff interessen- und situationsabhängig auszufüllen.

Was eine Rechtsgemeinschaft letztlich unter Gerechtigkeit versteht, hängt von ihren Moralvorstellungen und Wertmaßstäben ab, die sich im Laufe der Zeit freilich wandeln können. Dies zu erkennen und so zu bewerten, dass es mit den „für die Mehrheit konsensfähigen Gerechtigkeitsvorstellungen" (Zippelius, S. 16) übereinstimmt, ist schwierige Aufgabe von Rechtssetzung, Rechtsanwendung, Rechtsauslegung und Rechtsfortbildung.

Eingehend zu den rechtstheoretischen und -philosophischen Lehren vom Inhalt der Gerechtigkeit s. z. B. Rüthers, Rn. 343 ff.; Kriele, Kriterien der Gerechtigkeit, 1963, S. 61 ff.; Larenz, Richtiges Recht – Grundzüge einer Rechtsethik, 1979, S. 37 ff.

Problematisch ist etwa, wie schon angesprochen (S. 7), das Gerechtigkeitsprinzip mit dem rechtsstaatlichen Erfordernis der Rechtssicherheit (Normenklarheit, Geltungskraft, Verbindlichkeit und damit Orientierungsgewissheit) in Einklang zu bringen. Darauf wird immer wieder auch in anderen Zusammenhängen zurückzukommen sein.

2.1.2 Objektives Recht

Die Summe der die Rechtsordnung bildenden, geltenden Rechtssätze wird als **objektives Recht** bezeichnet. Von ihm ist das Recht im subjektiven Sinn zu unterscheiden. **Subjektives Recht** ist die Berechtigung, die sich im Einzelfall für eine Person aus dem objektiven Recht ergibt, um individuelle Interessen-, Macht- oder Rechtspositionen befriedigen, notfalls im Wege des staatlich garantierten Rechtsschutzes durchsetzen zu können. Subjektive Rechte werden durch gewährende Rechtsvorschriften begründet. Zum objektiven Recht zählen neben den (subjektiven) Rechten auch deren Korrelat, nämlich die auf sie bezogenen Pflichten.

Beispiele:
Subjektive Rechte des Bürgers gegenüber dem Staat sind die Grundrechte (etwa das allgemeine Persönlichkeitsrecht, Art. 2 Abs. 1 GG). Subjektive Rechte eines Bürgers gegenüber einem anderen Bürger sind etwa die in § 823 BGB geschützten absoluten Rechte wie Leben oder Eigentum, ferner die durch Vertragsverhältnisse entstandenen schuldrechtlichen Ansprüche.

§ 433 BGB ist eine Norm des objektiven Rechts, die für Käufer und Verkäufer Pflichten und (subjektive) Rechte begründet (der Pflicht des Käufers, den Kaufpreis zu zahlen, entspricht z. B. das Recht des Verkäufers auf Zahlung des Kaufpreises durch den Käufer).

§§ 17 ff. SGB XII (Regelung der Hilfe zum Lebensunterhalt) sind Normen des objektiven Rechts, die für den Staat Pflichten begründen und dem Bedürftigen das (subjektive) Recht einräumen, unter bestimmten Voraussetzungen Hilfe zum Lebensunterhalt zu erhalten.

Das objektive Recht wird üblicherweise in **Privatrecht** und **öffentliches Recht** gegliedert. Privatrechtliche Vorschriften regeln die Rechtsbeziehungen (vor allem Rechte und Pflichten) der Bürger untereinander. Öffentlich-rechtliche Bestimmungen normieren die Staatsorganisation und das hoheitliche Handeln. Öffentlich-rechtliche Rechtsverhältnisse sind in der Regel dann gegeben, wenn mindestens auf einer Seite ein Träger öffentlicher Gewalt beteiligt ist bzw. gehandelt hat oder handeln soll.

Schwierig kann die Feststellung sein, ob ein Hoheitsträger (etwa eine Gemeinde) als solcher tätig geworden ist oder ob er, da Staat und öffentliche Körperschaften auch am Privatrechtsverkehr teilnehmen können, privatrechtlich gehandelt hat. Die Theorien hierzu sind unübersehbar. Durchgesetzt hat sich die sog. modifizierte Subjektstheorie (Zuordnungstheorie). Sie sieht den Unterschied in der Verschiedenheit der Zuordnungssubjekte, d. h. Normadressaten der einzelnen Rechtssätze: Ist der Staat oder ein Träger öffentlicher Gewalt berechtigt bzw. verpflichtet, ist von öffentlichem Recht auszugehen, sind dagegen Bürger berechtigt bzw. verpflichtet, von Privatrecht. S. im Einzelnen dazu Maurer, Allgemeines Verwaltungsrecht, 18. Aufl. 2011, § 3, Rn. 7 ff.

Zum öffentlichen Recht gehören vor allem das Staats- und Verfassungs- sowie das Verwaltungsrecht, ferner z. B. das Völkerrecht (einschließlich des Rechts der supranationalen Gemeinschaften wie das EU-Recht), Kommunalrecht, Sozialrecht, Steuerrecht, Strafrecht und das Verfahrensrecht, worunter insbesondere das Zivil-, Straf-, Verwaltungsprozessrecht, Insolvenzrecht sowie das Recht der Freiwilligen Gerichtsbarkeit fallen. Auch das Kirchenrecht wird im Allgemeinen zum öffentlichen Recht gezählt.

Das Privatrecht unterteilt sich in das allgemeine Privatrecht (Bürgerliches Recht) und das besondere Privatrecht (z. B. Handelsrecht, Gesellschaftsrecht, Wertpapierrecht, Urheber- und Patentrecht, Wettbewerbsrecht, Internationales Privatrecht).

Differenziert wird innerhalb des objektiven Rechts auch zwischen **materiellem** und **formellem Recht**. Materielle Rechtssätze regeln Entstehung, Veränderung und Untergang von Rechten und Pflichten, formelle Rechtssätze die Durchsetzung des materiellen Rechts (Zuständigkeit, Organisation, Verfahren, Form der Rechtsakte).

Das Prozessrecht, festgelegt u. a. in der ZPO, StPO, VwGO, ist Teil des formellen Rechts. Formelle Regelungen finden sich auch außerhalb von Prozessordnungen (z. B. in Art. 16a Abs. 4 GG; § 40 VwVfG).

Verwechselt werden dürfen nicht die Gegenbegriffspaare formelles/materielles Recht und formelles/materielles Gesetz. Gesetz im materiellen Sinn ist jede abstrakt-generelle, also allgemein verbindliche Regelung, Gesetze im formellen Sinn sind die von den zuständigen Gesetzgebungsorganen in dem durch die Verfassung vorgesehenen Verfahren erlassenen abstrakt-generellen Normen. Der Begriff „formelles Gesetz" spielt u. a. in der Rechtsquellenlehre (S. 11) eine Rolle.

Zum objektiven Recht gehören auch die sog. Rechtsinstitute. Sie verbinden die Rechtsordnung als ganze und die einzelnen Rechtssätze; eine entsprechende Funktion haben auch die allgemeinen Rechtsgrundsätze. **Rechtsinstitute** sind gebündelte Bestimmungen, die zur allgemeingültigen Regelung eines Rechtsverhältnisses oder Sachproblems geschaffen wurden (z. B. Ehe, Eigentum, Berufsbeamtentum). **Allgemeine Rechtsgrundsätze** (Rechtsprinzipien) liefern als allgemeine Wertmaßstäbe die leitenden Rechtsgedanken für konkrete Konfliktlösungen (z. B. das Vertrauensschutzprinzip oder der in § 242 BGB festgelegte Grundsatz von Treu und Glauben). Es handelt sich dabei um Normen, die sich von ihnen allerdings u. a. durch die große Allgemeinheit ihres Inhalts unterscheiden.

So auch Larenz/Canaris, S. 302. Zur Unterscheidung von Regeln und Prinzipien s. z. B. Röhl/Röhl, S. 288 ff.; Rüthers, Rn. 756a ff.

Rechtssätze können durch förmliche Rechtsetzung (Gesetze) oder aber kraft Geltungswillen der Rechtsgemeinschaft und tatsächlicher Übung (Gewohnheitsrecht, S. 12) entstanden sein. Zu differenzieren ist also ferner zwischen **geschriebenem** und **ungeschriebenem** objektiven Recht.

Gesetztes Recht und Gewohnheitsrecht werden im Gegensatz zu (überpositivem) Natur- oder Vernunftrecht **positives Recht** genannt. Die Rechtsordnung anerkennt als „geltendes Recht" (S. 5, 13 f.) prinzipiell nur positives Recht. Wenn allerdings in Ausnahmefällen nach geltendem Recht eine Konfliktlösung nicht möglich wäre oder zu inakzeptablen Ergebnissen führen würde, wird vom positivistischen Grundsatz abgewichen und auf **überpositive Rechtsideen** zurückgegriffen (s. dazu BGHSt 41, 101, 106 ff.; BVerfGE 95, 96, 133 ff.). Nach Radbruch (Rechtsphilosophie (Studienausgabe), 2. Aufl. 2003, S. 216 ff.) verbietet sich die Anwendung positiven Rechts, wenn sie in unerträglichem Widerspruch zur Gerechtigkeit (S. 124, 7 f.) steht. Werde die Gleichheit, der Kern der Gerechtigkeit, bewusst verleugnet, liege kein Recht vor.

2.2 Rechtssatz und Rechtsordnung

Alle im objektiven Recht enthaltenen Normen (Rechtsquellen) kommen grundsätzlich zur Lösung von Rechtsproblemen in Betracht. Das setzt allerdings voraus, dass solche Normen auch gültig (wirksam) sind. Von der Gültigkeit (Geltung) der Rechtssätze ist ihre Anwendbarkeit im konkreten Entscheidungsfall zu unterscheiden.

2.2.1 Rechtsquellen

Normen müssen, damit aus ihnen verbindliche Rechtsentscheidungen gewonnen werden können, Rechtsquellen sein, die in der Regel, aber nicht notwendig schriftlich fixiert sind. Unter **Rechtsquelle** versteht man primär die Form, in der ein Rechtssatz entstanden und in Erscheinung getreten ist. Zum Teil wird der Begriff aber weitergehend gedeutet. Danach ist Rechtsquelle jeder Erkenntnisgrund, aus dem Recht folgt.

Dann könnte man auch privatrechtliche Verträge (z. B. Kauf- oder Darlehensverträge) als Rechtsquellen auffassen, was sie nicht sind. Sie sind nur für die Vertragsparteien „Recht" (S. 5), denn sie enthalten keine allgemein verbindlichen Regelungen, haben mithin nur relative, nicht absolute normative Wirkungen und sind insofern keine Rechtsquellen (a. A. Vogel, S. 41 f.).

Zur Frage, ob Naturrecht als Rechtsquelle anzusehen ist, s. Rüthers, Rn. 262 ff.

Die unterschiedlichen Rechtsquellen stehen in einem Rangverhältnis zueinander (s. S. 13 f.). Es genügt also nicht, dass der Rechtsanwender in der Rechtsordnung für eine Konfliktlösung eine Rechtsquelle heraussucht, er muss darüber hinaus auch deren Rang innerhalb der Rechtsordnung berücksichtigen. Widersprächen sich Rechtsquellen, wäre ihre Geltung berührt (s. S. 14 f.). Rechtsquelle kann nur sein, was als Recht anerkannt ist. Insofern beantwortet die Rechtsquellenlehre die Frage, von welchen Normen die Entscheidung des Rechtsanwenders abhängig ist (s. Rüthers, Rn. 217).

Stellt man auf die Erscheinungsform der Rechtsnormen ab, sind die **fünf grundlegenden Rechtsquellen**:

(1) Verfassungen

Verfassungen enthalten alle grundlegenden Regeln für das Funktionieren des Staates und das Verhältnis des Staates zu seinen Bürgern. Zu nennen sind hier das Grundgesetz und die Verfassungen der Länder.

(2) Formelle Gesetze

Gesetze im formellen (förmlichen) Sinn, die wichtigsten Rechtsquellen, sind die von den Gesetzgebungsorganen des Bundes und der Länder in dem durch die Verfassung vorgesehenen Verfahren erlassenen, abstrakt-generellen Rechtsnormen (z. B. BGB, StGB, VwVfG, BauGB, PolG NRW).

Im Unterschied zu einem (verfassungsändernden) Gesetz, das „den Wortlaut des Grundgesetzes ausdrücklich ändert oder ergänzt" (Art. 79 Abs. 1 S. 1 GG), spricht man hier von einem **einfachen** formellen Gesetz. Formelles und förmliches Gesetz (so der Ausdruck in Art. 104 Abs. 1 GG) werden in dieser Darstellung gleichsinnig verwendet.

(3) Rechtsverordnungen

Die Normen von Rechtsverordnungen (z. B. StVO, BVO NRW, LVO NRW) sind abstrakt-generelle Regelungen. Sie ergehen allerdings nicht in einem förmlichen (parlamentarischen) Gesetzgebungsverfahren, sondern werden kraft formell-gesetzlicher Ermächtigung (s. Art. 80 Abs. 1 GG oder die jeweils entsprechende Vorschrift der Landesverfassung) von Exekutivorganen (Regierung, Minister, Verwaltungsbehörden) erlassen. Rechtsverordnungen sind Gesetze im nur materiellen Sinn (S. 10).

Erster Abschnitt: Methodik der Rechtsgewinnung

Von den Rechtsverordnungen sind die allgemeinen Verwaltungsvorschriften (s. Art. 84 Abs. 2 GG) abzugrenzen. Sie enthalten ebenfalls abstrakt-generelle, aber nur verwaltungsintern für in der Regel nachgeordnete Behörden verbindliche Regelungen (z. B. Ausführungsvorschriften zu Gesetzen; Ermessensrichtlinien). Die Anwendung von Verwaltungsvorschriften kann zwar tatsächlich auch zu verbindlichen Konfliktlösungen führen; aus solchen Normen folgen aber nicht unmittelbar verbindliche Rechte oder Pflichten. Verwaltungsvorschriften sind insofern allenfalls „relative Rechtsquellen" (s. Maurer, Allgemeines Verwaltungsrecht, 18. Aufl. 2011, § 24, Rn. 2 ff.).

(4) Satzungen

Satzungen werden von Verwaltungsträgern im Rahmen ihrer Befugnisse (Satzungsautonomie) erlassen, die gegenüber dem Staat (Bund und Ländern) rechtlich verselbstständigt sind. Derartige Selbstverwaltungsträger sind in erster Linie öffentlich-rechtliche Körperschaften wie Gemeinden und Landkreise, ferner z. B. Universitäten, Sozialversicherungsträger, die Bundesbank.

Beispiele:
Kommunale Satzungen wie Ortssatzungen über die Müllabfuhr, Baumschutzsatzungen, Bebauungspläne von Gemeinden (§ 10 Abs. 1 BauGB).

(5) Gewohnheitsrecht

Neben den vier genannten Quellen des geltenden Rechts ist als ungeschriebene Rechtsquelle das Gewohnheitsrecht anerkannt. Rechtssätze des Gewohnheitsrechts entstehen, wenn ein bestimmtes Verhalten, ohne ausdrücklich hoheitlich geboten zu sein, von den Beteiligten in der Empfindung und Überzeugung rechtlicher Gebotenheit (opinio necessitatis) oder Gewährung längere Zeit hindurch gleichmäßig und allgemein geübt wird. Normen des Gewohnheitsrechts liegen zwar nicht in geschriebener Form vor, ihre Inhalte sind aber schriftlich fixierbar. Heutzutage tritt das Gewohnheitsrecht zunehmend in den Hintergrund.

Beispiel:
Der öffentlich-rechtliche Aufopferungsanspruch als Entschädigungsgrundlage für hoheitliche Eingriffe in immaterielle Rechtsgüter wie Leben und Gesundheit (s. BVerwGE 4, 6, 14 f.; BVerfGE 34, 269, 287; BGHZ 16, 366, 374).

Gewohnheitsrecht, das nur örtlich begrenzt, also für eine Gemeinde gilt, wird Observanz genannt (z. B. die Kirchenbaulastverpflichtungen, s. dazu OVG Münster, DÖV 1976, S. 677 f.).

Über die fünf wichtigsten Rechtsquellen hinaus gibt es **weitere Quellen** des geltenden Rechts:

- die **„allgemeinen Regeln des Völkerrechts"**, die durch Art. 25 GG zum Bundesrecht, also zum innerstaatlichen deutschen Recht zählen, und die **völkerrechtlichen Verträge** (z. B. Staatsverträge), die durch Vertragszustimmungsgesetze (Art. 59 GG) in nationales Recht transformiert werden.

- **Europäisches Gemeinschaftsrecht**. Zu unterscheiden ist hier zwischen primärem und sekundärem Recht. Das primäre Gemeinschaftsrecht bilden die Gründungsverträge der Europäischen Gemeinschaften (im Wesentlichen: EGV und EUV). Zum sekundären Gemeinschaftsrecht zählen die Verordnungen, die unmittelbare Geltung haben, und die in der Praxis eine größere Rolle spielenden Richtlinien, die – mit Bindung an die zu erreichenden Ziele – grundsätzlich erst in nationales Recht umzusetzen sind, damit sie für den Bürger zu verbindlichen Regelungen erstarken.

- **Tarifverträge** (§ 4 Abs. 1 TVG) bzw. **Betriebsvereinbarungen** (§ 77 Abs. 4 BetrVG), die im Rahmen von Arbeitsverhältnissen allgemein verbindlich wirken.

- **Entscheidungen des Bundesverfassungsgerichts** in Normenkontrollverfahren und über Verfassungsbeschwerden sind wie Rechtsnormen allgemein verbindlich (§ 31 Abs. 2 BVerfGG) und werden mit Gesetzeskraft im Bundesgesetzblatt veröffentlicht (§ 31 Abs. 2 Satz 3 BVerfGG).

Ob über die genannten allgemein verbindlichen Entscheidungen des Bundesverfassungsgerichts hinaus die Auslegungsergebnisse oberster Gerichte, also das Richterrecht (zur Fortentwicklung des Rechts durch Lückenausfüllung s. S. 122), eigenständige Rechtsquellen sind, ist mit der h. M. zu bezweifeln (bejahend Rüthers, Rn. 236 ff.). Das Gewaltenteilungsprinzip (Art. 20 Abs. 2 S. 2 GG) verbietet der rechtsprechenden Gewalt grundsätzlich, abstrakt-generelle Regelungen zu schaffen. Eine „ständige Rechtsprechung" kann nur in Ausnahmefällen zur Rechtsquelle erstarken, und zwar dann, wenn sie Ausdruck einer allgemeinen Rechtsüberzeugung wird; dann aber ist sie meistens als gewohnheitsrechtliche Rechtsquelle zu qualifizieren. Das galt z. B. für den bis zu seiner gesetzlichen Fixierung (s. § 241 Abs. 2 i. V. m. § 280 ff. BGB) anerkannten Grundsatz der „positiven Vertragsverletzung". Da Gewohnheitsrecht u. a. eine langdauernde tatsächliche Übung voraussetzt, können höchstrichterliche Entscheidungen keine Rechtsquellen sein, wenn sie gerade erst ergangen sind.

Eine ganz andere Frage ist die große Bedeutung von Rechtsprechungsergebnissen z. B. als Maßstab für die Präzisierung und Konkretisierung von Normen in der Rechtspraxis (s. S. 49, 90). So liefern insbesondere die von der Rechtsprechung entwickelten Rechtsprinzipien als allgemeine Wertmaßstäbe die leitenden Gesichtspunkte für konkrete Konfliktlösungen. Entscheidungen oberster Gerichte fungieren insofern als umfassende „Rechtserkenntnisquellen" (Larenz/Canaris, S. 252 ff.). Zur faktischen Geltung höchstrichterlicher Entscheidungen u. a. aus ökonomischen Gründen s. Rüthers, Rn. 244. Auf diesen Aspekt wird an späterer Stelle noch eingegangen.

Wucherndes Richterrecht kann das Gewaltenteilungsprinzip zu Lasten der Legislative beeinträchtigen, was zu einer Machtverschiebung in der Rechtssetzung von der Gesetzgebung auf die Justiz, speziell auf die obersten Bundesgerichte, führen kann. Diese Gefahr hängt damit zusammen, dass die Gesetzgebung ihren Normierungsaufgaben angesichts der rasanten Veränderungsgeschwindigkeit in nahezu allen Lebensbereichen nicht hinreichend nachkommen kann, mitunter auch nicht nachkommen will. Neue Konfliktlagen entstehen, bevor sie der Gesetzgeber regelnd bewältigen konnte. Das Rechtsverweigerungsverbot zwingt hier die Justiz zu entscheiden. Weder die eine noch die andere Seite trifft hier ein Vorwurf. Nicht selten scheint jedoch die Gesetzgebung aus Furcht vor politisch ungünstigen Konsequenzen die überfällige Normierung zu scheuen. Wesentliches bleibt so unnormiert (s. dazu Schwacke/Schmidt, Staatsrecht, 5. Aufl. 2007, Rn. 323 f.; s. zum Ganzen auch S. 123, ferner Rüthers, Rn. 815a ff.)

2.2.2 Geltung von Rechtssätzen

Ob einem Rechtssatz die Entscheidungsanweisung zu einer Konfliktlösung entnommen werden kann, hängt u. a. von seiner Geltung ab (S. 5 f.). Ein Rechtssatz gilt, wenn er **gültig** (wirksam/nicht nichtig) ist. Ungültigkeit (Unwirksamkeit/Nichtigkeit) schließt die Geltung einer Norm aus; eine ungültige Vorschrift wäre also unbeachtlich.

Die Frage der Geltung beantwortet sich aus der Rechtsordnung, die hierarchisch strukturiert ist. Die einzelnen Rechtsquellen stehen in einem Stufenverhältnis zueinander, haben also nicht den gleichen Rang. Man spricht hier auch vom „Stufenbau" der Rechtsordnung. Gäbe es keine Normenhierarchie, die für alle Rechtsanwendenden verbindlich vorgeschrieben ist, wäre es um die gebotene Geschlossenheit, also Einheit der Rechtsordnung (S. 7) schlecht bestellt.

Zur Stufenbaulehre s. u. a. Kelsen, Reine Rechtslehre, 2. Aufl. 1960 (Nachdruck 1992), S. 228 ff.

Innerhalb der Rechtsordnung gilt folgende **Normenhierarchie**:
- Verfassungsrecht des Bundes
- (formelle) Bundesgesetze
- Rechtsverordnungen des Bundes
- Satzungen des Bundes
- Verfassungsrecht der Länder
- (formelle) Gesetze der Länder
- Rechtsverordnungen der Länder
- Satzungen der Länder

Die Normenpyramide krönt noch Art. 79 Abs. 3 GG. Zu den Bestandteilen der über die „Ewigkeitsgarantie" des Art. 79 Abs. 3 GG unverrückbaren „Verfassungsidentität" (so das BVerfG im Maastricht-Urteil, E 31, 145, 173) gehören außer Art. 1 GG (Menschenwürde) die in Art. 20 GG verankerten obersten Verfassungsprinzipien. Art. 79 Abs. 3 GG verletzendes EU-Recht würde mithin Nachrang haben.

Gemeinschaftsrecht steht prinzipiell im Rang noch über dem nationalen Recht, also z. B. über dem Verfassungsrecht des Bundes; allerdings ist hier mit Rang nicht der Geltungs-, sondern Anwendungsvorrang (S. 17) gemeint.

Im Völkerrecht ist zu differenzieren: Während die durch Art. 25 GG inkorporierten „allgemeinen Regeln" (S. 12) zwischen Verfassungsrecht und formellem Recht des Bundes stehen, sind völkerrechtliche Regelungen, die durch Gesetz in das nationale Recht eingefügt sind (Art. 59 Abs. 2 GG) mit förmlichen Bundesgesetzen bzw. – bei Verwaltungsabkommen (hier geschieht die Transformation gem. Art. 59 Abs. 2 GG durch Rechtsverordnung) – mit Rechtsverordnungen des Bundes ranggleich. Ein Vorrang des Völkerrechts vor nationalem Recht ist also nicht anzunehmen.

Das gilt auch im Fall des Art. 16a Abs. 5 GG, weil hier nationales Verfassungsrecht über Völkerrecht entscheidet.

Regeln zum Geltungsvorrang

(**1**) Das Gebot der Widerspruchsfreiheit der Rechtsordnung setzt voraus, dass Rechtssätze auf unterschiedlichen Stufen der Normenpyramide miteinander vereinbar sind. Die große Fülle von Rechtsquellen aller Art, deren Vorschriften zudem von unterschiedlichen Normsetzern bzw. aus verschiedenen Zeiten stammen, führt aber in der Praxis nicht selten zu (Wertungs-)Widersprüchen, also zu **Kollisionen** von **rangungleichen Normen**. Von zwei sich widersprechenden Rechtssätzen kann freilich nur einer Geltung beanspruchen, d. h. ein Rechtssatz muss weichen; denkbar wäre auch, dass beide Normen ungültig sind.

Zur Harmonisierung von Rechtssätzen gibt es eine Reihe von Regeln, die der Vermeidung oder Auflösung von Widersprüchen dienen.

Obenan steht die Kollisionsregel zur Maßgeblichkeit höher eingestuften Rechts:
- Der **höherrangige Rechtssatz hat Geltungsvorrang vor dem niederrangigen** (lex superior derogat legi inferiori).

Nach dem höherrangigen Recht richtet sich demnach, ob eine Norm gültig ist, also Geltung hat. Der Geltungsvorrang der höherrangigen Vorschrift ist dabei in zweifacher Hinsicht bedeutsam:
- Die Rechtssätze dürfen **keine inhaltlich gegenläufigen**, anderes Recht verletzenden Regelungen enthalten, weil die Gesamtrechtsordnung, deren Teil jede einzelne Norm ist, widerspruchsfrei sein soll (S. 7). Bei sich widersprechenden Normen gilt die Regelung des höherrangigen Rechtssatzes mit der Folge, dass die niederrangige von Anfang an (ex tunc) und durch das Recht selbst, also ohne weiteres (ipso iure) ungültig ist.
- Die Ungültigkeit niederrangigen Rechts kann sich auch daraus ergeben, dass eine Regelung **nicht wirksam zustande gekommen** ist. Die Voraussetzungen der Wirksamkeit (z. B. gültige Ermächtigungsgrundlage zu ihrem Erlass, Zuständigkeit, Ordnungsgemäßheit des Inkrafttretens) sind dem jeweiligen höherrangigen Recht zu entnehmen.

Verstößt ein Rechtssatz gegen eine höherrangige Bestimmung, tritt **Nichtigkeit** ein. Sind in einem Gesetz nur eine oder mehrere Vorschriften (oder Teile von Vorschriften) wegen Verletzung höherrangigen Rechts nichtig, so tritt auch nur Teilnichtigkeit ein, d. h. die wirksamen Gesetzesvorschriften gelten weiter. Haben solche einzelnen nichtigen Rechtsnormen allerdings für das gesamte Gesetz unerlässliche Bedeutung, wäre das Gesetz also ohne sie sinnlos, folgt aus der Teilnichtigkeit ausnahmsweise die Nichtigkeit des gesamten Gesetzes.

Nicht zu verwechseln mit den Begriffen „wirksam/unwirksam" (gültig/ungültig; nicht nichtig/nichtig) ist das Begriffspaar „rechtmäßig/rechtswidrig", das sich auf die Frage bezieht, ob z. B. staatliche Maßnahmen mit geltendem Recht vereinbar (und damit rechtmäßig) oder nicht vereinbar (und damit rechtswidrig) sind.

Sollen Normen gültig sein, darf nach allem z. B. der Bundesgesetzgeber seine legislatorischen Vorhaben inhaltlich nicht in Widerspruch zum Grundgesetz umsetzen (s. dazu Art. 20 Abs. 3 1. Halbs. GG). Auf welcher Ebene (Bund oder Länder) Normen zu schaffen sind, bestimmen die Ermächtigungsvorschriften der Art. 70 ff. GG; sie entscheiden also darüber, welchen Rang ein Rechtssatz hat.

Gewohnheitsrecht (S. 12) gibt es auf allen Stufen des Rechts. Kollisionslagen sind nach den allgemeinen Vorrangregeln zu lösen. So kann kommunales Gewohnheitsrecht (Satzungsrang) z. B. durch Erlass einer – höherrangigen – Polizeiverordnung unwirksam gemacht und damit verdrängt werden (s. dazu OVG Münster, E 6, 11 f.).

Geltungsvorrang hat eine ranghöhere Rechtsquelle nur, wenn sie ihrerseits gültig ist. Verfassungswidrige Bundes- oder Landesvorschriften sind deshalb nur unwirksam, wenn die jeweilige höherrangige Norm selbst wirksam ist. Ebenso verdrängt etwa eine kraft ungültiger Ermächtigungsgrundlage erlassene Rechtsverordnung (S. 11) des Bundes mangels eigener Wirksamkeit die Regelung nachrangigen Rechts nicht.

Ein Anwendungsfall der allgemeinen Regel zum Geltungsvorrang ist die in Art. 31 GG normierte Kollisionsklausel:

- **Bundesrecht bricht Landesrecht.**

Dass jede Art von (gültigem) Bundesrecht gegenüber jeder Rechtsnorm auf Länderebene „tonangebend" ist, folgt auch aus dem obersten Verfassungsprinzip der Bundesstaatlichkeit. Wenn in einer landesverfassungsrechtlichen Norm etwas inhaltlich so gefasst ist, dass es einfachem Bundesrecht widerspricht, geht nach allem mithin die bundesgesetzliche Regelung vor. Es wird allerdings auch nur widersprechendes Landesverfassungsrecht gebrochen; stimmt es inhaltlich mit dem Grundgesetz überein, bleibt es wirksam (BVerfGE 36, 342, 363).

Auch Rechtsverordnungen des Bundes stehen über landesgesetzlichen Normierungen, können sogar Grundrechtsregeln in Landesverfassungen brechen, wenn diese mit dem Grundgesetz nicht in Übereinstimmung stehen.

Zweifelhaft ist, ob Rechtsverordnungen, die durch bundesrechtlich ermächtigte Landesorgane erlassen worden sind, dem Bundesrecht oder dem Landesrecht angehören. Sähe man in einer Rechtsverordnung nichts anderes als eine normative Verlängerung des zu ihr ermächtigenden Gesetzes, läge die Qualifizierung als Bundesrecht nahe. Das BVerfG (E 18, 407, 414 ff.) ordnet sie jedoch als Landesrecht ein, nimmt also die Einstufung danach vor, ob ein Landes- oder Bundesorgan die Norm hervorgebracht hat. Entsprechend sind hier Kollisionsfälle zu lösen.

(2) Die Frage des Geltungsvorrangs spielt nicht nur im Rahmen der Normenhierarchie eine Rolle. Sie stellt sich auch, wenn **gleichrangige**, aber **zeitlich nacheinander erlassene** Rechtssätze zusammentreffen. Hier gilt als weitere Kollisionsregel:

- Der **jüngere Rechtssatz geht grundsätzlich dem älteren vor** (lex posterior derogat legi priori)

Die ältere Rechtsnorm ist deshalb unwirksam, weil davon ausgegangen werden kann, dass der Gesetzgeber mit dem Erlass einer neuen Normierung eine entgegenstehende ältere beseitigen wollte. In der Regel wird in neuen Normierungen ausdrücklich darauf hingewiesen, dass die ältere Regelung durch die neue außer Kraft gesetzt wird. Fehlt ein solcher Hinweis, ist nach der „lex posterior"-Regel zu verfahren.

Widerspricht das jüngere Recht dem älteren nicht, ist es denkbar, dass beide Regelungen gültig sind. Letztlich ist das eine Frage der Auslegung. Ausnahmsweise behält älteres Recht seinen Geltungsvorrang vor jüngerem, nämlich dann, wenn es sich bei ihm um eine Spezialnormierung (S. 19) handelt.

Zur Frage, ob auch eine rangniedrigere, aber jüngere Norm einem ranghöheren, aber älteren Rechtssatz vorgeht s. Bydlinski, S. 572 f.

Denkbar sind auch Situationen, in denen die sich widersprechenden Normen nicht nur gleichen Rang haben, sondern auch zeitgleich in Kraft getreten sind. Hier muss zunächst versucht werden, im Wege der Auslegung (S. 89 ff.) herauszufinden, ob nicht doch nur anhand einer der beiden Normen zu entscheiden ist, ob also gar keine Kollision gegeben ist. Besteht diese Möglichkeit nicht, kommen beide kollidierenden Rechtssätze nicht in Betracht; sie heben sich auf, denn willkürlich darf einer der beiden Normen nicht der Vorrang eingeräumt werden. Kann mithin keinem der Rechtssätze geltendes Recht entnommen werden, enthält hier die Rechtsordnung eine Lücke (s. S. 125).

Anwendungsvorrang von Gemeinschaftsrecht

Innerhalb der Normenhierarchie haben Regelungen des europäischen Gemeinschaftsrechts einen hohen Rang. Sie gehen dem nationalen Recht der Mitgliedsstaaten grundsätzlich vor (s. S. 14). Gegenläufiges, also mit EU-Recht unvereinbares nationales Recht wird durch höherrangiges EU-Recht allerdings nicht ungültig. Bei Widersprüchen ist es nur unanwendbar (s. unten). Wird eine EU-Norm etwa aufgehoben, ist die nationale Rechtsregel wieder uneingeschränkt anwendbar; im Fall eines Geltungsvorrangs müsste sie neu erlassen werden. Europäisches Gemeinschaftsrecht genießt insofern nur **Anwendungsvorrang** gegenüber nationalem Recht und nicht Geltungsvorrang.

Zur Verdrängung grundrechtlicher Verbürgungen durch Gemeinschaftsrecht s. BVerfGE 37, 271, 277 ff.; 73, 339, 375 ff.; 89, 155, 175 ff.

Zum Anwendungsvorrang des EU-Rechts z. B. auf dem Gebiet des Verwaltungsverfahrensrechts s. Kopp/Ramsauer, VwVfG, 11. Aufl. 2010, Einführung II, Rn. 14 ff. Für die anderen Rechtsgebiete s. die entsprechenden Kommentierungen zu den jeweiligen Gesetzen.

2.2.3 Anwendbarkeit und Konkurrenz von Rechtssätzen

Von den Situationen des Geltungsvorrangs bzw. – bei Beteiligung von EU-Recht – des Anwendungsvorrangs ist die Frage der **Anwendbarkeit von Normen** zu unterscheiden. Ein Rechtssatz ist anwendbar, wenn sich herausstellt, dass ihm die Entscheidungsanweisung zur Lösung eines konkreten Konfliktes zu entnehmen ist (im Einzelnen dazu s. S. 61 ff.).

In der Rechtspraxis wird statt der Wendung „Ein Rechtssatz ist anwendbar" oft untechnisch formuliert: „Ein Rechtssatz gilt." Zur doppelten Bedeutung des Begriffs „gelten" s. S. 5.

Während das (Vor-)Rangproblem gemäß der Rechtsordnung zu lösen ist, muss die Frage der Anwendbarkeit von Normen stets durch die Feststellung beantwortet werden, nach welchem Rechtssatz ein konkreter Lebenskonflikt tatsächlich zu bewerten ist. Ob Normen ranggleich oder rangverschieden, zeitgleich oder zeitungleich erlassen sind: um die Anwendbarkeit einer Norm geht es generell bei jedem Rechtsanwendungsvorgang. Die Frage der Geltung stellt sich dagegen grundsätzlich nur, wenn rangungleiche oder zeitungleich in Kraft getretene Normen in Rede stehen.

Der Aspekt der „Geltung" ist bei rangungleichem Recht also eventuell doppelt zu prüfen: hinsichtlich der Gültigkeit (Wirksamkeit) der Norm und – im untechnischen Sinn – hinsichtlich der Frage, ob der Rechtssatz im konkreten Fall tatsächlich den allgemein verbindlichen Entscheidungsmaßstab enthält, also „gilt".

Konkurrenz

Eine besondere Problematik der Anwendbarkeit ergibt sich daraus, dass nicht selten mehrere Normen ihrem Inhalt nach auf denselben konkreten Konfliktfall zutreffen (sich z. B. Schadenersatz aus mehreren Vorschriften ableiten lässt), ohne dass sich deren Norminhalte widersprechen. Hier stellt sich nur die Frage, ob und inwieweit mehrere (gleichrangige) Rechtssätze nebeneinander anwendbar sind („gelten"), nicht aber, ob eine Norm die andere ungültig macht, also beseitigt. Für diese Erscheinung wird überwiegend der Terminus **Konkurrenz** verwendet.

<small>Benutzt werden hier ebenso die Begriffe „Gesetzeskonkurrenz", gelegentlich auch „Kollision". Zum Terminologie-Streit vgl. Larenz/Canaris, S. 88 Fn. 28. Bei der Kollision von Grundrechten (s. dazu S. 143) wird auch von „grundrechtlicher Spannungslage" gesprochen (s. Schwacke, Grundrechtliche Spannungslagen, 1975, S. 11 ff.).</small>

In ihrem Anwendungsbereich können sich nicht nur einzelne Regelungen in Rechtsnormen, sondern auch ganze Regelungskomplexe überschneiden. Beschädigt etwa ein Entleiher leicht fahrlässig den entliehenen Gegenstand, müsste er nach § 599 BGB (Leihvertragsrecht) keinen Schadenersatz leisten, wohl aber könnte § 823 Abs. 1 BGB (Recht der unerlaubten Handlungen) zum Zuge kommen. Es konkurriert mithin eine Vorschrift des Regelungsbereiches Vertragsrecht mit einer Vorschrift des Regelungskomplexes Deliktsrecht. Konkurrieren können auch Normen mit allgemeinen Rechtsgrundsätzen (S. 10); hier gehen die Rechtssätze vor.

Die Konkurrenzfrage stellt sich stets nur bei einer tatsächlich vorhandenen **Mehrheit** prinzipiell auch **in Frage kommender Normen**. Von daher ist kein Konkurrenzfall gegeben, wenn der Gesetzgeber selbst die Anwendbarkeit bestimmter Rechtssätze, die an sich ebenso auf den Konfliktfall passen, zugunsten anderer Normen ausschließt.

<small>Beispiele:
Nach § 10 StGB sind für die Taten von Jugendlichen und Heranwachsenden grundsätzlich nicht die Vorschriften des StGB, sondern die des JGG anwendbar.

§ 2 Abs. 2 Nr. 3 VwVfG NRW regelt, dass dieses Gesetz nicht für Verwaltungsverfahren gilt, „für die das Sozialgesetzbuch (SGB) anzuwenden ist".</small>

Keine Konkurrenzlage besteht ferner, wenn zwar mehrere Rechtssätze auf den gleichen Sachverhalt anwendbar sind, ihre **unterschiedlichen Entscheidungsanweisungen** sich aber nicht berühren, also miteinander vereinbar sind. In dem Fall werden beide Normen **nebeneinander** angewendet.

<small>Beispiel:
Gastwirt G betreibt seit zwei Jahren mit behördlicher Erlaubnis eine Kneipe. Nach einem schweren Zerwürfnis mit seinem Sohn verfällt er dem Trunke. Außerdem lässt er es nun zu, dass in seiner Schankstube Glücksspiele veranstaltet werden. Auf diesen Fall treffen Rechtssätze mit unterschiedlichen Rechtsfolgen zu: Gegenüber G kann gem. § 15 Abs. 2 GastG wegen Unzuverlässigkeit i. S. d. § 4 Abs. 1 Nr. 1 GastG die Erlaubnis zum Betreiben der Gaststätte widerrufen werden; daneben hat G sich wegen unerlaubter Veranstaltung eines Glücksspiels strafbar gemacht (§ 284 Abs. 1 StGB). Zwei unterschiedliche gesetzliche Reaktionen auf das Verhalten des G (Entzug der Gaststättenerlaubnis, Bestrafung wegen des verbotenen Glücksspiels) sind nebeneinander möglich.</small>

Eine Konkurrenzlage ist unproblematisch, wenn sich ein konkreter Fall rechtlich lediglich anhand mehrerer Normen bewerten lässt, wenn also mehrere auf denselben Sachverhalt zutreffende Rechtssätze **dieselbe Entscheidungsanweisung** enthalten. Hier wird das, was als Recht aus den parallel anwendbaren Normen folgt, nur mehrfach begründet (z. B. die Pflicht zu Schadenersatz). Die Rechtssätze sind ebenfalls nebeneinander, also **kumulativ anwendbar**.

<small>Beispiel:
Hätte A im Wagentür-Fall (S. 1) die Autotür bewusst so geöffnet, dass sein Todfeind B stürzt und sich dadurch eine Körperverletzung (Armbruch) zuzieht, wäre A nicht nur nach § 823 Abs. 1 BGB schadenersatzpflichtig. Auch § 823 Abs. 2 BGB begründet eine Schadenersatzpflicht, und zwar desjeni-</small>

gen, der durch den Verstoß gegen ein den Schutz des anderen bezweckendes Gesetz die andere Person schädigt. A hätte mit einer absichtlich ausgeführten Verletzungshandlung eine strafrechtlich ahndbare Körperverletzung (§ 223 StGB) begangen, also gegen ein Schutzgesetz, wie es § 823 Abs. 2 BGB voraussetzt, verstoßen. Hier wären beide Schadenersatzpflicht begründenden Normen (§ 823 Abs. 1 und § 823 Abs. 2 BGB) nebeneinander anwendbar.

Konkurrenzprobleme tauchen erst auf, wenn tatsächlich mehrere Rechtssätze zur Lösung derselben Sachverhaltslage in Frage kommen, aber nur eine der kollidierenden Vorschriften im konkreten Fall zum Zuge kommen soll, die andere Norm also **verdrängt** wird. Hier ist im Wege der Auslegung (s. S. 89 ff.) herauszufinden, welche der beiden tatsächlich konkurrierenden Normen für die Konfliktlösung maßgeblich ist.

Für Rüthers (Rn. 771b) sind diese Konkurrenzlagen „Kollisionslücken", die nicht durch Auslegung, sondern mit den Mitteln der Rechtsfortbildung (S. 127, 129 ff.) zu lösen sind.

Auch für diese Kollisionen gibt es **derogat-Regeln.** Anders als in Fällen des Geltungsvorrangs (S. 15, 16) hat die „derogat"-Klausel zur Spezialität aber, wie gesagt, **nur** die **Verdrängung** und nicht das endgültige Ausscheiden der zurückgesetzten Norm zur Folge. Die Verwendung des Begriffs „derogare" in beiden Fällen ist insofern etwas verwirrend.

Allgemeine Vorschriften werden (ganz oder teilweise) lediglich von Spezialnormen verdrängt, soweit und solange diese auch **tatsächlich anwendbar** sind. Ist das aus irgendwelchen Gründen nicht der Fall, ist wieder auf die zwar verdrängte, aber ja fortgeltende Norm zurückzugreifen. Der verdrängte allgemeine Rechtssatz sitzt also sozusagen auf der Reservebank und kommt erst bei Ausfall der Spezialnorm zum normativen Einsatz.

Nach der derogat-Regel gilt für das Zusammentreffen von allgemeiner und spezieller Norm:

- Die **spezielle geht der allgemeinen Norm vor** (lex specialis derogat legi generali).

Spezialität ist immer dann gegeben, wenn die spezielle Norm sämtliche Merkmale der allgemeinen Norm und darüber hinaus noch mindestens ein zusätzliches, nämlich spezielles Merkmal enthält. Der Vorrang von Spezialnormierungen kann dabei ausdrücklich im Gesetz geregelt sein.

Beispiele:
Ermächtigungen von Ordnungs- und Polizeibehörden zu Eingriffsmaßnahmen finden sich in Spezialgesetzen des Bundes (§ 16 IfSG) und der Länder (z. B. § 9 Abs. 1 PsychKG NRW, § 22 StrWG NRW); daneben enthalten die allgemeinen Ordnungs- und Polizeigesetze der Länder Generalklauseln zur Eingriffsermächtigung (bezogen auf das Land Nordrhein-Westfalen: § 8 PolG NRW, § 14 OBG NRW).

Unproblematisch sind auch die Spezialitätsfälle, die zwar nicht ausdrücklich vom Gesetzgeber geregelt wurden, deren Lösung aber schon aus der Definition des Begriffs Spezialität folgt.

Beispiele:
Für die Kündigung von Wohnraum gelten andere Fristen (§ 573c BGB) als für die Kündigung von Mietverhältnissen z. B. über Grundstücke (§ 580a BGB).

§ 224 StGB enthält alle Merkmale des § 223 StGB (Wer die Körperverletzung ... begeht) und noch mindestens ein anderes Merkmal darüber hinaus. Die Körperverletzung z. B. „mittels einer Waffe" (§ 224 Abs. 1 Nr. 2 StGB) enthält begriffsnotwendig eine „Körperverletzung" (§ 223 StGB). Bei einer Körperverletzung mittels einer Waffe verdrängt § 224 StGB die allgemeine Norm des § 223 StGB. Die Rechtsfolge soll hier also der speziellen Norm des § 224 StGB entnommen werden.

§ 65 PolG NRW ist lex specialis gegenüber § 64 PolG NRW. § 64 PolG NW regelt den Schusswaffengebrauch gegen Personen allgemein, § 65 PolG NRW gegen Personen „in einer Menschenmenge".
Auch bei Grundrechten gilt grundsätzlich, dass ein spezielles ein allgemeines Grundrecht verdrängt. Der allgemeine Gleichheitssatz gem. Art. 3 Abs. 1 GG tritt gegenüber dem speziellen Gleichheitssatz aus z. B. Art. 33 Abs. 2 GG zurück. Eine Verfassungsbeschwerde wegen Ungleichbehandlung im Fall des Zugangs zu einem öffentlichen Amt wäre also auf Art. 33 Abs. 2 GG zu stützen.
Art. 7 Abs. 2 GG ist lex specialis zu Art. 4 Abs. 1 und 2 sowie 6 Abs. 2 GG.

Fraglich und nicht immer einfach zu klären ist, ob und wie umfassend eine Regelung als Spezialnormierung anzusehen ist.
Unter Umständen lassen sich bestimmte Aspekte eines Falls nur teilweise durch die spezielle Vorschrift lösen, so dass die allgemeine Regelung noch ergänzend herangezogen werden muss.

Beispiel:
Im Verhältnis zu § 29 Abs. 1 Nr. 2 VersammlG ist § 113 OWiG lediglich die spezielle Vorschrift, soweit § 113 Abs. 1 OWiG das Nichtentfernen von einer öffentlichen Ansammlung erfasst. § 113 Abs. 1 OWiG greift nicht bereits mit der Auflösung der Versammlung ein (so nach § 29 Abs. 1 Nr. 2 VersammlG); es bedarf hier eines Nichtentfernens nach dreimaliger rechtmäßiger Aufforderung eines Hoheitsträgers, auseinanderzugehen.

Ob ein Rechtssatz Spezialnorm ist, bemisst sich nach Gesichtspunkten der Auslegung (s. S. 89 ff.), wobei das Ergebnis vor allem aus dem Zweckkriterium (s. S. 99 ff.) der zu vergleichenden allgemeinen bzw. speziellen Vorschrift gewonnen werden kann.
Der Spezialität verwandt ist die **Subsidiarität**. Die subsidiäre Norm hat überhaupt erst Bedeutung, wenn der verdrängende Rechtssatz unanwendbar ist. Sie ist die **Auffangnorm**, damit eine Rechtsentscheidung möglich ist. Subsidiarität wird also angenommen, wenn ein konkreter Konfliktfall nur aushilfsweise dann nach der subsidiären Regelung gelöst werden soll, wenn er nicht unter den Anwendungsbereich der Ausgangsnorm fällt. Ob eine Regelung als subsidiäre Norm zurückzustehen hat, ist wie im Fall der Spezialität durch Auslegung (S. 89 ff.) zu ermitteln, sofern sich dem Gesetz darüber nichts entnehmen lässt.

Beispiele:
Gem. § 1 Abs. 1 und 2 VwVfG gelten die VwVfG-Normen grundsätzlich nur, wenn und soweit nicht andere Rechtsvorschriften des Bundes „inhaltsgleiche oder entgegenstehende Bestimmungen enthalten".
Nur wenn die Normen über Widerruf und Rücknahme von Verwaltungsakten der AO und des SGB X (§§ 44 ff.) nicht anwendbar sind, kommen die §§ 48 ff. VwVfG zum Zuge.

§ 111 Abs. 3 OWiG stellt klar, dass § 111 Abs. 1 OWiG, der die Ahndung falscher Namensangabe gegenüber einer Behörde regelt, nur subsidiär gilt, also nur dann in Betracht kommt, wenn Bußgeldvorschriften z. B. in den Meldegesetzen der Länder nicht vorhanden sind.

Kein Spezialitäts-, sondern auch ein Subsidiaritätsfall ist das Verhältnis des Hauptfreiheitsrechts aus Art. 2 Abs. 1 GG zu den übrigen Freiheitsrechten (z. B. Art. 4 oder 5 GG). Vgl. dazu Schwacke/Schmidt, Staatsrecht, 5. Aufl. 2007, Rn. 781; BVerfGE 6, 32, 37; 89, 1,13). Art. 2 Abs. 1 GG hat Auffangfunktion und greift somit nur ein, soweit das besondere Grundrecht den Grundrechtseingriff nicht oder nicht „unter demselben sachlichen Gesichtspunkt" (BVerfGE 19, 206, 225) erfasst.

Bei der **Konsumtion**, die der Spezialität ebenfalls verwandt ist, tritt der Anwendungsvorrang der konsumierenden Norm nur regelmäßig, nicht zwangsläufig ein. Ebenso wie die Konkurrenzform der Subsidiarität spielt auch die Konsumtion vor allem im Strafrecht eine Rolle.

Recht – Rechtsordnung – Rechtssatz

Beispiel:
Wer eine Urkunde beschädigt (§ 274 Abs. 1 Nr. 1 StGB, begeht nicht zwangsläufig, aber typischerweise zugleich eine Sachbeschädigung (§ 303 Abs. 1 StGB).

3 Der Rechtssatz

Rechtssätze sind allgemein verbindliche Verhaltensgebote, deren Beachtung mithin grundsätzlich nicht im Belieben der Adressaten steht, sondern erzwingbar ist (S. 5). Was der Gesetzgeber als Verhaltensgebot bestimmt, erscheint in einem Rechtssatz in der Regel nicht als unbedingter Befehl (Imperativ), d. h. als kategorisch formulierte Verhaltensanweisung. Der Normaltyp einer Vorschrift ist vielmehr ein bedingter Befehl, also ein bedingtes Verhaltensgebot. Die jeweilige Anweisung ist mithin nur dann als geltendes Recht verbindlich, wenn bestimmte Bedingungen erfüllt sind.

Was der Gesetzgeber als Verhaltensgebot bestimmt, ist auch insofern kein unbedingter Befehl, als z. B. ein nach § 823 Abs. 1 BGB Geschädigter auf die Erfüllung der Schadenersatzpflicht durch den Schädiger verzichten kann.
Wenn ein Käufer sich dazu entschließt, die in § 433 Abs. 2 BGB normierte vertragstypische Pflicht zur Kaufpreiszahlung („Der Käufer ist verpflichtet, dem Verkäufer den vereinbarten Kaufpreis zu zahlen …") zwar einzugehen, sie dann aber doch nicht zu erfüllen, so läuft in seinem Fall der Verhaltensbefehl ebenfalls zunächst einmal ins Leere; der Käufer muss aber die durch den Verkäufer äußerstenfalls veranlasste Zwangsvollstreckung dulden. Durch die Erzwingbarkeit des Verhaltensgebots einer Norm wird insofern in letzter Konsequenz der bedingte Befehl dann doch noch zum kategorischen Befehl. S. zum Aspekt der Bedingtheit von Verhaltensgeboten Engisch, S. 31 ff.

3.1 Die Struktur eines Rechtssatzes

Die meisten Rechtssätze sind also derart gefasst, dass unter bestimmten Voraussetzungen (Bedingungen) bestimmte Verhaltenspflichten entstehen, entfallen oder geändert werden. Normen setzen sich danach aus zwei Teilen zusammen, und zwar aus

- einem Teil, der angibt, unter welchen **Voraussetzungen** (Bedingungen) eine bestimmte Pflicht besteht, aufgehoben oder geändert wird,

sowie

- einem Teil, der angibt, **welche Pflicht** auferlegt, aufgehoben oder geändert wird, wenn bestimmte Voraussetzungen (Bedingungen) erfüllt sind.

Die Summe der in einer Norm beschriebenen einzelnen Voraussetzungen wird **Tatbestand**, die auf diesen Tatbestand bezogene Pflicht wird **Rechtsfolge** genannt.

Im Prozessrecht wird der Begriff „Tatbestand" anders verwendet. Wenn es z. B. in § 313 Abs. 1 Nr. 5 ZPO heißt: „Das Urteil enthält … 5. den Tatbestand …", so ist damit gemeint, dass der wesentliche Inhalt von Sach- und Streitstand eines Prozesses im „Tatbestand" wiedergegeben ist.

In der Regel ist ein Rechtssatz nach allem so strukturiert, dass an die Verwirklichung eines Tatbestandes eine Rechtsfolge geknüpft ist. Sind die im Tatbestand genannten Bedingungen gegeben, kommt die Anordnung der Rechtsfolge grundsätzlich zum Zuge. Rechtssätze sind insofern nach einem **„Wenn-dann-Schema"** aufgebaut:

Wenn … (ein bestimmter Tatbestand, d. h. die in ihm genannten Voraussetzungen erfüllt sind), **dann** … (gilt eine bestimmte Rechtsfolge).

Oder umgekehrt: „Es gilt … (Rechtsfolge), wenn … (Tatbestand erfüllt ist).

Der Rechtssatz

Der Gesetzgeber hat dieses „Wenn-dann-Grundmodell" regelmäßig als Normstruktur berücksichtigt, ohne es im Wortlaut immer deutlich werden zu lassen. Auch wenn er Rechtsnormen unterschiedlich formuliert, ist das Aufbauschema in der Regel aber gut zu erkennen.

Wendet man das „Wenn-dann-Schema" z. B. auf die Bestimmung des § 823 Abs. 1 BGB (s. S. 1, 42) an, ergibt sich als

- **Tatbestand**(svoraussetzungen): **Wenn**
  - jemand ... den Körper, ... eines anderen verletzt, und zwar
  - widerrechtlich
  - vorsätzlich oder fahrlässig,
- **Rechtsfolge**(anweisung): **dann**
  - ist er, der Verletzende, zum Ersatz des Schadens verpflichtet

Weitere Beispiele:
In § 242 Abs. 1 StGB ist an den Tatbestand „Wer eine fremde bewegliche Sache einem anderen in der Absicht wegnimmt, die Sache sich oder einem Dritten rechtswidrig zuzueignen", die Rechtsfolge „wird mit Freiheitsstrafe ... oder mit Geldstrafe bestraft" geknüpft. Im Sinne des „Wenn-dann-Modells" lautet der Norminhalt verkürzt: Wenn jemand eine ... Sache ... wegnimmt, dann ... wird er bestraft.

In § 19 Abs. 1 SGB XII ist der Tatbestand „(Wenn Personen, d. V.) ihren notwendigen Lebensunterhalt nicht oder nicht ausreichend aus eigenen Kräften und Mitteln, insbesondere aus ihrem Einkommen und Vermögen, beschaffen können" mit der Rechtsfolge verbunden: ist „Hilfe zum Lebensunterhalt ... zu leisten".

Nach dem Grundschema „Wenn-dann" ist in der Ermächtigungsnorm des § 15 Abs. 2 GastG die Rechtsfolge „Die Erlaubnis ist zu widerrufen" an den Tatbestand „wenn nachträgliche Tatsachen eintreten, die die Versagung der Erlaubnis ... rechtfertigen würde" gekoppelt.

§ 12 Abs. 1 Nr. 1 BeamtStG NRW normiert u. a. als Rechtsfolge: „Eine Ernennung (eines Beamten, d. V.) ist zurückzunehmen" und als Tatbestand u. a. „1. wenn sie durch Zwang ... herbeigeführt wurde." Statt des vom Gesetzgeber gewählten Ausdrucks „Eine Ernennung ist zurückzunehmen" hätte es auch heißen können: Es besteht eine Pflicht zur Zurücknahme der Ernennung.

In Art. 19 Abs. 4 GG ist an den Tatbestand „Wird jemand durch die öffentliche Gewalt in seinen Rechten verletzt" die Rechtsfolge „so steht ihm der Rechtsweg offen" geknüpft.

Die Rechtsfolgeanordnung kann auch durch Wendungen wie z. B. „muss", „kann", „darf nicht" ausgedrückt sein (s. dazu S. 78 f.).

Die „Wenn-dann"-Struktur ist nicht immer ohne weiteres aus einem Normtext ablesbar. In § 154 Abs. 1 VwGO heißt es: „Der unterliegende Teil (im verwaltungsgerichtlichen Verfahren, d. V.) trägt die Kosten des Verfahrens." Diese Vorschrift lässt sich noch relativ leicht in das Grundschema bringen: Wenn jemand (in einem verwaltungsgerichtlichen Verfahren) unterliegt, dann ist er verpflichtet, die Kosten zu tragen. Das gilt z. B. auch für den Rechtssatz des § 854 Abs. 1 BGB: „Der Besitz einer Sache wird durch die Erlangung der tatsächlichen Gewalt über die Sache erworben." Dahinter steckt die „Wenn-dann"-Aussage: Wenn jemand die tatsächliche Gewalt über eine Sache erlangt hat, ist er Besitzer (mit den entsprechenden Rechten und Pflichten). Auf diese Weise lassen sich, auch wenn es mitunter erhebliche Schwierigkeiten macht (s. dazu z. B. § 188 Abs. 1 BGB zum Fristende oder § 261 StGB zur Geldwäsche), fast alle Bestimmungen umformulieren.

Eine Reihe von Gesetzesvorschriften ist weder nach der Grundstruktur „Wenn-dann" gebildet noch auf diese unmittelbar zurückführbar. Dazu zählen alle Normen, in denen der Gesetzgeber lediglich Begriffe definiert, die er in Tatbeständen oder Rechtsfolgen benutzt (sog. Legaldefinitionen, S. 31). Überdies gibt es Vorschriften, in denen der Gesetzgeber eher abstrakte Ziele und Zwecke benennt, die verbindliche Zielsetzungen (s. z. B. Art. 20a, Schutz natürlicher Lebensgrundlagen) oder bindende Handlungsaufträge an den Staat (s. z. B. Art. 3 Abs. 2 S. 2 GG, Gleichstellungsgebot) sein können.

Eine strukturelle Besonderheit weisen etliche Rechtsnormen des Verwaltungsrechts auf. Sie sind zwar nach dem „Wenn-dann"-Schema gebildet, verknüpfen die im Rechtssatz genannte Rechtsfolge aber nicht zwingend mit dem Tatbestand, sondern überlassen es der normanwendenden Behörde, ob die Rechtsfolge im konkreten Fall eintritt oder nicht (s. dazu auch S. 78 f.).

Schematisch gilt für solche Fälle des sog. **Entschließungsermessens**:

Beispiel:
§ 15 Abs. 2 VersammlG, wonach u. a. eine nicht angemeldete Versammlung oder ein nicht angemeldeter Aufzug aufgelöst werden kann.

Vom Entschließungsermessen ist das sog. **Auswahlermessen** zu unterscheiden, bei dem sich die Ermessensermächtigung darauf erstreckt, von mehreren im Rechtssatz genannten Rechtsfolgen eine auszuwählen.

Für das „Wenn-dann"-Schema ergibt sich hier:

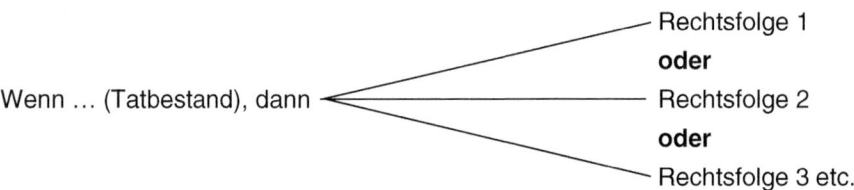

Beispiel:
Muss dem Umweltinformationsanspruch (§ 4 UIG) entsprochen werden, steht der Behörde ein (allerdings nur begrenztes) Ermessen zu (Auskunftserteilung einerseits, Gewährung von Akteneinsicht oder Zur-Verfügung-Stellung eines „Informationsträgers in sonstiger Weise" andererseits; s. dazu BVerwG VR 1997, S. 285).

Der Rechtssatz

3.2 Die Bestandteile eines Rechtssatzes im Einzelnen

Zur Tatbestandsseite eines Rechtssatzes zählt alles, was die rechtlich zu beurteilende Sachverhalts- oder Konfliktlage (Kaufsituation, Diebstahlssituation, Enteignungssituation) betrifft, für die nach der Rechtsordnung ein bestimmtes Verhaltens- und Entscheidungsgebot (z. B. Pflicht des Käufers zur Zahlung des Kaufpreises, Bestrafung des Diebs, Entschädigungspflicht des Staates) gelten soll. Zur Rechtsfolgeseite gehört alles, was den Inhalt des Verhaltensgebots angeht.

Der Tatbestand enthält die wesentlichen Merkmale der typischerweise in der Wirklichkeit vorkommenden rechtserheblichen Fallsituation, beschreibt also die Bedingungen für die prinzipielle Anwendbarkeit des Rechtssatzes. Die Rechtsfolge gibt an, wie der Gesetzgeber nach der Rechtsordnung eine solche Fallsituation bewertet und entschieden haben will. Die Inhalte von Tatbeständen und Rechtsfolgen sind durchweg in Worten ausgedrückt, wobei sich der Normgeber zwar auch der Umgangssprache bedient, mehr oder minder aber fachsprachlich formuliert und dabei abstrakte Begriffe benutzt (eingehender dazu S. 46 ff.).

3.2.1 Tatbestand

Die im Tatbestand beschriebenen Bedingungen, unter denen die Rechtsfolge der Norm eintritt, werden **Tatbestandsmerkmale** (Tatbestandselemente) genannt. Tatbestände bestehen aus mindestens einem Merkmal, in der Regel allerdings aus einer Vielzahl solcher Voraussetzungen.

Beispiele:
In Art. 14 Abs. 2 S. 1 GG heißt es: „Eigentum verpflichtet." Nach dem „Wenn-dann"-Schema (S. 22 f.) lautet die Normaussage: Wenn jemand Eigentum hat, dann ergeben sich daraus für ihn Pflichten. Einziges Tatbestandsmerkmal ist hier der Begriff „Eigentum".

Immerhin zwei Elemente enthält der Tatbestand des § 2 Abs. 1 S. 1 GastG: „(Wer ein, d. V.) Gaststättengewerbe betreiben (will, d. V.) ..."

Elemente des Tatbestandes in § 823 Abs. 1 BGB sind: Wer vorsätzlich oder fahrlässig das Leben, den Körper, die Gesundheit, die Freiheit, das Eigentum oder ein sonstiges Recht eines anderen widerrechtlich verletzt.

Noch komplizierter ist § 117 Abs. 1 OWiG aufgebaut. Danach handelt ordnungswidrig, wer „ohne berechtigten Anlass oder in einem unzulässigen oder nach den Umständen vermeidbaren Ausmaß Lärm erregt, der geeignet ist, die Allgemeinheit oder die Nachbarschaft erheblich zu belästigen oder die Gesundheit eines anderen zu schädigen." Der Tatbestand besteht aus den Merkmalen: Lärm, und zwar ohne berechtigten Anlass oder von nach den Umständen unzulässigem oder vermeidbarem Ausmaß, Lärm erregt, geeignet zu einer erheblichen Belästigung, und zwar der Allgemeinheit bzw. der Nachbarschaft oder geeignet zur Gesundheitsbeschädigung eines anderen.

Der Gesetzgeber verwendet zur Umschreibung von Tatbeständen, wie sich in den Beispielen zum Teil bereits zeigte, unterschiedliche **Arten von Merkmalen**. Zu nennen sind hier deskriptive und normative Tatbestandsmerkmale; ferner wird zwischen objektiven und subjektiven, negativen sowie geschriebenen und ungeschriebenen Elementen differenziert.

Deskriptive (empirische) Tatbestandsmerkmale sind Begriffe, mit deren Hilfe das, was in der Lebenswirklichkeit grundsätzlich wahrnehmbar ist (Gegenstände, Eigenschaften, Zustände), beschrieben wird. Der Normanwender kann solche in Gesetzen benutzten Wörter vom Prinzip her unmittelbar verwenden.

Dass sich auch bei deskriptiven Merkmalen rechtliche Wertungsprobleme im Rahmen der konkreten Normanwendung, mit der schließlich der Zweck der angewendeten Vorschrift verwirklicht werden soll, ergeben können, wird an anderer Stelle behandelt (s. S. 48).

Beispiele:
„Körper", „verletzt" (§ 823 Abs. 1 BGB); „alkoholische Getränke" (§ 316 Abs. 1 StGB); „Mensch" (§ 1 BGB; § 212 Abs. 1 StGB); „Lärm erregt" (§ 117 Abs. 1 OWiG); „Grün-Gelb-Rot-Rot" (§ 37 Abs. 2 S. 1 StVO); „von rechts" (§ 8 Abs. 1 StVO); „Kraftfahrzeug" (§ 24a StVG).

Das Wort „Mensch" (z. B. in § 1 BGB oder § 212 Abs. 1 StGB) ist ein Beispiel dafür, dass dekriptive Tatbestandsmerkmale nicht selten normative Begriffe sind.

Im Gegensatz zu den deskriptiven Elementen, die vor allem Tatsachen beschreiben, verstehen sich **normative** Begriffe prinzipiell nicht aus sich heraus. Ihr Bedeutungsinhalt muss vielmehr wertend geklärt werden. Um ein normatives Merkmal anwenden zu können, bedarf es seiner auf den jeweils konkret zu entscheidenden Fall bezogenen Wertung (s. S. 69 ff.).

Normative Begrifflichkeit in Gesetzen hat u. a. den Vorteil, dass solche einzelfallbezogenen Bewertungen erfolgen können und dass dabei einem möglichen Wandel von Wertungen Rechnung getragen werden kann. S. zum Ganzen auch S. 101 f.

Etliche normative Tatbestandsmerkmale will der Gesetzgeber in einem ganz bestimmten Sinn verstanden wissen; der Rechtsanwender wird hier also bei der Wertung geführt (eingehender dazu s. S. 31 f.).

Beispiele:
Ob jemand „Eigentümer" einer Sache ist, bemisst sich anhand der §§ 929 ff. BGB.

Was der Gesetzgeber begrifflich auch noch als „vorsätzlich" verstanden wissen will, ergibt sich aus § 11 Abs. 2 StGB.

Ob eine hoheitliche Maßnahme ein „Verwaltungsakt" ist, legt nicht der Normanwender fest, sondern bestimmt sich nach § 35 S. 1 VwVfG.

Daneben gibt es normative Tatbestandsmerkmale, die der Rechtsanwender im konkreten Fall ohne unmittelbare gesetzgeberische Vorgaben zu bewerten hat. Entscheidend können bei solchen Wertungsvorgängen nicht nur sittliche Maßstäbe, sondern unter Umständen auch etwa soziale, medizinische, naturwissenschaftliche oder wirtschaftliche Erkenntnisse sein. Ab wann z. B. ein Kraftfahrzeugführer nach Haschischgenuss „nicht in der Lage ist, das Fahrzeug sicher zu führen" (§ 316 Abs. 1 StGB), also fahruntüchtig ist, lässt sich z. B. nur unter Verwendung medizinisch-naturwissenschaftlichen Wissens bestimmen. Der Rechtsanwender kann sich bei seiner Bewertung darauf stützen.

Einer eher eigenen Bewertung bedarf es dagegen z. B. bei normativen Merkmalen wie „Kunst" (Art. 5 Abs. 3 GG) oder „pornografisch" (§ 184 Abs. 1 StGB). Ob eine „Ansammlung von Gläsern auf einem Holzboden" als „Kunst" oder etwa bestimmte literarische Texte als „pornografisch" (§ 184 Abs. 1 StGB) zu qualifizieren sind, setzt eine zwar an den allgemeinen Anschauungen über Kunst bzw. Pornografie orientierte, letztlich aber doch subjektive Wertung des konkreten Falles durch den Rechtsanwender voraus. Hier spricht man von „wertausfüllungsbedürftigen" normativen Merkmalen (zur Auslegung s. im Einzelnen S. 49 f., 114 f.).

Der Rechtssatz

Beispiele für normative Elemente:
„Widerrechtlich" (§ 823 Abs. 1 BGB); „Verstoß gegen die guten Sitten" (§§ 138, 826 BGB); „niedrige Beweggründe" (§ 211 Abs. 2 StGB); „fremd" (§ 242 StGB); „Gefährlichkeit" (z. B. im Rahmen der Maßregeln der Besserung und Sicherung §§ 63, 64 StGB); „wirtschaftliche Verhältnisse" (§ 18 OWiG); „unangemessener Aufwand" (§ 25a StVG); „dem Trunke ergeben" (§ 4 Abs. 1 Nr. 1 GastG); „arglistige Täuschung" (§ 12 Abs. 1 Nr. 1 BeamtStG NRW).

Unterschiedliche normative Merkmale finden sich in § 316 Abs. 1 StGB: „Wer **im Verkehr (§ 315 bis 315d)** ein Fahrzeug führt, obwohl er infolge des Genusses alkoholischer Getränke oder anderer berauschender Mittel **nicht in der Lage ist, das Fahrzeug sicher zu führen**, wird …"

Objektive („äußere") Tatbestandsmerkmale bestimmen wie deskriptive das äußere Erscheinungsbild, wozu alle eben äußeren, d. h. sinnlich wahrnehmbaren oder erfahrbaren (objektiven) Umstände zählen, die ein Merkmal sachlich gegenständlich beschreiben (z. B. „Körper" in § 823 Abs. 1 BGB, „Kraftfahrzeug" in § 24a StVG).

Im Gegensatz dazu gehören **subjektive** („innere") Tatbestandselemente dem psychisch-seelischen Bereich des Handelnden an. Dazu zählen alle inneren Vorgänge wie das Wollen einer Handlung und die Beschaffenheit des Willens. Subjektive Merkmale setzen stets eine Bewertung voraus, sind also immer normative Elemente.

Beispiele:
„Vorsätzlich" bzw. „fahrlässig" (u. a. in § 823 Abs. 1 BGB, § 839 Abs. 1 BGB; § 114 Abs. 1 OWiG; § 28 Abs. 1 GastG; § 144 Abs. 1–3 GewO); „um sich … zu bereichern" (§ 253 Abs. 1 StGB); „leichtfertig" (u. a. in § 261 Abs. 5 StGB; § 17 Abs. 3 Nr. 1 BJagdG; § 28 Abs. 2 Nr. 1 OWiG).

Mit allen bisherigen Arten von Tatbestandsmerkmalen hat der Gesetzgeber „positive" Tatbestandsvoraussetzungen in dem Sinne formuliert, dass diese in der Norm genannten Bedingungen erfüllt sein müssen, wenn eine bestimmte Rechtsfolge eintreten soll. Der Gegenbegriff dazu ist das **negative** Tatbestandselement. Solche Begriffe drücken Umstände aus, deren Nichtvorliegen Tatbestandsbedingung ist.

Beispiele:
Das Merkmal „widerrechtlich" (u. a. in § 823 Abs. 1 BGB) bedeutet, dass keine Umstände gegeben sein dürfen, die eine Verletzungshandlung rechtfertigen. Die Rechtsfolge des § 823 Abs. 1 BGB soll also nur zum Zuge kommen, wenn kein Rechtfertigungsgrund für die Verletzungshandlung vorliegt. „Widerrechtlich" ist, was allerdings nicht alle so sehen, insofern eine negative Tatbestandsvoraussetzung.

„Ohne die erforderliche Erlaubnis" (§ 28 Abs. 1 Nr. 1 GastG oder etwa § 144 Abs. 1 Nr. 1 bzw. 2 GewO); „ohne die Genehmigung" (u. a. in § 62 Abs. 1 Nr. 1 BImSchG); „unbefugt" (§ 115 OWiG).

Tatbestandsmerkmale müssen nicht ausdrücklich im Text eines gesetzlichen Tatbestandes stehen, sondern können auch **ungeschrieben** sein. Dass sie Element eines Tatbestandes sind, kann sich dabei direkt aus einer anderen Vorschrift des Gesetzes oder durch Auslegung ergeben.

Beispiele:
„Kausalität" in § 823 Abs. 1 BGB (die Verletzungshandlung muss die Verletzung herbeigeführt, also verursacht haben).

Tatbestandsvoraussetzung des § 117 Abs. 1 OWiG ist u. a. auch das ungeschriebene subjektive Merkmal „vorsätzlich", wie aus § 10 OWiG folgt.

„Ursächlichkeit" zwischen Zuwiderhandlung und Aufsichtspflichtverletzung in § 130 OWiG.

Das Nichtvorliegen der Voraussetzungen zum Versagen der Gaststättenerlaubnis (§ 4 GastG) ist ungeschriebenes, zudem negatives (s. oben) Tatbestandsmerkmal des § 2 Abs. 1 S. 1 GastG.

3.2.2 Rechtsfolge

Auch die auf einen Tatbestand bezogene Rechtsfolge ist begrifflich festgelegt. Ob die Rechtsfolgeanordnung nun – wie in der Regel – auf die Verpflichtung zu einem bestimmten Tun, Dulden oder Unterlassen abzielt (s. S. 3, 22) oder auf die Befreiung von einem Verbot, eine Pflichtenverschiebung bzw. Feststellung eines Status, in jedem Fall gibt der Gesetzgeber – wie auf der Tatbestandsseite – den Inhalt durch mehr oder minder abstrakte Wörter an. Die zur Kennzeichnung einer Rechtsfolge verwendeten Begriffe sind die **Rechtsfolgemerkmale**. Wie die meisten Tatbestandselemente sind ebenso die Elemente der Rechtsfolge normative Merkmale (S. 26), für die der Gesetzgeber zum Teil auch begriffliche Vorgaben formuliert hat.

Beispiel:
Die Rechtsfolge in § 823 Abs. 1 BGB („ist dem anderen zum Ersatz des daraus entstehenden Schadens verpflichtet") enthält das normative Element „Schaden", das unter Rückgriff auf andere Vorschriften (§§ 249 ff. bzw. 843 ff. BGB) näher zu bestimmen ist.

3.3 Arten von Rechtssätzen

Bei der Behandlung der unterschiedlichen Tatbestandsmerkmale klang bereits an, dass nicht alle Rechtssätze direkte Anweisungen (Rechtsfolgen) zur Konfliktlösung enthalten. Nur wenn den Gesetzesvorschriften unmittelbar Entscheidungsanordnungen zur Bewältigung einer Konfliktlage entnommen werden können, sind sie sog. **vollständige Rechtssätze**. Gesetze enthalten daneben eine Fülle von Normen, die überhaupt erst im Zusammenhang mit den vollständigen Vorschriften einen rechtlichen Sinn haben. Weil ihnen selbst lediglich Anweisungen des Normgebers z. B. zur korrekten Benutzung von Begriffen oder aber zur Veränderung des Inhalts des vollständigen Rechtssatzes entnommen werden können, weil sie also zur Konfliktlösung in jedem Fall nur indirekt beitragen, heißen sie **unvollständige Rechtssätze**. Die weitaus meisten Rechtsnormen sind in diesem Sinne unvollständig. Da sie zudem oft Regelungen enthalten, die für diverse Vorschriften desselben Gesetzes oder sogar anderer Gesetze, also in unterschiedlichen Zusammenhängen eine Rolle spielen, sind unvollständige Rechtssätze ganz wesentliche Bausteine im System der Rechtsordnung (S. 7).

Allein mittels einer vollständigen Vorschrift lässt sich eine Konfliktlage in aller Regel also nicht lösen. Für die Gesetzgebung bedeutet diese systematisierende und ordnende Aufteilungstechnik eine Erleichterung; wer dagegen einen konkreten Fall zu entscheiden hat, muss freilich erst alle entscheidenden normativen Einzelteile zusammentragen und darf dabei keinen Baustein übersehen (s. im Einzelnen dazu S. 59 ff.).

3.3.1 Überblick

Die in der Rechtsordnung zu findenden Arten von Rechtssätzen lassen sich differenzieren in:

- **vollständige Rechtssätze**
- **unvollständige Rechtssätze**,

die zu unterteilen sind in:
- **erläuternde** (ausfüllende) **Rechtssätze**
- **Ausnahmen regelnde Rechtssätze**,

   wobei wiederum zu unterscheiden ist zwischen:
   - **rechtshindernden Normen**
   - **rechtsvernichtenden Normen**
   - die **Durchsetzung von Rechtsfolgen hindernden Normen.**

Unvollständige Rechtssätze sind auch die Verweisungen, Fiktionen und Vermutungen.

3.3.2 Vollständige Rechtssätze

Vollständige Rechtssätze enthalten nicht nur die Tatbestandsvoraussetzungen, sondern aus ihnen ergeben sich auch die grundsätzlichen Entscheidungsgebote der Rechtsordnung zur Bewältigung von Konfliktsituationen, also die in Rechtsfolgen festgelegten Anweisungen an Personen (z. B. Zahlungspflichten, Herausgabepflichten) oder an den Staat (z. B. Sanktionspflichten, Eingriffsermächtigungen). Da es bei einer Konfliktlösung um die Beantwortung der Frage geht, ob es in der Rechtsordnung eine Vorschrift gibt (und welche), die als Rechtsfolge die Erfüllung eines konkreten Verlangens (Tuns, Duldens, Unterlassens) vorsieht, nennt man den vollständigen Rechtssatz, aus dem sich die Rechtsfolge zur Entscheidung eines Falls ergibt, auch **Antwortnorm**.

Beispiele:
Im Zivilrecht sind vollständige Rechtssätze Anspruchsgrundlagen (S. 160) wie §§ 433, 535, 812, 985 BGB. Im Wagentür-Fall (S. 1) verlangt B von A Schadenersatz. Als Antwortnorm zur Erfüllung seines Verlangens kommt § 823 Abs. 1 BGB in Betracht.

Zum Strafrecht s. die Straftatbestände wie z. B. §§ 211, 242 StGB. Im Gastwirts-Fall (S. 18) ist Antwortnorm u. a. § 284 Abs. 1 StGB.

Im Verwaltungsrecht sind etwa die gesetzlichen Grundlagen (Ermächtigungsgrundlagen) zum Tätigwerden der Verwaltung vollständige Rechtssätze. So bietet sich im Gastwirts-Fall (S. 18) § 15 Abs. 2 GastG als Ermächtigungsgrundlage der Verwaltung dafür an, dem an den Alkohol geratenen und Glücksspiele in seiner Kneipe zulassenden G die Erlaubnis zum Betreiben seiner Schankwirtschaft wieder zu entziehen. Vgl. zum Ganzen auch § 48 VwVfG, § 16 IfSG, § 5 VersammlG, § 35 GewO, § 12 BeamtStG NRW.

Im Verfassungsrecht s. die Grundrechtsbestimmungen. So gewährt etwa Art. 4 Abs. 1 GG u. a. das Recht, Gewissensentscheidungen frei zu bilden und frei zu verwirklichen. Art. 6 Abs. 1 GG verbürgt Eheschließungsfreiheit und das Recht auf Abwehr störender Eingriffe in Ehe und Familie. Wird jemand durch die öffentliche Gewalt in seinen Rechten verletzt, steht ihm der Rechtsweg offen (Art. 19 Abs. 4 GG).

Antwortnormen sind also stets Rechtssätze, die rechts- oder anspruchsbegründend sind (s. im Einzelnen dazu S. 165). Sie liefern den „Grundtatbestand", an den bei Vorliegen der Voraussetzungen grundsätzlich die konkret gesuchte Rechtsfolge zur Lösung des Konfliktfalls geknüpft ist. Zu ihnen zählen auch z. B. Ermächtigungs- oder Kompetenznormen (z. B. Art. 70 GG; Art. 80 Abs. 1 S. 1 GG; § 1789 BGB). Von vollständigen Normen kann insofern ebenfalls gesprochen werden, wenn der Gesetzgeber nur zu einem bestimmten Handeln befugt, und zwar eine Person oder einen Hoheitsträger.

Erster Abschnitt: Methodik der Rechtsgewinnung

Vollständige Rechtssätze bestehen in ihrer einfachsten Form aus einer einzigen Vorschrift.

Beispiele:
Wenn im Wagentür-Fall (S. 1) B von A Schadenersatz verlangt, so ist die Antwortnorm, aus der sich als Rechtsfolge eine Schadenersatzpflicht bei Vorliegen bestimmter Voraussetzungen ergibt, § 823 Abs. 1 BGB. Wenn die durch das unachtsame Öffnen der Wagentür zugefügte Verletzung des B tatsächlich als vorsätzliche oder fahrlässige rechtswidrige Körperverletzung angesehen werden kann, folgt als Antwort aus dem Rechtssatz des § 823 Abs. 1 BGB die Feststellung der Rechtsfolge „Schadenersatzpflicht".

Kaufpreisanspruch aus § 433 Abs. 2 BGB; das Gebot an den Staat, Mörder zu bestrafen (§ 211 StGB); das Recht des Bürgers auf ungehinderte Informationsfreiheit (Art. 5 Abs. 1 GG).

Eine Antwortnorm kann auch aus zwei oder mehreren vollständigen Vorschriften **zusammengesetzt** sein. Die konkret gesuchte Rechtsfolge eines Rechtssatzes tritt dann erst ein, wenn die Tatbestandsvoraussetzungen beider Rechtsnormen erfüllt sind.

Beispiele:
Wenn B im Wagentür-Fall (S. 1) neben der Erstattung des materiellen Schadens (Arztkosten) „Schmerzensgeld" als Ausgleich für den immateriellen Schaden verlangen würde, wären Antwortnormen §§ 253 Abs. 2 i. V. m. 823 Abs. 1 BGB. § 253 Abs. 2 bestimmt: „Ist wegen einer Verletzung des Körpers, ... Schadenersatz zu leisten, kann auch wegen des Schadens, der nicht Vermögensschaden ist, eine billige Entschädigung in Geld gefordert werden".

Versucht jemand, einem Gefangenen Nachrichten zu übermitteln (§ 115 Abs. 1 Nr. 1 OWiG), so ergibt sich die Ahndbarkeit eines solchen Verhaltens aus §§ 115 und 13 OWiG.

Ein Fahrverbot nach § 25 Abs. 1 StVG kommt in Betracht bei Festsetzung einer Geldbuße wegen einer Ordnungswidrigkeit nach § 24 StVG, die als grobe oder beharrliche Pflichtverletzung des Kraftfahrzeugführers anzusehen ist. Die Antwortnorm ist hier also aus § 25 Abs. 1 und § 24 StVG zusammengesetzt.

Amtshaftungsansprüche gegen den Staat ergeben sich aus Art. 34 GG i. V. m. § 839 BGB. Es müssen also sowohl die Tatbestandsvoraussetzungen des § 839 BGB wie Art. 34 GG gegeben sein.

Die Voraussetzungen für eine Verfassungsbeschwerde folgen u. a. aus Art. 93 Abs. 1 Nr. 4a, 94 Abs. 2 S. 2 GG, §§ 90 ff. BVerfGG.

Von einer zusammengesetzten vollständigen Norm spricht man dagegen nicht, wenn sich – wie normalerweise bei Fällen – der entscheidungserhebliche Inhalt einer vollständigen Vorschrift erst mit Hilfe einer oder mehrerer unvollständiger Rechtssätze klären lässt (zur Rechtsanwendung im Einzelnen s. S. 59 ff.).

Hinter jeder Regelung in vollständigen Normen steckt eine (Interessen-)Bewertung des Gesetzgebers (S. 3, 99 ff.). Dieses gesetzgeberische Werturteil soll aber nur grundsätzlich gelten, d. h. es kann in einem konkret zu entscheidenden Fall ausnahmsweise gerechter sein, vom Grundsatz abzuweichen, also nicht nach der Grundregel der vollständigen Norm zu entscheiden. Wann und wie das geschehen soll, folgt in erster Linie aus unvollständigen Rechtssätzen, von denen ebenfalls im nächsten Abschnitt die Rede ist.

Dass der Gesetzgeber die Inhalte von Rechtsnormen nicht immer vollständig ausformuliert, Normtexte insofern mal vollständig, mal unvollständig sind, steht mit der hier erörterten Frage in keinem Zusammenhang. Der Text des § 212 StGB (Totschlag) lautet nur: „Wer einen Menschen tötet, ohne Mörder zu sein, wird als Totschläger ... bestraft." Bedingung für die Rechtsfolge „Strafe" ist aber u. a. auch, dass der Täter z. B. nicht gerechtfertigt ist. Die Voraussetzungsseite des § 212 StGB ist also nicht komplett. Die „Vervollständigung" des Textes der „vollständigen" Norm ergibt sich hier aus der Berücksichtigung des ungeschriebenen Tatbestandsmerkmals (S. 27) „widerrechtlich".

Der Rechtssatz

3.3.3 Unvollständige Rechtssätze

Unvollständige Rechtsnormen enthalten jeweils nur ergänzende Regelungen zu vollständigen Rechtssätzen. Unmittelbare Entscheidungsanweisungen lassen sich solchen Vorschriften nicht entnehmen. Konkrete Fallentscheidungen gewinnt der Normanwender daher niemals allein mittels unvollständiger Rechtsnormen. Was aus unvollständigen Rechtssätzen als Recht folgt, kann sich auf die (Rechtsfolgen-)Inhalte der Antwortnorm auswirken; insofern bestimmen sie Art und Weise einer Konfliktlösung mittelbar mit.

Unvollständige Rechtssätze haben unterschiedliche Funktionen: Manche erläutern die (Begriffs-)Inhalte vollständiger Normen, sie „helfen" also, Antwortnormen inhaltlich zu klären, und werden demgemäß auch **Hilfsnormen** genannt. Die „Hilfe" ist allerdings kein gesetzgeberisches „Angebot", sondern für den Normanwender verbindlich. Andere unvollständige Rechtssätze führen dazu, dass die von der Antwortnorm grundsätzlich vorgesehene Regel nicht oder nur eingeschränkt gelten soll bzw. undurchsetzbar gemacht wird. Sie bewirken etwa, dass trotz Vorliegens aller Tatbestandsvoraussetzungen einer Antwortnorm dennoch deren generell angeordnete Rechtsfolge gar nicht oder in ihrer Ausgangsform nicht eintritt. Solche unvollständigen Normen stehen also der Grundregel der Antwortnorm entgegen; entsprechend heißen sie auch **Gegennormen**.

Wie vollständige können auch unvollständige Normen aus Tatbestand und Rechtsfolge bestehen. Die sich aus ihrer Rechtsfolge ergebende gesetzgeberische Anordnung führt aber eben nicht zur konkret angestrebten Konfliktlösung, sondern lediglich zu einem (Teil-)Ergebnis im Rahmen der Anwendung der Antwortnorm.

(1) Erläuternde Rechtssätze (Hilfsnormen)

Die einfachste Art erläuternder (ausfüllender) Rechtssätze ist die definierende Norm. Durch **Legaldefinitionen** legt der Gesetzgeber fest, was bestimmte Tatbestands- oder Rechtsfolgebegriffe in anderen (vollständigen oder unvollständigen) Rechtssätzen desselben Gesetzes bedeuten. Der Rechtsanwender soll sich hier keine eigenen Gedanken darüber machen, wie er ein solches begriffliches Merkmal inhaltlich bestimmt, sondern den in der Definitionsnorm für das gesamte Gesetz einheitlich festgelegten Sprachgebrauch übernehmen. So heißt es etwa in § 194 Abs. 1 BGB: „Das Recht, von einem anderen ein Tun oder ein Unterlassen zu verlangen (Anspruch), unterliegt der Verjährung." Den Begriff „Anspruch" benutzt der Gesetzgeber auch z. B. in § 255 BGB: „Wer für den Verlust einer Sache … Schadensersatz zu leisten hat, ist zum Ersatz nur gegen Abtretung der Ansprüche verpflichtet, die dem Ersatzberechtigten … zustehen."

Weitere Beispiele für Erläuterungen von Tatbestandselementen:
§ 90 BGB (Sache); § 121 BGB (unverzüglich); § 276 Abs. 2 BGB (fahrlässig); § 932 Abs. 2 BGB (guter Glaube). In § 475 Abs. 1 BGB gibt es die Begriffe „Verbraucher" bzw. „Unternehmer"; wie der Gesetzgeber sie verstanden wissen will, erläutert er in § 13 BGB (Verbraucher) bzw. § 14 BGB (Unternehmer).
§ 11 Abs. 1 Nr. 2 StGB (Amtsträger); § 25 StGB (Täter); § 32 Abs. 2 StGB (Notwehr).

Erster Abschnitt: Methodik der Rechtsgewinnung

§ 36 Abs. 2 VwVfG (einzelne Nebenbestimmungen); § 39 StVO (Verkehrszeichen).
Art. 115a Abs. 1 GG (Verteidigungsfall); Art. 121 GG (Mehrheit der Mitglieder des Bundestages).
Beispiele für Begriffserklärungen auf der Rechtsfolgeseite:
§ 12 Abs. 1 StGB (Verbrechen); § 12 Abs. 2 StGB (Vergehen); § 162 VwGO (Kosten).

Wenn nach allem also z. B. in § 35 S. 1 VwVfG der Begriff „Verwaltungsakt" definiert ist, bedeutet es, dass überall dort, wo im Gesetz der Ausdruck „Verwaltungsakt" auftaucht, er in dem in § 35 S. 1 VwVfG beschriebenen Sinn verwendet werden soll. Diese dem Normanwender vorgegebene Anweisung löst aber in einem konkreten Fall Rechtsfolgen erst über die Antwortnorm aus, in der es um einen „Verwaltungsakt" geht und in dem das Wort vom Gesetzgeber entsprechend seiner Definition in § 35 S. 1 VwVfG zu verstehen ist (s. dazu auch S. 91).

Legaldefinitionen dienen in der Praxis nicht nur dem Normanwender, sondern ebenso dem Gesetzgeber, denn der kann Wiederholungen in Gesetzen vermeiden. Entsprechende normsetzungstechnische Mittel sind z. B. auch Fiktionen oder Verweisungen (s. dazu S. 36 ff.).

Für die meisten in Gesetzen gebrauchten Merkmale liefert der Gesetzgeber selbst keine Definition (z. B. „Versammlung" im VersG; „Ausweisung" im AuslG). Der Normanwender ist in der Regel dennoch nicht auf sich selbst gestellt, denn Rechtsprechung und Lehre haben die Bedeutung vieler solcher Begriffe inhaltlich bestimmt (eingehender dazu s. S. 49 f., 90).

Nicht selten macht der Normgeber von dem Mittel Gebrauch, Tatbestands- oder Rechtsfolgebegriffe durch erläuternde Rechtssätze verbindlich auszufüllen. In solchen Hilfsnormen wird dann nicht nur z. B. des näheren bestimmt, unter welchen Bedingungen die Rechtsfolgen anderer Vorschriften gelten sollen, sondern etwa auch, wie der Gesetzgeber ein Merkmal nicht verstanden haben will. Der Rechtsanwender muss hier regelrecht anhand von unvollständigen Rechtssätzen klären, ob das in der Antwortnorm bedeutsame Merkmal erfüllt ist, damit die Rechtsfolge der einschlägigen vollständigen Vorschrift gilt. So kann jemand gem. § 985 BGB („Der Eigentümer kann von dem Besitzer die Herausgabe der Sache verlangen.") die tatsächlich „in der Gewalt" einer anderen Person (Besitzer; s. dazu § 854 Abs. 1 BGB) befindliche Sache nur herausverlangen, wenn er auch die Eigentümerposition innehat, wenn also die gesetzlichen Voraussetzungen dafür erfüllt sind, dass der Anspruchsinhaber „Eigentümer" ist. Diese Frage lässt sich nur durch rechtliche Prüfung klären (z. B. gem. §§ 929 ff. BGB).

Weitere Beispiele:
Im Wagentür-Fall (S. 1) muss A gem. § 823 Abs. 1 BGB u. a. „widerrechtlich" den Körper des B verletzt haben. Die Rechtsfolge „Schadenersatz" ist also nur an den Tatbestand der Antwortnorm des § 823 Abs. 1 BGB geknüpft, wenn kein Rechtfertigungsgrund das Verhalten des A rechtfertigt. Die Rechtfertigungstatbestände stehen in anderen Rechtssätzen, und zwar §§ 227 ff., 904 BGB. Das negative Tatbestandsmerkmal (S. 27) „widerrechtlich" (Nichtvorliegen von Ausnahmetatbeständen) wird also durch §§ 227 ff., 904 BGB ausgefüllt.

Auch das Rechtsfolgemerkmal „Schadenersatz" in § 823 Abs. 1 BGB kann erst durch ergänzende Vorschriften bestimmt werden. Helfend greifen hier §§ 249 ff. BGB ein, nach denen sich Inhalt und Umfang der Schadenersatzpflicht bemessen, wenn unklar ist, was an Schadenersatz zu leisten ist.

Die Voraussetzungen für das Vorliegen von Notwehr ist in § 15 OWiG geregelt. Diese Norm ist also heranzuziehen, wenn in einem OWiG-Fall zu klären ist, ob in Notwehr gehandelt wurde.

Der Rechtssatz

Wer erlaubterweise einem Gefangenen Nachrichten übermittelt, handelt nach § 115 Abs. 1 OWiG nicht ordnungswidrig. Die Befugnis kann sich u. a. aus Rechtssätzen des Strafvollzugsgesetzes oder einer Anstaltsordnung ergeben.

In § 2 Abs. 1 S. 1 GastG ist geregelt: „Wer ein Gaststättengewerbe betreiben will, bedarf der Erlaubnis." Zu lesen ist die Norm: Wenn jemand ein Gaststättengewerbe betreiben will und kein Grund besteht, ihm die Erlaubnis zu versagen, dann ist die zuständige Behörde verpflichtet, die Erlaubnis zu erteilen. Voraussetzung für den Rechtsanspruch auf Erteilung einer Gaststättenerlaubnis gem. § 2 GastG ist zum einen, dass es sich bei dem Gewerbe, das der Antragsteller betreiben will, um ein „Gaststättengewerbe" handelt. Ob das der Fall ist, ergibt sich aus der eine Legaldefinition (S. 31 f.) enthaltenden Norm des § 1 GastG. Zur Klärung des weiteren Tatbestandsmerkmals der Antwortnorm, dass kein Grund vorliegen darf, die Erlaubnis zu versagen, ist als Hilfsnorm § 4 GastG heranzuziehen. In ihr sind die Versagungsgründe im Einzelnen genannt; sie füllt von daher § 2 Abs. 1 S. 1 GastG aus.

Die Grundrechtsverbürgung aus Art. 10 GG darf nur „auf Grund eines Gesetzes" beschränkt werden. Art. 19 Abs. 1 GG bestimmt näher, wie ein solches Gesetz beschaffen sein muss.

Beispiel für eine negative Begriffsabgrenzung durch den Gesetzgeber:
§ 107 Abs. 1 GO NRW enthält den Begriff „wirtschaftlich betätigen". Dazu gibt es zwar eine Legaldefinition, zusätzlich ist in § 107 Abs. 2 GO NRW aber durch eine Gesetzesfiktion (S. 39) gesagt, was nicht als wirtschaftliche Betätigung gelten soll.

(2) Ausnahmen regelnde Rechtssätze (Gegennormen)

Die an einen Tatbestand geknüpfte Rechtsfolge eines Rechtssatzes tritt trotz Vorliegens der Tatbestandsvoraussetzungen nicht ein, wenn es entgegenstehende Vorschriften gibt, wenn der Gesetzgeber also, um der Unterschiedlichkeit von Konfliktsituationen gerecht zu werden, durch entsprechende Regelungen die Möglichkeit eingeräumt hat, von der prinzipiell vorgesehenen Konfliktlösung ganz oder teilweise abzurücken. Die Ausgangsnormierung gilt also stets unter dem Vorbehalt, dass die Rechtsordnung sie nicht ausnahmsweise durch eine andere Regel eingeschränkt oder vernichtet bzw. unerzwingbar gemacht haben will.

Solche Ausnahmen festlegenden Rechtssätze beziehen sich häufig zugleich auf mehrere Ausgangsnormen. Auch diese Gesetzgebungstechnik dient der Vermeidung von Wiederholungen und damit der Übersichtlichkeit von Gesetzeswerken. Wäre in jedem Rechtssatz neben der grundsätzlichen Normierung auch z. B. die jeweils einschränkende oder vernichtende Ausnahmebestimmung enthalten, würden Gesetze geradezu explodieren. Was als eine solche für einen oder mehrere Rechtssätze geltende Ausnahmeregel beachtlich sein soll, hat der Gesetzgeber also gesondert (mitunter auch in einem weiteren Absatz der Ausgangsnorm) zum Ausdruck gebracht.

Ausnahmen regelnde Rechtssätze können sich sowohl auf vollständige wie auf unvollständige Rechtssätze beziehen. Der Einfachheit halber werden hier die drei Arten von Gegennormen, also die rechtshindernden, rechtsvernichtenden bzw. die Durchsetzung einer Rechtsfolge hindernden Vorschriften, vorwiegend bezogen auf Antwortnormen dargestellt.

- **Rechtshindernde Normen**

Rechtshindernde Normen (**rechtshindernde Einwendungen**) sind Gegennormen, die den Anwendungsbereich eines anderen Rechtssatzes von vornherein – teilweise oder vollständig – einschränken. Hier entsteht z. B. ein Recht gar nicht erst bzw. nur zum Teil. Sind rechtshindernde Gegennormen zu berücksichtigen, gilt mithin die Rechtsfolgeanordnung der Antwortnorm nicht oder nur in veränderter Form. Die meisten Gegennormen dieser Art führen dazu, dass **ein Recht** (Anspruch; s. dazu § 194 BGB) überhaupt **nicht entsteht**.

Beispiele:
Gem. § 985 BGB kann ein Eigentümer vom Besitzer Herausgabe einer Sache verlangen, es sei denn, der Besitzer hat ein Recht zum Besitz (§ 986 BGB).

Nichtigkeitsnormen im BGB wie etwa §§ 134, 138 (wegen Verstoßes gegen ein gesetzliches Verbot bzw. gegen die guten Sitten oder wegen Wuchers), § 105 Abs. 1 BGB (wegen Geschäftsunfähigkeit), § 125 BGB (wegen eines Formmangels).

Normen zur Nichtigkeit spezieller Verwaltungsakte (z. B. §§ 44 bzw. 59 VwVfG, § 18 LBG NRW, § 40 SGB X).

Zum Ganzen ein Fall: S, der 2006 vergeblich versucht hat, sich durch mehrere Erpressungen wirtschaftlich „voranzubringen", will sich nach Absitzen seiner zweijährigen Haftstrafe nun durch Ausübung eines Maklergewerbes in der Stadt S eine Existenz aufbauen. Er beantragt im Januar 2010 bei der zuständigen Behörde die entsprechende Erlaubnis. Sie wird ihm zu seinem Entsetzen versagt. S hat sich fest auf den in § 1 GewO verankerten Grundsatz der Gewerbefreiheit verlassen. Diese grundsätzliche Regelung gilt aber nicht uneingeschränkt, was sich bereits aus § 1 Abs. 1 GewO selbst ergibt. Andere Vorschriften können den grundsätzlich formulierten und geltenden Rechtssatz „Wenn jemand ein Gewerbe ausüben will, ist ihm das frei gestattet" (in der Norm heißt es wörtlich: „Der Betrieb eines Gewerbes ist jedermann gestattet") einschränken oder zu Fall bringen. Gegennorm ist hier § 34c GewO, wonach die Ausübung einer gewerbsmäßigen Maklertätigkeit nicht frei ist, sondern einer Erlaubnis bedarf (Abs. 1 Nr. 1); zu den Versagungsgründen s. § 34c Abs. 2 Nr. 1 2. Hs. GewO.

Durch eine entsprechende Formulierung der Grundregel weist der Gesetzgeber nicht selten auf das Vorliegen von rechtshindernden Ausnahmebestimmungen hin.

Beispiele:
§ 1 Abs. 1 GewO: „ ... soweit nicht durch dieses Gesetz Ausnahmen oder Beschränkungen vorgeschrieben oder zugelassen sind."

§ 54 S. 1 VwVfG: „soweit Rechtsvorschriften nicht entgegenstehen."

Die Abgrenzung zwischen rechtshindernden Normen und negativen Tatbestandsmerkmalen (S. 27), die ebenfalls das Eintreten einer bestimmten Rechtsfolge verhindern können, ist nicht immer ganz leicht. Das Problem hat in zivilrechtlichen Zusammenhängen wegen der Frage der Beweislast praktische Bedeutung.

Wer den Eintritt einer bestimmten Rechtsfolge begehrt, muss im Zivilprozess nur beweisen, dass die Voraussetzungen für den Eintritt dieser Rechtsfolge erfüllt sind. Für das Vorliegen von rechtshindernden Normen trägt der (Anspruchs-/Prozess-)Gegner die Beweislast.

- **Rechtsvernichtende Normen**

Rechtsvernichtende Normen (**rechtsvernichtende Einwendungen**) sind Gegennormen, die eine zunächst zum Zuge gekommene Rechtsfolge einer Antwortnorm nachträglich inhaltlich verändern oder vernichten, und zwar rückwirkend von Anfang an (ex tunc) oder „von nun an" (ex nunc), also vom Zeitpunkt des Eingreifens der Gegennorm an. Die meisten Gegennormen dieser Art führen dazu, dass ein **Recht wieder erlischt**.

Beispiele:
Zivilrechtliche Einwendungen wie z. B. § 142 BGB (Anfechtung), § 362 BGB (Erfüllung), § 242 BGB (Verwirkung), § 158 Abs. 2 BGB (Eintritt einer auflösenden Bedingung), § 839 Abs. 3 BGB (Haftungsbeschränkung).

Der Rechtssatz

Strafaufhebungsgründe wie die tätige Reue durch Rücktritt von strafbarem Verhalten (§§ 24 Abs. 1, 31 Abs. 1, 98 Abs. 2 S. 1, 306e, 330b StGB).

§§ 13 Abs. 3 u. 4 OWiG bzw. § 378 Abs. 3 AO (tätige Reue).

§§ 48, 49 VwVfG (Rücknahme und Widerruf von Verwaltungsakten), § 60 Abs. 1 VwVfG (Anpassungs- bzw. Kündigungsmöglichkeiten bei öffentlich-rechtlichen Verträgen in besonderen Fällen).

§ 15 GastG (Rücknahme und Widerruf einer Gaststättenerlaubnis).

Art. 18 GG (Verwirkung).

- Die **Durchsetzung von Rechtsfolgen hindernden Normen**

Als dritte Art gibt es Gegennormen, die die **Durchsetzbarkeit der Rechtsfolge** eines Rechtssatzes **hindern**, und zwar vorübergehend oder für immer. Sie werden **Einreden** genannt. Bedeutsamstes Beispiel ist die Möglichkeit, die Erzwingbarkeit eines Gebots durch Berufung auf die Verjährung eines Rechts oder Anspruchs zu verhindern. Der Grundsatz der Verbindlichkeit von Rechtssätzen (S. 5) wird hier also durchbrochen.

Beispiele:
§ 214 BGB bzw. sonstige Verjährungsvorschriften wie etwa § 852 BGB.

§ 41 OBG NRW; § 26 Abs. 3 StVG.

Nach § 18 OWiG (Zahlungserleichterungen) ist eine Geldbuße unter bestimmten Voraussetzungen zu stunden. Solange die Stundungsfrist läuft, ist die Durchsetzung der festgelegten Geldbuße gehemmt.

Gegennormen beziehen sich wie Hilfsnormen auf vollständige und unvollständige Rechtssätze, denn auch unvollständige Normen können nicht nur der näheren inhaltlichen Ausfüllung bedürfen, sondern auch unter dem Vorbehalt sie einschränkender Ausnahmebestimmungen stehen.

Beispiel:
Nach § 935 Abs. 1 BGB kann an Sachen gutgläubig kein Eigentum erworben werden (§ 932 Abs. 1 BGB), wenn die Sachen dem Eigentümer u. a. gestohlen wurden. Die Rechtsfolge der sich auf § 932 Abs. 1 BGB beziehenden Gegennorm aus § 935 Abs. 1 BGB wird ihrerseits in den Fällen des § 935 Abs. 2 BGB (bei den „Sachen" handelt es sich z. B. um Geldscheine) ausgeschlossen. § 935 Abs. 2 BGB ist insofern eine Gegennorm zum unvollständigen Rechtssatz gem. § 935 Abs. 1 BGB.

Für Rechtssätze wie etwa § 935 Abs. 2 BGB, die unter bestimmten Voraussetzungen die Rechtsfolgeanordnung von Gegennormen einschränken oder sogar ausschließen, wird gelegentlich der Begriff „Gegen-Gegennorm" gebraucht (s. Schmalz, Rn. 119). Konsequenterweise könnte man das weitertreiben und auch die denkbaren einschränkenden Regelungen zu Gegen-Gegennormen als „Gegen-Gegen-Gegennormen" oder etwa die erläuternden Hilfsnormen zu Gegennormen als „Hilfs-Gegennormen" bezeichnen. Letztlich führen solche Benennungen nicht weiter. Im Rahmen dieser Darstellung werden nur die Begriffe „Antwortnorm", „Hilfsnorm" und „Gegennorm" benutzt.

Aus Rechtssätzen, die die Wirkung von Gegennormen z. B. vernichten, kann folgen, dass die sich aus der Antwortnorm ergebende Entscheidungsanweisung trotz des prinzipiell entgegenstehenden Inhalts der Gegennorm ausnahmsweise doch zum Zuge kommt.

Beispiele:
Einem Anspruch auf Übergabe eines formlos geschenkten Gegenstandes aus § 516 BGB steht die Gegennorm des § 518 Abs. 1 BGB entgegen, wonach ein Schenkungsversprechen grundsätzlich ungültig ist, das unter Missachtung der Formvorschrift des § 518 Abs. 1 BGB erfolgte. Ausnahmsweise soll das gem. § 518 Abs. 2 BGB aber nicht gelten bei „Bewirkung der versprochenen Leistung". Die Rechtsfolge der Gegennorm des § 518 Abs. 1 BGB tritt durch „Heilung" gem. § 518 Abs. 2 BGB nicht ein, so dass die Rechtsfolgeanordnung der Antwortnorm doch gilt.

Erster Abschnitt: Methodik der Rechtsgewinnung

Einem Anspruch auf Herausgabe einer gefundenen Sache aus § 985 BGB kann die Gegennorm des § 973 Abs. 1 1. Halbs. BGB entgegenstehen, wonach ein Finder mit dem Ablauf von sechs Monaten Eigentum an der gefundenen Sache erwirbt. Diese Gegennorm wird ihrerseits durch § 973 Abs. 1 2. Halbs. BGB eingeschränkt (z. B. bei Bekanntwerden des Berechtigten vor Ablauf der sechs Monate). Auch § 973 Abs. 2 S. 1 BGB schränkt die Einwendung aus § 973 Abs. 1 1. Halbs. BGB ein (abweichende Regelung zum Beginn der sechsmonatigen Frist).

§ 1006 Abs. 1 BGB: „Zugunsten des Besitzers einer beweglichen Sache wird vermutet, dass er Eigentümer der Sache sei. Dies gilt jedoch nicht einem früheren Besitzer gegenüber, dem die Sache gestohlen worden ... ist, es sei denn, dass es sich um Geld oder Inhaberpapiere handelt." Satz 1 gilt also auch einem früheren Besitzer gegenüber, sofern es sich bei der Sache etwa um Geld handelt.

(3) Verweisungen und Fiktionen

Wie die erläuternden Rechtssätze (S. 31) sind ebenso die Verweisungen und Fiktionen erlaubte und oft genutzte Mittel der Gesetzgebungstechnik. Auch sie helfen, Wiederholungen in Gesetzen zu vermeiden, also innerhalb einer Gesamtregelung mit möglichst wenigen Bestimmungen auszukommen.

Verweisungen

Verweisungen sind unvollständige Rechtssätze, die den Tatbestand oder die Rechtsfolge einer anderen Norm für (entsprechend) anwendbar erklären. So heißt es in § 823 Abs. 2 S. 1 BGB: „Die gleiche Verpflichtung (Leistung von Schadensersatz, § 823 Abs. 1 BGB, d. V.) trifft denjenigen, welcher gegen ein den Schutz eines anderen bezweckendes Gesetz verstößt."

Weiteres Beispiel:
§ 437 BGB: „Ist die Sache mangelhaft, kann der Käufer, wenn die Voraussetzungen der folgenden Vorschriften vorliegen und soweit nicht ein anderes bestimmt ist,
1. nach § 439 Nacherfüllung verlangen,
2. nach den §§ 440, 323 und 326 Abs. 5 von dem Vertrag zurücktreten oder nach § 441 den Kaufpreis mindern und
3. nach den §§ 440, 280, 281, 283 und 311a Schadensersatz oder nach § 284 Ersatz vergeblicher Aufwendungen verlangen.

Es kann vorkommen, dass auf Tatbestand und Rechtsfolge eines anderen Rechtssatzes verwiesen wird (sog. Rechtsgrundverweisung). Hier müssen alle oder ergänzend einige Tatbestandsvoraussetzungen der Norm, auf die verwiesen wird, erfüllt sein, damit deren Rechtsfolge eintreten kann.

Beispiele:
§ 951 BGB verweist auf §§ 946 bis 950 BGB bzw. §§ 812 ff. BGB. In § 951 Abs. 1 S. 1 BGB heißt es: „Wer infolge der Vorschriften der §§ 946 bis 950 einen Rechtsverlust erleidet, kann von demjenigen, zu dessen Gunsten die Rechtsänderung eintritt, Vergütung in Geld nach den Vorschriften über die Herausgabe einer ungerechtfertigten Bereicherung fordern."

§ 684 S. 1 BGB: „Liegen die Voraussetzungen des § 683 (Ersatz von Aufwendungen, d. V.) nicht vor, so ist der Geschäftsherr verpflichtet, dem Geschäftsführer alles, was er durch die Geschäftsführung erlangt, nach den Vorschriften über die Herausgabe einer ungerechtfertigten Bereicherung (§§ 812 ff. BGB, d. V.) herauszugeben."

Vgl. etwa auch § 27 HGB i. V. m. § 25 HGB oder § 18 StVG i. V. m. § 7 StVG für ergänzende Voraussetzungen bzw. Rechtsfolge.

Meistens wird bei Verweisungen der Rechtssatz, auf dessen Inhalt die Verweisungsnorm verweist, exakt genannt oder näher umschrieben (**offene** Verweisungen). So kann sich der Rechtsanwender die Mühe ersparen, die entsprechenden Vorschriften aufzuspüren.

Der Rechtssatz

Beispiele:
Die Rückforderung eines Geschenks durch einen verarmten Schenkenden richtet sich gem. § 528 Abs. 1 S. 1 BGB „nach den Vorschriften über die ungerechtfertigte Bereicherung", d. h. nach §§ 812 ff. BGB.

U. a. wird in §§ 244a Abs. 3, 260a Abs. 3 StGB auf §§ 43a, 73d StGB verwiesen, so dass in den Fällen zusätzlich eine Vermögensstrafe verhängt werden kann.
In § 181c StGB wird zugleich auf vier andere Normen verwiesen, und zwar auf §§ 181a Abs. 1 Nr. 2, 181, 43a und 73d StGB.
Straferschwerend wirkt gem. § 226 Abs. 2 StGB, wenn der Täter eine der in Abs. 1 bezeichneten Folgen (z. B. Verlust des Sehvermögens des Opfers) „absichtlich oder wissentlich" verursacht hat. Verwiesen wird hier auf §§ 226 Abs. 1, 223 Abs. 1 StGB.
Eine Waffenerlaubnis setzt gem. § 4 Abs. 1 Nr. 4 WaffG u. a. voraus, dass der Antragsteller „ein Bedürfnis nachgewiesen hat (§ 8)."
Die Ernennung eines Beamten ist gem. § 15 Abs. 3 S. 1 LBG NRW nach „den Grundsätzen des § 9 Abs. 1 BeamtStG vorzunehmen."

Es gibt aber auch konkludente, also nicht ausdrücklich sich auf andere Normen beziehende (**verdeckte**) Verweisungen. Beispielhaft sind hier die Legaldefinitionen (S. 31 f.). Der Rechtsanwender weiß: Ist eine Definitionsnorm vorhanden, will der Gesetzgeber, dass sie grundsätzlich durchgehend in der jeweiligen Normierung angewendet wird.

Beispiele:
§ 823 Abs. 2 S. 1 BGB (Verstoß „gegen ein den Schutz eines anderen bezweckendes Gesetz").
§ 903 S. 2 BGB („Der Eigentümer eines Tieres hat bei der Ausübung seiner Befugnisse die besonderen Vorschriften zum Schutz der Tiere zu beachten").
§ 1587 BGB („Nach Maßgabe des Versorgungsausgleichsgesetzes ..."); früher enthielt das BGB selbst die Regelungen zum Versorgungsausgleich zwischen geschiedenen Ehegatten (§§ 1587 ff. BGB a. F.).
Die auf einschränkende Rechtssätze verweisende Norm des § 6 Abs. 1 Nr. 2 BImSchG (wenn „andere öffentlich-rechtliche Vorschriften ... nicht entgegenstehen").
§ 10 VwVfG bzw. § 9 SGB X („soweit keine besonderen Rechtsvorschriften für die Form des Verfahrens bestehen"), § 1 Abs. 2 Nr. 1 AufenthG („soweit nicht durch Gesetz etwas anderes bestimmt ist").

Zu unterscheiden ist überdies zwischen statischen und dynamischen Verweisungen. Wird zur Ausfüllung eines Rechtssatzes auf eine bestimmte andere Norm, so wie sie zum Zeitpunkt der Rechtsanwendung im Gesetz besteht, verwiesen (s. die genannten Beispiele zu offenen Verweisungen), handelt es sich um eine **statische** Verweisung. Bei einer sog. **dynamischen** Verweisung ist die andere Rechtsvorschrift in ihrer jeweils geltenden Fassung hinzuzuziehen (s. z. B. das Gesetz über das Verfahren der Berliner Verwaltung, wo auf das VwVfG „in seiner jeweils geltenden Fassung" verwiesen wird und dessen Normierungen auch für das Land als Landesrecht für anwendbar erklärt werden). Ob es sich im konkreten Fall um eine statische oder dynamische Verweisung handelt, ergibt sich durch Auslegung (S. 89 ff.) der Verweisungsvorschrift.

Verweisungen ordnen nicht immer die genaue Beachtung des Inhalts der anderen Normen an. Der Gesetzgeber verlangt mitunter nur, dass andere Rechtsvorschriften „entsprechend" oder „sinngemäß" anzuwenden sind. Er bedient sich in diesen Fällen aus normtechnischen Gründen des Mittels der Analogie (S. 130 ff.).

Beispiele:
„§ 839 Abs. 3 ist entsprechend anzuwenden." (§ 839a Abs. 2 BGB).
„Auf den Pachtvertrag ... sind, soweit sich nicht aus den §§ 582 bis 584b etwas anderes ergibt, die Vorschriften über den Mietvertrag entsprechend anzuwenden" (§ 581 Abs. 2 BGB).
Vgl. ferner z. B. § 681 S. 2 BGB; § 35 Abs. 9 GewO; § 15 Abs. 4 GastG; § 123 Abs. 2 S. 3 OWiG.

Verweisungen dieser Art wirken nicht selten verrätselnd, insbesondere dann, wenn nicht näher angegeben ist, welcher Teil der Norm so, wie im Verweisungsobjekt geregelt, entsprechend anzuwenden ist. S. dazu z. B. die problematische Fassung der Mitverschuldensnorm des § 254 Abs. 2 S. 2 BGB (s. dazu auch S. 62).

S. zum Ganzen ferner die nicht eben inhaltsreiche Regelung des § 90a BGB: „Tiere sind keine Sachen. ... Auf sie sind die für Sachen geltenden Vorschriften entsprechend anzuwenden, soweit nicht etwas anderes bestimmt ist." Vgl. dazu Röhl/Röhl S. 59.

Ganz generell steht dem Wunsch des Normgebers, gesetzgebungstechnisch Wiederholungen zu vermeiden, der Nachteil gegenüber, dass Verweisungen womöglich zu Unübersichtlichkeit oder gar zu unerträglicher Unklarheit führen, was wiederum den Bestimmtheitsgrundsatz (s. S. 45 f.) bedenklich berühren könnte. Insbesondere bei sog. Kettenverweisungen bzw. Verweisungsketten, also z. B. Verweisungen auf mehrere Regelungskomplexe, wie sie z. B. im Arbeitsrecht häufiger vorkommen, dürfte sich u. U. die Frage der Wirksamkeit solcher Verweisungen stellen.
Zur verfassungsrechtlichen Problematik „dynamischer Verweisungen" s. z. B. BVerfGE 73, 261, 272; BVerwGE 68, 342, 351).

Zu den Verweisungen sind auch **Blankettgesetze** zu zählen. Die Verweisungsnorm legt hier lediglich eine Rechtsfolge fest, überlässt die Bestimmung der Voraussetzungen aber anderen Gesetzen. So enthalten etwa Blankett-Strafgesetze die Strafandrohung, der Gesetzgeber beschreibt aber nicht das Verhalten, das die Strafe auslösen soll, sondern verweist stattdessen auf andere außerhalb des Blankettgesetzes erlassene Rechtssätze. Solange die Normierung des ausfüllenden Gesetzes nicht erfolgt ist, ist der Tatbestand noch offen (ein sog. Blankett).

Beispiele:
In § 315a Abs. 1 Nr. 2 StGB heißt es u. a.: „Mit Freiheitsstrafe ... wird bestraft, wer ... durch grob pflichtwidriges Verhalten gegen Rechtsvorschriften zur Sicherung des Schienenbahn-, ... oder Luftverkehrs verstößt."
In § 8 Abs. 2 GewO ist geregelt: „Das Nähere über die Ablösung dieser Rechte bestimmen die Landesgesetze."
Die „Fälle und Voraussetzungen der Ernennung von Beamten auf Zeit werden durch Gesetz bestimmt" (§ 4 S. 1 LBG NRW).
§ 24 Abs. 1 StVG enthält nur die Bußgelddrohung, die Tatbestandsvoraussetzungen sind „in einer auf Grund des § 6 Abs. 1 oder § 6e Abs. 1 (StVG, d. V.) erlassenen Rechtsverordnung" geregelt.
§ 34 Abs. 4 AWG: „ ... wer einer Rechtsverordnung nach § ... zuwiderhandelt, ...".
In Art. 16a Abs. 2 GG ist lediglich der Asyl-Ausschlussgrund „sicherer Drittstaat" festgelegt; was sicherer Herkunftsstaat ist, wird durch Gesetz bestimmt (s. dazu u. a. § 26a Abs. 2 AsylVfG).

Im Hinblick auf den strafrechtlichen Gesetzesvorbehalt in Art. 103 Abs. 2 GG (S. 124) sind gerade Blankett-Strafvorschriften bzw. Blankett-Bußgeldbestimmungen bedenklich (s. dazu z. B. Göhler, OWiG, 15. Aufl. 2009, Rn. 19 zur Vorbem. zu § 1 m. N.).

Der Rechtssatz

Fiktionen

Wie Verweisungen sind auch Fiktionen häufig in Gesetzen verwendete normsetzungstechnische Mittel. Unter einer **Fiktion** versteht man einen Rechtssatz, auf den die Rechtsfolgeanordnung einer anderen Vorschrift angewendet werden soll, obwohl er kein Fall dieser anderen Vorschrift ist. Es wird hier eine in Wirklichkeit nicht bestehende „Tatsache" bewusst als bestehend unterstellt, weil ein bestimmter ungeregelter Konfliktfall rechtlich so behandelt werden soll wie ein bereits geregelter. Die Tatbestandsvoraussetzungen sind hier weder erfüllt, noch wird vom Gesetz behauptet, dass sie erfüllt sind. Gleichwohl hält der Normgeber es für gerechter, die Konfliktlösung für den realen auch auf den des fiktiven Sachverhalt zu beziehen.

Sprachlich geschieht das meist mit Hilfe des Begriffs **„gelten"**. Wenn der Gesetzgeber als Fiktion regelt: „Wer zur Zeit des Erbfalls noch nicht lebte, aber bereits gezeugt war, gilt als vor dem Erbfall geboren" (§ 1923 Abs. 2 BGB), will er damit nicht in Abrede stellen, dass ein Embryo tatsächlich noch nicht auf der Welt, also geboren ist. Hier soll nur die Anwendung des § 1923 Abs. 1 BGB („Erbe kann werden, wer zur Zeit des Erbfalls lebt.") gleichermaßen auf schon geborene wie noch nicht geborene menschliche Lebewesen bezweckt werden. Für etwas als ungleich Gewusstes wird also – rechtlich gesehen – die Gleichsetzung gewollt. Die Fiktion wird hier als verdeckte Rechtsfolgenverweisung (S. 37) eingesetzt.

Weitere Beispiele:
Im BGB ist in etlichen Vorschriften davon die Rede, dass eine Willenserklärung als abgegeben gilt oder etwas anderes als vereinbart gilt, obwohl eine Willenserklärung nicht vorliegt. Das Gesetz fingiert also eine Willenserklärung bzw. Vereinbarung. Hat ein Minderjähriger ohne Einwilligung seines Vertreters z. B. einen Vertrag abgeschlossen und fordert der Vertragsgegner den Vertreter zur Erklärung über die Genehmigung auf, so gilt diese als verweigert, wenn sie nicht innerhalb von zwei Wochen abgegeben worden ist (§ 108 Abs. 2 S. 2 BGB). S. dazu auch z. B. § 105a BGB.
§ 119 Abs. 2 BGB: „Als Irrtum über den Inhalt der Erklärung gilt auch der Irrtum über solche Eigenschaften der Person oder der Sache, die im Verkehr als wesentlich angesehen werden."
§ 1006 Abs. 1 BGB: „Zugunsten des Besitzers einer beweglichen Sache wird vermutet, dass er Eigentümer der Sache sei. Dies gilt jedoch nicht einem früheren Besitzer gegenüber, dem die Sache gestohlen worden ... ist, ...".
§§ 177 Abs. 2, 1943, 1976 BGB.

Nach § 41 Abs. 2 VwVfG gilt ein schriftlicher Verwaltungsakt mit dem dritten Tag nach der Aufgabe zur Post als bekannt gegeben. Der dritte Tag ist also auch dann maßgeblich, wenn die Sendung tatsächlich zu einem anderen Zeitpunkt zugeht.

Art. 116 Abs. 2 S. 2 GG.

Mit Fiktionen kann der Gesetzgeber auch bezwecken, dass die Rechtsfolgeanordnung eines anderen Rechtssatzes nicht angewendet werden soll, obwohl realer und fingierter Tatbestand gleichermaßen vorliegen. Der Gesetzgeber will dann also trotz der gleichen Konfliktlage keine rechtliche Gleichsetzung. Hier fungiert die Fiktion verdeckt als Einschränkung.

Beispiel:
Gem. § 105a S. 2 BGB gilt die Regelung der fiktiven Geschäftsfähigkeit eines volljährigen Geschäftsunfähigen im Rahmen von Geschäften des tätigen Lebens nach § 105a S. 1 BGB nicht z. B. „bei einer erheblichen Gefahr für die Person" des grundsätzlich nach § 105a S. 1 BGB beschränkt geschäftsfähigen „volljährigen Geschäftsunfähigen". Den besonderen Schutz lässt der Gesetzgeber also nur volljährigen Geschäftsunfähigen zukommen.

Gelegentlich haben Fiktionen nur erläuternde Bedeutung (s. z. B. § 92 Abs. 2 BGB: „Als verbrauchbar gelten auch bewegliche Sachen, die ..."; vgl. ferner § 812 Abs. 2 BGB oder § 1933 S. 2 BGB). Statt für eine Fiktion hätte sich der Gesetzgeber in solchen Fällen ebenso für einen erläuternden Rechtssatz entscheiden können (wie beispielsweise in § 130 Abs. 2 OWiG: „Betrieb oder Unternehmen im Sinne des Absatzes 1 ist auch das öffentliche Unternehmen").

(4) Vermutungen

Zum Arsenal gesetzgebungstechnischer Mittel gehören auch die unvollständigen Rechtssätze, die eine sog. Vermutung enthalten (z. B. die Vermutung für das Scheitern einer Ehe, § 1566 Abs. 1 und 2 BGB). Solche Vorschriften erweitern sozusagen die Tatbestandsseite der Antwortnorm. Ihre Rechtsfolge wird durch die Vermutungsregelung auch dann ausgelöst, wenn das Vorliegen bestimmter Tatbestandsvoraussetzungen in einem konkreten Fall nicht festgestellt werden kann. Die Geltungsanordnung soll allerdings nur zum Zuge kommen, wenn eine solche Feststellung tatsächlich nicht möglich ist; insofern greift sie also lediglich subsidiär (S. 20) ein.

Weitere Beispiele:
Die Vaterschaftsvermutung im Anfechtungsverfahren (§ 1600c Abs. 1 BGB), die Eigentumsvermutung für Besitzer (§ 1006 BGB) oder die Erbvermutung für den Fiskus (§ 1964 Abs. 2 BGB).
Die Vermutung der Verfolgungsfreiheit gem. Art. 16a Abs. 3 S. 2 GG.

Abzugrenzen ist hier die **widerlegliche** (z. B. §§ 891, 1006, 1362 BGB) von der **unwiderleglichen** Vermutung. Wenn sich die unwiderlegbare Vermutung tatsächlich als falsch erweist, wirken unwiderlegliche Vermutungen wie Fiktionen (S. 39).

Beispiel:
Um bei der Zerrüttungsvermutung für das Scheitern einer Ehe zu bleiben: Nach dreijährigem Getrenntleben der Eheleute wird die Ehe wie eine gescheiterte Ehe behandelt (gilt die Ehe als gescheitert), auch wenn das der vermuteten Situation tatsächlich gar nicht entspricht. In der Formulierung des Gesetzgebers heißt es wörtlich: „Es wird unwiderlegbar vermutet, dass die Ehe gescheitert ist, wenn die Ehegatten seit drei Jahren getrennt leben." (§ 1566 Abs. 2 BGB). Der Normgeber beseitigt mit dieser Regelung die Notwendigkeit von Beweisen; Gerichte stünden sonst vor dem Problem, mit Mutmaßungen über die Frage des Gescheitertseins einer Ehe arbeiten zu müssen.

Widerlegliche (sog. einfache) Vermutungen dienen der **Beweislastverteilung**. Wer behauptet, dass eine Vermutung nicht zutrifft, muss das beweisen (s. dazu § 292 ZPO). Kann er das, wird die Vermutung also widerlegt, wird die Rechtsfolge der Vermutungsvorschrift nicht ausgelöst; kann er das Gegenteil nicht beweisen, gilt die Rechtsfolge der Vermutungsnorm.

Beispiel:
§ 1006 Abs. 1 S. 1 BGB: „Zugunsten des Besitzers einer beweglichen Sache wird vermutet, dass er Eigentümer der Sache sei." Wer als „Eigentümer" behauptet, der Besitzer eines Buches sei nicht der Eigentümer des Buches, und demgemäß die Herausgabe des Buches verlangt, muss beweisen, dass er tatsächlich selbst die Eigentümerposition innehat.

3.4 Normengefüge

Ob bisher von der Rechtsordnung, von der Geltung der Normen oder ob z. B. von den unterschiedlichen Arten von Rechtssätzen die Rede war, stets verdeutlichte sich, dass eine Konfliktlösung in aller Regel nicht aus einem einzigen, separat von allen anderen Normen stehenden Rechtssatz, also allein anhand einer Antwortnorm gewonnen werden kann. Anders käme man angesichts der ungeheuren Vielfalt möglicher Problem- und Konfliktlagen der Lebenswirklichkeit kaum zu angemessenen, gerechten, Interessen ausgleichenden, ordnungsstiftenden Lösungsergebnissen.

Sind etliche Rechtsnormen heranzuziehen, kann das zu sog. „Paragrafenketten" führen. Die eindrucksvollsten Beispiele dafür liefert das Zivilrecht. S. etwa im Rahmen der Irrtumsproblematik §§ 142, 143 Abs. 1, 143 Abs. 2, 130, 121, (124), 119 Abs. 1, (123) BGB.

Die Rechtsvorschriften eines Gesetzes oder auch mehrerer Gesetze sind nach allem mehr oder minder stark aufeinander bezogen. Erst in ihrer wechselseitigen Verschränkung ergeben die Normierungen eine sinnvolle Regelung zur Lösung eines (Konflikt-)Falls. Der einzelne Rechtssatz ist dabei auf die eine oder andere Weise an dem Zusammenspiel von Normen beteiligt, das unter übergeordneten Gesichtspunkten zur Erreichung bestimmter Ziele und Zwecke (S. 3, 99 ff.) vom Gesetzgeber entwickelt und geordnet wurde, um (interessen-)gerechte Ergebnissen zu erhalten. Welche Vorschriften in einem solchen Normenorchester zur Gewinnung einer konkreten Konfliktentscheidung ihren Auftritt haben, welche Norm letztlich den Ton angibt, ob eine Bestimmung überhaupt zum Einsatz kommt, ist eine Frage des konkreten Einzelfalls. Bedeutung und Anwendung des einzelnen Rechtssatzes ergeben sich erst in der Erkenntnis eines **Normengefüges**, dessen Teil der Rechtssatz ist.

Besonders anschaulich zeigen Konkurrenzlagen (S. 17 f.), dass sich die Reichweite der einzelnen Normen nur aus ihrem Bezug zum Regelungsbereich, deren Teil sie sind, verstehen lässt, ja oft erst aus dem Zusammenhang mit anderen Normierungen und dem Verhältnis zwischen den jeweiligen Regelungskomplexen. So setzt etwa die vertragliche Haftung eines Schenkers mindestens grobe Fahrlässigkeit voraus (§ 521 BGB). Im Fall einer leicht fahrlässigen Beschädigung eines zugewendeten Gegenstands ist es dem Beschenkten nicht möglich, sich auf die Normierung des Deliktsrechts (§ 823 Abs. 1 BGB) zu berufen, wonach auch leicht fahrlässige Beschädigungen zu Haftungspflichten führen können. Andernfalls würde die vom Gesetzgeber mit Grund nach unterschiedlichen Bewertungsmaßstäben gestaltete Haftungsregelung (einerseits im Rahmen des Vertragsrechts, insbesondere des Schenkungsrechts, andererseits im Rahmen des deliktischen Regelungskomplexes) missachtet.

Wer für einen konkreten Sachverhalt eine Lösung sucht, muss nach allem aus einzelnen Rechtssätzen der Rechtsordnung, die sich als konfliktentscheidende oder mitentscheidende Regeln anbieten, ein individuelles, widerspruchsfreies Normenbündel zusammenschnüren, das zur Feststellung der angestrebten Rechtsfolge, eben zur konkreten Fallentscheidung führt. Wie kompliziert der Aufbau solcher Gefüge von Rechtsnormen sein kann, lässt sich besonders deutlich an zivilrechtlichen Sachverhaltslagen zeigen.

Erster Abschnitt: Methodik der Rechtsgewinnung

Dazu der folgende Beispielsfall:

Kurz nach seinem 16. Geburtstag öffnet der angetrunkene A, weil er vor seinem zu Gewalttätigkeiten neigenden Kollegen K, dem er Geld schuldet, unerkannt in ein Warenhaus flüchten will, unachtsam eine Schwingtür. Dabei geht die einfache, abgenutzte Sonnenbrille des B, die dieser acht Monate zuvor während eines Urlaubs im Wald gefunden hatte, zu Bruch. Außerdem fällt das Einkaufsnetz des B zu Boden, in dem sich eine Vase befand, die B tauschen wollte, was er aber wegen eines plötzlichen Unwohlseins unterlassen hatte. Die Vase zerspringt beim Aufprall. B verlangt von A Schadenersatz in Geld für die zerbrochenen Gegenstände. A lehnt das ab, weil ihn kein Verschulden treffe. Außerdem habe er in Notwehr gehandelt. Er sei angesichts des nahenden, zu Gewalttätigkeiten neigenden K überfordert gewesen, umsichtig die Schwingtür zu öffnen. Überdies gehöre B die Brille gar nicht, weil er sie nicht ordentlich gekauft habe. Für die zerbrochene Vase biete er B eine seiner vielen Vasen an.

An dieser Stelle soll, das sei noch einmal betont, lediglich beispielhaft veranschaulicht werden, wie ein Normengefüge entwickelt wird und welche Überlegungen dabei generell anzustellen sind. Hier geht es also noch nicht darum, methodisch genau Recht anzuwenden (s. dazu im Einzelnen S. 57 ff.).

Im Beispielsfall verlangt B Schadenersatz. Als Antwortnorm bietet sich die Norm des § 823 Abs. 1 BGB an, in der es wörtlich heißt: „Wer vorsätzlich oder fahrlässig das Leben, den Körper, die Gesundheit, die Freiheit, das Eigentum oder ein sonstiges Recht eines anderen widerrechtlich verletzt, ist dem anderen zum Ersatz des daraus entstehenden Schadens verpflichtet." Dieser Rechtssatz enthält also das im Sachverhalt genannte Begehren des B auf Zahlung von Schadensersatz („ist zum Ersatz des … Schadens verpflichtet"). Außerdem ist die Entscheidungsanweisung des § 823 Abs. 1 BGB (Verpflichtung zu Schadensersatz) an den in der Norm allgemein beschriebenen Lebensvorgang („… vorsätzlich oder fahrlässig … das Eigentum … eines anderen widerrechtlich verletzt …") geknüpft, der angesichts der vorgetragenen Fakten „Beschädigung der Sonnenbrille bzw. der Vase des B" in Betracht kommt. Folgendes ist hier nun zu erwägen:

- Was unter dem deskriptiven/objektiven Tatbestandsmerkmal (S. 25, 27) „verletzt" zu verstehen ist, ist nicht einer anderen Gesetzesbestimmung zu entnehmen. Wann eine schädigende Einwirkung als „verletzen" i. S. d. § 823 BGB anzusehen ist, kann aber, sollte das Tatgeschehen schwieriger als im Beispielsfall einzuordnen sein, anhand der Auslegungsergebnisse von Rechtsprechung und Lehre (s. dazu S. 49 f.) ermittelt werden.

- Für das normative Tatbestandsmerkmal (S. 26) „Eigentum" (Verletzung von Eigentum) sind die BGB-Normen zum Eigentumserwerb heranzuziehen, aus denen sich ergibt, ob die Sachen im „Eigentum" des B standen, als sie beschädigt wurden. Die Sonnenbrille hatte B gefunden. Ob er Eigentum daran erworben hat, ist anhand der ausfüllenden Hilfsnorm (S. 31 f.) des § 973 Abs. 1 BGB zu prüfen, wobei auf die erläuternden Inhalte des § 973 Abs. 2 S. 1 BGB zur Frist und die Einschränkung in § 973 Abs. 2 S. 2 BGB zu achten ist. Die Vase hatte B im Kaufhaus gekauft. Ob er auch „Eigentümer" war, als die Vase zerbrach, ist anhand der ausfüllenden Norm des § 929 und Gegennormen (S. 33 ff.) wie z. B. § 105 BGB (Frage der Geschäftsfähigkeit, wobei aber als Ausnahmeregel § 108 Abs. 1 oder 3 BGB beachtlich sein kann) zu ermitteln, denn nur wirksam erlangtes Eigentum führt zur Eigentumsposition und nur dann kann von „Eigentum" i. S. d. § 823 Abs. 1 BGB gesprochen werden. Das normative Tatbestandselement „Eigentum eines anderen" bedarf zu seiner Klärung also möglicherweise einer ganzen Anzahl anderer Normen.

- Die negative Tatbestandsbedingung (S. 27) „widerrechtlich" ist bei Verletzungshandlungen, wenn ein Rechtfertigungsgrund in Betracht kommt, ebenfalls anhand von ausfüllenden Rechtssätzen zu prüfen (s. §§ 227, 904 BGB), wobei z. B. § 229 BGB wiederum durch § 230 BGB eingeschränkt sein kann.
- Zur Klärung des ungeschriebenen Tatbestandselements (S. 27) „ursächlicher Zusammenhang zwischen Verletzungshandlung und Schaden" hat der Rechtsanwender ebenso heranzuziehen, was Rechtsprechung und Lehre als Grundsätze zum Kausalverlauf entwickelt haben, da die rechtlich beachtliche Kausalität gesetzlich ebenfalls nicht geregelt ist.
- Die subjektiven Tatbestandsvoraussetzungen (S. 27) „vorsätzlich" oder „fahrlässig" sind auch nicht ohne Rückgriff auf einen weiteren Rechtssatz, nämlich die Hilfsnorm des § 276 Abs. 1, 2 BGB zu bestimmen, wobei dort nur das Merkmal „fahrlässig" (Abs. 2) definiert wird. Was „vorsätzlich" bedeutet, lässt sich verkürzt mit der gängigen Wendung „Wissen und Wollen der Tatbestandsverwirklichung" umschreiben (s. dazu S. 49).
- Auf der Rechtsfolgeseite („ist zum Ersatz des daraus entstehenden Schadens verpflichtet") ist das Merkmal „Schaden" unter Rückgriff auf die ausfüllenden Hilfsnormen der §§ 249 ff. BGB zu klären. Dabei kann sich eine Beschränkung des zu ermittelnden Umfangs des Schadens aus § 254 BGB (Mitverschulden) ergeben.

Das hier entwickelte komplexe Normengefüge soll abschließend in einem Schema vor Augen geführt werden. Um es nicht zu überfrachten, werden nur einzelne mögliche Hilfs- bzw. Gegennormen berücksichtigt.

Antwortnorm: § 823 Abs. 1 BGB

Wer

vorsätzlich ← — — — — ausfüllende Norm fehlt; Rückgriff auf das, was Rechtsprechung und Lehre dazu sagen

oder

fahrlässig ← ———— definierende Hilfsnorm: § 276 Abs. 2 BGB

Eigentum ← ———— (1) ausfüllende Hilfsnorm:
- § 973 Abs. 1 S. 1 BGB (Brille)
- erläuternd: § 973 Abs. 2 S. 1 BGB
- einschränkend: § 973 Abs. 2 S. 2 BGB

(2) ausfüllende Hilfsnorm: § 929 (Vase)
- einschränkend: z. B. § 105 Abs. 1 BGB (Einigung), wobei hier einschränkend: § 108 Abs. 1 oder 3 BGB.
- ausfüllend: §§ 854 ff. BGB (Besitzübertragung)

widerrechtlich ← ———— ausfüllende Hilfsnormen:
- § 229 BGB (Selbsthilfe), einschränkend: § 230 Abs. 1 BGB
- oder §§ 227, 228, 904 BGB

verletzt ← — — — — ausfüllende Hilfsnorm fehlt; Rückgriff auf Rechtsprechung und Lehre

(Ursachen- ← — — — — ausfüllende Hilfsnorm fehlt; Rückgriff auf
zusammenhang) Rechtsprechung und Lehre
zwischen Verletzung und Schaden)

ist zum

Ersatz des ← ———— ausfüllende Hilfsnormen: §§ 249 ff. BGB,
daraus entstehen- wobei einschränkend: § 254 BGB
den Schadens

verpflichtet ← ———— (die Durchsetzung hindernde) Gegennorm: z. B. § 195 BGB

3.5 Begrifflichkeit und Bestimmtheit von Rechtssätzen

Recht ist Sprache. Rechtssätze sind also in Sprache gefasste Sätze, allerdings Sätze mit ganz bestimmten, nämlich rechtlichen Inhalten. Der Gesetzgeber bedient sich zwar bei der Formulierung von Normen auch der Umgangssprache und muss sich, um verstanden zu werden, ihrer bedienen, drückt in den Vorschriften aber, wie gesagt, rechtliche Regeln (Verhaltens- und Entscheidungsanweisungen) aus, mit deren Hilfe das Zusammenleben in einem Staat geordnet, gesteuert, kontrolliert und durchgesetzt werden soll. Jeder Rechtssatz hat dabei seinen spezifischen Sinn zur Erfüllung der übergeordneten Aufgabe, gerade den rechtspolitischen Zielen und Zwecken Geltung zu verschaffen, die zumindest mehrheitlich von der Gemeinschaft als richtig und deshalb maßstäblich akzeptiert werden (S. 3). Im bestmöglichen Fall sind die mit der Normsetzung in Anspruch genommenen Anweisungen so kombiniert, dass aus dem Normvollzug die Zweckerreichung folgt.

Schon all das wirkt sich nachhaltig auf die Sprache von Normgebern, Normtexten und Normanwendern, also die **juristische Fachsprache** aus. Hinzu kommt, dass das in Rechtssätzen festgelegte Regelungsgeflecht der Rechtsordnung eine enorme Vielzahl denkbarer typischer Lebenssachverhalte (meist in Form von Konfliktfällen) erfassen soll. Damit Rechtsvorschriften einerseits funktionsgerecht und effektiv, andererseits aber auch anwendungsgeeignet und adressatengerecht sind, müssen sie überdies hinsichtlich ihrer Zahl und Konzentriertheit, also der Dichte ihrer Regelungsinhalte, nicht nur übersichtlich sein. Ihre Aussagen dürfen es auch nicht an Erkennbarkeit und Bestimmtheit fehlen lassen.

Maßstab für die **Erkennbarkeit** ist das Subjekt, das zu erkennen hat. Normen regeln ein bestimmtes Verhalten in bestimmten Situationen. Je häufiger jemand in die geregelte Situation gelangt, desto eher muss er die Regeln kennen, die für diese Situation gelten. Die meisten Vorschriften beziehen sich auf Fälle, die nur für bestimmte Gruppen von Belang sind, die zudem überwiegend spezielle Kenntnisse über die jeweiligen Regelungsgegenstände besitzen (z. B. für das Gewerberecht, Prozessrecht oder die Handwerksordnung). Wer ständig mit solchen Normen arbeitet oder umgeht, für den ist das spezifische Juristendeutsch mit seiner ausgeprägten Begrifflichkeit eher etwas Geläufiges, zumindest Vertrautes.

Bestimmte Rechtsmaterien (wie z. B. das Bürgerliche Recht, Straßenverkehrsrecht, Strafrecht, Arbeitsrecht) beziehen sich aber auf Lebenslagen, in die der größte Teil der Bevölkerung gerät. Sie müssen, um als Verhaltens- und Wertmaßstäbe auch akzeptiert (S. 6) zu werden, für den Durchschnittsbürger so lesbar, erkennbar und verständlich wie möglich sein. Je unmittelbarer, intensiver und folgenschwerer Normadressaten von einem Gesetz betroffen sein können, desto mehr hat sich der Gesetzgeber dem Verständnishorizont dieser Personengruppe in puncto Erkenn- und Verstehbarkeit anzupassen. Das entspricht im Übrigen auch dem rechtsstaatlichen Gebot der Rechtssicherheit, wonach Rechtsnormen mit **hinreichender Klarheit** und **Bestimmtheit** zu entnehmen sein muss, was vom Normadressaten verlangt wird (s. dazu BVerfGE 79, 106, 120; 86, 288, 311). Letztlich wird sich allerdings in der Praxis kaum ein Gesetzestext so abfassen lassen, dass Nichtjuristen in ihm lesen können wie in einem Ratgeberbuch.

An die Bestimmtheit von Normen dürfen mithin keine überzogenen Erwartungen geknüpft werden; sie ist abstrakt kaum erreichbar. Das Bundesverfassungsgericht selbst relativiert: „Der Gesetzgeber ist (…) gehalten, seine Regelungen so bestimmt zu fassen, wie dies nach der Eigenart des zu ordnenden Lebenssachverhalts mit Rücksicht auf den Normzweck möglich ist" (E 102, 243, 337; s. auch 93, 213, 238). Entscheidend ist die Klarheit im Sinne einer **Bestimmbarkeit** von Normbegriffen und -inhalten, und zwar im Wege der Auslegung (BVerfGE 57, 9, 22). Ausreichend ist es danach, wenn sich mit Hilfe der anerkannten Auslegungsregeln (s. dazu im Einzelnen S. 89 ff.) erkennen lässt, wann und – konkret – ob die tatsächlichen Voraussetzungen für die in einer Norm ausgesprochene Rechtsfolge vorliegen (BVerfGE 102, a. a. O.; s. auch 79, 106, 120).

Entscheidend ist, dass Normen ihrer Funktion gerecht werden und praktikabel sind. Eine etwa gänzlich unklare und missverständliche Fassung eines Normtextes wäre es nicht. Die Normadressaten müssen dem Gesetzeswortlaut wenigstens in Umrissen entnehmen können, was von ihnen erwartet und verlangt wird, welche Konsequenzen die Regelung für sie hat (s. dazu BVerfGE 78, 205, 212; 82, 1, 12; 83, 130, 145; 99, 216, 242). Und für die hoheitlichen Gesetzesanwender und -vollstrecker müssen die Norminhalte so erkennbar und bestimmt sein, dass sie darauf tatsächlich auch legitime Entscheidungen stützen können (s. dazu BVerfGE 80, 244, 257; 81, 298, 309).

Der Gesetzgeber hat sich regelungsstechnisch, wie schon erwähnt, für die u. a. zu größerer Überschaubarkeit führende Methode entschieden, Normen prinzipiell **abstrahierend-generalisierend** zu formulieren. Nur ausnahmsweise wird in Gesetzestexten kasuistisch verfahren (s. S. 5).

Eine gewisse Durchbrechung der abstrahierenden Ausgestaltung größeren Umfangs findet sich z. B. in den §§ 312 ff. BGB, wo durch die Umsetzung von EU-Richtlinien (S. 12) die Normen mit Fallbeispielen aufgefüllt sind. Ob diese kasuistische Gesetzgebungstechnik zu mehr Rechtssicherheit führt, mag bezweifelt werden. Muster an Übersichtlichkeit und Genauigkeit sind die neu aufgenommenen, das europäische Verbraucherschutzrecht integrierenden Rechtssätze (s. auch §§ 305 ff., insbesondere §§ 308, 309 BGB) wahrlich nicht. Kasuistische Regeln sind allerdings stets erheblich umfangreicher, dabei gleichzeitig lückenhafter. Ihre gegenüber abstrakten Regeln behauptete größere Exaktheit ist oft nur trügerisch, ganz abgesehen davon, dass sie häufigere Änderungen erfordern.

Die meisten in Tatbeständen und Rechtsfolgen von Normen auftauchenden Wörter sind mithin abstrakt gefasste Ausdrücke. Viele Normmerkmale werden zudem nicht oder nur vordergründig so benutzt, wie man sie umgangssprachlich verwendet (S. 82 f.). Solche Gesetzesbegriffe haben zwar auch einen allgemeinen Erfahrungs- und Sinngehalt, entscheidend ist in der Rechtspraxis aber in der Regel nur ihre spezifisch rechtliche Bedeutung (S. 48).

Beispiele:
Wenn der Jurist das Wort „grundsätzlich" benutzt, so bedeutet es „in der Regel" (immer dann, es sei denn, eine Ausnahme gilt, s. dazu S. 83). Der Laie versteht unter „grundsätzlich", dass etwas schlechthin, also ausnahmslos geschieht: Ich gehe grundsätzlich (stets) nur bei Tageslicht auf die Straße. Ich verleihe grundsätzlich (unerschütterliches Prinzip) kein Geld. Meine Freunde verklage ich grundsätzlich nicht (niemals).

Alltagswörter wie „Zustimmung", „Einwilligung" und „Genehmigung" werden in der Umgangssprache durchweg gleichsinnig gebraucht. Als juristische Begriffe haben sie unterschiedliche Bedeutungsinhalte.

Beispiele:
§ 183 S. 1 BGB: „Die vorherige Zustimmung (Einwilligung) …" bzw. § 184 Abs. 1 BGB: „Die nachträgliche Zustimmung (Genehmigung) …". Vgl. dazu § 108 Abs. 1 BGB, § 1366 Abs. 1 BGB.

In der Rechtssprache wird zwischen den Begriffen „Besitz/Besitzer" und „Eigentum/Eigentümer" (s. §§ 854 ff. BGB bzw. §§ 903 ff. BGB)" streng getrennt. Wenn alltagssprachlich davon die Rede ist, dass A ein Haus „besitzt", so ist in der Regel zugleich damit gemeint, dass A auch Eigentümer des

Hauses ist. Der Laie differenziert zwischen diesen Ausdrücken mithin genauso wenig wie etwa zwischen den rechtlich unterschiedlichen Begriffen „Erbe" und „Vermächtnis".

Zum Verhältnis von juristischer Fachsprache und Umgangssprache s. Esser, S. 116 f.; Rüthers, Rn. 150 ff.

Mehrere als typisch angesehene Begriffsmerkmale von anschaulichen Gegenständen sind mitunter in einem Ausdruck gebündelt, und zwar in sog. **Typen.**

Beispiele:
Verrichtungsgehilfe (§ 831 BGB), Tierhalter (§ 833 BGB), Religionsgesellschaften (§ 2 Abs. 1 VwVfG), Unternehmen (§ 3 VwVfG).

Zu den Typenbegriffen s. Engisch S. 191 f.

Mit der Entscheidung gegen eine kasuistische und für eine abstrakt-generelle Gesetzesfassung sind der Gemeinverständlichkeit der Rechtssprache nach allem Grenzen gesetzt. Würde man von der überwiegenden Ungegenständlichkeit der verwendeten Begriffe abrücken und an die allgemeine Erkenn- und Verstehbarkeit übermäßige Anforderungen stellen, müsste man die Umgangssprache zur Normsprache erheben. Das wäre, wie gesagt, wenig hilfreich, weil es der Umgangssprache häufig entschieden an begrifflicher Schärfe fehlt. Abgesehen davon, ist Sprache ohnehin ein Verständigungsmittel, das per se Unschärfe in den Informationsprozess bringt (s. zum Ganzen auch Zippelius, S. 46; Rüthers, Rn. 164 ff.). Vom allgemeinen Sprachgebrauch müssen sich Normgeber und Normanwender deshalb oft genug entfernen, so dass es unter Umständen zu großen Abweichungen zwischen alltäglicher und rechtlicher (normativer) Bedeutung von Begriffen kommen kann (dazu eingehender S. 89 f.).

Durch **Begrifflichkeit** versucht der Gesetzgeber einerseits bestmögliche Genauigkeit zu erreichen. Andererseits ist es, wie gesagt, sinnvoll, die Präzision von Normmerkmalen durch unbestimmt gehaltene Ausdrücke in Grenzen zu halten, denn Gesetzestexte sollen inhaltlich weder in ihrer Anwendungsgeeignetheit beschränkt sein noch schnell veralten. Eine gewisse begriffliche Unschärfe gehört deshalb zum normgeberischen Plan. Gesetze können durch solche „kalkulierten Unbestimmtheiten" (Rüthers, Rn. 185) an Elastizität sogar gewinnen. Flexibilität und Anpassungsfähigkeit tragen dazu bei, dass Regelungen nicht ständig auf neue, z. T. sehr komplexe gesellschaftliche und staatliche Herausforderungen oder gewandelte Wertvorstellungen hin verändert werden müssen, sondern bis zu einem gewissen Grade „auf Zuwachs" gestaltet sind. Auch das wird als Gegenstand der Rechtsanwendung und Rechtsauslegung zu vertiefen sein.

Festzuhalten ist an dieser Stelle zunächst einmal, dass Merkmale in Tatbeständen und Rechtsfolgen **unterschiedlich präzise** sind. Man differenziert von daher zwischen bestimmten und unbestimmten Begriffen in Rechtssätzen.

Davon ist die Frage der deutlichen Erkennbarkeit (S. 91 f.) von Norminhalten bzw. Normmerkmalen zu unterscheiden. Aus textökonomischen Gründen gebraucht der Gesetzgeber mitunter sehr komprimierte Formulierungen, wobei dann auch noch fast jedes Wort eine spezifisch juristische Bedeutung hat. Beispiele: Für „absichtliches Handeln" ist die schlichte Fassung „um ... zu" gebräuchlich (s. § 33 Abs. 5 Nr. 1 AWG). Wenn das Wort „kann" in einer verwaltungsrechtlichen Norm auftaucht, ist damit in der Regel eine sog. Ermessensermächtigung ausgedrückt (s. dazu S. 79).

Eine in der Rechtspraxis unproblematische Form der Unbestimmtheit ist die Mehrdeutigkeit von Wörtern in dem Sinne, dass Begriffe lediglich mehrere Bedeutungen haben wie z. B. „Kammer" (kleiner Raum), (Spruch-)„Kammer" (organisatorischer Teil eines Gerichts), („Erste"/„Zweite") „Kammer" (Ver-

fassungsorgane), (z. B. Handwerks-)„Kammer" (Bezeichnung von Selbstverwaltungskörpern oder Behörden).
Auch die Begriffe „Sachverhalt" und „Tatbestand" werden im Recht grundsätzlich nicht gleichsinnig benutzt. Zur unterschiedlichen Benutzung des Begriffs „Tatbestand" s. S. 22.
Mit dem Begriff „Sache" kann ein körperlicher Gegenstand (z. B. bei einem Diebstahl, § 242 StGB) oder der Gegenstand eines Verfahrens („Aufruf zur Sache", s. z. B. § 243 Abs. 1 StPO) bezeichnet sein.

Bei den genannten Beispielsfällen von Mehrdeutigkeit geht es nicht um die oft schwierige Frage, wie ein bestimmter Normbegriff zu verstehen ist, welche der Deutungsmöglichkeiten in Betracht kommt (s. dazu S. 69 ff.).

Zu den **bestimmten Begriffen** in Tatbeständen oder Rechtsfolgen gehören sehr wenige Wörter. Letztlich sind nur Angaben von Zeiten („von 22 bis 6 Uhr", § 9 LImSchG NRW; „drei Jahre", § 195 BGB) oder Zahlen („0,25 mg/l" bzw. „0,5 Promille", § 24a StVG; „mindestens sieben", § 56 BGB; „noch nicht vierzehn Jahre alt", § 19 StGB) bestimmte Begriffe, denn ihre Inhalte lassen sich in der Regel präzise feststellen. Auch Begriffe der Wahrnehmung wie „Grün-Gelb-Rot-Rot" (§ 37 StVO) oder „Baum" (§ 923 Abs. 1 BGB) haben recht klare Bedeutungsinhalte.

Umgangssprachlich scheinen auch Ausdrücke wie „unter freiem Himmel" (Art. 8 Abs. 2 GG) oder „Nachtzeit" (z. B. schwere Jagdwilderei „zur Nachtzeit", § 292 Abs. 2 Nr. 2 StGB) relativ eindeutig zu sein. Was exakt darunter zu verstehen ist (wann genau beginnt und endet die Nachtzeit; ist die Zeit der Dämmerung eingeschlossen?), lässt sich tatsächlich aber mitunter nur schwer bestimmen. Grund dafür ist nicht, dass der an sich recht bestimmt wirkende, anschauliche Begriff „Nachtzeit" besonders unklar ist, sondern dass ein solches Wort nicht in einem x-beliebigen Text, sondern eben innerhalb einer spezifischen juristischen Regelung und da in einer ganz bestimmten Rechtsvorschrift steht (s. auch S. 84). Als deren Bestandteil soll der Begriff erst seinen Sinn erhalten, und zwar durch den Norminhalt, der auf einen ganz bestimmten Normzweck hin ausgerichtet ist. Und nicht abstrakt soll der Normbegriff seinen Sinn erhalten, sondern in Anwendung auf konkrete Fälle. Daraufhin hat der Rechtsanwender ihn konkretisierend zu präzisieren. Auch die meisten deskriptiven, bestimmten Begriffe (S. 25 f.) verlieren unter den Augen des Normanwenders zunächst insofern die nur auf den allerersten Blick gegebene Schärfe; Genauigkeit ist dann wiederum im Laufe des Anwendungs- bzw. Auslegungsakts vor allem durch Definition, Interpretation und Wertung zu gewinnen (s. im Einzelnen dazu S. 70 ff.).

Mit der Vagheit von deskriptiven Begriffen hat es also, wie sich zeigte, häufig eine eigene Bewandtnis. So betrachtet sind fast alle in Rechtssätzen verwendeten Wörter unbestimmte, also normative und damit interpretations- und ggf. wertungsbedürftige Begriffe. Ob letztlich überhaupt zwischen deskriptiven/normativen bzw. bestimmten/unbestimmten Begriffen unterschieden werden kann, ist streitig (s. dazu Engisch, S. 194 ff.; Rüthers, Rn. 203 f.).

Das Schicksal, nur scheinbar bestimmte Begriffe zu sein, teilen oft auch die vom Gesetzgeber erläuterten, also legaldefinierten (S. 31 f.) Begriffe; im konkreten Anwendungsfall erweist sich nicht selten, dass auch sie einer weitergehenden Klärung bedürfen (s. S. 70, 91).

Ein besonderes, im Rahmen der Rechtsauslegung genauer zu behandelndes Problem hat der Gesetzgeber durch die Verwendung abstrakter Begriffe geschaffen, die er – vor allem aus Gründen größerer Flexibilität – bewusst offen, also **unbestimmt** formuliert hat (s. etwa „Zuverlässigkeit" in § 4 Abs. 1 Nr. 1 GastG; „grob ungehörige Handlung" in § 118 Abs. 1 OWiG). Dabei nehmen die **Generalklauseln** eine Sonderstellung ein. Deren Tatbestände sind inhaltlich sehr offen, also in hohem Maße unbestimmt gefasst. Durch eben diese sehr weite Fassung geben Generalklauseln dem Normanwender nicht einmal ansatzweise eine Wertung vor (vgl. z. B. „Leistung nach Treu und Glauben" in § 242 BGB; „wichtiger Grund" in §§ 314, 626 BGB; „öffentliche Sicherheit und Ordnung" in § 14 Abs. 1 OBG NRW; s. dazu im Einzelnen S. 114 f.). Der Gesetzgeber hat in diesen Fällen von sich aus die prinzipielle Gesetzesbindung (S. 80, 123) abgeschwächt und den Normanwender autorisiert, selbstständig zu werten. Auf diese Weise können die Besonderheiten des jeweils konkret zu entscheidenden Konfliktfalls stärker berücksichtigt werden.

Die mehr oder minder durchgehend anzutreffende Unbestimmtheit rechtlicher Begriffe verlangt dem einzelnen Rechtsanwender einige sprachliche und gedankliche Anstrengung ab. Der individuell zu leistende Klärungsaufwand relativiert sich allerdings durch die ständigen Bemühungen von Rechtsprechung und Lehre, Gesetzestexte und deren unbestimmte Rechtsbegriffe mit Inhalt zu füllen. Durch Definitionen oder Kommentierungen, auch mit verdeutlichenden Leitbeispielen, werden die Begriffsfelder vieler Normmerkmale immerhin so abgesteckt, dass der Bedeutungsumfang (Bedeutungshof), wenn nicht gar der Bedeutungsinhalt vergegenwärtigt ist, der auslegende Normanwender also in der Regel mindestens Anhaltspunkte zum Verständnis von Rechtssätzen und Normbegriffen erhält.

Beispiele:
Zur Entwicklung der wesentlichen Elemente des Begriffs „Versammlung" (§ 1 Abs. 1 VersammlG) s. u. a. etwa BVerfGE 69, 315, 342 f. oder 104, 92, 104, BVerwGE 82, 34, 38; zu „Ansammlung" s. u. a. BVerfGE 69, 315, 343; BVerwGE 56, 63, 69.
Zum Begriff „Enteignung" s. u. a. BVerfGE 70, 191, 199 f.
Zum „Gewerbe"-Begriff s. z. B. Tettinger/Wank, GewO, 8. Aufl. 2011, Rn. 7 ff. zu § 1 m. e. N.

Zur Begriffsbestimmung allgemein s. Engisch, S. 139 ff., 188 ff.; Larenz/Canaris, S. 141 ff.; Bydlinski, S. 437 ff.

Die Auffassungen und Wertungen von Rechtsprechung und Literatur kann der Rechtsanwender allerdings nicht einfach übernehmen. Denn letztlich zeigt sich in der Regel erst im Moment einer konkreten Rechtsanwendung, ob sich solche in anderen Fallkonstellationen oder auch rein theoretisch entwickelten Interpretationsergebnisse auf die jeweils aktuell abverlangte Begriffsdeutung übertragen lassen oder ob sie konfliktspezifisch immer noch zu unscharf und damit präzisierungsbedürftig sind (eingehend dazu S. 69 f.). Das gilt in besonderem Maße für die sehr offenen Fassungen von Generalklauseln.

Die Deutungshilfen von Rechtsprechung und Lehre darf der Rechtsanwender allerdings auch schon deshalb nicht ohne weiteres nutzen, weil sich die Normauslegungen grundsätzlich nur auf die innerhalb ein und desselben Gesetzes(bereichs) verwendeten Ausdrücke erstrecken. Wie eine Regelung oder ein Merkmal zu interpretieren ist, hängt schließlich auch davon ab, welche Aufgaben bzw. Funktionen die jeweiligen Normierungen haben. Selbst wortgleiche Begriffe in unterschiedlichen Gesetzen müssen deshalb nicht einen einheitlichen Sinn haben, sondern sind im Hinblick auf die unterschiedlichen Zwecke der einzelnen Regelungen jeweils in anderer Weise inhaltlich zu bestimmen (darauf wird im Rahmen der Auslegungsproblematik des näheren eingegangen, S. 99 ff.).

Beispiele:
„Geschäftsbesorgung" in §§ 667 bzw. 675 BGB.

„Besitzer" in §§ 854 ff. BGB bzw. § 3 Abs. 1 S. 1 KrW-/AbfG.

„Wohl der Allgemeinheit" in § 74 Abs. 2 VwVfG, § 6 Abs. 1 Nr. 3 WHG bzw. § 3 Abs. 4 KrW-/AbfG.

Zur näheren Bestimmung des Begriffs „Gewerbebetrieb" (z. B. in § 1 GewO), den der Gesetzgeber nicht definiert hat, kann der Rechtsanwender nicht etwa auf die Legaldefinition für das Merkmal „Geschäftsbetrieb" (§ 14 AO) zurückgreifen.

4 Die Rechtsanwendung

4.1 Ziel und Anwendungslehren

Bisher war ganz überwiegend vom rechtlichen Rohstoff juristischer Arbeit die Rede, nämlich von der gültigen Rechtsordnung und ihren Bestandteilen, den Rechtssätzen, bis hin zu deren Elementen, den Normbegriffen. Das geltende Recht soll aber nicht einfach nur theoretisch, sondern vor allem praktisch wirken, mithin angewendet werden, und zwar zur Beantwortung aktueller Rechtsfragen und in erster Linie zur Entscheidung konkreter Konfliktlagen nach den Maßstäben eben dieser bestehenden Rechtsordnung. Zur Rechtsanwendung gehört neben dem rechtlichen (normativen) also auch noch das tatsächliche (faktische) Material, nämlich der zu lösende (Konflikt-)Fall. Ziel der Rechtsanwendung ist es, aus den vorhandenen allgemeinen (abstrakten) Rechtsvorschriften für konkrete (Konflikt-)Sachverhalte Entscheidungsanweisungen zu gewinnen. Der Rechtsanwender muss also innerhalb des geltenden objektiven Rechts (S. 9 f.) genau die Rechtsquelle (S. 11 f.) bzw. innerhalb der Rechtsquelle genau die Rechtsnorm heraussuchen, mit deren Rechtsfolge sich die juristisch zu beurteilende Situation klären lässt.

Es geht hier letztlich um ein **Zuordnungsproblem**. Der Sinn der Zuordnung liegt darin, dass immer dann, aber auch nur dann, wenn der im Tatbestand eines Rechtssatzes abstrakt beschriebene Sachverhalt tatsächlich den konkreten Lebenssachverhalt (die Konfliktsituation) betrifft, wenn also der Tatbestand verwirklicht ist, die Rechtsfolge des Rechtssatzes zur Entscheidung des Falls eintreten soll (s. das „Wenn-dann"-Schema S. 22 f.). Wenn hier Tatbestand und Rechtsfolge in der beschriebenen Weise miteinander verknüpft werden, folgt daraus nicht, dass die Rechtsfolge der Norm eintritt, sondern dass sie, wie gesagt, eintreten **soll**. Sinn der Verknüpfung von Tatbestand und Rechtsfolge ist nicht eine Behauptung, sondern eben eine **Sollensanordnung**. Der Gesetzgeber behauptet nicht: So ist es. Er weist vielmehr an: So soll auf eine bestimmte (Konflikt-)Situation nach seinen Maßstäben, Wertungen und Vorstellungen von gerechter (S. 7 f.) und adäquat ordnender (Konflikt-)Lösung reagiert werden, kurz: so soll etwas rechtens sein.

Die Formulierung von Rechtsvorschriften als Sollenssätze bedeutet nicht, dass das vom Gesetzgeber festgelegte Richtmaß für gerechtes und angemessenes Verhalten und Entscheiden nur „mitgeteilt" wird. Als normative Äußerungen enthalten Rechtsvorschriften **verbindliche** Mitteilungen, eben **Geltungsanordnungen** (Verhaltens-/Entscheidungsanweisungen), die grundsätzlich auch durchsetzbar sind (S. 5 f.).

Zu den Rechtssätzen als Sollenssätze s. Engisch, S. 52 ff. Zum Tatbestand gehört dabei „alles, was die Situation betrifft, an die das Sollen gebunden ist, zur Rechtsfolge alles, was den Inhalt dieses Sollens bestimmt" (ders., S. 33).

Nachfolgend wird nunmehr im Einzelnen ausgeführt, wie aus einer Antwortnorm eine Rechtsfolge zur Lösung einer bestimmten Konfliktlage gewonnen wird, wie mithin Rechtssätze anzuwenden sind.

Die Darstellung basiert im Wesentlichen auf der immer noch herrschenden Subsumtionstheorie, nach der ein konkreter Fall dem Tatbestand einer Rechtsnorm **zugeordnet** wird. Das Zuordnungsresultat kann, wie noch zu zeigen sein wird, nur im Idealfall ein zwingend richtiges Ergebnis sein. Bei der Lösung der Grundprobleme werden auch Aspekte anderer Lehren zur Rechtserkenntnis berücksichtigt.

Anders als z. B. Koch/Rüßmann (S. 63 ff.), die ihrer „juristischen Begründungslehre" logische und semantische Erkenntnisse zugrunde legen (s. vor allem S. 58 ff.), halten die meisten Methodiker nicht mehr streng am Subsumtionsmodell fest (s. z. B. Larenz/Canaris, S. 97 ff.; Engisch, S. 86 ff.; Bydlinski, S. 393 ff.; Looschelders/Roth, S. 89 ff.; Fikentscher, Bd. IV, S. 129 ff., 202, 204; Pawlowski, Rn. 104 ff.; Vogel, S. 173 ff.). Umgekehrt verzichten auch die Vertreter anderer Anwendungstheorien wie z. B. der sog. Gleichsetzungslehre (s. Kaufmann, u. a. S. 13 f., 65 f.) nicht gänzlich auf das Subsumtionsmodell. Zu den Lehren insgesamt s. Larenz/Canaris, S. 11 ff.; Kaufmann, S. 1 ff.

Zu den Argumentations- und Rhetoriktheorien in diesem Zusammenhang s. u. a. Alexy, Theorie der juristischen Argumentation, 1978, S. 273 ff; Gast, Juristische Rhetorik, 3. Aufl. 1997, Rn. 493 ff.

Nach der Methodik der Topik spielen Gesetze und Rechtsbegriffe eine untergeordnete Rolle (s. dazu im Einzelnen S. 109 ff.; vgl. zum Ganzen u. a. Kriele, S. 118 ff., 149 ff.; Esser, S. 132 ff., 175 f.; Engisch, S. 330 ff.).

Unabhängig davon, welchen theoretischen Ansatz zur Rechtsanwendung man sich zu eigen macht, gilt allgemein bei rechtlicher Konfliktentscheidung, dass der Rechtsanwender stets die vorhandenen Maßstäbe der Rechtsordnung **und** die konkret zu beurteilenden Lebenstatsachen zu beachten hat. Beides muss er mithin ständig im Auge haben, also aufeinander beziehen, um für den jeweiligen Einzelfall die korrekte Konfliktlösung zu gewinnen. Das ist gemeint, wenn vom ständigen „**Hin- und Herwandern des Blicks**" zwischen Lebenssachverhalt (Wirklichkeit) und Norminhalt (Recht) gesprochen wird (Engisch, Logische Studien zur Gesetzesanwendung, 3. Aufl. 1963, S. 14 f., s. dazu auch Engisch, S. 75 Fn. 4). Das „Hin- und Herwandern des Blicks" endet erst mit der Feststellung, dass die ins Auge gefasste Gesetzesbestimmung angewendet bzw. nicht angewendet werden kann.

4.2 Die Lehre von der Subsumtion

Damit eine bestimmte Rechtsfolge eintritt, sind die in einem Sachverhalt (in einer Konfliktlage) konkret gegebenen Tatsachen mit den Tatbestandsvoraussetzungen eines mutmaßlich auf den Fall passenden Rechtssatzes in Beziehung zu setzen. Den gedanklichen Vorgang, bei dem der Einzelsachverhalt „**unter**" die jeweilige Norm „**geordnet**" (lat. subsumere), also der jeweiligen Norm zugeordnet wird, nennt man **Subsumtion**.

Der Terminus „Subsumtion" ist der Philosophie entlehnt. Subsumieren bedeutet hier: einen Begriff von engerem Umfang einem Begriff von weiterem Umfang unterordnen. Streng genommen handelt es sich im Rahmen der Rechtsanwendung nicht um Subsumtionen, sondern um wertende Zuordnungen; in dieser Darstellung werden die Begriffe aber, wie es allgemein üblich ist, gleichsinnig verwendet.

Stellt sich heraus, dass die Norm auf die Konfliktlage beziehbar ist, also „passt", der Sachverhalt mithin unter die Tatbestandsbeschreibung der Norm subsumierbar ist, folgt daraus die prinzipielle Geltung der Rechtsfolgeanweisung der Norm. Der Normanwender weiß dann, was in dem von ihm zu entscheidenden Fall grundsätzlich rechtens sein soll (S. 51).

Die Rechtsanwendung

Im Vokabular des „Wenn-dann"-Schemas (S. 22 f.) bedeutet das: Immer dann, wenn der Tatbestand T einer mutmaßlich passenden („einschlägigen") Norm auf den konkreten Sachverhalt S beziehbar ist, S also T verwirklicht, soll grundsätzlich für S die Rechtsfolge R der Norm gelten. Von der Rechtsfolge aus betrachtet, liest sich das folgendermaßen: Damit R festgestellt werden kann, muss S dem T als ein Fall des T zuzuordnen (also unter T zu subsumieren) sein.

Lässt sich der konkrete Sachverhalt nicht als Fall des Tatbestandes einordnen, ist das Subsumtionsergebnis entsprechend negativ, d. h. dann kommt die als einschlägig vermutete Vorschrift und damit deren Rechtsfolge zur Konfliktklärung nicht in Frage.

4.2.1 Der allgemeine Syllogismus

Gewonnen werden Subsumtionsergebnisse durch einen logischen Schluss, den sog. **syllogistischen Schluss**. Der auf Aristoteles (Lehre vom Schluss oder Erste Analytik) sich gründende Syllogismus ist der aus drei Urteilen (Sätzen) bestehende formal logische **Schluss vom Allgemeinen auf das Besondere**:

Aus zwei Sätzen,

einem Obersatz O (1. Prämisse),   der eine allgemeine Aussage (These) enthält,

und

einem Untersatz U (2. Prämisse),   der eine besondere, d. h. für einen bestimmten Einzelfall gültige Aussage (These) enthält

folgt ein dritter Satz, der sog. **Schlusssatz** (conclusio).

Die logische Schlussfolgerung aus den beiden Prämissen ist nur möglich, wenn Ober- und Untersatz inhaltlich über einen gemeinsamen Begriff (sog. **Mittelbegriff**) miteinander verknüpft sind. Wird der Inhalt des Untersatzes U dem Inhalt des Obersatzes O zugeordnet und ergibt sich dabei, dass U in der Aussage von O mitenthalten, also ein Fall von O ist, so ist daraus logisch richtig zu schließen, dass die allgemeine Aussage (These) von O auch für U gilt. Der Untersatz vermittelt dabei aus dem Obersatz die logisch gültige Schlussfolgerung. Er liefert zudem das Argument, warum aus der allgemeinen These des Obersatzes ein bestimmter Schlusssatz ableitbar ist.

Im folgenden Beispiel dazu geht es um die Frage, ob Sokrates sterblich ist. Der jeweils in Obersatz und Untersatz enthaltene Begriff, also der Mittelbegriff, ist das Wort „Mensch":

Obersatz (1. Prämisse):   Alle **Menschen** sind sterblich.

Untersatz (2. Prämisse):   Sokrates ist ein **Mensch**.

Schlussfolgerung (conclusio):   Sokrates ist sterblich.

4.2.2 Der juristische Syllogismus

Wie der allgemeine setzt auch der juristische Syllogismus einen Obersatz (eine 1. Prämisse) mit einer allgemeinen Aussage und einen Untersatz (eine 2. Prämisse) mit einer besonderen Aussage voraus. Die Obersatzaussage ergibt sich aus der Rechtsordnung, und zwar dem jeweiligen Gesetz: der juristische **Obersatz** enthält mithin die abstrakte Regelung der mutmaßlich auf den Untersatz zutreffenden **Rechtsnorm**. Der **Untersatz** besteht aus dem konkret zu beurteilenden **Lebenssachverhalt** sowie der **Feststellung**, dass dieser Sachverhalt den Tatbestand der Rechtsnorm verwirklicht, also ein **Fall des Tatbestandes** ist.

Der Schlusssatz, nämlich die Feststellung, dass die im Obersatz neben dem Tatbestand genannte Rechtsfolge für den im Untersatz enthaltenen Fall gilt, lässt sich nur ableiten, wenn beide Prämissen (Ober- und Untersatz) durch einen gemeinsamen Begriff, den Mittelbegriff (S. 53), aufeinander zu beziehen sind. Der verknüpfende „Mittelbegriff" ist beim juristischen Syllogismus der „Sachverhalt", und zwar der im Tatbestand abstrakt umschriebene Sachverhalt einerseits und der konkret gegebene Lebenssachverhalt andererseits. Ist der konkrete Sachverhalt ein Fall des vertypt beschriebenen Sachverhalts, d. h. des Tatbestandes (diese Feststellung ist, wie gesagt, Teil des Untersatzes), folgt daraus als Schlusssatz, dass die im Obersatz enthaltene Rechtsfolge auch für den im Untersatz enthaltenen konkreten Konfliktfall gilt.

Das soll zunächst in stark vereinfachter Form, also ohne hier schon die sonstigen Besonderheiten des juristischen Syllogismusverfahrens zu berücksichtigen, veranschaulicht werden:

Beispiel aus dem Zivilrecht (anknüpfend an den Wagentür-Fall, S. 1):

Obersatz (1. Prämisse): Alle den Körper eines anderen Verletzenden sind zu Schadenersatz verpflichtet.

Untersatz (2. Prämisse): A hat B eine Armverletzung zugefügt. Er hat damit den Körper eines anderen verletzt.

Schlusssatz: A ist (B gegenüber) zu Schadenersatz verpflichtet.

Beispiel aus dem Strafrecht:

Obersatz (1. Prämisse): Alle Betrüger sind zu bestrafen.

Untersatz (2. Prämisse): A hat B betrogen. Er ist damit ein Betrüger.

Schlusssatz: A ist zu bestrafen.

Für die Gewinnung juristischer Syllogismusschlüsse bestehen auf allen Ebenen, also sowohl hinsichtlich des Ober- und Untersatzes wie auch des Schlusssatzes, Besonderheiten. Zum einen enthalten die Prämissen in der Regel nicht nur eine einzige Aussage; sie sind vielmehr aus mehreren Elementen zusammengesetzt, und zwar

Die Rechtsanwendung

- der Obersatz aus den Rechtsnormteilen Tatbestand und Rechtsfolge mit den jeweiligen Merkmalen

und

- der Untersatz aus der Vielzahl der Tatsachen des konkreten Sachverhalts und der Feststellung, dass der Sachverhalt ein Fall des im Obersatz genannten Tatbestandes ist.

Zum anderen – und hier stellen sich für den Rechtsanwender die entscheidenden, oft schwierigen Aufgaben – sind Ober- und Untersatz nicht „gebrauchsfertig", sondern müssen erst noch inhaltlich bestimmt, also aufbereitet werden. Dazu gehören nicht nur die Klärungen der Normbegriffe des einschlägigen Rechtssatzes bzw. – in der Regel sind ja mehrere Normen zu kombinieren (S. 28 ff., 41 f.) – aller einschlägigen Rechtssätze. Im Einzelfall kann vor allem in der Rechtspraxis (S. 57) auch die Feststellung des Sachverhalts und seiner Elemente mühsam sein. Nicht zuletzt aber bereitet der Subsumtionsvorgang (S. 64 ff.) mit seinen Konkretisierungs- und Wertungsakten Probleme.

Der **schematische Aufbau des juristischen Syllogismus** ist nach allem:

Obersatz (1. Prämisse):	Wenn die Voraussetzungen des Tatbestandes T, also dessen Elemente T1, T2, T3 etc. vorliegen, soll die Rechtsfolge R gelten.
Untersatz (2. Prämisse):	Der Sachverhalt S besteht aus den Tatsachen S1, S2, S3 etc. Sie verwirklichen die jeweiligen Tatbestandsvoraussetzungen T1, T2, T3 etc., d. h. der Sachverhalt S erfüllt den Tatbestand T.
Schlussfolgerung:	Die Rechtsfolge R soll also auch für den Sachverhalt S gelten.

Bezogen auf den Wagentür-Fall (S. 1) lässt sich dieser schematische Aufbau des juristischen Syllogismus in vereinfachter Form wie folgt darstellen:

Obersatz:	Wenn jemand vorsätzlich oder fahrlässig den Körper eines anderen widerrechtlich verletzt (verkürzte Wiedergabe des vertypten Sachverhalts, d. h. Tatbestandes der hier mutmaßlich auf den konkreten Sachverhalt zutreffenden Norm des § 823 Abs. 1 BGB), dann ist er dem anderen zum Ersatz des daraus entstehenden Schadens verpflichtet (Rechtsfolge des § 823 Abs. 1 BGB).
Untersatz:	A bringt durch unachtsames Öffnen seiner Wagentür den B zu Fall, der sich dadurch den Arm bricht. A verletzt also den Körper des B, und zwar mindestens fahrlässig, ferner widerrechtlich. Der konkrete Sachverhalt ist also ein Fall des vertypten Sachverhalts, d. h. Tatbestandes des § 823 Abs. 1 BGB.
Schlussfolgerung:	A ist B gegenüber zum Ersatz des aus der Verletzung entstehenden Schadens verpflichtet. Da B als Schadenersatz Erstattung der Arztkosten verlangt, ist A also ihm gegenüber zur Erstattung der Arztkosten verpflichtet.

Anders als der Schlusssatz des allgemeinen Syllogismus ist die Schlussfolgerung im Rahmen des juristischen Syllogismus (in den vereinfachten Beispielsfällen blieb das unberücksichtigt) keine Behauptung („ist zu ... verpflichtet", „ist strafbar" etc.), sondern eine Entscheidungsanweisung in Form eines Sollenssatzes („soll zu ... verpflichtet werden/sein", „soll bestraft werden" etc.; s. dazu S. 51).

4.3 Der äußere Ablauf der Rechtsanwendung

Das Verfahren der Rechtsanwendung wird in Gang gesetzt durch einen konkreten, juristisch zu beurteilenden Fall, der bestimmte Probleme, meistens Konflikte, beinhaltet. Der Rechtsanwender beginnt deshalb mit der Feststellung des Konfliktsachverhalts. Aus ihm ergibt sich, welche Rechtsfolge erstrebt wird, nach welcher Antwortnorm demgemäß zu suchen ist. Vor der eigentlichen Rechtsanwendung muss feststehen, welche Vorschrift(en) mutmaßlich passend („einschlägig") ist (sind), also den Konfliktfall lösen könnte(n). Sowohl faktisches wie normatives Material sind die ständigen Bezugspunkte des sich nun anschließenden Herzstücks der Rechtsanwendung, der Subsumtion (S. 64 ff.). Erst wenn beides aufbereitet ist, wenn also ihre einzelnen Elemente bekannt sind, kann das Zuordnungsverfahren beginnen. Ergibt die Subsumtion, dass der Sachverhalt vom Tatbestand erfasst wird, ist zur Beendigung des Subsumtionsverfahrens die positive Schlussfolgerung zu ziehen: die Rechtsfolge der Norm tritt ein. Ist der Sachverhalt kein Fall des Tatbestandes, tritt also die Rechtsfolge der Norm nicht ein, endet hier das Rechtsanwendungsverfahren. Bei positivem Ergebnis ist die durch den juristischen Syllogismus gewonnene Rechtsfolge abschließend noch zu konkretisieren. In diesem Fall endet erst dann das Rechtsanwendungsverfahren.

Äußerlich läuft das Verfahren der Rechtsanwendung also in vier Hauptschritten ab:

- Aufbereitung des Sachverhalts und Bestimmung der rechtlichen Frage

    Von welcher konkreten Konfliktsituation ist im Einzelnen auszugehen? Welche Rechtsfolge wird angestrebt?

- Bestimmung und Aufbereitung der mutmaßlich passenden Antwortnorm sowie der eventuell mit ihr zu kombinierenden sonstigen Rechtssätze

    Heraussuchen des zu bearbeitenden Normmaterials: Welche Vorschrift mit erwünschter Rechtsfolge bietet sich als einschlägige Antwortnorm an? Aus welchen Elementen besteht der Tatbestand? Welche Rechtssätze sind zusätzlich heranzuziehen, welche Merkmale sind hier beachtlich?

- Subsumtion

    Zuordnendes Beziehen des konkreten Konfliktsachverhalts auf das herausgesuchte Normmaterial, d. h. im Einzelnen: inhaltliche Bestimmung der Tatbestände der einschlägigen Normen zur Beantwortung der Frage, ob der vorgegebene Sachverhalt tatsächlich ein Anwendungsfall des Tatbestandes der Antwortnorm ist, ob also die grundsätzliche Regel der Antwortnorm gilt.

- Schlussfolgerung, d. h. Feststellung der Rechtsfolge

    Tritt die erwünschte und in der einschlägigen Antwortnorm enthaltene Rechtsfolge ein: Aus welchen Elementen besteht sie? Welche Normen sind zusätzlich heranzuziehen? Ist die Rechtsfolge durchsetzbar? Welche Normen könnten entgegenstehen?

Die Rechtsanwendung

Die einzelnen Gedanken- und Arbeitsgänge im Gesamtverlauf der Rechtsanwendung werden in der Regel nicht strikt getrennt vollzogen; sie sind vielmehr unterschiedlich stark miteinander verschränkt. Aus Gründen der Klarheit und Anschaulichkeit werden die vier Hauptschritte der Rechtsanwendung trotzdem nachfolgend in einzelnen Abschnitten behandelt. Methodische und technische Fragen (s. dazu S. 154 ff.) lassen sich auch hier nicht immer sauber trennen.

4.4 Das Verfahren der Rechtsanwendung im Einzelnen

4.4.1 Aufbereitung des Sachverhalts und Bestimmung der rechtlichen Frage

Jede Rechtsanwendung setzt notwendig eine intensive Beschäftigung mit den Aussagen des jeweils rechtlich zu würdigenden Lebenssachverhalt voraus. Dem Tatsachenmaterial muss zuallererst entnommen werden, welche Rechtsfolge konkret angestrebt wird bzw. welche juristischen Fragen bedeutsam sind. Es liefert überdies Anhaltspunkte für die in Betracht zu ziehenden Konfliktlösungsvorgaben der gesamten Rechtsordnung. Schon jetzt ahnt und erwägt der Rechtsanwender, welche Antwortnorm passen könnte, aber auch welche sonstige(n) Norm(en) womöglich mit im Spiel sein dürfte(n).

Beispiele:
Im Wagentür-Fall (S. 1) wird konkret Ersatz des Schadens (Erstattung der Arztkosten) verlangt und keine Bestrafung des Schädigers A.

Im Gastwirt-Fall (S. 18) bzw. im Makler-Fall (S. 34) haben sich sowohl gewerberechtlich wie strafrechtlich bedeutsame Tatsachen ereignet. Die Sachverhaltsaussagen im Makler-Fall lenken darauf hin, dass gewerberechtliche und keine strafrechtlichen Aspekte eine Rolle spielen, dass überdies – hier geht es konkret um die Frage der Erlaubnis zur Ausübung eines bestimmten Gewerbes – in der Gewerbeordnung Entscheidungsvorgaben zur Lösung des Sachverhalts zu finden sein könnten.

Der Sachverhalt bildet insofern die Grundlage der Rechtsanwendung, als er genau bestimmt, woraufhin und in welchem Ausmaß welches Recht anzuwenden ist, um ein ganz bestimmtes Resultat zu erzielen, nämlich die Feststellung der jeweils begehrten, weil konfliktlösenden Rechtsfolge. Da es bei Rechtsanwendung um die rechtliche Beurteilung und Entscheidung eines Konfliktgeschehens geht, ist nicht dessen gesamtes, sondern eben nur dessen **rechtlich relevantes Tatsachenmaterial** von Interesse.

Der in seinen Rechten verletzte Laie ist normalerweise nicht imstande, das Konfliktgeschehen auf rechtlich bedeutsame Fakten zu konzentrieren, sondern wird seinen Sach(verhalts)vortrag mit vielen Einzelbegebenheiten und persönlichen, mitunter zweifelhaften Bewertungen oder gar widersprüchlichen Aussagen befrachten. Der Normanwender muss hier also zunächst den wesentlichen Sachverhalt herausfiltern. Sachverhalte basieren zudem zwar auf Tatsachen; Tatsachen sind aber nicht stets Gegenstände der äußeren Wahrnehmung, sondern z. B. auch womöglich schwer feststellbare psychische Vorgänge. In der Praxis liegen deshalb meistens wesentliche Probleme bei Aufnahme und Behandlung des im „Rohzustand" vorliegenden Tatsachenmaterials, d. h. bei der Feststellung des juristisch relevanten Sachverhalts.

Der Rechtsanwender hat es in der Praxis zudem meistens mit umstrittenen Sachverhalten zu tun. Er muss aus dem, was an „Tatsachen" von den streitenden Parteien in Vortrag und Gegenvortrag zum konkreten Konfliktfall geliefert oder was z. B. durch unmittelbare eigene Anschauung bzw. auf Grund von Schlussfolgerungen gewonnen wurde, die nach bestimmten Verfahrensregeln aus Beweismaterial gezogen worden sind, erst eine Faktengrundlage schaffen. Weil der juristisch zu beurteilende Sachverhalt häufig streitig ist, muss etwa durch Beweiserhebung erst ermittelt werden, welches Geschehen überhaupt zutrifft. Ist die endgültige Feststellung einer Tatsache nicht oder nicht zuverlässig möglich, kann die erwogene konfliktlösende Norm nicht angewendet werden. Im Strafrecht führt das womöglich dazu, dass eine Bestrafung unterlassen werden muss („Im Zweifel zugunsten des Angeklagten"; abgeleitet u. a. aus Art. 103 Abs. 2 GG, § 261 StPO). Zu den Problemen gerichtlicher Tatsachenermittlung s. Zippelius, S. 91 ff.; Bydlinsky, S. 417 ff.

Wie verschränkt die einzelnen Schritte der Rechtsanwendung sind, zeigt sich bereits im Rahmen der Sachverhaltsfeststellung. Denn welche Tatsachen rechtlich belangvoll sind, ergibt sich nur aus dem Tatbestandsteil der Norm, die als passend betrachtet wurde, weil die dort vertypt beschriebene Sachverhaltslage dem Konfliktgeschehen entsprechen könnte. Die Vorschrift, aus der sich die angestrebte Rechtsfolge womöglich ableiten lässt, kommt nun allerdings als Lösungsgrundlage erst in Betracht, wenn jedes seiner für den konkreten Sachverhalt wesentlichen Tatbestandsmerkmale verwirklicht ist. Das bedeutet: Der zu beurteilende Sachverhalt muss seinerseits zu jeder relevanten Tatbestandsvoraussetzung eine subsumierbare Tatsache aufweisen.

Streng genommen ist ein Sachverhalt nach allem gar nicht vorgegeben, sondern muss zunächst **zur faktischen Grundlage** der Rechtsanwendung **aufbereitet** werden (was vorab eine erste oberflächliche rechtliche Würdigung des Falles voraussetzt). Die sorgfältige Feststellung des „einschlägigen" Tatsachenmaterials ist insofern unerlässliche Vorarbeit.

Beispiel:
Was im Schwingtür-Fall (S. 42) an Tatsachen mitgeteilt wurde, ist – wie bei erdachten Fällen üblich – ganz überwiegend für die erwünschte Konfliktentscheidung wichtig. Solche Sachverhalte können aber zur Erhöhung der Anschaulichkeit oder aus didaktischen Gründen auch einzelne irrelevante Fakten enthalten. Nach erster grober Einschätzung sind im Schwingtür-Fall im Hinblick auf die Tatbestandsvoraussetzungen der hier in Betracht zu ziehenden Antwortnorm des § 823 Abs. 1 BGB sowie der mutmaßlich einschlägigen weiteren Normen (S. 42 f.) die folgenden Aussagen des Sachverhalts

- **rechtlich bedeutsam:** z. B. „16. Lebensjahr", „angetrunken" (ggf. für die Verschuldensproblematik); „vor seinem zu Gewalttätigkeiten neigenden Kollegen flüchten" (Frage des möglichen Rechtfertigungsgrundes); „unachtsames Öffnen" (für die Merkmale „verletzt"; „vorsätzlich" bzw. „fahrlässig"); „einfach, abgenutzt" (Wert der Fundsache im Zusammenhang mit der Prüfung des § 973 Abs. 2 BGB); „zu Bruch/zu Boden" (für das Merkmal „verletzt"); „dabei geht zu Bruch/zerspringt" (Kausalitätsfrage); „gefunden"/„tauschen wollte" (Eigentumsfrage); „plötzliches Unwohlsein" (Frage des Mitverschuldens); „Schadensersatz in Geld" (Schadensumfang).
  Konkret z. B. für die Frage, ob eine Verletzungshandlung rechtswidrig ist, sind aus dem Sachverhalt alle Tatsachen, Handlungen oder Vorgänge herauszufiltern, von denen es abhängt, ob ein Rechtfertigungsgrund die Widerrechtlichkeit der Verletzungshandlung ausnahmsweise ausschließt (s. im Schwingtür-Fall: „vor seinem zu Gewalttätigkeiten neigenden Kollegen flüchten").

- **rechtlich unbedeutsam:** z. B. „Warenhaus" als Ort des Geschehens oder des Eigentumserwerbs durch Kauf; „Sonnenbrille" als Fundgegenstand bzw. Objekt der Verletzungshandlung; „während des Urlaubs" als Zeitpunkt des Fundes; „im Wald" als Fundort.

Am Ende der Aufbereitung der rechtlich zu würdigenden Tatsachen steht also eine Sachverhaltsfassung, die auf die für die Konfliktlösung wichtigen Ereignisse beschränkt ist. Das Tatsachenmaterial eines konkreten Falles ist deshalb in einer Weise teils zu verkürzen, teils (durch Auslegung) zu ergänzen, dass der endgültige Sachverhalt keine überflüssigen Elemente des tatsächlichen Konfliktgeschehens enthält. Welche Fakten letztendlich hinsichtlich der einschlägigen Rechtssätze zu den wesentlichen gehören und wie man sie abschließend bewerten muss, zeigt sich freilich häufig erst im Moment der Subsumtion (S. 72 f.).

Beispiel:
Aus der Sachverhaltsfassung zum Gastwirts-Fall (S. 18) folgt, dass es um die Frage einer gewerbebehördlichen Maßnahme und nicht um eine mögliche Strafbarkeit des G gem. § 284 StGB (unerlaubte Veranstaltung eines Glücksspiels) geht. Die auf die Tatbestandsvoraussetzungen des § 284 StGB möglicherweise (auch) passenden Tatsachen sind hier deshalb rechtlich irrelevant. S. im Einzelnen dazu S. 155 ff. Stets darf der Rechtsanwender also immer nur die Fakten berücksichtigen, die sich tatsächlich – direkt oder indirekt durch Interpretation – dem konkreten Sachverhalt entnehmen lassen.

Die richtige Feststellung von Sachverhaltsdaten kann im Einzelfall schwierig sein, denn sie setzt (Wert-)Urteile unterschiedlicher Art voraus. Aussagen über Tatsachen beruhen in der Regel auf Wahrnehmungen. Rechtlich bedeutsame Tatsachen, die wahrgenommen werden können, sind z. B. die Verletzung eines Menschen, die Beschädigung einer Sache. Kommt es etwa auf den Wert eines Hauses an, wird auf die wahrnehmbaren Tatsachen wie „Größe", „Lage", „Baujahr", „Bauweise" etc. zurückzugreifen sein. Geht es um eine normative Tatsache (z. B. Eigentum), so sind die sie begründenden Fakten zu ermitteln.

Beispiel:
Relativ unproblematisch lässt sich im Schwingtür-Fall (S. 42) z. B. der Wert der gefundenen Brille taxieren („einfach", „abgenutzt"), der für die Frage eine Rolle spielt, welche Norm über den Eigentumserwerb bei Fund heranzuziehen ist. Etwas schwieriger ist hier die Eigentumsfrage zu lösen.

Rechtlich relevante Tatsachen können auch Vorgänge sein, die auf einer Deutung menschlichen Verhaltens beruhen. So ist die „im Verkehr erforderliche Sorgfalt" (§ 276 Abs. 2 BGB zum Merkmal „fahrlässig") nicht wahrnehmbar, ihre Feststellung setzt vielmehr ein Werturteil voraus, das anhand des im Sachverhalt beschriebenen Verhaltens zu fällen ist. Das Merkmal „Zueignungsabsicht" (§ 242 StGB) kann z. B. einem Täter, dem der Einbruch in ein Gebäude und der Besitz von Diebesgut aus diesem Gebäude nachzuweisen ist, zugeschrieben werden.

Bestimmte Unklarheiten über Tatsachen (etwa über die Frage, ob ein Verhalten als Ursache für einen Erfolg oder Schadenseintritt gewertet werden kann, oder über die Schätzung von Promilleständen zur Tatzeit, s. dazu z. B. § 316 Abs. 1 StGB) lassen sich oft nicht im Wege normativer Wertung auflösen, sondern nur mittels Lebenserfahrung, Logik oder spezieller Fachkenntnisse. Zu den besonderen Fällen, in denen Prognosen abzugeben sind (vgl. dazu etwa § 56 Abs. 1 StGB, Strafaussetzung zur Bewährung) s. Vogel, S. 31 f. m. N.; s. zum Ganzen auch Röhl/Röhl, S. 158 f.

4.4.2 Bestimmung und Aufbereitung der einschlägigen Normen

Aus der Aufbereitung des Sachverhalts ergibt sich nach allem bereits in groben Umrissen, in welchem rechtlichen Rahmen sich die Rechtsanwendung bewegt. Fest steht jetzt zum einen, nach welcher Rechtsfolge im konkret zu entscheidenden Fall gefragt ist (z. B. Verpflichtung zu Schadenersatz, zur Kaufpreiszahlung, zur Erteilung einer Baugenehmigung etc.). Zum anderen weiß der Normanwender in der Regel, wo er innerhalb des objektiven Rechts (S. 9) suchen muss. Geht es etwa darum, von einer Privatperson Schadenersatz oder von einer hoheitlich handelnden Behörde einen Leistungsbescheid zu erlangen, ist entsprechend das private bzw. öffentliche Recht maßgeblich.

Bis jetzt genügte es, das rechtlich bedeutsame Geschehen und die generellen Konfliktlösungsvorgaben der Rechtsordnung vorsortierend aufeinander zu beziehen, um eine erste Struktur in den Rechtsanwendungsvorgang zu bringen. Nunmehr muss der Rechtsanwendende präziser vorgehen, nämlich die einschlägige Antwortnorm bzw. die mutmaßlich sonst noch maßgeblichen Vorschriften auswählen. Ist er darin geübt, wird er direkt das für die konkrete Rechtsgewinnung maßgebliche Gesetz aufschlagen und im ganzen Gesetz die ernsthaft in Betracht kommenden, nicht selten über das Gesetz verteilten Normen heraussuchen oder sich peu à peu an die einschlägigen Normen heranarbeiten, wobei ihm die Gesetzessystematik hilft (s. dazu S. 94). Unter Umständen benötigt er darüber hinaus auch noch Vorschriften anderer Gesetze. Der Rechtsanwender hat sich stets die juristische Basis seiner Konfliktlösung aus der gesamten, vom Grundsatz her homogen gestalteten Rechtsordnung (s. dazu S. 7, 41) regelrecht zu einem sinnvollen Gesamtgefüge von Normen zusammenzusetzen.

- **Die einschlägige Rechtsquelle**

Als normative Grundlage von Konfliktlösungen kommen grundsätzlich alle Rechtsquellen der Rechtsordnung in Betracht. Die gesuchte Rechtsfolge kann sich aber unter Umständen auch unmittelbar aus einem Vertrag oder Verwaltungsakt ergeben. Da diese allerdings in der Regel in gesetzlichen Regelungen wurzeln, kann man sagen, dass Gesetze die einschlägigen Rechtsquellen sind (s. dazu S. 11).

Auf der Suche nach der zutreffenden Rechtsquelle müssen womöglich rechtliche Hürden genommen werden, und zwar bereits bei der Feststellung des fallbezogen richtigen Rechtsgebiets. Hier kann etwa fraglich sein, ob die Antwortnorm im privaten oder öffentlichen Recht aufzuspüren ist, wenn z. B. unklar ist, ob eine Behörde privatrechtlich oder hoheitlich tätig geworden ist (S. 9). Außerdem kann etwa zweifelhaft sein, ob eine mutmaßlich einschlägige Rechtsquelle wirksam zustande gekommen ist, oder es können mehrere Rechtsquellen in Betracht kommen, die unterschiedlichen Rängen angehören (S. 13 f.), so dass dann erst die Frage des Geltungsvorrangs (S. 14 f.) zu klären wäre.

Welche Rechtsquelle aus welchem Rechtsgebiet speziell für die konkret zu beurteilende Konfliktentscheidung maßgeblich ist, bestimmen allein der jeweils zugrundeliegende Sachverhalt und die (sich aus ihm ergebende) rechtliche Frage.

Beispiel:
Im Gastwirts-Fall (S. 18) geht es um die Rechtsfolge „Widerruf der Erlaubnis zum Betreiben einer Schankwirtschaft". Die rechtlichen Regelungen des Zivil-, Straf- oder etwa Verfassungsrechts spielen hier also offensichtlich keine Rolle. Zu beurteilen ist eine öffentlich-rechtliche Konfliktlage zwischen einer Behörde und einer Privatperson, so dass im besonderen Verwaltungsrecht (hier: Gaststättenrecht) die Antwortnorm zu suchen ist.

- **Die einschlägige Antwortnorm**

Hat man sich an das richtige Rechtsgebiet und innerhalb dieses Rechtsgebiets an die einschlägige Rechtsquelle (z. B. BGB, StGB, GastG, GewO, GG) herangearbeitet, heißt es nun, in ihr genau den Rechtssatz zu ermitteln, dessen Tatbestand den Sachverhalt des Konfliktgeschehens in etwa beschreibt und dessen Rechtsfolge annehmen lässt, dass er auf die konkret gestellte Rechtsfrage Antwort gibt. Grundsätzlich sollten dabei zunächst alle Vorschriften in die engere Wahl gezogen werden, die die gesuchte Rechtsfolge enthalten.

Die Rechtsanwendung

Das Aufspüren der mutmaßlich zutreffenden Antwortnorm ist unproblematisch, wenn sich nach dem Sachverhalt bzw. – wie häufig – aus der rechtlichen Frage eine bestimmte Antwortnorm aufdrängt bzw. bestimmte Vorschriften auszuschließen sind.

Beispiele:
Im Wagentür-Fall (S. 1) geht es um einen Konfliktfall zwischen zwei Privatpersonen, weswegen von vornherein öffentlich-rechtliche Rechtsquellen (etwa StGB oder StVG) ausscheiden. B verlangt von A Erstattung der Arztkosten. Im Sachverhalt ist nicht davon die Rede, dass zwischen A und B vor der Verletzungshandlung Rechtsbeziehungen bestanden haben. Die angestrebte Rechtsfolge „Pflicht zu Schadensersatz" kann also innerhalb des hier einschlägigen BGB nur dem Recht der unerlaubten Handlungen und nicht etwa dem Vertragsrecht entnommen werden. Entsprechendes gilt für den Schwingtür-Fall (S. 42).

Im Gastwirts-Fall (S. 18) geht es nur um die Rechtsfolge „Widerruf der Schankerlaubnis". Gefragt ist nicht nach einer im konkreten Sachverhalt ebenso möglichen Bestrafung des G. Das StGB ist als Rechtsquelle für die Festlegung der Antwortnorm also außer Betracht zu lassen. Entscheidungserheblich sind hier auch keine prozessrechtlichen Gesetzestexte, da hier lediglich die materielle Seite der Rechtmäßigkeit der behördlichen Maßnahme Gegenstand der Rechtsfrage ist. Einschlägige Normierung innerhalb des öffentlich-rechtlichen Rechtsgebiets bzw. des besonderen Verwaltungsrechts ist hier das Gaststättengesetz.

Schwierigkeiten ergeben sich vor allem, wenn Regelungen außerhalb der bekannten Gesetze zu berücksichtigen sind, erst recht, wenn sich die Antwortnorm nicht einfach einem Gesetz entnehmen lässt, sondern das Gesetz dazu zunächst zu interpretieren oder womöglich eine Lücke im Gesetz (S. 125) aufzudecken ist.

Findet der Normanwender bei Durchsicht der Normierung(en) mehrere Vorschriften, die die gesuchte Rechtsfolge enthalten, lässt er zur Bestimmung der mutmaßlich passenden Antwortnorm „seine Augen" wieder zum festgestellten Sachverhalt „wandern" und sondert die Normen aus, deren abstrakte Tatbestandsbeschreibung nicht auf das konkrete Konfliktgeschehen passen. Ganz grob werden hier die Merkmale von Tatbestand und Sachverhalt verglichen, wie vorher umgekehrt der Sachverhalt mit Blick auf die mutmaßlich einschlägigen Normierungen festgestellt und zerlegt worden war (S. 57 f.).

- **Gültigkeit und Anwendbarkeit der einschlägigen Norm**

Die passendste Antwortnorm nützt dem Rechtsanwender nichts, wenn sie unwirksam oder unanwendbar ist, denn damit gilt auch die gesetzgeberische Rechtsfolgeanweisung nicht. Aus ungültigen (S. 13) Rechtssätzen kann nicht folgen, was rechtens sein soll, sonst würde sich die Rechtsordnung selbst widersprechen. Für den juristischen Syllogismus (S. 54) fällt bei Unwirksamkeit der Norm mithin von vornherein der Obersatz aus, so dass eine Schlussfolgerung unmöglich ist.

Wie der Geltungsvorrang (S. 14 f.) kann auch der Anwendungsvorrang (S. 17 f.) ein Problem sein, das vor dem dritten Schritt, der Subsumtion, zu lösen ist. Bei Gleichrangigkeit zweier prinzipiell möglicher Antwortnormen fällt der verdrängte, also nicht anwendbare Rechtssatz allerdings nur dann als Antwortnorm aus, wenn die vorgehende Vorschrift im Konfliktfall auch tatsächlich umfassend zum Zuge kommt (S. 19).

- **Aufbereitung des normativen Materials**

Erst jetzt, wenn die mutmaßlich passende Antwortnorm nicht nur aufgespürt, sondern auch als rechtlich geltende und anwendbare Vorschrift bejaht werden kann, beginnen die wichtigen Vorarbeiten für die Subsumtion. Die Antwortnorm ist, wie gesagt, kein Rezept mit fertigen Zutaten; sie müssen vielmehr ihrerseits erst sorgfältig herausgesucht und als entscheidende Zutaten erkannt sowie behandelt werden. Die Aufbereitung der normativen Grundlage erfolgt mithin in mehreren und nicht selten schwierigen Schritten, damit der Rechtsanwender exakt weiß, welche rechtliche Elle er an das konkrete Konfliktgeschehen anzulegen hat. Zu den Arbeitsschritten gehören die Zerlegung der (mutmaßlichen) Antwortnorm in Tatbestand und Rechtsfolge, die Feststellung der zu beachtenden Tatbestandsvoraussetzungen (auch der ungeschriebenen, S. 27), die Heranziehung einschlägiger unvollständiger Rechtssätze und die Ordnung der für die Subsumtion erforderlichen Elemente.

Zweigliedrigkeit der Antwortnorm: Um als Obersatz des juristischen Syllogismus (S. 54) fungieren zu können, muss die Antwortnorm notwendig zweigliedrig strukturiert sein, d. h. aus Tatbestand und Rechtsfolge bestehen. Nur so lässt sich für den konkreten Fall die erwünschte Entscheidungsanweisung der Rechtsordnung gewinnen. Die Antwortnorm wird deshalb in ihre Tatbestands- und Rechtsfolgeteile zerlegt, die nicht stets direkt aus dem Wortlaut der Norm ablesbar sind (zum Wenn-dann-Schema s. S. 22 f.).

Beispiel:
Eine nicht leicht zu überblickende Antwortnorm ist § 867 S. 1 BGB (Verfolgungsrecht des Besitzers). Hier rahmen die Tatbestandsvoraussetzungen des ersten und dritten Satzteils die im zweiten Satzteil stehende Rechtsfolge ein.

Bestimmung der Tatbestandsvoraussetzungen: Der Rechtsanwender steht nunmehr vor der Aufgabe, die Tatbestandsseite exakt zu erschließen, also inhaltlich die Voraussetzungen zu bestimmen, deren Verwirklichung den Eintritt der Rechtsfolge nach sich ziehen sollen. Dazu ist es unerlässlich, dass er den jeweiligen Rechtssatz genau zur Kenntnis nimmt, und zwar Wort für Wort. Die Ausdrucksweise des Gesetzgebers macht die Feststellung der einschlägigen Merkmale mitunter nicht gerade leicht (s. dazu z. B. § 117 Abs. 1 OWiG, S. 25, oder etwa § 48 VwVfG zur Frage der Rücknahme eines Verwaltungsakts).

Dem ökonomischen Prinzip verpflichtet, formuliert der Normgeber Voraussetzungen bisweilen gar nicht oder in komprimierter Form (s. dazu z. B. die negativen Tatbestandsmerkmale, S. 27). Den Inhalt solcher Tatbestandsbedingungen erkennt man dann womöglich erst nach mehrmaligem Lesen des fallrelevanten Normteils bzw. aller Absätze der Norm oder der umliegenden Gesetzesbestimmungen (vgl. z. B. § 49 Abs. 2 VwVfG zum Widerruf eines rechtmäßigen Verwaltungsakts). Schließlich kommt es auch vor, dass sich eine Norm deshalb nicht leicht verstehen lässt, weil sie dem Gesetzgeber etwa aufbautechnisch schlicht misslungen ist.

Beispiel:
Teile der Normierung des § 254 BGB (Mitverschulden). § 254 Abs. 2 S. 2 BGB („Die Vorschrift des § 278 findet entsprechende Anwendung.") bezieht sich nach allgemeiner Meinung nicht nur auf § 254 Abs. 2 S. 1 BGB, sondern auf die komplette Bestimmung des § 254 BGB. Der BGB-Gesetzgeber hätte § 254 Abs. 2 S. 2 BGB also als selbstständigen Absatz 3 formulieren müssen. Bis heute ist eine dahin gehende Gesetzesänderung allerdings unterblieben.

Die Rechtsanwendung

Tatbestände enthalten in der Regel mehrere Merkmale. Sie können in unterschiedlicher Weise miteinander verknüpft sein. Um die Rechtsfolge auszulösen, will der Normgeber mal ihre **kumulative**, mal ihre **alternative** Erfüllung. Was gemeint ist, lässt sich nicht immer auf Anhieb erkennen.

Beispiel für kumulativ zu verwirklichende Voraussetzungen:
Ein rechtswidriger, auf eine Geldleistung oder teilbare Sachleistung gerichteter Verwaltungsakt darf „nicht zurückgenommen werden, soweit der Begünstigte auf den Bestand des Verwaltungsaktes vertraut hat **und** sein Vertrauen unter Abwägung mit dem öffentlichen Interesse an einer Rücknahme schutzwürdig ist" (§ 48 Abs. 2 S. 1 VwVfG).

Beispiele für alternativ zu erfüllende Merkmale:
Nach § 3 BauGB kann von der Beteiligung der Öffentlichkeit an einer Bauplanung u. a. abgesehen werden, wenn sich 1. Aufstellung oder Aufhebung eines Bebauungsplans „auf das Plangebiet ... nicht ... auswirkt **oder** 2. die Unterrichtung und Erörterung bereits zuvor auf anderer Grundlage erfolgt sind."

Gem. § 41 Abs. 1 Nr. 1 PolG NRW darf eine Wohnung ohne Einwilligung des Inhabers betreten und durchsucht werden, wenn Tatsachen die Annahme rechtfertigen, „dass sich in ihr eine Person befindet, die nach § 10 Abs. 3 (PolG NRW, d. V.) vorgeführt **oder** nach § 35 (PolG NRW, d. V.) in Gewahrsam genommen werden darf."

S. in diesem Zusammenhang auch die sprachlich etwas verunglückte Regelung des § 41 Abs. 3 PolG NRW; in diesem Beispiel springen die Inhalte von Ziffer 1 und 2 als Alternativregelung nicht sofort ins Auge. Danach ist das jederzeitige Betreten einer Wohnung zur Abwehr dringender Gefahren gestattet, „wenn 1. Tatsachen die Annahme rechtfertigen, dass
    a) dort Personen Straftaten von erheblicher Bedeutung verabreden, vorbereiten oder verüben,
    b) sich dort Personen treffen, die gegen aufenthaltsrechtliche Strafvorschriften verstoßen,
    c) sich dort gesuchte Straftäter verbergen,
2. sie der Prostitution dienen."

Für zahlen- oder buchstabenmäßig untergliederte Tatbestandsvoraussetzungen gilt in der Regel ganz allgemein: Werden vorletzte und letzte Unterteilung durch ein „und" bzw. „sowie" verbunden, müssen alle bezifferten Merkmale erfüllt sein (s. etwa § 19 Abs. 1 OBG NRW; § 2 Abs. 2 StVG; § 80 Abs. 3 SGB X). Sind alle (bezifferten) Merkmale oder zumindest die letzten beiden durch das Wort „oder" verknüpft, brauchen die Tatbestandsvoraussetzungen nur alternativ vorzuliegen (z. B. § 37 Abs. 3 AufenthG; § 72 Abs. 1 AsylverfG; § 29a Abs. 2 BImSchG). In einer Norm können auch zugleich alternative und kumulative Tatbestandsvoraussetzungen enthalten sein (z. B. § 49 Abs. 2 Nr. 4 VwVfG; § 118 Abs. 1 OWiG).

Ob es um eine kumulative oder alternative Regelung geht, ergibt sich nur im Wege der Auslegung (S. 89 ff.). Oft erschließt sich der Sinn allerdings schon, wenn man die bezifferten Voraussetzungen gedanklich mit „und" bzw. „oder" verbinden kann.

Beispiele:
Irreführend ist, dass z. B. alle sieben in § 30 OBG NRW genannten Formerfordernisse für ordnungsbehördliche Verordnungen, die auch sinnvollerweise alle erfüllt sein müssen, durch Semikolon miteinander verknüpft sind, also auch zwischen vorletzter und letzter Voraussetzung kein „und" eingefügt ist. Entsprechendes gilt für die fünf Alternativen z. B. in § 49 Abs. 2 VwVfG oder § 21 Abs. 1 BlmSchG. Im Fall des § 15 Abs. 3 GastG sind alle bezifferten Alternativen jeweils nur durch ein Komma getrennt.

Heranziehen unvollständiger Rechtssätze: Allein durch die Feststellung, welche Vorschrift Antwortnorm ist, hat der Rechtsanwendende in der Regel noch keinen sinnvollen Obersatz des juristischen Syllogismus gewonnen. Zur gründlichen Aufbereitung der Antwortnorm gehört auch, bereits jetzt die Rechtssätze herauszusuchen, die zur näheren inhaltlichen Bestimmung (S. 31 f.) bzw. zur (teilweisen oder gänzlichen) Veränderung (S. 33 ff.) der Grundregel der Antwortnorm beachtlich sein können. Alle ernsthaft in Betracht zu ziehenden Hilfs- bzw. Gegennormen sollten wie die Antwortnorm inhaltlich vorgeklärt und auf diese Weise für die anschließende rechtliche Würdigung im Subsumtionsverfahren präpariert werden.

Beispiel:
Im Schwingtür-Fall (S. 42) sind z. B. zum Tatbestandsmerkmal „widerrechtlich" die Rechtssätze aufzubereiten, aus denen sich Rechtfertigungsgründe ergeben könnten (z. B. § 227 ff., 904 BGB). Entsprechendes gilt für die Eigentumsproblematik des Falles.

Ordnung der Normmerkmale: Nachdem in dieser Weise das gesamte einschlägige rechtliche „Programm" der Antwortnorm, also der Obersatz des Fall entscheidenden Syllogismusverfahrens ausgeleuchtet worden ist, verbleibt als letzter Akt noch, den Ablauf des nun folgenden Subsumtionsverfahrens festzulegen. Er wird in erster Linie durch Gründe der Logik und Zweckmäßigkeit, letztlich auch durch Gesichtspunkte ökonomischer Arbeit bestimmt und weniger durch die Reihenfolge, in der jeweils die Voraussetzungen im Gesetzestext vorkommen.

4.4.3 Das Subsumtionsverfahren

Nunmehr beginnt das Herzstück der Rechtsanwendung, die Subsumtion (Zuordnung, s. S. 51 ff.). Der Rechtsanwender steht jetzt nicht mehr vor der Erwägung, sondern vor der Entscheidung, ob der Tatbestand der für mutmaßlich passend befundenen, gültigen und grundsätzlich auch anwendbaren Antwortnorm den konkret zu beurteilenden Konfliktsachverhalt erfasst.

(1) Äußerer Ablauf

Wenn es heißt, der konkrete Sachverhalt ist unter den abstrakten Tatbestand zu subsumieren, ist das ungenau, denn tatsächlich handelt es sich bei dieser Prozedur um eine Vielzahl einzelner Zuordnungsakte. Eine **summarische Subsumtion** ist **nicht möglich**. Die Zuordnungsakte setzen grundsätzlich an allen jeweils zu beachtenden Merkmalen der mutmaßlich einschlägigen Norm bzw. Normen an. Schritt für Schritt ist also festzustellen, ob auf die jeweilige Tatbestandsvoraussetzung eine Tatsache des Einzelsachverhalts zu beziehen ist; gelingt es, ist das entsprechende Tatbestandsmerkmal verwirklicht (erfüllt, gegeben). Sind sämtliche Voraussetzungen eines Tatbestandes erfüllt, ist damit also der Tatbestand der jeweils einschlägigen Norm verwirklicht (erfüllt, gegeben). Auf diese Weise können mithin etliche Subsumtionen erforderlich sein, bis tatsächlich feststeht, dass die Antwortnorm passt, d. h. der Sachverhalt ein Fall ihres Tatbestandes ist, und dass sich damit – im letzten Schritt – die endgültige Schlussfolgerung ziehen lässt: anhand ihrer Rechtsfolge kann und soll der Konfliktfall entschieden werden.

Die Aufteilung des Subsumtionsverfahrens in einzelne Subsumtionsvorgänge soll an dieser Stelle zunächst ohne Zuordnungsakte, also in vereinfachter Weise, veranschaulicht werden. Dazu ein Fall:

Die Rechtsanwendung

Der von immensen persönlichen Problemen geplagte Mieter M wird nachts regelmäßig von so schweren Träumen heimgesucht, dass er fast jede Nacht mit einem gellenden Angstschrei in seinem Bett auffährt. Die Wohnungsnachbarn erstatten Anzeige wegen nächtlicher Ruhestörung, die sie für eine Ordnungswidrigkeit gem. § 117 Abs. 1 OWiG halten. Danach handelt ordnungswidrig, „wer ohne berechtigten Anlass oder in einem unzulässigen oder nach den Umständen vermeidbaren Ausmaß Lärm erregt, der geeignet ist, die Allgemeinheit oder die Nachbarschaft erheblich zu belästigen oder die Gesundheit eines anderen zu schädigen."
Im Einzelnen wären hier auf der Tatbestandsseite (s. dazu auch S. 25) zu subsumieren: (1) Ist der gellende Angstschrei „Lärm"; (2) ist der gellende Angstschrei Lärm „ohne berechtigten Anlass" oder von einem „Ausmaß, das unzulässig" oder „unvermeidbar" ist; (3) hat M den Lärm „erregt"; (4) bedeutet die Lärmerregung „eine erhebliche Belästigung", und zwar „der Allgemeinheit" bzw. „der Nachbarschaft"; oder ist die Lärmerregung geeignet, die Gesundheit eines anderen zu schädigen"; (5) hat M „vorsätzlich" gehandelt (dass der Tatbestand des § 117 Abs. 1 OWiG auch das subjektive Tatbestandsmerkmal des Vorsatzes voraussetzt, ergibt sich aus § 10 OWiG)? Erst wenn alle genannten Voraussetzungen erfüllt sind, ist mithin der Subsumtionsvorgang abgeschlossen.

Die Zerlegung des Subsumtionsverfahrens in **Einzelbegriffssubsumtionen** hat zur Folge, dass das Schema des juristischen Syllogismus (S. 54 f.) entsprechend auszubauen ist:

1. Tatbestandsvoraussetzung

Obersatz (1. Prämisse):	Aussage zum Tatbestandsmerkmal T1. T1 ist laut Normtext, d. h. der gesetzgeberischen Formulierung dieses vertypt beschriebenen Elements eines allgemeinen Sachverhalts ... (z. B. „Sache", „Körper verletzt").
Untersatz (2. Prämisse):	Aussage zum Sachverhaltselement S1. S1 ist laut Sachverhaltsbeschreibung ... (Tatsache S1).
Schlusssatz:	Tatsache S1 verwirklicht das Merkmal T1.
Teilresultat:	Die 1. Tatbestandsvoraussetzung ist also erfüllt.

2. Tatbestandsvoraussetzung

Obersatz (1. Prämisse):	Aussage zum Tatbestandsmerkmal T2. T2 ist laut Normtext....
Untersatz (2. Prämisse):	Aussage zum Sachverhaltselement S2. S2 ist laut Sachverhaltsbeschreibung ... (Tatsache S2).
Schlusssatz:	Tatsache S2 verwirklicht das Merkmal T2.
Teilresultat:	Die 2. Tatbestandsvoraussetzung ist also erfüllt.

3. Tatbestandsvoraussetzung

	Aussage zum Tatbestandsmerkmal T3 etc.

In dieser Weise wird, wie gesagt, fortgefahren, bis auch die Subsumtion hinsichtlich der letzten zu prüfenden Tatbestandsvoraussetzung positiv ausgegangen ist und sich dann aus dem Puzzle der einzelnen Syllogismusschlüsse ergibt dass alle Voraussetzungen des Tatbestandes (T1, T2, T3 etc.) erfüllt sind und damit „der Tatbestand" der Antwortnorm „den Sachverhalt" erfasst. Die Gewinnung der Gesamtschlussfolgerung (die Rechtsfolge der Antwortnorm soll im konkreten Fall maßgeblich sein) setzt nach allem so viele positive Teilresultate voraus, wie Tatbestandsmerkmale zu beachten sind. Sobald ein einziges Teilresultat negativ ist (Tatsache X verwirklicht das Merkmal X nicht), ist das Subsumtionsverfahren abzubrechen, da dann logischerweise der Konfliktsachverhalt kein Fall des Tatbestandes der Antwortnorm mehr sein kann.

Das Gesamtergebnis aus allen erforderlichen Teilresultaten (der Tatbestand der zu prüfenden Norm ist verwirklicht) gehört innerhalb des juristischen Syllogismus (s. Schema S. 54 f.) zum Untersatz.

(2) Begriffliche Vorarbeiten

Bisher sollte lediglich der äußere Ablauf der Subsumtionsarbeit vor Augen geführt werden. Dazu hat der Rechtsanwender den festgestellten Sachverhalt in Tatsachen und den mutmaßlich darauf passenden Tatbestand in die fallbedeutsamen Tatbestandsvoraussetzungen zerlegt; außerdem weiß er, dass grundsätzlich jeder Voraussetzung die entsprechende Tatsache zuzuordnen ist. Das eben genannte Schema zu den Einzelbegriffs-Subsumtionen bedarf aber noch der wesentlichen Ergänzung, wie das nachfolgende Beispiel zeigt.

Es geht um die Frage, ob ein Lehrbuch, das ein Student in einer Buchhandlung „mitgehen" lässt, weswegen eine Bestrafung des Täters wegen Diebstahls erwogen wird, eine „Sache" i. S. d. § 242 Abs. 1 StGB ist („Wer eine ... Sache ... wegnimmt, ..., wird wegen Diebstahls ... bestraft"). Überträgt man das Schema zum juristischen Syllogismus (S. 54) auf die Subsumtion des Sachverhaltselements „Lehrbuch" unter das Normmerkmal „Sache", ergibt sich:

Obersatz:	Sache (T1)
Untersatz:	Lehrbuch (S1)
Schlusssatz:	Der Tatsachenbegriff „Lehrbuch" entspricht dem Tatbestandsmerkmal „Sache".

Hier wird offenkundig, dass entscheidende Arbeiten bezüglich der Ober- und Untersatzaussagen des Syllogismusverfahrens zur Einzelbegriffssubsumtion noch fehlen. Das Syllogismus-Schema ist wegen unvollkommener Prämissenbildung nämlich noch unvollständig und der Schlusssatz in der im Beispiel vorgeführten Weise deshalb so nicht möglich, da die Verbindung zwischen „Sache" und „Lehrbuch" wegen des Fehlens des gemeinsamen Merkmals (S. 53) gar nicht erwiesen ist. Das einfache Diebstahl-Beispiel zeigt, dass die wesentliche Arbeit im Verlauf des Subsumtionsverfahrens die **Bildung präziser Aussagen** des jeweiligen Ober- bzw. Untersatzes ist. Fehlt es an exakten inhaltlichen Bestimmungen vor allem der Normelemente (Obersatz), ist dem Rechtsanwender mithin nicht klar, was der Gesetzgeber unter einem Normbegriff genau versteht, kann er die jeweiligen Zuordnungen nicht vornehmen; Fehlschlüsse sind dann die regelmäßige Folge.

Als Besonderheit des juristischen Syllogismusverfahrens kommt noch hinzu, dass die **Normtatbestände abstrakt** gefasst (S. 46), die auf sie zu beziehenden **Sachverhaltstatsachen** aber **konkret** beschrieben sind. Es müssen also Faktenbeschreibungen abstrakten Normtextformulierungen zugeordnet, d. h. letztlich Feststellungen getroffen werden, dass „Tatsachen" mit (Norm-)Begriffen übereinstimmen. Eine solche Subsumtion ist an sich gar nicht, jedenfalls nicht in der gleichen Weise möglich, wie das bei allgemeinen Zuordnungsvorgängen geschieht, bei denen unter einen allgemeinen Begriff ein spezieller untergeordnet wird (z. B. „Geldscheine" unter „Zahlungsmittel") und beide Begriffe ein und derselben Sphäre entnommen sind. Bei Subsumtionen im Rahmen von Rechtsanwendungen gehören dagegen, wie gesagt, die konkreten Sachverhalte der „realen" Wirklichkeit (Lehrbuch), die Tatbestände aber der normativen „Wirklichkeit" („Sache" als Normbegriff) an. Gleichwohl lassen sich aber auch hier Ober- und Untersatz aufeinander beziehen, denn die begrifflich (abstrakt) formulierten Tatbestände knüpfen inhaltlich an die Erfahrungswelt (reale Lebensverhältnisse, tatsächlich in der Wirklichkeit vorkommende Konfliktlagen) an, stellen Sachverhalte der Lebenswirklichkeit nur vertypt dar. Zwischen den abstrakt ausgedrückten Anwendungsfällen der Norm (z. B. verallgemeinerte Beschreibung, was als Diebstahlstat anzusehen ist) und dem wahrnehmbaren konkreten Fall aus der Erfahrungswelt (ein Student nimmt, ohne zu bezahlen, in einer Buchhandlung ein ihm nicht gehörendes Lehrbuch an sich, d. h. er entwendet es) kann insofern ebenso eine beides verbindende Übereinstimmung hergestellt werden wie zwischen allgemeinen und speziellen Begriffen. Der Tatbestand ist hier quasi der allgemeine „Begriff" (vertypter Fall), der Sachverhalt der besondere „Begriff" (konkreter Fall). Aufeinander bezogen werden bei der Subsumtion also die Aussagen einerseits zum allgemeinen, andererseits zum besonderen Fall.

Beispiel:
Will der Normanwender im Angstschrei-Fall (S. 65) z. B. klären, ob ein „gellender Angstschrei während der Nacht" ein Fall von „unzulässigem Lärm" (§ 117 Abs. 1 OWiG) ist, muss er sich fragen: Ist die Formulierung der Sachverhaltstatsache „gellender Angstschrei während der Nacht" unter den gesetzlichen Begriff „Lärm von unzulässigem Ausmaß" subsumierbar? Zu vermitteln ist hier also zwischen dem allgemeinen, auf die wesentlichen typischen Fälle zugeschnittenen Normbegriff „Lärm von unzulässigem Ausmaß" und dem konkreten, einen individuellen Lebenssachverhalt beschreibenden Umstand „gellender Angstschrei während der Nacht", wobei die Wendungen „gellend" und „Schrei" auf eine gewisse Intensität der nächtlichen „Äußerung" des M, d. h. auf einen als unangenehm empfundenen Schall, mithin Lärm, schließen lassen.

S. zum Ganzen auch Zippelius, S. 97 f.; Engisch, S. 104 ff. Vgl. dazu auch Looschelders/Roth, S. 90 f., die in diesem Zusammenhang den Begriff des „Subsumtionssprungs" einführen.

Wenn nach allem die Abstraktheit der Tatbestandsformulierung und die Konkretheit der Sachverhaltsbeschreibung einer Subsumtion auch nicht im Wege stehen, so kann sich diese **sprachliche Differenz zwischen Obersatz- und Untersatzaussagen** allerdings erschwerend u. a. auf die Bildung der richtigen Prämissen auswirken. Dem eigentlichen Zuordnungsvorgang vorgeschaltet sind daher mitunter schwierige begriffliche Arbeiten an den aufeinander zu beziehenden, letztlich miteinander zu vergleichenden Tatbestands- und Sachverhaltsinhalten. Der Rechtsanwendende steht also vor der sprachlichen Aufgabe, dass Norm- und Sachverhaltsaussagen gleichsam inhaltlich die Farbe des jeweils anderen Bezugsobjekts annehmen. Er hat sich deshalb in zweierlei Hinsicht Fragen zu stellen, und zwar

- zur normativen Seite (Obersatzaussage):
  Worin besteht der rechtliche Inhalt des abstrakten Begriffs, der das jeweilige Tatbestandsmerkmal umschreibt? Wie lässt sich dieses Normmerkmal für den Rechtsanwendungsvorgang sprachlich in einer Weise weniger abstrakt fassen, d. h. sachverhaltsorientiert konkretisieren, damit es mit der Tatsachenbeschreibung des Konfliktgeschehens verglichen werden kann?

- zur faktischen Seite (Untersatzaussage):
  Wie kann man die jeweilige konkrete Tatsachenbeschreibung des Sachverhalts sprachlich mit Blick auf das jeweilige Normmerkmal so formulieren, dass sie dem sachverhaltsbezogen bereits weniger abstrakt gefassten Normbegriff zugeordnet werden kann? Wo liegen die begrifflichen Gemeinsamkeiten, damit letztendlich die Feststellung möglich ist, dass der Sachverhalt ein Fall des Tatbestandes ist.

Die Worte des Gesetzgebers und des Sachverhaltsberichts sind mithin durch Interpretations- und Spracharbeiten erst in eine hinreichende Ausdrucksschärfe und Vergleichbarkeit zu bringen, damit das Konfliktgeschehen anhand der Wertmaßstäbe des Normgebers wertend beurteilt werden kann. Die Sachverhaltsvorgaben einschließlich der rechtlichen Frage entscheiden dabei darüber, wie weitgehend ein Begriff inhaltlich zu bestimmen ist. Inhalt und Bedeutung eines Ausdrucks müssen von daher nicht umfassend geklärt werden, sondern stets nur so weit, dass die konkret zu beurteilende Konfliktsituation rechtlich gewürdigt werden kann. Auf Schritt und Tritt hat der Blick des Normanwenders also zwischen Sachverhalt und Rechtssatz hin- und herzuwandern (S. 52).

Mit diesem Wissen sollen erst einmal die Obersatz- und Untersatzaussagen des noch unvollständigen Schemas zur Einzelbegriffssubsumtion (S. 65) ergänzt werden:

Obersatz (1. Prämisse):	Aussage zum Tatbestandsmerkmal T1: T1 ist laut Normtext, d. h. der gesetzgeberischen Formulierung dieses vertypt beschriebenen Elements eines allgemeinen Sachverhalts … (z. B. „Sache", „Körperverletzung"). Dieses Merkmal bedeutet … (inhaltliche Bestimmung, soweit im konkreten Fall erforderlich und in einer konkretisierenden Weise, damit sich die Inhalte von Norm- und Sachverhaltselement aufeinander beziehen lassen).
Untersatz (2. Prämisse):	Aussage zum Sachverhaltselement S1: Der Sachverhalt enthält, wie festgestellt werden kann, als konkrete Tatsachenbeschreibung zu S1 … (Tatsache S1 ist ggf. sprachlich so zu fassen, dass die

Die Rechtsanwendung

inhaltliche Gemeinsamkeit, also Verknüpfbarkeit von T1 und S1 beurteilt werden kann).

Wenn nachfolgend die Problematik der Prämissenbildung angesprochen wird, werden unvermeidlich auch Auslegungsfragen berührt. Ohne Normbegriffe vorab interpretierend zu bestimmen, lassen sich Subsumtionen nun einmal nicht vornehmen. Vertieft werden die Auslegungsprobleme dann im fünften Abschnitt behandelt.

(a) Bestimmung und Konkretisierung von Normbegriffen

Das jeweilige Tatbestandsmerkmal, also den Ausdruck (Begriff) im Normtext herauszufinden, mit dem der Gesetzgeber die Tatbestandsvoraussetzung direkt oder indirekt kennzeichnet, ist noch relativ leicht, erfordert es in der Regel lediglich ein exaktes Lesen des Rechtssatzes. Den Normbegriff aber zu definieren bzw. fallbezogen inhaltlich zu klären, kann je nach Abstraktionsgrad und Unbestimmtheit allerdings recht schwierig sein (s. S. 45 ff.).

Keine oder kaum Probleme bereiten Normbegriffe, deren inhaltliche Bedeutung fraglos ist und auf die sich deshalb relativ einfach Sachverhaltselemente beziehen lassen wie im Diebstahl-Beispiel (S. 66).

Obersatz: Tatbestandsmerkmal ist „Sache". Sachen sind alle körperlichen Gegenstände.

Untersatz: Sachverhaltselement ist „Lehrbuch". Ein (Lehr-)Buch ist ein stofflicher, greifbarer, also „körperlicher" Gegenstand.

Der Begriff „Sache" ist hier hinreichend inhaltlich bestimmbar und bestimmt (s. aber z. B. S. 81 ff.), so dass sich das gemeinsame Merkmal von Tatbestands- und Sachverhaltsaussage, nämlich „körperlicher Gegenstand", erkennen lässt und somit Zuordnung und Schlussfolgerung im Rahmen der Einzelbegriffssubsumtion möglich sind: Das Lehrbuch ist eine Sache i. S. d. § 242 StGB. Das Tatbestandsmerkmal „Sache" ist also im konkreten Fall verwirklicht.

Entsprechend lassen sich die Prämissen im Wagentür-Fall (S. 1) hinsichtlich des Merkmals „Körperverletzung" inhaltlich bilden:

Obersatz (1. Prämisse): Tatbestandsmerkmal „Körperverletzung" („... den Körper ... (eines anderen) ... verletzt, ...", § 823 Abs. 1 BGB). Körperverletzung ist jeder Eingriff in die körperliche Unversehrtheit.

Untersatz (2. Prämisse): Sachverhaltselement „Armbruch". B hat bei dem Zu-Fall-Bringen durch die Öffnung der Wagentür einen Armbruch, also die Versehrung eines Körperteils erlitten.

Das Merkmal „Körperverletzung" bedarf hier keiner weiteren inhaltlichen Klärung. Die Zufügung eines Armbruchs ist ein äußerer Eingriff in die körperliche Unversehrtheit. B hat also eine Körperverletzung i. S. d. § 823 Abs. 1 BGB erlitten. Das Tatbestandsmerkmal „Körperverletzung" ist im konkreten Fall also erfüllt.

Damit vor allem Anfänger nicht entmutigt diesen Text aus der Hand legen, sei auch an dieser Stelle hervorgehoben, dass nicht jeder Anwendungsvorgang mit komplizierten Prämissenbildungen „gespickt" ist. Sehr viele Merkmale lassen sich in der eben zum Merkmal „Sache" bzw. „Körperverletzung" genannten Weise relativ leicht bestimmen und werfen auch keine großen Zuordnungsprobleme auf. Allerdings haben es immer wieder Fälle an sich, dass wenigstens ein Begriff Kopfzerbrechen macht.

Begriffsbestimmungen erschöpfen sich streng genommen in der Erfassung der wesentlichen Bedeutungselemente. Mitunter sind Bedeutungsinhalte auch nur durch Gegenbegriffe abzustecken. Auszugehen ist bei dem Versuch der inhaltlichen Klärung eines Normbegriffs immer von dem gesetzlichen Rahmen, in dem er steht. Mitunter enthält die Regelung der Antwortnorm selbst eine Präzisierung (s. z. B. zum Merkmal „erforderliche Zuverlässigkeit" § 34c Abs. 2 Nr. 1 GewO); häufig steht sie in einem anderen Rechtssatz desselben Gesetzes (z. B. „Verwaltungsakt", § 35 S. 1 VwVfG; „unverzüglich", § 121 Abs. 1 BGB).

Solche vom Gesetzgeber selbst gegebenen Definitionen (s. S. 31 f.) bestimmen Normmerkmale aber nicht immer vollständig. Mitunter bleiben die Begriffe mehrdeutig, in jedem Fall werden sie nicht eindeutig genug geklärt (s. z. B. „Abfälle" in § 3 KrW-/AbfG). Dann geht der Rechtsanwender wie in den Fällen vor, da der Gesetzgeber selbst keine Begriffsbestimmung mitgeliefert hat: er muss den rechtlichen Sinn durch Auslegung (s. S. 89 ff.) ermitteln. In der Regel nützt ihm dabei der Blick z. B. in die einschlägigen Gesetzeskommentare. Er kann und sollte also auf die Interpretationsresultate von Rechtsprechung und Lehre zurückgreifen (s. aber S. 49), bevor er sich selbst daran macht.

Beispiel:
Definition des „Lärm"-Begriffs (§ 117 Abs. 1 OWiG) in den einschlägigen Kommentaren, z. B. Rogall in Karlsruher Kommentar zum OWiG, 6. Aufl. 2008, Rn. 13 zu § 117, wonach unter Lärm eine „mindestens belästigend wirkende Geräusch-Hörschall-Immission zu verstehen ist".

Statt oder neben einer Definitionsnorm enthalten Gesetze mitunter auch Vorschriften, die nicht den Inhalt, wohl aber den Umfang eines Norminhalts festlegen, und zwar z. B. durch eine Gesetzesfiktion.

Beispiel:
§ 107 Abs. 2 GO NRW: „Als wirtschaftliche Betätigung im Sinne dieses Abschnitts gilt nicht der Betrieb von 1. ...".

Je unbestimmter ein Rechtsbegriff ist, desto komplizierter ist die Erfassung seines Bedeutungsinhalts und seine Konkretisierung. Kennzeichnen Normbegriffe Typen (z. B. „Religionsgesellschaften", § 2 VwVfG, vgl. dazu S. 47) oder Rechtsgrundsätze (z. B. Verhältnismäßigkeitsgrundsatz; s. S. 10), womöglich generalklauselartig formuliert (z. B. „Treu und Glauben", § 242 BGB; s. S. 49 f.), entziehen sie sich wegen ihrer (gewollten) Elastizität (S. 47 ff.) einer definitiven Fixierung. Die Begriffe sind so offen, ihre Grenzen so fließend, dass sich der Tatbestand, in dem sie vorkommen, durch Angabe seiner Merkmale weder vollständig noch eindeutig bestimmen lässt. An Stelle des Gesetzgebers hat der Rechtsanwender selbst die Reichweite solcher Begriffe durch Auslegung und Wertung zu klären. Allerdings stehen ihm auch hier als Orientierungshilfen die Interpretationsergebnisse von Rechtsprechung und Lehre zu einer Fülle von Beispielen zur Verfügung, so dass der Normanwender bei der Konkretisierung und Wertausfüllung jedenfalls an leitende Gesichtspunkte und charakterisierende Fallgruppen anknüpfen kann (s. dazu S. 49 f.). Wenn sich Obersatzaus-

Die Rechtsanwendung

sagen von vornherein nur bedingt präzisieren lassen, erschwert das entsprechend den Zuordnungsakt, also die Beurteilung und Entscheidung, ob ein im Sachverhalt genanntes Verhalten z. B. als „missbräuchlich" (§ 242 BGB) zu werten ist (des näheren dazu S. 73).

Gesetzesbegriffe werden im Rahmen von Subsumtionsvorgängen, wie gesagt, nicht umfassend geklärt; ihre Bedeutungsinhalte sind vielmehr immer nur **im Hinblick auf** die **Sachverhaltsinhalte** (einschließlich der Fallfrage) zu **bestimmen**. Unter Umständen genügt es deshalb, einen Ausschnitt des Begriffs zu präzisieren.

Beispiel:
Wenn im Schwingtür-Fall (S. 42) die Frage zu behandeln ist, ob „Eigentum" verletzt wurde, und dazu wiederum zu ermitteln ist, ob der Verletzte Eigentümer der beschädigten Sache war, so sind auch nur die Rechtssätze heranzuziehen, nach denen sich die Eigentumsfrage klären lässt; das bedeutet zugleich, dass auch nur die dort vorkommenden, sachverhaltsrelevanten Begriffe geklärt werden müssen. Im konkreten Fall sind also gezielt nur die Normen über den Eigentumserwerb durch Fund (Sonnenbrille) und durch Kauf (Vase) bzw. deren sachverhaltsbedeutsame Begriffe in den Blick zu nehmen.

Was bisher vor allem zu Antwortnormen gesagt wurde, gilt ebenso für das gesamte Normengeflecht (S. 41) zu einer Konfliktlösung. Die sachverhaltswichtigen Begriffe der Tatbestände aller heranzuziehenden unvollständigen Rechtssätze werden inhaltlich also entsprechend behandelt.

Beispiel:
Im Schwingtür-Fall (S. 42) ist u. a. das Tatbestandsmerkmal „widerrechtlich" zu prüfen. Die übliche Definition – „Rechtswidrig ist vorbehaltlich der Rechtfertigungsgründe in der Regel jede Verletzung eines der in § 823 Abs. 1 BGB genannten Rechte oder Rechtsgüter" (BGHZ 74, 9, 14 f.) – enthält ihrerseits einen normativen Begriff, nämlich „Rechtfertigungsgründe". Solche Gründe ergeben sich z. B. aus §§ 227 ff., 904 BGB. In ihnen sind die Voraussetzungen für das Vorliegen der entsprechenden Rechtfertigungsgründe bestimmt. So ist etwa nach § 227 Abs. 1 BGB eine durch Notwehr gebotene Handlung nicht widerrechtlich. Was Notwehr ist, wird in § 227 Abs. 2 BGB definiert. U. a. müssen hierfür nun wiederum die Normbegriffe „Angriff", „Gegenwärtigkeit" des Angriffs und „Rechtswidrigkeit" des Angriffs bestimmt werden. Beispielsweise: „Angriff" ist die von einem Menschen drohende Verletzung rechtlich geschützter Interessen, wobei Rechtsgüter aller Art bedroht sein können. Etc.

(b) Aufbereitung der Sachverhaltsbegriffe

Es genügt nach allem also oft nicht, die sachverhaltsbedeutsamen Begriffe der mutmaßlich passenden Rechtssätze normgerecht und sachverhaltsbezogen zu präzisieren. Auch die Aussagen, mit denen die Tatsachen des Sachverhalts gekennzeichnet werden, müssen mitunter, soweit es geht, sachverhaltsgerecht und normbezogen „umformuliert" werden, damit eben die Gemeinsamkeit von Obersatz- und Untersatzaussage überprüfbar ist.

Beispiel:
Im Schwingtür-Fall (S. 42) sind dem normativen Begriff „widerrechtlich" entsprechende Tatsachen(beschreibungen) zuzuordnen. Bis zum jetzigen Punkt der Prüfung sind dazu bereits folgende Arbeiten geleistet worden:
- Im Rahmen der Sachverhaltsaufbereitung wurden die Falltatsachen auf alle Umstände hin durchgesehen, von denen es abhängt, ob die Verletzungshandlung ausnahmsweise gerechtfertigt und damit nicht widerrechtlich ist.
- Bei der Aufbereitung der einschlägigen Norm (s. oben) wurden die Tatbestände der Rechtssätze auf ihre Voraussetzungen hin untersucht, aus denen sich Ausschlussgründe für die Widerrechtlichkeit ergeben könnten.
- Die normativ in Betracht zu ziehenden Begriffe wurden zudem bereits, soweit möglich, begrifflich bestimmt (s. oben).

An dieser Stelle sind nun noch die im Sachverhalt gefundenen Tatsachenaussagen normtextorientiert zu fassen, um sie auf die abstrakten gesetzlichen Ausdrücke für die Voraussetzungen eines Rechtfertigungsgrundes beziehen zu können. Wenn „Angriff" als die von einem Menschen drohende Verletzung rechtlich geschützter Interessen zu definieren ist (S. 71), ist der im Sachverhalt vorkommende Text „vor seinem zu Gewalttätigkeit neigenden Kollegen K, dem er Geld schuldet, unerkannt ... flüchten will" entsprechend gedanklich auszudrücken z. B. als „eine zu befürchtende tätliche Attacke gegen den Körper des A".

(3) Die Subsumtion

An sich setzen Syllogismus-Schlusssätze eindeutige Prämissen voraus. Das gilt in dieser Striktheit nicht für rechtliche Subsumtionsverfahren und kann so auch nicht gelten, weil sich der rechtliche Bedeutungsinhalt von Normen und Normbegriffen, wie sich zeigte, in der Regel nicht exakt bestimmen, sondern nur durch Auslegung und Wertung gewinnen lässt. (Letztlich ist allerdings jede, nicht nur rechtliche Sinnbestimmung Auslegung.) Als „richtig" gelten die **Prämissen** schon dann, wenn sie – bezogen auf den Sachverhalt – **hinlänglich eindeutig** gebildet sind.

Hinlänglich eindeutig abgesteckt sind der (normgerecht und sachverhaltsbezogen) bestimmte Normbegriff und die (sachverhaltsgerecht und normbezogen) abstrahierte Tatsachenaussage, wenn überzeugend festgestellt werden kann, dass jeweils das (allgemeine) Merkmal des gesetzlichen Tatbestandes und das (besondere) Element des Sachverhalts übereinstimmen. Entsprechend konnten im Diebstahl-Beispiel (S. 66) bzw. Wagentür-Fall (S. 1) die Schlussfolgerungen gezogen und damit die Einzelbegriffssubsumtionen positiv beendet werden. Zwei weitere Beispiele sollen den Vorgang der Einzelbegriffsubsumtion verdeutlichen:

Im Makler-Fall (S. 34) ist u. a. Tatbestandsvoraussetzung die „Unzuverlässigkeit" desjenigen, der das Gewerbe betreiben will. S muss also u. a. „unzuverlässig" i. S. d. § 34c Abs. 2 Nr. 1 GewO sein. Im Sachverhalt muss sich dazu ein Umstand finden lassen, der dem Tatbestandsmerkmal „unzuverlässig" zuzuordnen ist, damit diese Bedingung erfüllt ist. Die Einzelbegriffssubsumtion ergibt hier:

Obersatz:	Tatbestandsvoraussetzung „Unzuverlässigkeit": S muss unzuverlässig sein. Die erforderliche Zuverlässigkeit besitzt in der Regel nicht, wer in den letzten fünf Jahren vor Antragstellung z. B. wegen Erpressung rechtskräftig verurteilt worden ist (§ 34c Abs. 2 Nr. 1 GewO).
Untersatz:	Antragsteller S wurde drei Jahre vor Antragstellung wegen Erpressung rechtskräftig verurteilt.
Schlusssatz:	Da S innerhalb des gesetzlich bestimmten Zeitraums (fünf Jahre), nämlich drei Jahre vor Antragstellung, wegen Erpressung, mithin einer der in der Norm genannten Straftaten, rechtskräftig verurteilt wurde, ist er „unzuverlässig"
Teilresultat:	Die Tatbestandsvoraussetzung „Unzuverlässigkeit" gem. § 34c Abs. 2 Nr. 1 GewO ist also verwirklicht.

Im Angstschrei-Fall (S. 65) ist u. a. Tatbestandselement die Erregung von „unzulässigem Lärm" (§ 117 Abs. 1 OWiG). Hinsichtlich dieses Normmerkmals gibt es die Besonderheit, dass der Tatbestand bezüglich der Tathandlung aus letztlich drei Alternativen (s. dazu S. 25) besteht, und der Rechtsanwender insofern nur eine der gesetzlich genannten Varianten prüfen muss. Hier kommt auf den ersten Blick die 2. Alternative, nämlich „Lärm in einem unzulässigen Ausmaß", in Betracht. Die Einzelbegriffssubsumtion ergibt hier:

Die Rechtsanwendung

Obersatz:	Tatbestandsmerkmal „Lärm in einem unzulässigen Ausmaß": M muss „in einem unzulässigen Ausmaß Lärm" erregt haben. Unter „Lärm" ist eine „mindestens belästigend wirkende Geräusch-Hörschall-Immission zu verstehen (s. S. 70). Von „unzulässigem Ausmaß" ist die Lärmerregung, wenn der Lärm die gesetzlichen oder behördlich festgelegten oder sozial üblichen Grenzen des Zulässigen überschreitet (s. dazu Göhler, OWiG, 15. Aufl. 2009, Rn. 6 zu § 117)
Untersatz:	Gellende Angstschreie des M haben dessen Nachbarn oft nachts aus dem Schlaf gerissen.
Schlusssatz:	Da die gellenden Angstschreie des M als durchdringende und aus dem Schlaf reißende Geräusche mindestens belästigend wirkten und zudem während der üblichen Schlafenszeit geschahen, mit ihnen die Grenzen der sozial üblichen und erlaubten Geräuscheinwirkungen also überschritten wurden, sind sie als „Lärm in unzulässigem Ausmaß" einzuordnen.
Teilresultat:	Das Tatbestandsmerkmal „Lärm in einem unzulässigen Ausmaß" gem. § 117 Abs. 1 OWiG ist somit erfüllt.

Prämissenbildungen sind in der Regel, Subsumtionen stets Auslegungsakte. Formal logisch sind es deshalb keine Subsumtionen, sondern **wertende Zuordnungen** (S. 51 f.). Der Schlusssatz, mithin die Feststellung, dass sich ein Sachverhaltselement einem Tatbestandsmerkmal zuordnen lässt, beruht entsprechend auf einer meistens am Normzweck (s. S. 99 f.) orientierten Auslegung und geschieht nicht aufgrund einer mathematisch exakten Ableitung (s. dazu S. 74).
Wie die inhaltlichen Bestimmungen sind mithin die Zuordnungen im Verlauf des Subsumtionsverfahrens wertende Vorgänge zur Verwirklichung der jeweiligen Normzwecke. Dass die Schritte der Rechtsanwendung miteinander verschränkt sind, wird besonders deutlich bei wertausfüllungsbedürftigen Begriffen (S. 49). Wie weit das Klärungsbedürfnis geht, erweist sich, wie gesagt, regelmäßig erst im Moment der Subsumtion, wenn der Rechtsanwender also beurteilen muss, ob ein nach Lage des Sachverhalts vorgegebenes Tatgeschehen tatsächlich z. B. als „Unzuverlässigkeit" oder als ein „sittenwidriges Verhalten" einzustufen ist. Problematisch können Zuordnungsvorgänge auch bei vordergründig weniger unbestimmten Begriffen sein.

Beispiel:
Was unter dem deskriptiven (S. 25 f.) Tatbestandsmerkmal „körperlich misshandelt" (§ 223 Abs. 1 StGB) zu verstehen ist, scheint auf den ersten Blick relativ leicht feststellbar zu sein. Erst wenn bei der Subsumtion die Frage ansteht, ob ein konkretes beeinträchtigendes Verhalten (etwa das Zufügen von ein paar „Kratzern" oder „blauen Flecken") als körperliche Misshandlung i. S. d. § 223 Abs. 1 StGB anzusehen ist, ergibt sich, welcher Präzisierung der Normbegriff bedarf und wie weitgehend Rechtsanwendung Auslegung ist (S. 84).
S. dazu auch deskriptive Normmerkmale wie „Vollendung der Geburt" (§ 1 BGB), „verletzt" (§ 823 Abs. 1 BGB) oder „in erheblicher Weise dauernd entstellt" (§ 226 Abs. 1 Nr. 3 StGB), für die Entsprechendes gilt.

Vor einer anderen, die Begriffsbestimmungen, vor allem aber die Subsumtionen erschwerenden Frage steht der Rechtsanwender, wenn die anzuwendenden Normen schon älter sind und ihr Sinn bzw. die Bedeutungsinhalte ihrer Begriffe sich mit den Wertvorstellungen im Zeitpunkt der Subsumtion nur schwer vereinbaren lassen. Auch dieser Aspekt wird im Rahmen der Auslegungsproblematik behandelt.

Subsumtionsergebnisse

Weil dem subsumierenden Normanwender auf Schritt und Tritt Textauslegungen und Wertungen abverlangt werden, können seine Subsumtionsergebnisse wie Textübersetzungen nicht allein „richtig" oder „gültig" sein. Je nach seiner Persönlichkeit (s. dazu S. 84, 149 ff.) entfernt sich der Rechtsanwendende (Interpret) mehr oder weniger vom Originaltext, hier also von den Gesetzes- und Sachverhaltsaussagen. Die Feststellung, dass sich ein Sachverhalt (die jeweils konkrete Sachverhaltsaussage) als Anwendungsfall eines abstrakten Tatbestandes (Tatbestandsmerkmals) einordnen lässt, ist, wie gesagt, nicht das Ergebnis eines formalisierten, mathematisierten Ableitungsvorgangs, in dessen Verlauf der Rechtsanwender zu einem „zwingenden" oder gar „wahren" Resultat gelangt, das vom Gesetz vollständig (vorher-)bestimmt ist (s. dazu BVerfGE 82, 1, 38 f.).

Damit die Entscheidungsfindung (Konfliktlösung) aber – und darum geht es ja vor allem bei jeder Rechtsanwendung – Funktion und Regelungszweck des Rechts dient, müssen die jeweils für die (wertenden) Zuordnungen maßgeblichen Gedankenschritte in ein **objektiv feststehendes, vor allem nachvollziehbares und nachprüfbares** Grundgerüst eingebettet sein. Ausgangs- und Bezugspunkt ist dabei zum einen das hinlänglich eindeutig bestimmte Begriffsmaterial (S. 72). Wesentlich ist zum anderen, dass jeder entscheidende Schritt, d. h. im Prinzip jedes Subsumtionsergebnis nach methodischen Regeln gewonnen und gerechtfertigt wird. Auf diese Weise ist auch die Gefahr von subjektiven, parteilichen Konfliktlösungen erheblich eingedämmt (s. dazu Engisch, S. 225 f.).

Wenn durch Normanwendung der Rechtsordnung und der ihr zugrundeliegenden Wertordnung, letztlich der Gerechtigkeit Geltung verschafft wird, geschieht das also (daran ändert auch der Formalisierungsanstrich durch allgemeine Syllogismen bei den Einzelbegriffssubsumtionen bzw. durch den alles umfassenden juristischen Syllogismus nichts) zwar durch exakte, nicht aber durch logisch zwingende Entscheidungen. Die Subsumtionsergebnisse und die Argumentationen müssen in jedem Fall **widerspruchsfrei,** d. h. methodisch und auch logisch korrekt abgeleitet, insofern methodisch und auch logisch haltbar und kontrollierbar sein. Mit anderen Worten: Sie dürfen nicht den Regeln der Logik widersprechen (s. dazu Engisch, S. 94 f., Rüthers, Rn. 693 f., Koch/Rüßmann, S. 27 f.).

Anders als bisweilen angenommen, konzentriert sich juristisches Denken mithin nicht auf formal logische Überlegungen (s. dazu auch Zippelius, S. 106 ff.; Kaufmann, S. 15 ff.; Koch/Rüßmann, S. 100 ff., 327). Sinn und zugleich Grenze der gesetzlichen (abstrakten) Lösung typischer Konfliktfälle bestehen darin, wesentlich gleich gelagerte konkrete Konfliktsituationen auch gleich zu entscheiden. Es geht hier also letztlich darum, vernünftige, die jeweiligen Gesetzeszwecke erfüllende, gerechte Ergebnisse zu erzielen (Larenz/Canaris, S. 168 f.). Wenn z. B. eine „offensichtlich einschlägige Norm nicht berücksichtigt" oder „der Inhalt der Norm in krasser Weise missdeutet wird", beruht eine solche Konfliktlösung deshalb auf einer willkürlichen, also ungerechten Entscheidung (s. BVerfGE 87, 273, 279 m. w. N.). Weil Rechtsanwendung, wie sich zeigte, kein mathematisierbarer Vorgang ist, kann nur sehr begrenzt die EDV richterliche Aufgaben erfüllen (s. Zippelius, S. 110 ff., Müller/Christensen, Rn. 395 f.).

Die Rechtsanwendung

Subsumtionsergebnisse müssen nach allem einleuchten, also **überzeugen** und auf rationalen, überprüfbaren Argumenten beruhen; sie dürfen mithin nicht willkürlich gefunden, dargestellt oder fadenscheinig begründet werden. Den Zusammenhang zwischen Normbegriff und Sachverhaltstatsache, also Gesetzlichem und Tatsächlichem, in dieser Weise zumindest **vertretbar zu begründen**, ist der schwierigste und problematischste Teil des Rechtsfindungsverfahrens. Die Argumentation zu grundsätzlich jeder Einzelbegriffssubsumtion muss dabei nicht nur vom jeweils einschlägigen Norm- und Sachverhaltsausschnitt, sondern stets vom gesamten Norminhalt bzw. vom gesamten rechtlich zu würdigenden Konfliktgeschehen gedeckt sein.

Die Argumente für die Übereinstimmung von Tatbestand und Sachverhalt, aus der letzten Endes als abschließende Schlussfolgerung die grundsätzliche Geltung der Rechtsfolgeanweisung der Norm folgt, liefert im juristischen Syllogismusverfahren (S. 54 f.), wie gesagt, jeweils der Untersatz.

Wenn sich – wie in einfach gelagerten Fällen – für ein Tatbestandsmerkmal unaufwendig eine Entsprechung im konkreten Sachverhalt finden lässt, kann ohne aufwendige Begründung das Ergebnis einer solchen Zuordnung festgestellt werden. Für das Subsumtionsergebnis, dass ein Apfel eine „Frucht" i. S. d. § 99 Abs. 1 BGB oder ein Lehrbuch eine „Sache" im Sinne des § 90 BGB bzw. § 242 StGB ist, muss sich der Rechtsanwender nicht um Argumente bemühen. Wohl aber bedürfen alle deutlich wertenden Zuordnungen einer genauen Begründung. Streng genommen ist ein Subsumtionsergebnis hier erst dann überzeugend, wenn es durch Gegenargumente nicht zu entkräften ist oder – positiv ausgedrückt – wenn es ohne weiteres einleuchtet, insofern **evident** ist.

Zur Gefahr von Scheinbegründungen s. Müller/Christensen, Rn. 426 ff.

Ohne hier bereits auf die einzelnen Auslegungs- und Argumentationsformen (S. 89 ff.) einzugehen, soll das bisher zum Subsumtionsverfahren Gesagte beispielhaft an einem vom Bundesverwaltungsgericht entschiedenen Fall (s. dazu NJW 1993, S. 2192 f.) veranschaulicht werden, bei dem es u. a. um die rechtliche Frage ging, ob Sozialhilfe auch für die Anschaffung einer gefüllten Schultüte zu gewähren ist:
Anspruch besteht nach § 11 Abs. 1 S. 1 BSHG (so die zum Zeitpunkt der Entscheidung einschlägige Norm, jetzt: §§ 17, 19 Abs. 1, 27 SGB XII) auf Sozialhilfe für den „notwendigen Lebensunterhalt". U. a. ist in diesem Fall also zu entscheiden, ob eine gefüllte Schultüte als „notwendiger Lebensunterhalt" anzusehen ist.
Zur Bildung der entsprechenden Obersatzaussage ist dieser Gesetzesbegriff zu definieren. Aus § 12 Abs. 1 BSHG (jetzt: § 27 Abs. 1 SGB XII) ergibt sich, was zum „notwendigen Lebensbedarf" zählt, nach § 12 Abs. 2 BSHG (jetzt: § 27 Abs. 2 SGB XII) ist bei Kindern ein „besonderer Bedarf" zu decken. Im Wege der Auslegung ist der Begriff des „notwendigen Lebensbedarfs" inhaltlich dahin gehend zu präzisieren, dass er alle Gegenstände umfasst, die zur Führung eines menschenwürdigen Lebens notwendig sind (s. dazu BVerwG NJW 1991, S. 2304). Wenn ermittelt werden muss, ob ein bestimmter Gegenstand unter den Begriff „notwendiger Lebensbedarf" subsumiert werden kann, sind dabei – auch das ist ein Auslegungsergebnis – die „herrschenden Lebensgewohnheiten zu berücksichtigen" (s. dazu BVerwG NVwZ 1984, S. 730). Dass die gefüllte Schultüte ein Gegenstand ist, der nach herrschenden Lebensgewohnheiten zur Führung des menschenwürdigen Lebens eines Kindes erforderlich ist, begründet das BVerwG (NJW 1993, S. 2192 f.) wie folgt: „Der Besitz einer Schultüte gehört nach dem allgemeinen Lebenszuschnitt zur Einschulung und wird in der Öffentlichkeit beachtet. Die Kinder tragen Ihre Schultüte am ersten Schultag auf dem Weg zur Schule, weitgehend auch während der Einschulungsveranstaltung und auf dem Heimweg. Aussehen und Inhalt der Schultüten sind gelegentlich Gegenstand der ersten Schulstunden, jedenfalls aber immer von großem gegenseitigen Interesse bei den Erstklässlern untereinander. Die Zugehörigkeit der Schultüte zur Einschulung zeigt sich in ihrer Bedeutung für Gruppen- und Einzelfotografien, mit denen der Einschulungstag als Zäsur im Leben allgemein im Bild festgehalten wird. Schüler, die … auf Sozialhilfe angewiesen sind, von derartigen, zum allgemeinen Lebenszuschnitt gehörenden Einschulungsgepflogenheiten auszuschlie-

ßen, widerspräche der Zielsetzung des § 1 Abs. 2 BSHG (jetzt: § 1 SGB XII), es dem Hilfeempfänger zu ermöglichen, in der Umgebung von Nichthilfeempfängern ähnlich wie diese zu leben ... ohne den Besitz einer Schultüte wären die Kinder in einer für sie ohnehin schwierigen Lebenssituation sozial ausgegrenzt und in ihrem Selbstwertgefühl beeinträchtigt."

(4) Schema zum Subsumtionsverfahren

Abschließend soll das (zerlegte) Subsumtionsverfahren am Beispiel einer Antwortnorm noch einmal schematisch veranschaulicht werden:

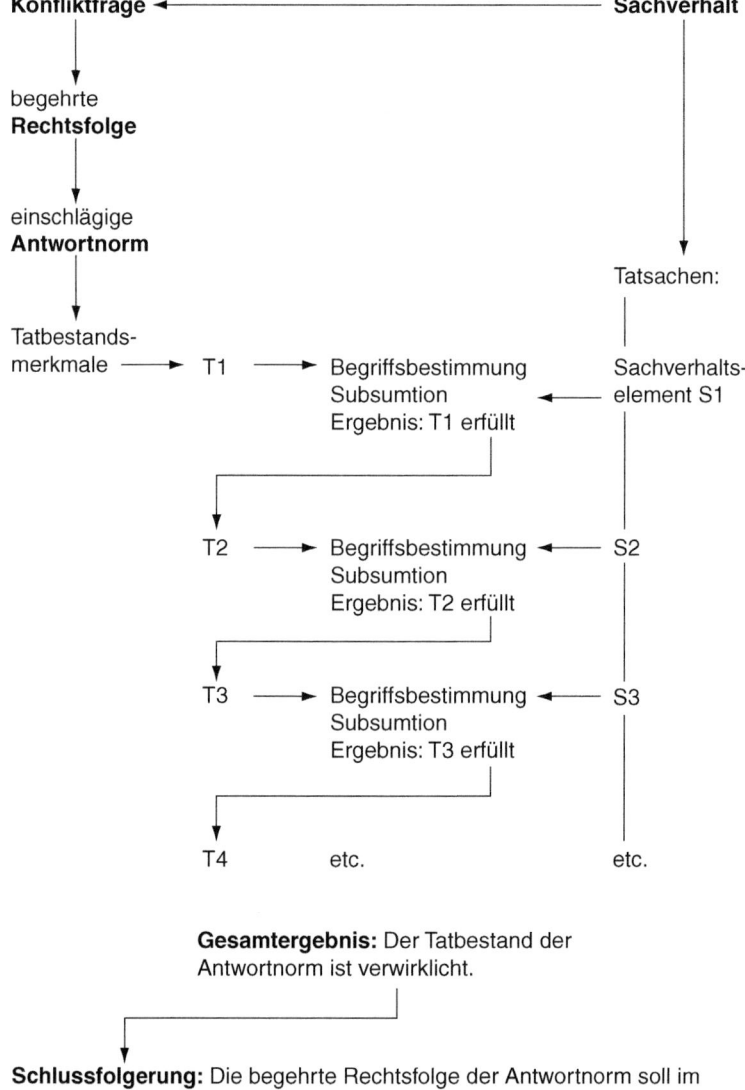

Subsumtionsverfahren sind normalerweise nicht auf eine Norm beschränkt; in aller Regel sind zur Lösung eines Konfliktfalls mehrere Vorschriften zu kombinieren (zum Normengefüge s. S. 41). Der für die Antwortnorm zu bildende Obersatz im juristischen Syllogismusverfahren (S. 54) ist entsprechend aus allen im konkreten Fall mutmaßlich zutreffenden Rechtssätzen aufzubauen. Zu berücksichtigende unvollständige Normen behandelt man dort, wo sie gebraucht werden, methodisch wie Antwortnormen: nach vorausgeschalteter Bestimmung der jeweiligen Tatbestandsbegriffe und Vorbereitung der Sachverhaltsaussage wird festgestellt, ob bzw. dass das Sachverhaltselement der Normvoraussetzung zugeordnet werden kann. Das gilt ebenso für Vorschriften, die wiederum die Wirkungen der herangezogenen unvollständigen Normen in Frage stellen können (zu Gegennormen s. S. 33 f.).

4.4.4 Bestimmung und Konkretisierung der Rechtsfolge

Bis am Ende des juristischen Syllogismusverfahrens die Schlussfolgerung „Die Rechtsfolge (der Antwortnorm) tritt ein" ausgesprochen werden kann, sind, wie sich zeigte, etliche (Auslegungs-)Hürden zu nehmen und Zwischenergebnisse zu gewinnen. Am Ziel des Rechtsanwendungsverfahrens ist der Rechtsanwender aber noch nicht. Streng genommen ist die Formulierung „Die Rechtsfolge tritt ein" nicht richtig, denn die Subsumierbarkeit eines Sachverhalts unter einen Tatbestand bewirkt nicht unmittelbar den Eintritt der Rechtsfolge (z. B. Gefängnisstrafe), sondern lediglich die Geltung der einschlägigen Rechtsfolgeanweisung (S. 51).

Beispiel:
Wenn es in § 242 Abs. 1 StGB heißt:. „..., wird mit Freiheitsstrafe bis zu fünf Jahren oder mit Geldstrafe bestraft", so lässt sich dieser Aussage nur eine gesetzgeberische Strafandrohung entnehmen. Der Rechtsanwendende kennt damit aber lediglich die prinzipielle Behandlung einer gem. § 242 Abs. 1 StGB als Diebstahl qualifizierten individuellen Handlung. Der Täter weiß nur, dass Diebstahl mit Freiheitsstrafe bis zu fünf Jahren oder Geldstrafe bestraft werden soll, nicht aber, wie genau auf seine Tat reagiert wird, wie hoch z. B. die Strafe ausfällt.

In der Rechtspraxis können zur Umwandlung der abstrakt angeordneten in die konkret zu bestimmende Rechtsfolge im Einzelfall (für diesen Vorgang findet sich gelegentlich der Terminus „Desumtion", Fikentscher, S. 740) weitläufige Untersuchungen nötig sein (etwa bei der adäquaten Strafzumessung, §§ 46 ff. StGB; s. auch §§ 17, 18 OWiG).

Wie die Tatbestandsseite ist auch der Rechtsfolgeteil der Norm mehr oder minder abstrakt ausgedrückt. Je nach Abstraktionsgrad der Begriffe steht der Rechtsanwender erneut vor Auslegungsproblemen.

Etliche Rechtsfolgen bedürfen allerdings auch keiner weiteren Präzisierung. So heißt es z. B. in § 15 Abs. 2 GastG: „Die Erlaubnis ist zu widerrufen, wenn ..." Die Rechtsfolge ist hier also nur noch praktisch umzusetzen.

Weitere Beispiele:
Im Wagentür-Fall (S. 1) ist die Bestimmung und Konkretisierung der Rechtsfolge „Schadenersatzpflicht" unproblematisch, weil B „Erstattung der Arztkosten" verlangt hat. An den verwirklichten Tatbestand ist hier also die Rechtsfolge geknüpft: A hat B die in der Arztrechnung ausgewiesenen Kosten zu erstatten.

Recht klare Entscheidungsanweisungen enthalten etwa § 46 Abs. 1 PolG NW (die sichergestellten Sachen „sind herauszugeben"), § 49a Abs. 1 VwVfG NRW („sind bereits gewährte Leistungen zu erstatten"), ferner die Nichtigkeitsanordnungen z. B. in § 40 SGB X oder §§ 105, 125, 134, 138 BGB.

Die zunächst durch den Rechtsbegriff „Entschädigung in Geld" angeordnete Rechtsfolge des § 56 Abs. 1 IfSG wird durch z. B. § 56 Abs. 2 IfSG (Berechnung nach Verdienstausfall) präzisiert.

Lässt sich der Rechtsfolge dagegen kein eindeutiger Inhalt entnehmen, etwa weil der Gesetzgeber ihn aus Gründen der Einzelfallgerechtigkeit nicht präzise festgelegt hat, sind die jeweils einschlägigen Rechtsfolgemerkmale zu bestimmen. Auch hier setzt **eine Art Subsumtionsverfahren** ein: Die im Rechtsfolgeteil enthaltenen sachverhaltsrelevanten Voraussetzungen sind inhaltlich zu präzisieren. Subsumiert wird sodann in der Weise, dass die Rechtsfolgemerkmale unter Berücksichtigung der Tatsachen des Einzelsachverhalts konkret bestimmt werden.

Beispiele:
Im Schwingtür-Fall (S. 42) steht nach positivem Subsumtionsergebnis nur fest, dass die Rechtsfolge „Schadenersatzpflicht" eintreten soll. Damit ist nichts über den genauen Inhalt der Schadenersatzpflicht ausgesagt. Die Schadenshöhe ist gem. §§ 249 ff. BGB festzulegen, die ihrerseits sachverhaltsbezogen anzuwenden sind.
Im Rechtsfolgeteil des § 154 Abs. 1 VwGO ist das Element „Kosten" als Normbegriff unproblematisch zu erkennen. Definiert wird der Kostenbegriff in § 162 Abs. 1 VwGO. Wie die „Kosten" im Anwendungsfall konkret zu beziffern sind, ist unter Berücksichtigung der Tatsachen des Einzelfalls zu bestimmen.

Nicht selten sind die abstrakten Rechtsfolgeanordnungen nach bestimmten Regeln und Wertmaßstäben zu konkretisieren, die häufig generalklauselartig formuliert, also wertausfüllungsbedürftig sind.

Beispiele:
Ist gem. § 62 StGB der „Grundsatz der Verhältnismäßigkeit" zu berücksichtigen, sind zu konkretisieren: die Merkmale „Bedeutung der vom Täter begangenen Taten", „Bedeutung der vom Täter zu erwartenden Taten", der „Grad der Gefahr", die vom Täter ausgeht.
S. auch die sonstigen Zumessungsregeln des StGB (§§ 46 ff.), des OWiG (§§ 17, 18); überdies z. B. § 42 Abs. 1 S. 1 BImSchG, § 74 Abs. 2 S. 3 VwVfG („angemessene Entschädigung"), § 16 Abs. 1 IfSG („notwendigen Maßnahmen").
Gem. Art. 14 Abs. 3 S. 3 GG ist die Enteignungsentschädigung „unter gerechter Abwägung der Interessen der Allgemeinheit und der Beteiligten" zu bestimmen.

Die auf der Rechtsfolgeseite der Norm vom Gesetzgeber eingeplanten (unbestimmte Rechtsbegriffe, s. S. 47) oder nicht beabsichtigten (Formulierungsmängel, s. S. 62) Ungenauigkeiten stellen den Rechtsanwender vor Schwierigkeiten, die denen auf der Tatbestandsseite vergleichbar sind.

Beispiele:
Welche Auslegungsprobleme im unbestimmten Begriff „Schaden" (§ 823 Abs. 1 BGB) stecken, veranschaulichen besonders deutlich z. B. die Situationen misslungener Familienplanung, wo die Frage zu beantworten ist, ob ein nicht gewolltes Kind ein „Schaden" ist.
Schwierig dürfte es im Einzelfall z. B. auch sein, die in § 253 Abs. 2 BGB enthaltene Formulierung „eine billige Entschädigung in Geld" zu konkretisieren, wenn es darum geht, einen immateriellen Schaden auszugleichen.

Besondere Fälle offener Rechtsfolgeanweisungen gibt es im Verwaltungsrecht (s. S. 24). Auch wenn die tatbestandsmäßigen Voraussetzungen gegeben sind, kann es in das Ermessen der zuständigen Behörde gestellt sein, zu entscheiden, ob bzw. in welcher Weise die in der einschlägigen Antwortnorm genannte Rechtsfolge eintreten soll. In derartigen Konfliktfällen wäre womöglich das Gebot der Gleichbehandlung verletzt, käme die Geltungsanordnung der Rechtsfolgeseite („wenn – dann") ohne weitergehende Beachtung aller Umstände des

Die Rechtsanwendung

rechtlich zu beurteilenden Einzelsachverhalts verbindlich zum Zuge (s. zum Ganzen Engisch, S. 198 ff., 201 ff.)

Eine Ermessensermächtigung kann sich ausdrücklich („nach pflichtgemäßem Ermessen", u. a. in § 55 VwVfG, § 17 Abs. 2 SGB XII) oder durch Ausdrücke wie „kann" (§ 31 Abs. 7 S. 1 VwVfG), „darf" (§ 41 Abs. 3 VwVfG), „ist befugt" (§ 33 Abs. 1 S. 1 VwVfG) oder „bedarf" (§ 39 Abs. 2 VwVfG) aus der Antwortnorm ergeben. Dabei ist allerdings stets darauf zu achten, ob die Formulierung wörtlich gemeint ist. So enthält entgegen der Gesetzesfassung („bedarf") die Norm des § 70 VwVfG einen zwingenden Ausschluss des Vorverfahrens i. S. d. § 68 Abs. 1 S. 2 VwGO.

Weitere Beispiele:
Nach § 46a StGB kann ein Gericht u. a. von Strafe absehen, wenn sich der Täter z. B. ernsthaft um einen Schadensausgleich gegenüber seinem Opfer bemüht hat.
„Eine Genehmigung darf, ... nur widerrufen werden, wenn ..." (§ 21 Abs. 1 BImSchG).
S. zum Ganzen auch etwa § 25 StVG; § 40 Abs. 1 PolG NRW; § 19 GastG; § 15 Abs. 2 VersammlG.

Im Angstschrei-Fall (S. 65) ergibt sich, sofern der Tatbestand erfüllt ist, nur, dass N ordnungswidrig gehandelt hat und diese Ordnungswidrigkeit gem. § 117 Abs. 2 OWiG mit einer Geldbuße belegt werden kann. Ob die Ordnungswidrigkeit verfolgt und geahndet wird, darüber hat die zuständige Behörde nach Ermessen zu entscheiden. Trotz Verwirklichung des Tatbestandes könnte also das Ergebnis heißen: Die Rechtsfolge tritt nicht ein. Entschließt sich die Behörde, eine Geldbuße festzusetzen, muss sie zur Konkretisierung der Rechtsfolge die OWiG-Zumessungsregeln (§§ 17,18) heranziehen.

Wäre in einem Sachverhalt nicht § 15 Abs. 2 GastG („Die Erlaubnis ist zu widerrufen, wenn ..."), sondern § 15 Abs. 3 GastG („Sie kann widerrufen werden, wenn ...") verwirklichte Antwortnorm, hätte die zuständige Behörde wiederum zu entscheiden, ob gehandelt wird oder nicht.

In manchen Fällen hat der Normgeber die Rechtsfolgeanweisung auch mit den Wendungen „soll" (§ 26 Abs. 1 SGB XII) oder „in der Regel" (§ 48 Abs. 2 S. 4 VwVfG; § 25 Abs. 1 S. 2 StVG) eingeleitet. Das bedeutet, dass die Rechtsfolge grundsätzlich an den Tatbestand geknüpft ist, die Behörde aber in atypischen Fällen ausnahmsweise entscheiden kann, dass die Rechtsfolge nicht eintritt (des näheren s. Hofmann/Gerke, Allgemeines Verwaltungsrecht, 10. Aufl. 2010, Rn. 412 ff.).

Mit der Bestimmung und Konkretisierung der (abstrakten) Rechtsfolge der Antwortnorm ist das **Rechtsanwendungsverfahren abgeschlossen**. Erst jetzt steht fest, welche konkrete Entscheidungsanweisung nach den Maßgaben der Rechtsordnung für den zu entscheidenden Sachverhalt gelten soll.

Durchsetzbarkeit von Rechtsfolgen

Die sich aus der konkretisierten Rechtsfolge ergebende gesetzgeberische Anordnung ist grundsätzlich nur eine Sollensvorschrift (S. 51). Anders als bei sozialen Verhaltensbestimmungen (S. 6) kann ihre Befolgung aber mittels spezieller Durchsetzungsnormen auch erzwungen werden (S. 5). Die Durchsetzung von Rechtsfolgeanordnungen obliegt dabei grundsätzlich nicht den Konfliktbeteiligten, sondern staatlichen Zwangsvollstreckungsorganen. Ausnahmevorschrift ist z. B. § 859 Abs. 1 BGB („Der Besitzer darf sich verbotener Eigenmacht mit Gewalt erwehren."). Die prozessuale Durchsetzung einer gewonnen Rechtsfolge kann allerdings durch Gegennormen (S. 33 ff.) gehindert sein, z. B. durch die Verjährungsnorm des § 31 Abs. 2 Nr. 2 OWiG.

5 Die Rechtsauslegung

Die bisherigen Ausführungen haben immer wieder erkennen lassen, dass in jedem Moment der Rechtsgewinnung Zweifelsfragen über Sinn und Bedeutung von Vorschriften (Rechtsbegriffen) auftauchen können. Das hängt nicht zuletzt mit gesetzestechnischen Notwendigkeiten zusammen: Wünscht man ihre Offenheit für eine Vielzahl von Konfliktfällen, zudem für gesellschaftliche, politische, wirtschaftliche oder technische Veränderungen in Staat und Gesellschaft, können Norminhalte nicht auf eine ganz bestimmte Lesart festgelegt sein. Eine Überfrachtung von Gesetzen mit Begriffserklärungen und Detailregelungen würde zudem zu einer unerträglichen Unübersichtlichkeit ausgerechnet von Gesetzesregelungen führen, die den Zweck haben, rechtliche Verhaltens-, Entscheidungs- und Wertmaßstäbe zu liefern. Damit auch der Rechtsanwender dieser Funktion dient und dabei zu gerechten und überzeugenden Resultaten gelangt, muss er alle inhaltlichen Unklarheiten ausräumen, also die einschlägigen Rechtsnormen erkennen, verstehen und bewerten sowie ihre Anwendbarkeit im konkreten Fall feststellen. Dazu bedarf es der (methodisch nachvollziehbaren) Auslegung. Erst wenn sich ein Ergebnis durch methodengerechte Auslegung nicht gewinnen lässt, erlaubt die Rechtsordnung in engen Grenzen eine Ergänzung oder Berichtigung von Normierungen (S. 121 ff.). Bei Rechtsauslegung und Rechtsfortbildung liegen die entscheidenden Probleme der Rechtsgewinnung.

Da es dem Gesetzgeber vorbehalten ist, die allgemeinen Sollensregeln zu Fallentscheidungen (Konfliktlösungen) aufzustellen, der (hoheitlich handelnde) Rechtsanwender nur dazu berufen ist, konkrete Lebenssachverhalte nach den Maßstäben gültigen Rechts zu entscheiden, kann das unter Umständen zu einem problematischen Spannungsverhältnis zwischen Normgeber einerseits und Rechtsanwendendem, Rechtsauslegendem bzw. – erst recht – Rechtsfortbildendem führen (s. dazu S. 122 ff.).

5.1 Gegenstand, Aufgabe und Sinn der Auslegung

Gesetzesauslegung ist die Ermittlung und Feststellung des rechtlich maßgeblichen Sinngehalts und Bedeutungsumfangs von Normen bzw. deren Begriffen, und zwar im Hinblick auf den konkret zu beurteilenden Einzelsachverhalt. Bei praktischer Rechtsanwendung geht es nicht um das Verstehen von Norminhalten an sich, sondern stets um die Prüfung ihrer Tauglichkeit zur Lösung realer Konfliktlagen.

Nur im Idealfall findet der Rechtsanwender die Rechtsentscheidung ohne Einschaltung auslegender bzw. wertender Vorgänge. Die in Betracht gezogenen normativen Vorgaben sind, wie gesagt, eher keine „fertigen", also direkt verwendbaren Regeln. Wer Gesetze zur Lösung konkreter Fälle benutzt, muss sozusagen letzte Hand an deren Inhalte legen, weil er eben aus den abstrakten Vorgaben des Gesetzgebers die konkrete Entscheidung erst noch gewinnen muss.

Müller/Christensen nennen die einschlägige Antwortnorm, mit deren Hilfe der Konfliktfall gelöst wird, „Entscheidungsnorm". Die Rechtsnorm werde im Verlauf der Rechtsgewinnung zur Entscheidungsnorm, der rechtlich noch nicht entschiedene Konfliktsachverhalt zum entschiedenen Rechtsfall konkretisiert (Rn. 233).

Die Rechtsauslegung

Sinn und Bedeutung solcher Normtextvorgaben zu erschließen, heißt nach allem, sich für diejenige von mehreren Interpretationsmöglichkeiten zu entscheiden, die gerade die gewählte Einschätzung als norm- und fallbezogen zutreffende, mithin relativ „richtige" erscheinen lässt. „Richtigkeit" bedeutet keine zeitlose Wahrheit, sondern Richtigkeit für „diese Rechtsordnung" und für „diese Zeit" (Larenz/Canaris, S. 26, 136).

Vgl. dazu BVerfGE 82, 1, 38 f.: „Die Auslegung ... hat den Charakter eines Diskurses, in dem auch bei methodisch einwandfreier Arbeit nicht absolut richtige, unter Fachkundigen nicht bezweifelbare Aussagen dargeboten werden, sondern Gründe geltend gemacht, andere Gründe dagegengestellt werden und schließlich die besseren Gründe den Ausschlag geben sollen." S. zum Ganzen auch S. 111 f.

Der juristische Diskurs kann allerdings kein Sonderfall des allgemeinen Diskurses im Sinne der auf Habermas zurückgehenden „Diskurstheorie" sein (s. dazu Rüthers, Rn. 586 ff., s. auch Kaufmann, Theorie der Gerechtigkeit, 1984, S. 35 ff.). Das folgt schon daraus, dass die Grundlagen der Rechtsordnung dem Rechtsstaatsprinzip entsprechend verbindlich fixiert und garantiert sind, wenn nötig auch mittels hoheitlicher Durchsetzungsgewalt (Zwangscharakter des Rechts, S. 5). Die Rechtsordnung steht mithin nicht jedermann frei zur Disposition (Unabhängigkeit der Gerichte, s. Art. 97 Abs. 1 GG) und soll gerade politischen Einflüssen gegenüber bestmöglich resistent sein. Nur im Idealfall ließe sich durch einen offenen, rationalen Austausch von Argumenten und Gegenargumenten zwischen objektiven, sprachlich und gedanklich ebenbürtigen, ethisch hochstehenden Diskutanten auch auf dem Feld des Rechts ein Konsens erzielen, der zugleich eine Entscheidung in der Sache ist. Der Rechtsalltag ist aber nicht durch „herrschaftsfreie Kommunikation" ohne zeitliche Begrenzung bis zur „Wahrheitsfindung durch Verständigung" zu meistern. Er dreht sich um Konfliktfälle, die ihren Grund sehr häufig gerade in Interessengegensätzen haben und relativ rasche Lösungsergebnisse erfordern. Im Übrigen dürfte ein „Konsens" zeitgeistabhängig, also instabil sein; er könnte von daher mehr oder minder rasch zum Dissens umkippen. Die Ansätze der „Diskurstheorie" im Rahmen praktischer Rechtssetzung, Rechtsanwendung und Rechtsentscheidung würden nach allem einen Rückschritt bedeuten. Dass Positionen zur Geltung von Normen und Werten in der (rechtswissenschaftlichen) Diskussion permanent kritisch, sachlich und vernünftig hinterfragt werden müssen und der Umgang mit Recht ständig zu optimieren ist, versteht sich von selbst.

Zu Beginn einer Konfliktentscheidung lässt sich zwar, wie im Vorabschnitt ausgeführt, ungefähr einschätzen, welchem Rechtssatz ein konkreter Sachverhalt zuzuordnen sein wird. Zwischen den Tatsachen, die in dem jeweiligen Fall gegeben sind, und den Tatsachen, die im Rechtssatz geschildert sind, besteht aber keineswegs immer eine klare Entsprechung, so dass sich nicht ohne weiteres eine Norm finden lässt, zu der die Sachverhalts-Fakten fraglos passen. Wohl ist eine ungefähre Aussage darüber möglich, zu welchem Rechtssatz oder welcher Regelung der jeweilige Fall gehört. Eine genaue Zuordnung ist aber deshalb erschwert, weil die im Rechtssatz verwendeten Ausdrücke in ihrem Bedeutungsinhalt oft zu unklar sind (s. S. 47 ff.). Der Rechtsanwender kann daher nicht ohne weiteres wissen, ob die Tatsachen des Einzelfalles zum Bedeutungsinhalt der Normbegriffe gehören, ob also die abstrakte Sachverhaltsbeschreibung im Tatbestand wirklich den zu beurteilenden einzelnen Lebenssachverhalt erfasst.

Beispiele:
Die Polizei löst eine Gruppe junger Frauen auf, die sich zusammengefunden hat, um sich über die Situation der Frau in der modernen Gesellschaft zu informieren. Die Gruppenmitglieder berufen sich auf die Versammlungsfreiheit nach Art. 8 GG. Es wird ihnen entgegengehalten, von einer „Versammlung" i. S. d. Art. 8 GG könne man nicht sprechen; Versammlung sei nur eine Zusammenkunft zum Zwecke der Meinungsbetätigung, der schlichte Informationszweck reiche nicht aus. Der Begriff „Versammlung" ist in Art. 8 GG nicht geklärt. Er muss durch Auslegung verdeutlicht werden.

In seinem Buch „Spiele in der Freizeit" schlägt der Verfasser V seinen jugendlichen Lesern vor, einen Banküberfall von Terroristen nachzuspielen. Dazu entwickelt er Spielregeln, die einem tatsächlich passierten Banküberfall von Terroristen mit Geiselnahme nachgebildet sind. Auf Antrag der obersten

Jugendbehörde des Landes Nordrhein-Westfalen setzt die Bundesprüfstelle für jugendgefährdende Schriften das Buch auf die Liste der jugendgefährdenden Schriften. Gleichwohl verkauft der Buchhändler B das Buch an einen 17-jährigen. Kann B bestraft werden? Die hier einschlägige Norm des § 21 GjS setzt voraus, dass das Buch als eine „jugendgefährdende Schrift" i. S. d. § 1 Abs. 1 GjS indiziert worden ist. Der in § 1 GjS genannte Begriff „Eignung zur sittlichen Gefährdung" ist ein unbestimmter Rechtsbegriff. Sein Inhalt muss im Wege der konkretisierenden Auslegung anhand der abstrakt definierten Werte ermittelt werden. S. zum Ganzen auch § 6 Nr. 3 GjS (Schriften, „die offensichtlich geeignet sind, Kinder und Jugendliche sittlich schwer zu gefährden").

Der beamtete Hochschullehrer H des Landes NRW kann sich mit seinen Vorstellungen über Wiederholungskurse für Examenskandidaten nicht durchsetzen. Parallel zu den, wie er meint, ineffektiven Kursangeboten der Hochschule bietet er an jedem Abend der Woche gegen Entgelt zweistündige Repetitorien in seinem Haus an. Die Genehmigung für die Nebentätigkeit wird vom Wissenschaftsministerium abgelehnt. Gem. § 49 Abs. 2 LBG NRW darf eine genehmigungspflichtige Nebentätigkeit beim Vorliegen eines gesetzlichen Versagungsgrundes versagt werden. Die Versagungsgründe in § 49 Abs S. 2 LBG NRW stellen unbestimmte Rechtsbegriffe dar, die auslegungsbedürftig sind.

Gegenstand der Auslegung sind zwar in allererster Linie **Unklarheiten von Texten**: Was bedeutet ein Begriff? Welchen rechtlichen Sinn hat er? Lässt sich eine Sachverhaltstatsache als Anwendungsfall eines Normmerkmals einordnen? Welchem Rechtssatz ist bei Normwidersprüchen der Vorrang einzuräumen? Auslegung spielt aber auch bei „klarem" bzw. „eindeutigem" Wortlaut von Rechtssätzen eine Rolle, denn auch die Erkenntnis der „Eindeutigkeit" eines Wortlauts beruht letztlich auf Auslegung (so auch z. B. Fikentscher, S. 659; Rüthers, Rn. 733). Außerdem können sich Bedeutungen ändern.

Anders die sog. „In-claris-verbis-Regel" („Sens-Clair-Regel" oder „Plain-Meaning-Rule"), nach der Auslegung erst da beginnt, wo es um die Aufhellung unklarer Gesetzesstellen geht, ein klarer Gesetzeswortlaut mithin keiner Auslegung bedarf (BGH NJW 1951, S. 922; 1956, S. 1553; s. auch BVerfGE 4, 331, 351; 93, 37, 81; EuGH NJW 2006, 2465; ferner Koch/Rüßmann S. 182; Kriele, S. 91). S. zum Ganzen auch S. 92 f.

Das schweizerische Recht differenziert zwischen Wortlaut und Auslegung. Der Richter hat sich von „**Wortlaut oder Auslegung**" leiten zu lassen (Art. 1 Abs. 1 Schweizerisches Zivilgesetzbuch: „Das Gesetz findet auf alle Rechtsfragen Anwendung, für die es nach Wortlaut oder Auslegung eine Bestimmung enthält.").

Wenn der Gesetzgeber Vorschriften formuliert, so setzen sich diese wie Sätze allgemein aus Wörtern zusammen, die wiederum wie Wörter allgemein Erfahrungsinhalte ausdrücken (s. S. 45 ff.). Will der Rechtsanwender sie verstehen, muss er sie – wie jede Art von Texten – auslegen. Das folgt bereits aus dem Umstand, dass sich der Gesetzgeber bei der sprachlichen Fassung von Regeln weithin der Wörter der Alltagssprache bedient, die mehr oder minder flexible Ausdrücke sind, deren mögliche Bedeutung nach Umständen, Kontext, Akzentuierung wechseln kann. Herauszuarbeiten ist jeweils der eigentliche, „wirkliche" Sinn eines Ausdrucks. Kein Text ist von daher auf einen ganz bestimmten Inhalt festgelegt.

Wörter haben für jeden den Vorstellungsinhalt (Erfahrungsinhalt bzw. Sinngehalt), den er mit ihnen zu verbinden gelernt hat. Sie deuten auf einen für den Normalverständigen allgemein vorstellbaren Erfahrungsinhalt hin („Das war nach der Geburt"; „Das ist ein Kind", „Das ist eine Ente"; „Das ist eine Sache", „Das ist mein Recht"). Das gilt grundsätzlich auch für die Begriffe in Rechtssätzen („Geburt", § 1 BGB; „minderjähriges Kind", § 11 BGB; „Tier", § 90a BGB; „Sache", § 90 BGB; „soweit er nicht die Rechte anderer verletzt", Art. 2 Abs. 1 GG).

Die Rechtsauslegung

Als Besonderheit tritt bei Gesetzestexten nun aber ja hinzu, dass es in der Regel nicht auf ihren allgemeinen, sondern auf den **spezifisch rechtlichen Sinn** ankommt (s. S. 45). Entsprechend ist grundsätzlich nicht ausschlaggebend, was man allgemein mit einem Rechtsbegriff verbindet, sondern welche rechtlichen Vorstellungen mit ihm verknüpft sind, welches Sollensgebot (S. 51) der Normsetzer durch eine bestimmte Textfassung geregelt haben wollte. Die Methoden der Rechtsauslegung korrespondieren also mit denen der Rechtsetzung, denn der Gesetzgeber steht ebenso vor der Aufgabe, bei der Formulierung von Vorschriften in rechter Weise die unbestimmtere Umgangssprache und die in der Regel schärfer konturierte juristische Fachsprache zu kombinieren (s. S. 46).

Der Spielraum des Auslegenden wird dabei u. a. durch Definitionsvorgaben des Gesetzgebers und durch übliche, weil allgemein anerkannte Begriffsschöpfungen und -deutungen durch die Fachwelt eingeengt. Werden Normmerkmale erläutert oder sogar in Form einer Legaldefinition (S. 31 f.) bestimmt, ist das also zunächst einmal für den Auslegenden maßgeblich. Bleiben Unklarheiten, ist eine Auslegung dennoch erforderlich.

Wenn z. B. der Jurist das Wort „grundsätzlich" benutzt, so bedeutet es „in der Regel" (immer dann, es sei denn, eine Ausnahme gilt, s. dazu S. 46).

Sorgfältig zu trennen von der Auslegung ist die **Textkritik**, d. h. die genaue Festlegung des Normtextwortlauts. Textkritik spielt heute nur noch als Berichtigung von **Druckfehlern** und **Redaktionsversehen** eine Rolle. Im Unterschied zum Druckfehler unterläuft das Redaktionsversehen schon vor oder unmittelbar bei der Beschlussfassung des gesetzgebenden Organs. Gesetzgeberische Versehen dürfen korrigiert werden (BVerfGE 11, 139, 149; 18, 38, 45).

Beispiele:
Ein Redaktionsversehen enthält § 48 Abs. 4 VwVfG über die zeitliche Begrenzung der Rücknahmebefugnis. § 48 Abs. 4 VwVfG beschränkt die Ausschlussfrist nicht ausdrücklich auf die Rücknahme begünstigender Verwaltungsakte. Ein Grund für die Einbeziehung auch belastender Verwaltungsakte ist jedoch nicht ersichtlich; auch die amtliche Begründung enthält keine Anhaltspunkte dafür. Gegen die Anwendung des Abs. 4 auf belastende Verwaltungsakte spricht, dass dieselben Verwaltungsakte, wenn sie rechtmäßig wären, nach § 49 Abs. 1 und 2 S. 2 VwVfG ohne zeitliche Beschränkung widerrufen werden können (s. dazu Kopp/Ramsauer, VwVfG, 11. Aufl. 2010, Rn. 150 zu § 48)

Obwohl gem. § 90 BGB „Sachen" im Sinne des Gesetzes nur körperliche Gegenstände sind, ist diese Definitionsnorm auf § 119 Abs. 2 BGB („Als Irrtum über den Inhalt der Erklärung gilt auch der Irrtum über solche Eigenschaften der Person oder der Sache, ...") nicht zu beziehen; hier sind nach h. M. unter „Sachen" auch unkörperliche Gegenstände zu verstehen (s. BGHZ 70, 47, 49). § 254 BGB (Mitverschulden) ist aufbautechnisch nicht gelungen (s. S. 62).

Die Probleme, die sich bei der Richtigstellung von Redaktionsversehen ergeben, lassen sich u. U. – wie die Beispiele zeigen – auch durch Auslegung lösen (s. Engisch, S. 298; a. A. Looschelders/ Roth, S. 237 f., insbes. Fn. 58, 59).

Dagegen ist im folgenden Beispiel eine Gesetzesänderung vorzuziehen: die mutmaßlich durch ein normgeberisches Versehen zu weit, weil pauschal geratene Verweisung in der Geldwäsche-Regelung des § 261 Abs. 1 S. 2 Nr. 4 lit. b) StGB auf § 370 AO (Steuerhinterziehung) sollte besser durch eine in § 261 Abs. 1 Nr. 2 StGB eingefügte gezielte Verweisung auf § 370 Abs. 3 Nr. 5 AO (Umsatzsteuererbetrug) ersetzt werden.

Herauszufinden, welche der denkbaren Vorstellungen, die eine Gesetzesformulierung vermittelt, die relativ richtige ist (S. 74 f.), kann unter Umständen schon bei scheinbar so klaren Ausdrücken wie „Nachtzeit" verzwickt sein. Allein die

Frage, wann die Nachtzeit beginnt und endet, ob etwa die Zeit der Dämmerung eingeschlossen ist, lässt sich nicht eindeutig beantworten. Welche „Sicht der Dinge" hier zutrifft, ist von vielerlei abhängig, nicht zuletzt davon, was jeweils bestimmt, wo etwas geregelt oder zu welchem Zweck etwas normiert ist. So ist z. B. für die Verwendung des Begriffes „Nachtzeit" entscheidend, ob der Gesetzgeber ihn in einer Strafrechtsnorm oder in Vorschriften zur Straßenbeleuchtung benutzt hat. Entsprechendes gilt für das Wort „Wald", das u. a. in § 2123 Abs. 1 BGB (Wirtschaftsplan für den Erbschaftsgegenstand „Wald") oder in Naturschutznormierungen (z. B. im BWaldG) vorkommt.

Das Beispiel des Worts „Nachtzeit" soll noch vertieft werden: Dieser umgangssprachlich geläufige, vordergründig durchaus nicht uneindeutige Begriff kommt nicht nur in § 292 Abs. 2 Nr. 2 StGB vor, sondern auch in § 19 Abs. 1 Nr. 4 BJagdG, wonach das Jagen „zur Nachtzeit" verboten ist, oder in § 104 StPO, nach denen „zur Nachtzeit" nur unter bestimmten Voraussetzungen Durchsuchungen vorgenommen werden dürfen. In § 19 Abs. 1 Nr. 4 BJagdG hat der Normgeber präzisiert, dass unter „Nachtzeit" die Zeit „von eineinhalb Stunden nach Sonnenuntergang bis eineinhalb Stunden vor Sonnenaufgang" zu verstehen ist. In § 104 Abs. 3 StPO ist u. a. stundengenau festgelegt, welche Zeit die Nachtzeit umfasst. Für § 292 Abs. 2 Nr. 2 StGB gibt es eine entsprechende gesetzgeberische Präzisierung nicht.

Bei klaren Definitionsnormen (s. S. 31 f.) ist für den Rechtsanwender in der Regel kein Spielraum für eine Auslegung gegeben. So ist z. B. in § 2 BWaldG bestimmt, was im Sinne des Gesetzes unter „Wald" zu verstehen ist.

Entsprechendes gilt auch für Definitionen, die sich in der Rechtspraxis durchgesetzt haben (z. B. für das Tatbestandsmerkmal „öffentliche Sicherheit" u. a. in § 14 Abs. 2 S. 1 BPolG oder § 14 Abs. 1 OBG NRW).

Insgesamt ist festzuhalten, dass sich viele und gerade besonders wichtige Normbegriffe als unvollständig oder mehrdeutig oder als vom Gesetzgeber bewusst unbestimmt gehalten erweisen, so dass der Rechtsanwender in der Regel vor dem Problem steht, sich für eine der verschiedenen Deutungsmöglichkeiten zu entscheiden. Die Schwierigkeiten potenzieren sich bei der rechtlichen Bestimmung von kaum definierbaren Begriffen wie „Kunst" in Art. 5 Abs. 3 GG (ist das Werk eines „Sprayers", der eine Hauswand besprüht, oder die Selbstpräsentation eines Nackten im Museum „Kunst"?). Das gilt auch für die Ausfüllung von Wertmaßstäben (Verstoß gegen „die guten Sitten", s. § 138 Abs. 1 BGB, § 826 BGB oder § 228 StGB; sind die herrschenden oder die allgemein anerkannten Moralvorstellungen maßgeblich?) bzw. für die Deutung von Normausdrücken, mit denen emotionsbeladene Situationen beschrieben werden, also von Rechtssätzen, in denen Gefühlssprache vorkommt (z. B. „gescheiterte Ehe", § 1565 Abs. 1 BGB; „Wohl des Kindes", §§ 1626 Abs. 3, 1672 Abs. 1 S. 2 BGB).

Auslegung und Wertung gerade solcher unbestimmten Begriffe erfolgen nicht unabhängig vom persönlichen Wertempfinden und Vorverständnis des Rechtsanwenders, womöglich sogar von seinen Vorurteilen. In diesen Fragen zeigt sich die große Bedeutung der Persönlichkeit des Rechtsanwenders, z. B. des Richters bei der gerichtlichen Verhandlung und der Entscheidung von Rechtsfällen. Es konzentriert sich denn auch gerade auf den Bereich der Auslegung von wertausfüllungsbedürftigen Begriffen ein wesentlicher Teil der Problematik der Objektivität in der Rechtsprechung (s. auch S. 149 f.).

Rechtssätze sind nach allem so, wie sie sich textlich präsentieren, nicht unmittelbar anwendbar. Daran ändert auch der Umstand nichts, dass eine ganze Reihe von Ausdrücken in der Rechtssprache auf eine spezifische Bedeutung festgelegt ist (s. S. 46). Zu denken ist hier z. B. an Fachbegriffe wie „Vertrag", „Anfechtbarkeit", „Auflage" etc. Das engt die Möglichkeiten des Rechtsauslegenden nicht stets ein, denn auf normative Vorgaben muss nicht Verlass sein, da der Gesetzgeber selbst immer wieder mal vom juristischen Sprachgebrauch abweicht, also termini technici untechnisch benutzt. So werden die Begriffe „Rücknahme" und „Widerruf" von Verwaltungsakten in der Praxis und vielfach auch in Rechtsvorschriften (vor allem in älteren Gesetzen) nicht immer einheitlich und in Übereinstimmung mit der in den Verwaltungsverfahrensgesetzen bestimmten Terminologie gebraucht. Dieselben Wörter können in verschiedenen Normierungen und damit unterschiedlichen Regelungszusammenhängen einen jeweils anderen Sinn haben (zur Relativität der Rechtsbegriffe s. Engisch, S. 47, 99).

Allein an der – mitunter sogar geplanten (S. 47) – Unschärfe von Normtexten liegt es keineswegs, dass sich der Sinn von Rechtssätzen oft so mühsam erschließt. Schwierig zu bestimmen und zu begründen ist vor allem, ob und in welchem Sinn sich eine Vorschrift auf ein konkretes Fallgeschehen beziehen lässt. Kennzeichnend für den Prozess der auslegenden und wertenden Normanwendung ist, dass der Rechtsanwender „nur den Text selbst zum Sprechen bringen will, ohne etwas hinzuzufügen oder wegzulassen" (Larenz/Canaris, S. 134). Wenn er daran geht, den Norminhalt zu erschließen, oder wenn er z. B. vor dem Problem steht, dass es einen inhaltlichen Widerspruch zwischen Normformulierung und Regelungsabsicht des Gesetzgebers gibt, fragt sich, was er hier eigentlich „zum Sprechen bringen will", den „Text" in der Form, wie er im Gesetzbuch steht, oder den „Verfasser des Textes", also den Gesetzgeber. Mit anderen Worten: Hat er den Blick auf den **Willen des Normgebers** zu richten oder auf den „**Willen**" **des Gesetzes?** Vertreten werden beide Auffassungen.

5.2 Auslegungslehren

Die Frage, auf wessen Vorstellung es ankommt, wenn man Inhalt und Bedeutung von Vorschriften ermittelt, auf die Vorstellung des Gesetzgebers oder auf die normimmanente Sicht, d. h. auf die objektiv einer Normierung entnehmbare Perspektive („Vorstellung") des Gesetzes, spielt für die Auslegung eine große Rolle. Sie ist Gegenstand zweier **Lehren zum Auslegungsziel**: der subjektiven und der objektiven Auslegungstheorie.

Zum Meinungsstreit insgesamt s. z. B. Zippelius, S. 18 ff., Engisch, S. 160 ff.; Müller/Christensen halten die Unterteilung in „objektive" und „subjektive" Auslegungstheorie für unbrauchbar (Rn. 442 ff., 493 f.). Auch Vogel, S. 97 Fn. 7, bezweifelt den Sinn der Differenzierung; ebenso z. B. Kaufmann, S. 81; Wank S. 35.

Die **subjektive Auslegungstheorie** fragt, wie gesagt, nach dem **Willen des Gesetzgebers**. Was aber bedeutet das? Wenn der Normgeber ein aktuell veranlasstes, jedoch generelles Regelungsbedürfnis (z. B. zum Züchten und Halten sog. Kampfhunde) erkannt hat, wählt er wertend aus zwischen mehreren Möglichkeiten einer gesetzgeberischen Lösung der betreffenden Konfliktproblematik (wessen Interessen sind stärker zu berücksichtigen und damit höher zu bewerten: die des Hundehalters oder die der gefährdeten Allgemeinheit etc.), und trifft sodann seine gesetzgeberischen Entscheidungen (z. B. Halte-, Zucht- und Vermehrungsverbote, Ausnahmebestimmungen bei bestandenem Wesenstest, Kategorisierungen von Hunden etc.) durch Erlass einer Regelung

(z. B. einer Verordnung über das Halten gefährlicher Tiere). Der Gesetzgeber verfolgt also im Moment einer solchen Normsetzung ganz bestimmte (rechtspolitische) Ziele und Zwecke. Genau daran knüpft die subjektive Theorie an. Bei der Auslegung soll das herangezogen werden, was der (aus der Perspektive des Auslegenden, der die Regelung ja zu einem Zeitpunkt nach deren Inkrafttreten zu beurteilen hat) „historische" Gesetzgeber mit dem als verbindliche Regelung gewollten Normierung bezweckt hat; maßgeblich ist insofern, wie der Normschöpfer welche Werte, Interessen etc. darin gewichtet wissen will.

Beispiel:
A hat einen Bauantrag gestellt. Der zuständige Sachbearbeiter im Bauamt der Stadt S in NRW ist mit ihm verfeindet. A erklärt die Ablehnung des Sachbearbeiters wegen Befangenheit. Er meint, § 21 VwVfG NRW gebe ihm ein solches Ablehnungsrecht. Der Wortlaut des § 21 VwVfG NRW ist in diesem Punkt nicht klar. Der Gesetzgeber hat allerdings mit § 21 VwVfG NRW ein förmliches Ablehnungsrecht nicht verbinden wollen, weil die missbräuchliche Ausnutzung eines solchen Rechts „eine dem schnellen Abschluss des Verwaltungsverfahrens abträgliche Verschleppung befürchten lassen müsste" (vgl. dazu BT-Drucksache 7/910, S. 47, wobei dieses Motiv auch als Beweggrund des Landesgesetzgebers angenommen werden kann). Das von A in Anspruch genommene Recht besteht daher nicht.

Nach der subjektiven Lehre soll der Auslegende auf **„historische" Materialien** zurückgreifen, sich insofern leiten lassen müssen von Ausschussberichten und sonstigen Parlamentsurkunden (z. B. Bundestags- oder Bundesratsdrucksachen), von den Verhältnissen in Staat und Gesellschaft, wie sie im Moment der betreffenden Gesetzgebung geherrscht haben, von der allgemeinen geistigen Einstellung in der Zeit etc. Möglicherweise ist auch zu berücksichtigen, was vor allem meinungsführende Abgeordnete und Referenten, der konkrete Gesetzgeber also und die zuständigen Beamten, auf die die jeweilige Regelung zurückgeht, gedacht und gewollt haben. Der Rechtsanwender macht sich insofern „zum denkenden Gehilfen" (Ph. Heck) des Normgebers. Er ermittelt, warum und wie der Gesetzgeber einen bestimmten typischen Sachverhalt geregelt haben wollte.

Bei zu weitgehender Beachtung des historischen Hintergrundes besteht allerdings die Gefahr, dass Zufälligkeiten beim Zustandekommen einer Gesetzgebung unangemessen bedeutsam werden. Anhänger der sog. **gemäßigt subjektiven Theorie** fragen deshalb nur nach dem herrschenden politischen Willen und den persönlichen Vorstellungen der am Gesetzgebungsverfahren Beteiligten beim Gesetzgebungsakt. Vertreter der **streng subjektiven Theorie** wollen demgegenüber, dass die Vorstellungen und Absichten all derer zu berücksichtigen sind, die die Entstehung eines Gesetzes beeinflusst haben. Wichtig können dann auch die Vorstellungshorizonte der beteiligten Abgeordneten, Referenten ebenso wie die der zur Geltung gekommenen Verbände und Interessengruppen sein (zu den Spielarten der subjektiven Theorie s. Engisch, S. 160 f. m. N.).

Nach der **objektiven Auslegungslehre** ist der Normtext als „Wort gewordener Wille des Gesetzes" (Engisch, S. 163) entscheidend. Maßgeblich ist der normative Sinngehalt, und zwar der rechtliche **Gegenwartssinn eines Gesetze** für die Gegebenheiten der Anwendungszeit, wenn mehrere Deutungen möglich sind, denn die in Gesetzestexten vorgegebenen generellen Wertungen und Konfliktentscheidungen des Normgebers gelten in der Gegenwart und für die Gegenwart. Der Normausleger hat sich deshalb von den Vorstellungen des

Die Rechtsauslegung

(„historischen") Normgebers zu lösen, weil sich Maßstäbe oder (Wert-)Vorstellungen in Staat und Gesellschaft aufgrund politischer, sozialer, wirtschaftlicher oder etwa auch technischer Veränderungen zwischen den Momenten der Rechtsanwendung und der Gesetzesentstehung gewandelt haben können. Man denke nur an die sich im Zusammenhang mit der Entwicklung des Internets stellenden Fakten- und Rechtsfragen, die der Gesetzgeber bei Erlass z. B. des BGB nicht im Blick haben konnte (gilt eine „online" abgegebene Willenserklärung als Erklärung unter Abwesenden bzw. ist die Regelung zur Annahmefrist von Anträgen gem. § 147 Abs. 2 BGB auf „online"-Erklärungen erstreckbar?). Würde man den Wandel unberücksichtigt lassen, wäre der Rechtsanwender unter Umständen genötigt, im Konfliktfall das Handtuch zu werfen oder die Streitproblematik im Widerspruch zu den gegenwärtigen Wertmaßstäben und Vorstellungen zu lösen; das könnte zu ungerechten Entscheidungen führen (vgl. dazu BVerfGE 62, 1, 45). Auch der Aspekt der Akzeptanz einer Regelung als überzeugender Verhaltens- und Orientierungsmaßstab für alle (s. S. 6), einschließlich für die am einschlägigen Gesetzgebungsverfahren Beteiligten, spricht für eine gegenwartsnahe, also zeitgemäße Gesetzesauslegung. Nach der objektiven Lehre ist der Norminhalt also etwas, das sich nicht nur aus dessen Ursprüngen, sondern auch aus den Umständen und Anforderungen der Anwendungszeit ergibt (s. dazu Rüthers, Rn. 806 ff.).

Eine der Spielarten der objektiven Theorie ist die sog. **„aktuale Richtung",** nach der dem Rechtsanwender ein Rückgriff auf die historischen Motive versagt ist (Esser, Grundsatz und Norm in der richterlichen Fortbildung des Zivilrechts, 3. Aufl. 1974, S. 257; s. auch BGHSt 1, 74, 76). Nach der **gemäßigt objektiven Theorie** bleibt der Wille des Gesetzgebers zwar beachtlich, daneben sind jedoch stets auch die Umstände und Anforderungen der Zeit zu berücksichtigen, in der das Gesetz angewendet wird. Der Rückgriff auf historische Motive ist also nicht verwehrt, zeitbedingte Irrtümer und Zufälligkeiten sollen aber nicht in die aktuelle Rechtsanwendung hineingetragen werden.

Für Stein, der den Anhängern der objektiven Auslegungslehre zuzurechnen ist, kommt es „ausschließlich auf den Willen der Rechtsgemeinschaft, d. h. in der Demokratie auf den Willen des Volkes" an (Staatsrecht, 20. Aufl. 2007, S. 37). Zur Fragwürdigkeit einer solchen Auffassung s. Rüthers, Rn. 803 ff.

Im Rahmen der Rechtsauslegung sollte **beiden Auslegungszielen Rechnung getragen** werden (so die in der neueren Rechtsprechung und Lehre heute herrschende Vereinigungstheorie; s. dazu BVerfG, ständige Rspr. seit E 1, 299, 312; Larenz/Canaris, S. 153 ff.; Engisch, S. 172 ff.; Zippelius, S. 21 ff., 50 ff.; Röhl/Röhl, S. 632). Jeder Gesetzgeber lehnt sich bei der Normsetzung an die Rechtsvorstellungen und Wertungen seiner Zeit an, die sich nachfolgend ändern können. Insofern ist der objektiven Auslegungstheorie der Vorzug zu geben. Jedes Gesetz bleibt aber andererseits „ein Kind seiner Zeit" und damit seinem Ursprung verhaftet; Sinn und Zweck einer Norm sind mithin nicht losgelöst von den Regelungsabsichten und Wertvorstellungen des Normgebers zu bestimmen, andernfalls könnte das Prinzip der Gesetzesbindung des Rechtsanwenders verletzt sein (s. dazu S. 80, 123).

Nach der Rechtsprechung des Bundesverfassungsgerichts (E 79, 106, 121) ist für die Interpretation eines Gesetzes der in ihm zum Ausdruck kommende

objektivierte Wille des Gesetzgebers maßgebend, so wie er sich „aus dem Wortlaut der Gesetzesbestimmung, dem Sinnzusammenhang, in den die fragliche Vorschrift hineingestellt ist, sowie dem erkennbaren Zweck der Vorschrift ergibt" (BVerfGE 11, 126, 130; s. auch 71, 81, 106; vgl. dazu ferner BGHZ 49, 221, 223). Die Formulierung zeigt, wie eng Auslegungsziel und Auslegungsmittel (Auslegungskriterien) miteinander verwoben sind (s. dazu S. 106 f.).

Die subjektive Theorie kann bei älteren Gesetzen an Gewicht verlieren (des näheren S. 97 f.; vgl. dazu auch BVerfGE 34, 269, 288 f.; 54, 277, 297). Wank (S. 34 f.) will für „junge" Gesetze allein die subjektive Theorie gelten lassen; während bei „älteren" Gesetzen die gewandelten Verhältnisse und Vorstellungen zu berücksichtigen sind (so auch die Auffassung der Vertreter der gemäßigt subjektiven und der objektiven Auslegungslehre). Zu Vor- und Nachteilen einer zu weitgehenden Beachtung des Bedeutungswandels von Gesetzen s. Zippelius, S. 25 ff.

Zwischen beiden Auslegungslehren wird nicht immer klar differenziert. Die Unterscheidung ist aber nicht nur streng begrifflich geboten; sie wird auch, wie gesagt, überwiegend vorgenommen (s. Larenz/Canaris, S. 153 ff.).

5.3 Die Auslegungskriterien

Bei der Behandlung der Auslegungstheorien zeigte sich bereits, dass unterschiedliche Auslegungsmittel bedeutsam sind. Wie der Rechtsanwendende im Einzelnen zu verfahren hat, wenn er den „Gedanken- und Willensinhalt" (Engisch, S. 113) eines Normtextes, so wie er wirksames Recht geworden ist, erkennen, auslegen und werten will, ergibt sich nicht aus allgemeinen Vorschriften zur Gesetzesauslegung oder gar einem förmlichen Methodengesetz.

Auslegungsregeln enthielt das Preußische Allgemeine Landrecht (I, 4 §§ 65 ff.) und enthält der französische Code Civil (Art. 1, § 165).

Im BGB finden sich einzelne Auslegungsgrundsätze, allerdings lediglich für Teilbereiche. So ist in § 133 BGB davon die Rede, dass bei der Auslegung (einer Willenserklärung) der „wirkliche Wille zu erforschen" und nicht „an dem buchstäblichen Sinne des Ausdrucks zu haften" ist („falsa demonstratio non nocet"). Beispielhaft sind ferner § 157 BGB (Auslegung von Verträgen) und § 2350 Abs. 1 und 2 BGB (Deutung eines Erbverzichts) zu nennen. Die Auslegungsregel des § 133 BGB z. B. wird sinngemäß auch auf die Gesetzesauslegung angewendet (s. dazu Rüthers, Rn. 716 m. N.).

In der Verwaltungspraxis spielen norminterpretierende Verwaltungsvorschriften (Auslegungsrichtlinien) insbesondere für die Ausfüllung unbestimmter Rechtsbegriffe eine große Rolle, um eine einheitliche Rechtsanwendung zu gewährleisten (s. dazu etwa die Verwaltungsvorschrift zur Durchführung des OBG NRW; vgl. hier z. B. zum Merkmal „Gegenwärtigkeit" der Gefahr die Verwaltungsvorschrift 19.11 zu § 19 Abs. 1 Nr. 1 OBG).

Auch ohne gesetzliche Verankerung ist man sich prinzipiell einig, dass für alle Rechtsgebiete **vier Auslegungskriterien** maßgeblich sind:

(1) Wortsinn

(2) Kontext

(3) Entstehungsgeschichte

(4) Zweck

Grundlegend für die juristische Hermeneutik ist Savignys klassische Auslegungslehre. Statt von Auslegungskriterien spricht er von Sinnbestimmungsmitteln (System des heutigen Römischen Rechts, 1840, Bd. I, S. 213; Bd. III, S. 244). Das Zweckkriterium (Teleologie) nennt Savigny „logisches Element". Der Rechtsanwender hat die Aufgabe der „Rekonstruktion des Gedankens, der im Gesetz ausgesprochen wird, insofern er aus dem Gesetz erkennbar ist." Savigny hatte seine Regeln lediglich auf

Die Rechtsauslegung

das Zivil- und Kriminalrecht bezogen. Sie wurden aber auch für die anderen Rechtsgebiete übernommen.

Die Zulässigkeit der vier anerkannten Auslegungskriterien bekräftigt das Bundesverfassungsgericht seit seiner Entscheidung 1, 299, 312: „Die Auslegung aus dem Wortlaut der Norm (grammatische Auslegung), aus ihrem Zusammenhang (systematische Auslegung), aus ihrem Zweck (teleologische Auslegung) und aus den Gesetzesmaterialien und der Entstehungsgeschichte (historische Auslegung) sind zulässig".

Dieser „klassische" Auslegungskanon wird nachfolgend im Einzelnen behandelt, wobei die Auslegungsmittel in ihrer Abhängigkeit vom jeweiligen Auslegungsziel verdeutlicht werden. Die vier Kriterien sind zwar in den grundsätzlichen Fragen nicht umstritten, wohl aber in Details; außerdem werden sie gelegentlich unterschiedlich bezeichnet. Im Rahmen dieser Darstellung kann das nur am Rande behandelt werden.

Für Rüthers (Rn. 725 ff.) ist der „Normzweck" das zentrale Auslegungsziel, dem die übrigen Auslegungsmittel (Wortsinn, Kontext, Entstehungsgeschichte) untergeordnet sind, also dienen. Auch nach Müller/Christensen (Rn. 363 f.) ist das Zweckkriterium kein selbstständiges Auslegungselement; nach dem Sinn und Zweck der auf den Konfliktfall hin zu konkretisierenden Norm wird bei der Auslegung mittels der anderen Interpretationskriterien (Wortsinn, Kontext, Entstehungsgeschichte) gefragt.

5.3.1 Wortsinn (grammatische Auslegung)

Dieses Auslegungsmittel wird gelegentlich auch „philologische" Auslegung oder „Wortlaut-Auslegung" genannt. In seinen Bereich fällt überdies die sog. „syntaktische Auslegung"; s. dazu Fikentscher, S. 672.

„Alle Auslegung fängt beim Worte an" (BGHSt 3, 259, 262). Auslegung nach dem Wortsinn heißt, vom Wortlaut ausgehend Inhalt und Bedeutung von Normen und Normbegriffen zu bestimmen, und zwar nach den Regeln der Grammatik (grammatische Auslegung) und des allgemeinen Sprachgebrauchs sowie der „technisch-juristischen Redeweise" (Enneccerus/Nipperdey).

Häufig werden die Begriffe „Wortlaut" und „Wortsinn" gleichsinnig verwendet. Streng genommen ist der Wortlaut Gegenstand der Auslegung, der Wortsinn, den der Auslegende herausfinden muss, das Ziel der Auslegung. Grammatik und Satzbau bieten dem Auslegenden Anhaltspunkte, welche Wortbedeutung in Betracht kommt.

Bei der Rechtsanwendung und -auslegung wird in der Regel nur nach dem **spezifisch juristischen Sinn** gefragt (s. S. 46). Das ist stets zu beachten, auch wenn Gesetzestexte – ein Mindestmaß an Allgemeinverständlichkeit voraussetzend – an den allgemeinen Sprachgebrauch anknüpfen (s. S. 45 f.).

Bedient sich der Gesetzgeber der Umgangssprache, die auch der Durchschnittsbürger, an den sich Normierungen als Orientierungsmaßstäbe wenden, versteht (z. B. „Die Wohnung ist unverletzlich", Art. 13 Abs. 1 GG), so muss der Rechtsauslegende mithin herausfinden, ob die gesetzgeberische Formulierung tatsächlich umgangssprachlich verwendet wurde und sich auch so der rechtliche Sinn einer Bestimmung ermitteln lässt. Ist das ausnahmsweise der Fall (z. B. bei „Gewissen", Art. 4 Abs. 1, 3 GG; s. dazu BVerfGE 12, 45, 54 f.), macht aber die genaue Begriffsklärung oder Bestimmung des Begriffsumfangs nach dem allgemeinen Sprachgebrauch des Worts Probleme, sind anerkannte Wörterbücher der deutschen Sprache heranzuziehen.

Oft lässt sich auf diese Weise der spezifisch rechtliche Sinn eines Norminhalts (Normbegriffs) nicht erfassen. Es zählt aber, wie gesagt, grundsätzlich nur die juristisch „richtige" Deutung, mag der Begriff, umgangssprachlich beim Wort genommen, auch klar sein oder etliche Bedeutungen haben. Um die rechtliche Normbedeutung herauszufinden, zieht man die entsprechenden Gesetzeskommentare und Fachpublikationen heran, da viele Begriffe von der Rechtsprechung bzw. Lehre vorinterpretiert bzw. in ihrer Bedeutung umschrieben sind (S. 49).

Beispiele:
Nach § 2343 BGB ist die Anfechtung wegen Unwürdigkeit eines Erben gem. § 2339 BGB ausgeschlossen, wenn der Erblasser dem Erbunwürdigen „verziehen" (§ 2337 BGB) hat. Wann das der Fall ist, lässt sich nicht ohne weiteres sagen, obgleich hier der Gesetzgeber an den umgangssprachlich geläufigen Ausdruck „verzeihen" anknüpft. Nach der Rechtsprechung (BGHZ 91, 273, 280) ist „Verzeihung" i. S. d. § 2337 BGB der „nach außen kundgemachte Entschluss des Erblassers, aus den erfahrenen Kränkungen nichts mehr herleiten und über sie hinweggehen zu wollen".
Wenn in § 224 Abs. 1 Nr. 2 StGB von einem „anderen gefährlichen Werkzeug" gesprochen wird, so ist mit „Werkzeug" nicht nur, wie umgangssprachlich üblich, ein mechanisch wirkender Gegenstand (z. B. Hammer) gemeint; unter den Begriff fallen z. B. auch ätzende Flüssigkeiten.
Der Begriff „Waffe" (z. B. in §§ 244 Abs. 1 Nr. 1 bzw. § 250 Abs. 1 Nr. 1a StGB) ist nach herrschender Meinung im strafrechtlichen, vom Waffen(verwaltungs)recht grundsätzlich unabhängiger Begriff (BGHSt 48, 197, 206; s. zum Ganzen auch Eser/Bosch, in: Schönke/Schröder, StGB, 28. Aufl. 2010, Rn. 3 f. zu § 244). Der Begriff „Waffe" erfasst nur „solche Gegenstände, die objektiv gefährlich und ihrer Art und Bestimmung nach zur Herbeiführung erheblicher Verletzungen generell geeignet sind (Waffen im technischen Sinn)" (Wittig, in: von Heintschel-Heinegg, StGB, 2010, Rn. 2 zu § 244).
Den Begriff „Waffe" i. S. d. § 224 Abs. 1 Nr. 2 StGB hat die Rechtsprechung extensiv (S. 93) ausgelegt, indem sie darunter auch untechnische Gegenstände erfasst, die geeignet sind, das Opfer gefährlich zu verletzen (z. B. ein als Schlagwerkzeug benutztes Skalpell oder einen auf einen Menschen gehetzten Hund; s. Rüthers, Rn. 168 m. N.).
Gem. § 212 StGB wird bestraft, wer einen „Menschen" tötet. Nach dem Wortlaut ist der Begriff „Mensch" scheinbar eindeutig bestimmbar, insbesondere abgegrenzt gegenüber sonstigen Lebewesen (Tieren). Auslegungsprobleme tauchen bei dem an sich umgangssprachlich klaren Ausdruck Mensch aber auf, wenn die Frage des Beginns bzw. Endes des menschlichen Seins bedeutsam ist.
Gem. § 29 Abs. 2 S. 1 StVO bedürfen „Veranstaltungen, für die Straßen mehr als verkehrsüblich in Anspruch genommen werden, der Erlaubnis." Umgangssprachlich versteht man unter dem Begriff „Straße" einen für den Verkehr von Fahrzeugen besonders gebauten Weg. Der Begriff „Straße" i. S. d. § 29 Abs. 2 StVO bezieht sich nach h. M. aber auf alle Verkehrsflächen (König, in: Hentschel/König/Dauer, Straßenverkehrsrecht, 40. Aufl. 2009, Rn. 6 f.).
In Art. 8 Abs. 2 GG ist von Versammlungen „unter freiem Himmel" die Rede. Umgangssprachlich bedeutet das: eine Versammlung in einem nach oben, d. h. zum Himmel hin offenen Raum. Entgegen dem Wortlaut findet eine Versammlung aber auch dann unter „freiem Himmel" statt, wenn sie unter einem Regendach abgehalten wird (s. dazu Jarass, in: Jarass/Pieroth, GG, 11. Aufl. 2011, Rn. 14 zu Art. 8).
In Art. 13 Abs. 1 GG ist zwar expressis verbis von „Wohnung" die Rede; der Schutz des Grundrechts erstreckt sich aber unumstritten z. B. auch auf Geschäftsräume. Der Begriff „Wohnung" wird also sehr weit gefasst (s. dazu BVerfGE 96, 44, 51). Mit dem umgangssprachlich üblichen Begriffsverständnis kommt man also nicht weit genug (s. dazu S. 136 f.).

Rechtliche Fachbegriffe sind inhaltlich grundsätzlich zunächst an den spezifischen Sprachgebrauch eines Gesetzes (Legaldefinitionen, S. 31 f., Fiktionen und Verweisungen, S. 36 ff.) gebunden oder in der ihnen fachlich zugeschriebenen Weise (z. B. „Vertrag", „Anfechtung", S. 84) zu verstehen. Falls vorhanden (was nicht allzu häufig vorkommt), muss der Auslegende deshalb prinzipiell die vorgegebene Legaldefinition (z. B. für „Früchte", § 99 Abs. 1 BGB; weitere Beispiele S. 31 f.) berücksichtigen, sofern die Legaldefinition den Wortsinn vollständig erhellt (s. S. 70). Obwohl z. B. in § 3 KrW-/AbfG der Begriff „Abfall" definiert ist, kann sich im konkreten Anwendungsfall erweisen, dass darüber hinaus eine Präzisierung vonnöten ist (s. dazu BVerwG NuR 1990, S. 322 f.).

Weitere Beispiele:
Wer ein „Deutscher" ist, bestimmt der Gesetzgeber zwar in Art. 116 Abs. 1 GG; ob eine bestimmte Person aber tatsächlich als ein „Deutscher" i. S. d. Art. 116 Abs. 1 GG betrachtet werden kann, bedarf u. U. einer näheren Klärung (etwa unter Heranziehung des StAG).
§ 35 S. 1 VwVfG enthält zwar eine Legaldefinition des Begriffs „Verwaltungsakt", lässt jedoch etliche begriffliche Fragen offen (s. dazu Kopp/Ramsauer, VwVfG, 11. Aufl. 2010, Rn. 4 f., 7 f. zu § 35).

Wenn der Gesetzgeber sich selbst nicht an seine Definition hält (s. dazu S. 31 f., 85; vgl. auch BVerwGE 16, 53, 56 f.), muss doch wieder auf die fachlichen Begriffsklärungen oder sogar auf den umgangssprachlichen Sprachgebrauch zurückgegriffen werden. Weicht der Gesetzgeber bei der Verwendung der Fachsprache vom gegebenen Begriffsverständnis ab, muss ebenfalls mittels der Umgangssprache herausgefunden werden, welche Bedeutungsmöglichkeiten es überhaupt gibt und welche im konkreten Anwendungsfall in Frage kommt. Ein eindeutiger Wortsinn lässt sich allerdings fast nie bestimmen (zur hinlänglichen Eindeutigkeit s. S. 72).

Für die sprachliche Problematik gilt nach allem folgende Reihenfolge: ausschlaggebend sind zunächst die Begriffsbestimmungen des einschlägigen Gesetzes, dann die der juristischen Fachwelt, sodann ist der Sprachgebrauch der Fachwelt, für die das jeweilige Gesetz maßgeblich ist (z. B. Handwerker, Apotheker), entscheidend. Wenn der Rechtsanwender den Wortsinn dadurch noch nicht ermitteln konnte, muss er die umgangssprachliche Bedeutung des jeweiligen Ausdrucks berücksichtigen, wobei er sein eigenes Wortverständnis erst einmal zugunsten des allgemeinen Sprachgebrauchs zurückzustellen hat (vgl. zum Ganzen Schmalz, Rn. 231 ff.).

Bei der Einschlägigkeit von Fachgesetzen können auch außerjuristische Fachausdrücke entscheidend sein. Ihre Bedeutung hat dann ebenfalls Vorrang vor dem umgangssprachlichen Wortsinn.

Problematisch ist für den Auslegenden aber nicht nur die Frage, ob der umgangs- oder der allgemeine bzw. spezielle fachsprachliche Wortsinn den Ausschlag geben soll. Denkbar ist auch, dass der Sprachgebrauch im Moment der Rechtsanwendung ein anderer ist als zur Zeit der Gesetzesentstehung. Gewandelte gesellschaftliche Verhältnisse und Wertungen können zu veränderten Begriffsinhalten führen. Das betrifft gleichermaßen die in der Gesellschaft allgemein übliche Ausdrucksweise wie auch die technisch-juristische Sprache von Gesetzestexten. Bei Abweichungen ist entscheidend, ob der Normgeber einen Begriff **zeitspezifisch** benutzt oder ob er die Begriffsbedeutung nicht festgelegt hat. Im ersteren Fall ist der Sprachgebrauch zur Zeit der Gesetzesentstehung, im letzteren Fall der zur Zeit der Auslegung maßgebend. Der Rechtsanwendende muss grundsätzlich zunächst beim entstehungszeitlich maßgeblichen Wortsinn ansetzen (s. BGHZ 3, 162, 166 f.; Larenz/Canaris, S. 144).

Auslegung nach dem Wortsinn führt bei der konkreten Rechtsanwendung häufig nicht weiter. Dafür ist bereits Sprache allgemein zu nuancenreich, zu mehrdeutig (S. 45 ff.) und eben zu wandelbar. Wortlaute lassen also von vornherein Bedeutungsspielräume offen. Hinzukommt, dass dieselben Ausdrücke oft mit unterschiedlichem Sinn gebraucht werden. Die Schwierigkeiten, die Wortbedeutung zu erfassen, vervielfachen sich bei unbestimmten Rechtsbegriffen, erst recht, wenn der Gesetzgeber dem Rechtsanwender Wertungen abverlangt.

Beispiele:
Besonders unkonturierte Begriffe wie „sexuelle Handlung" (§§ 184c, 240 Abs. 4 S. 2 Nr. 1 StGB); „Zuverlässigkeit" (§ 4 Abs. 1 Nr. 1 GastG); „Unzuverlässigkeit" (§ 35 Abs. 1 GewO); des Weiteren, wenn auch nicht mit ganz so weitem Bedeutungsrahmen, „Eignung" (Art. 33 Abs. 2 GG). S. zum Ganzen auch S. 48 f., 114 f.

Werden wertausfüllungsbedürftige Begriffe in einem Normenkomplex auch noch unterschiedlich verwendet, ist die Inhaltsbestimmung besonders kompliziert.

Beispiel:
In Art. 2 Abs. 1, 9 Abs. 2 bzw. 20 Abs. 3 GG ist jeweils von „verfassungsmäßiger Ordnung" die Rede. Ist darunter die gesamte mit der Verfassung in Einklang stehende Rechtsordnung zu verstehen oder nur die auf die elementaren Verfassungsgrundsätze begrenzte Rechtsordnung? (vgl. dazu BVerfGE 6, 32, 38; s. zum Ganzen auch Schwacke/Schmidt, Staatsrecht, 5. Aufl. 2007, Rn. 292 f., 335, 407, 784, 905).

Ein als hinlänglich eindeutig (S. 72) erkannter Wortsinn ist prinzipiell verbindlich. Über ihn kann sich der Rechtspraktiker also nur in Ausnahmefällen hinwegsetzen (z. B. wenn der Normzweck es gebietet, s. S. 108 f.). Bereits aus verfassungsrechtlichen Gründen (rechtsstaatlich gebotene Bestimmtheit von Normen und Funktionsverteilung zwischen den Staatsgewalten, s. S. 45, 123) müssen Gesetze grundsätzlich so gelten, wie sie der Gesetzgeber aus der Hand gegeben, d. h. erlassen und im Gesetzblatt veröffentlicht hat. Die „absolute Schranke" der Auslegung liegt dort, „wo der **klare Wortlaut** ihr entgegensteht" (BVerfGE 4, 331, 351; BVerwGE 90, 265, 269). Gegen den tatsächlich „klaren" Wortsinn darf der Rechtsanwender einen Normtext mithin dem Grundsatz nach nicht auslegen.

Beispiele:
Den „klaren Wortlaut" als Grenze der möglichen Wortsinn-Auslegung dürfte die Tankstellenentscheidung des BVerwGE (JZ 1994, S. 297 ff.) missachtet haben. Dort wurden unter die eindeutigen Begriffe „Ersatzteile für Kraftfahrzeuge" und „Betriebsstoffe", die ausnahmsweise gem. § 6 Abs. 2 LadSchlG (a. F., d. V.) auch außerhalb der Ladenschlusszeiten verkauft werden dürfen, Reisebedarfsartikel der Kunden wie Tabak oder Getränke subsumiert. Inzwischen hat der Gesetzgeber den Abs. 2 des § 6 LadSchlG durch Aufnahme des Begriffs „Reisebedarf" geändert.

In § 569a Abs. 1 S. 1 BGB a. F. war von „Ehegatten" die Rede. Das BVerfG (E 82, 1, 12) erstreckte diese Norm auch auf Fälle nicht verheirateter Paare und überschritt so den Wortlaut (s. dazu die heutige Regelung des § 563 Abs. 1 S. 2 BGB: „Dasselbe gilt für den Lebenspartner.").

Wortbedeutungen dürfen nach allem also nicht überdehnt werden. Der Wortsinn muss sich grundsätzlich irgendwie noch aus dem Wortlaut ergeben; d. h. er muss im Gesetzestext **„noch zum Ausdruck kommen"** bzw. **„angedeutet"** sein (so die sog. Andeutungstheorie, s. z. B. BGHZ 4, 369, 375; vgl. zum Ganzen Engisch, S. 147 f.; Rüthers, Rn. 734 ff.; Larenz/Canaris, S. 143 ff.). Das gilt vor allem für jene Bereiche des öffentlichen Rechts, in denen es nicht um Interessenausgleich auf der Grundlage der Gleichordnung, sondern um hoheitliches Handeln staatlicher Organe gegenüber Untergeordneten geht. Die zwischen subjektiver und objektiver Auslegungslehre (S. 85 f.) stehende Andeutungstheorie versagt allerdings in den Fällen von Redaktionsversehen (S. 83) oder Normwidersprüchen und gibt, befolgt man sie konsequent, dem Wortlaut wiederum ein zu starkes Gewicht. Strikter Buchstabengehorsam ist

Die Rechtsauslegung

abzulehnen, wird aber schon durch die Heranziehung anderer Auslegungsmittel vermieden.

S. dazu BVerfG (E 35, 263, 278): „Am Wortlaut einer Norm braucht der Richter aber nicht haltzumachen" oder – a. a. O., 279 – „Nicht durch den formalen Wortlaut begrenzt".

Nach h. M. (BVerfGE 71, 108, 115; 92, 1, 16; Zippelius, S. 47) bestimmt der **mögliche Wortsinn** die äußerst **zulässige Grenze** der Auslegung. Jenseits des möglichen Wortsinns kommt nur noch Rechtsfortbildung (S. 121 ff.) in Betracht, andernfalls würde der Anwendungsbereich einer Vorschrift zu sehr ausgedehnt. Maßgeblich ist hier der Vorstellungshorizont des Normadressaten, also in der Regel des Bürgers (BVerfGE 81, 228, 237).

Beispiel:
Parken auf abgegrenztem Gelände einer Autobahntankstelle darf nicht als verbotenes „Parken auf der Autobahn" i. S. d. § 18 Abs. 8 StVO ausgelegt werden (s. dazu NZV 1994, S. 83).

Wird ein Wortlaut bis an die Grenze des möglichen Wortsinns ausgelegt, spricht man von **extensiver** (weiter, erweiternder, ausdehnender) Auslegung, umgekehrt, also bei enger Interpretation, von **restriktiver** (einschränkender) Auslegung. Ob das eine oder das andere im konkreten Fall zulässig bzw. geboten ist, darüber gibt der Ursprung der jeweiligen Normierung, also die gesetzgeberische Regelungsabsicht Aufschluss (s. S. 85 ff., 97).

Eingehend zur Abgrenzung zwischen extensiver und restriktiver Auslegung, auch mit Blick auf die Auslegungstheorien, Engisch, S. 179 ff. Vgl. zum Ganzen ferner Larenz/Canaris, S. 174 ff.

Allein durch eine Wortsinn-Interpretation ist ein Auslegungsergebnis meistens nicht zu erzielen. In der Regel steht der Auslegende vor der Wahl zwischen mehreren Deutungsmöglichkeiten, die er mit Hilfe anderer Kriterien treffen muss. Die Ermittlung des möglichen Wortsinns eröffnet allerdings sinnvollerweise das Auslegungsverfahren (s. dazu S. 107). Das gefundene Deutungsspektrum steckt, wenn eine weitere Auslegung nicht versperrt ist, den Spielraum, also den Bereich ab, innerhalb dessen der Sinngehalt einer Norm (eines Normbegriffs) zu suchen ist.

Beispiel:
Der Vorbehalt des Gesetzes, also – rechtsstaatlich betrachtet – der Grundsatz, dass Eingriffe in Freiheit und Eigentum nur mit gesetzlicher Ermächtigung zulässig sind, ergibt sich aus Art. 20 Abs. 3 GG. Dem Wortlaut des Art. 20 Abs. 3 GG ist das allerdings nicht zu entnehmen; die Rede ist dort nur von einer „Bindung" an Gesetz und Recht. Ohne Rückgriff auf andere Auslegungskriterien lässt sich das Auslegungsergebnis nicht gewinnen (BVerfGE 6, 32, 42; 20, 150, 158).

5.3.2 Kontext (systematische Auslegung)

Recht erscheint und wirkt in einer einheitlichen, als widerspruchsfrei gedachten bzw. konzipierten, also vorausgesetzten Rechtsordnung. Die Widerspruchsfreiheit von Gesetzen, der Verfassung und der Rechtsordnung insgesamt, und zwar sowohl zwischen gleichrangigen wie auch zwischen verschiedenrangigen Rechtssätzen, ist ein Ideal und Postulat; sie kann nur angestrebt werden (s. dazu S. 7, 14; vgl. zum Ganzen BVerfGE 1, 14, 32 f.; 33, 23, 27). Damit die **innere Systematik der Rechtsordnung** nicht ins Wanken gerät, müssen Normen nicht nur rang- und systemkonform angewendet, sondern auch ausgelegt werden. Es ist mithin das vom jeweiligen Gesetzgeber bestimmte System (Kontext, Umfeld, Rahmen) relevant, in dem eine auszulegende Vorschrift steht. Mit anderen Worten: Zur Ermittlung des Normsinns genügt es grundsätzlich nicht, die einzelne Vorschrift separat, d. h. ohne Beachtung ihres nahen und weiten geltenden normativen Umfelds auszulegen. Oft wird der Bedeutungszusammenhang erst klar, wenn man auf die maßgeblichen Wertentscheidungen zurückgeht. Damit gerät man allerdings bereits auf das Feld der Teleologie (S. 99 ff.).

Von besonderer Wichtigkeit ist im Rahmen der systematischen Interpretation die verfassungskonforme Auslegung (s. dazu S. 118 f.).

Abzugrenzen sind systematische und system- bzw. rangkonforme Interpretation. Bei letzterer geht es um die Frage, ob eine Norm mit einer ranghöheren Vorschrift in Einklang steht, also konform ist. Zur systemkonformen Auslegung s. S. 97 ff.
Zu den unterschiedlichen Systembegriffen s. Rüthers, Rn. 750 ff.

Weil ein Gesetz überwiegend aus unvollständigen Rechtsvorschriften besteht, die erst mit anderen einen vollständigen Rechtssatz oder eine Regelung bilden (s. S. 7), lässt sich nach allem der Sinn eines einzelnen Rechtssatzes häufig erst durch eine Betrachtung des normativen Beziehungsgeflechts erschließen, in das er vom Normgeber gestellt worden ist. Mithin sagt der Standort einer Vorschrift im Gesetz normalerweise etwas über den Norminhalt aus.

Innerhalb der alle Normen umfassenden Rechtsordnung gibt es die Rechtsgebiete Privatrecht bzw. Öffentliches Recht (s. S. 9) mit ihren jeweiligen Unterteilungen (Bürgerliches Recht, Handelsrecht etc. bzw. Strafrecht, Staatsrecht, Verwaltungsrecht etc.). Aus der formalen **äußeren Systematik** solcher Regelungen von Teilrechtsordnungen kann sich bereits die sachliche Bezogenheit und Übereinstimmung von Normen eines Gesetzes (z. B. BGB, StGB, GG, VwVfG) ergeben.

S. dazu z. B. den Aufbau des BGB, mit dem auf dem Gebiet des Bürgerlichen Rechts Rechtseinheit hergestellt wurde. So beziehen sich auf den „Allgemeinen Teil" (Buch 1) die vier folgenden Bücher (Recht der Schuldverhältnisse, Sachenrecht, Familienrecht, Erbrecht). Das im zweiten Buch geregelte Recht der Schuldverhältnisse ist wiederum so aufgeteilt, dass auf die in §§ 241–432 (Abschnitte 1–7 mit den jeweiligen Titeln) enthaltenen allgemeinen Vorschriften die besonderen Regeln in §§ 433–853 BGB (Abschnitt 8 mit 26 Titeln) folgen, und zwar über die vertraglichen und gesetzlichen Schuldverhältnisse etc.

Entsprechendes gilt z. B. auch für die äußere Systematik des VwVfG und der entsprechenden Verwaltungsverfahrensgesetze der Länder, deren Erlasse der Rechtseinheit auf dem Gebiet des allgemeinen Verwaltungsrechts dienen (zum Aufbau des VwVfG s. Kopp/Ramsauer, VwVfG, 11. Aufl. 2010, Einführung I, Rn. 36 ff.). Obwohl das Verwaltungsverfahrensrecht des Bundes wie der Länder in einzelne allgemeine und besondere Normierungen aufgesplittert ist (u. a. das VwVfG des Bundes und die Verwaltungsverfahrensgesetze der Länder, SGB AT, SGB X, AO), dürfte ein hohes Maß an Einheitlichkeit des Verwaltungsverfahrensrechts gesichert sein, weil gemeinsame Grundlage aller Gesetze die gleichen Verfassungsgrundsätze und Ordnungsgedanken sind.

Die allgemeine Bedeutung des Menschenwürdegrundsatzes (Art. 1 GG) erschließt sich z. B. u. a. bereits aus der systematischen Stellung als erster Norm des Grundrechtskatalogs und überhaupt des Grundgesetzes (s. BVerfGE 27, 1, 6 f.; s. dazu auch Jarass, in: Jarass/Pieroth, GG, 11. Aufl. 2011, Rn. 1 zu Art. 1).

Jedes Gesetz soll einen spezifischen Regelungsbereich zu bestimmten Lebens- und Konfliktsituationen mit einschlägigen Sachfragen, jeder Rechtssatz einen bestimmten Teilbereich des Gesetzes rechtlich ordnen. Der Gesetzgeber ist dabei bemüht, die Einzelregelungen sinnvoll zusammenzustellen und aufeinander zu beziehen. Aus diesen (Ordnungs-)Zusammenhängen der Rechtsnormen, überdies aus den Rechtsgrundsätzen (S. 10), die dem betreffenden Gesetz bzw.

Die Rechtsauslegung

der Rechtsordnung innewohnen, können sich deshalb bestimmte Auslegungsergebnisse ableiten lassen.

Der Auslegende richtet seinen Blick am besten auf die amtliche Überschrift und die systematische Einordnung einer Vorschrift, gekennzeichnet z. B. durch Abschnitts- oder Teilüberschriften, sowie die Art der Gesamtgliederung bis hin zur Ausgestaltung der einzelnen Absätze einer Einzelbestimmung. Meistens ist im ersten Absatz einer Norm die Grundregel aufgestellt, die dann in den nachfolgenden Absätzen entweder präzisiert, eingeschränkt oder erweitert wird. Wenn der Aufbau eines Rechtssatzes oder etwa dessen Überschrift nicht weiterbringen, können oftmals Stellung und Funktion der Norm im Gesetz Aufschluss geben. Der Normgeber geht allerdings nicht immer systematisch vor.

Beispiele:
Aus dem Aufbau des StGB ergibt sich, dass zum 16. Abschnitt des Gesetzes („Straftaten gegen das Leben") auch u. a. § 218 (Abbruch der Schwangerschaft) und § 221 (Aussetzung) gehören. Die Bewertung des Rechtsguts „Leben" kann sich auf die Auslegung der entsprechenden Normierungen auswirken. Mittels systematischer Auslegung war z. B. vor der Änderung des § 221 StGB die ungeschriebene Tatbestandsvoraussetzung abgeleitet worden, dass der Ausgesetzte in Lebensgefahr geraten müsse. Die Neufassung des § 221 StGB enthält expressis verbis das entsprechende Erfordernis („Gefahr des Todes"), schließt danach sogar die Gefahr „einer schweren Gesundheitsbeschädigung" ein. Insofern stimmt hier jetzt die Systematik nicht mehr. Die zum Schutz der körperlichen Unversehrtheit erlassenen Regelungen beginnen mit dem nächsten, nämlich 17. Abschnitt (§§ 223 ff. StGB).

Auch die Fassung des § 254 BGB (s. dazu S. 62) zeigt, dass die Systematik nicht immer Erkenntnisgewinn einträgt, im Gegenteil sogar irreführend sein kann.

Bei der systematischen Auslegung schließt man nach allem vom **Sinn- und Bedeutungszusammenhang** zwischen Normen (Normbegriffen) auf den Inhalt. Einzelne Rechtssätze, die der Gesetzgeber in einen **sachlichen Zusammenhang** gestellt hat, hat man mithin grundsätzlich so zu interpretieren, dass sie logisch miteinander vereinbar sind, denn es ist davon auszugehen, „dass der Gesetzgeber sachlich Zusammenhängendes so geregelt hat, dass die gesamte Regelung einen durchgehend verständlichen Sinn hat" (BVerfGE 48, 246, 257). Die Logik spielt als eine der Grundlagen von Systembildung bei Kontext-Interpretation die entscheidende Rolle. Je logischer eine Regelung aufgebaut ist, desto größeren Gewinn kann der Interpret aus der systematischen Auslegung ziehen.

Wie sich Normzusammenhänge erkennen lassen, soll nachfolgend verdeutlicht werden.

Beispiele:
A verliert einen wertvollen Gegenstand. Der mittellose B findet ihn und übergibt ihn dem S zur Begutachtung. Durch eine Unachtsamkeit des S wird der Gegenstand zerstört. A kann gegen B den Eigentumsherausgabeanspruch gem. § 985 BGB nicht mehr realisieren, sondern nur noch einen Schadenersatzanspruch geltend machen. A will von B den Schadensersatzanspruch gegen S abgetreten haben. Er beruft sich auf § 281 BGB (Herausgabe des Ersatzes bei Unmöglichkeit). Fraglich ist aber, ob § 281 BGB auf den Eigentumsherausgabeanspruch gem. § 985 BGB anwendbar ist. § 281 BGB bezieht sich auf einen schuldrechtlichen, § 985 BGB auf einen sachenrechtlichen Anspruch. Der unterschiedliche Standort der auszulegenden Rechtsvorschriften im BGB spricht gegen die Anwendbarkeit des § 281 BGB im Rahmen des § 985. Zu einem anderen Ergebnis käme man allerdings, wenn man in § 281 BGB einen Ausdruck des allgemeinen Rechtsgedankens der Surrogation sieht, der in der Rechtsordnung allgemein (z. B. im Nießbrauchsrecht oder Erbrecht) gilt und damit ebenfalls durch extensive Auslegung (S. 93) im Sachenrecht gelten sollte.

§ 51 Abs. 1 Nr. 1 VwVfG spricht davon, dass bei Änderung der „Rechtslage" ein Verfahren auf Antrag des Betroffenen wieder aufzugreifen ist. Der Begriff „Rechtslage" lässt vom Wortsinn her die Auslegung zu, dass damit nicht nur geändertes Recht im Sinne normativer Verbindlichkeit, sondern auch geänderte höchstrichterliche Rechtsprechung zum Verständnis bestehender Normen gemeint ist. In § 49 Abs. 2 Nr. 4 VwVfG ist demgegenüber klar von „einer geänderten Rechtsvorschrift" die Rede. Als Änderung von Rechtsvorschriften lassen sich auch neues Gewohnheitsrecht oder neue allgemeine Rechtsgrundsätze, nicht aber neuartige Rechtsprechung denken, da der eindeutige Begriff „Vorschrift" verwendet wurde. Betrachtet man also den Kontext, in dem § 51 Abs. 1 Nr. 1 VwVfG steht, liegt es nahe, geänderte höchstrichterliche Rechtsprechung nicht unter „geänderte Rechtslage" zu subsumieren. Nur so lässt sich eine sachliche Übereinstimmung zwischen beiden Vorschriften erreichen.

Auch über Sinn und Tragweite z. B. von Verweisungen (S. 36 f.) und Fiktionen (S. 39 f.) gewinnt man häufig durch Kontextbetrachtungen Aufschlüsse.

Lässt der Wortsinn sachlich zusammengehöriger Rechtssätze mehrere Deutungen zu, ist entsprechend diejenige vorzuziehen, die der sachlichen Übereinstimmung von Rechtssätzen, Wertungen und Rechtsgrundsätzen, also ihrer **Harmonisierung**, am nächsten kommt. Der Auslegende hat sich also von dem Gedanken leiten zu lassen, „dass sich die Gesamtheit der gesetzlichen Bestimmungen tunlichst zu einem widerspruchslosen Ganzen zusammenfügt" (BGHSt 13, 102, 117). Das gilt für verschiedenrangige wie für gleichrangige (S. 14 ff.) Rechtssätze. Auch Verfassungsnormen sind so auszulegen, dass sie der Wertordnung des Grundgesetzes nicht widersprechen (s. im Einzelnen dazu S. 116 f.).

Beispiele:
Die Haftung des Besitzers gegenüber dem Eigentümer gem. § 990 BGB setzt voraus, dass der Besitzer bei dem Erwerb einer Sache nicht gutgläubig war. Wenn der Gesetzgeber hier zwischen dem gut- und bösgläubigen Besitzer differenziert, ist daraus der Schluss zu ziehen, dass sich alle im selben Titel 4 (Ansprüche aus dem Eigentum) geregelten Eigentümeransprüche grundsätzlich nur gegen Besitzer richten, die objektiv kein Besitzrecht gegenüber dem Eigentümer erlangt oder dieses überschritten haben (h. M.; s. zum Ganzen Larenz/Canaris, S. 147).

§ 44 Abs. 1 VwVfG, wonach ein Verwaltungsakt nichtig ist, wenn er besonders schwerwiegend und offenkundig fehlerhaft ist, ist im Verhältnis zu § 44 Abs. 2 VwVfG (besondere Nichtigkeitsgründe) und § 44 Abs. 3 (nicht zur Nichtigkeit führende Verstöße) subsidiär (s. S. 20). Das ergibt sich aus dem Zusammenhang von Abs. 1, 2 und 3 des § 44 VwVfG.

Zur harmonisierenden Auslegung noch ein Fall: In einer Gaststätte bestellt A „Pommery" und meint damit Pommes frites. Er hat damit aber nicht Pommes frites, sondern eine Flasche Champagner der Marke „Pommery" bestellt. Die Erklärung des A ist zwar rechtsverbindlich, A kann sie aber gem. § 119 Abs. 1 BGB anfechten. Gem. § 133 BGB ist bei der Auslegung einer Willenserklärung „der wirkliche Wille zu erforschen und nicht an dem buchstäblichen Sinn des Ausdrucks zu haften". Wenn man unter „wirklichem Willen" das Gemeinte versteht, hätte A rechtsverbindlich Pommes frites bestellt. Der Widerspruch zwischen § 119 Abs. 1 BGB und § 133 BGB wird ausgeschlossen, wenn man § 133 BGB so auslegt, dass als Erklärungsinhalt das gelten soll, was nach den Umständen als Wille des Erklärenden für denjenigen erkennbar geworden ist, für den die Erklärung bestimmt war (Empfängerhorizont).

Die systematische Auslegung gebietet es nach allem, dass bei Normwidersprüchen die Deutung zu wählen ist, die den Widerspruch auflöst (Norm A widerspricht Norm B nur, wenn bei ihr von zwei Deutungsmöglichkeiten (1 und 2) 1 gewählt wird; also ist 2 maßgeblich). Führt eine Auslegung zu dem Ergebnis, dass die betreffende Norm höherrangigem Recht widersprechen würde (mit der Konsequenz ihrer Ungültigkeit), und wäre auch eine Auslegung erlaubt, die nicht zur Widersprüchlichkeit führen würde, so ist demgemäß ihr der Vorzug zu geben.

Nicht nur der Sinn von Rechtssätzen auch die Bedeutung von Normbegriffen erschließt sich häufig erst durch die Betrachtung des Zusammenhangs, in dem sie stehen.

Beispiele:
Die Begriffe „Erlaubnis", „Genehmigung", „Konzession" und „Bewilligung", werden im Allgemeinen unterschiedlich verwendet. Nur in manchen Spezialvorschriften (z. B. § 10 WHG) sind einzelne Begriffe festgelegt. Die genauen Begriffsinhalte ergeben sich in der Regel nur jeweils aus dem Kontext.

Allgemein lässt sich von der Bedeutung eines Begriffs in der Norm A nur auf die desselben Begriffs in der Norm B schließen, wenn der Gesetzgeber demselben Begriff in den verschiedenen Rechtssätzen auch den gleichen Sinn geben wollte. Das ist – im Hinblick auf das Gebot der Widerspruchsfreiheit von Gesetzen – im Zweifel anzunehmen, kann jedoch nicht ausnahmslos unterstellt werden (s. dazu die Begriffe „verfassungsmäßige Ordnung", S. 92, bzw. „Sache", S. 48, 83).

Systematische Auslegung erschöpft sich, wie erkennbar wurde, nicht in der bloßen Schlussfolgerung vom Gesetzesaufbau auf den Norm- bzw. Begriffsinhalt. Auslegung nach System bedeutet vielmehr darüber hinaus die Prüfung der sachlichen Übereinstimmung von Rechtssätzen (Begriffen) innerhalb einer Normierung. Weil genaugenommen der in einer Vorschrift enthaltene rechtliche Gedanke in seinen vielfältigen Bezügen zu den einzelnen Teilordnungen, letztlich zum gesamten geltenden Recht, beachtlich ist, zeigt sich, wie verschränkt systematische und teleologische Auslegung sind (s. zum Ganzen Engisch, S. 96).

5.3.3 Entstehungsgeschichte (historische Auslegung)

Normen stehen nicht nur in einem systematischen Zusammenhang, sondern sind überdies in einen bestimmten historischen Rahmen eingebettet. Es liegt deshalb nahe, Inhalte von Normen (Normbegriffen) auch und zunächst einmal „ex tunc", also aus ihrer Ursprungssituation heraus zu ergründen. Strikte Verfechter der objektiven Auslegungstheorie (S. 86 f.) lehnen dieses Kriterium folgerichtig ab.

Manche sprechen bei dieser Interpretationsmaxime von „genetischer Auslegung", weil an die Genese, also an „Geburt", Ursprung und Entstehung einer gesetzgeberischen Regelung angeknüpft wird. Zur Differenzierung zwischen historischer und genetischer Auslegung s. Müller/Christensen, Rn. 360 ff.

Gesetze basieren auf ganz bestimmten Regelungs- und Wertentscheidungen des Normgebers (s. BVerfGE 92, 365, 409 f.; s. auch S. 7 f.), die ihrerseits – positiv oder negativ – z. B. an Vorläufergesetzen orientiert sein können. Ferner drückt sich in Normierungen die Gegenwart des Gesetzgebers (der Zeitgeist) aus; denn soll ein Gesetz als Orientierungsmaßstab für die Zeitgenossen gelten, müssen sein Inhalt und auch dessen sprachliche Fassung zeitgemäß sein. Es kann deshalb weiterhelfen, sich mit dem gesetzgeberischen Impuls (s. S. 85) bzw. den Absichten, Motiven, Wertungen und Begründungen zu befassen.

Der Einblick in den rechtspolitischen Hintergrund eines Gesetzes kann auch Abhängigkeiten des Gesetzgebers aufdecken (s. dazu Vogel, S. 130 ff., der das u. a. am Beispiel der „Eisenbahn"-Entscheidung des Reichsgerichts, RGZ 1, 247 ff., demonstriert).

Bei historischer Auslegung wird auf die Geschichte der Entwicklung und des Erlasses eines Gesetzes und den im Moment des Gesetzgebungsakts herrschenden Zeitgeist geblickt. Demgemäß sind Rechtssätze (Normbegriffe) so zu deuten, dass die **Vorstellungen, Zwecke und Wertungen**, die **der Gesetzgeber** mit ihnen verband, verwirklicht werden. Zu fragen ist hier also danach, welche Deutung den Intentionen des Gesetzgebers – gemessen an dessen (Gerechtigkeits-)Vorstellungen – am nächsten kommt.

Beispiele:
Dass unter den Begriff „Wohnung" u. a. auch Höfe oder Keller zu zählen sind, ist entstehungsgeschichtlich zu begründen (BVerfGE 32, 54, 68 f.).
Geradezu schulmäßig hat der BGH das historische Auslegungskriterium in seinem Schallplatten-Urteil verdeutlicht (NJW 1967, S. 343 ff.). Der Entstehungsgeschichte eines Rechtssatzes lässt sich danach dreierlei entnehmen: die Zwecke, Beweggründe, Rechtfertigungsgründe für die Norm (1); die wirtschaftlichen und sozialen Verhältnisse, die der Gesetzgeber vor Augen hatte, sowie der Rechtszustand, von dem der Gesetzgeber ausging (2); die Änderungsvorstellungen, denen der Gesetzgeber Rechnung tragen, sowie die Interessenkonflikte, die er ausgleichen wollte (3).

Entscheidend ist die Entstehungsgeschichte, wenn nur aus ihr wesentliche Hinweise dazu gewonnen werden, wie eine bestimmte Vorschrift erfasst werden soll (BVerfGE 46, 74, 80 ff.; vgl. dazu die Deutung des § 21 VwVfG NW im Bauantrag-Fall, S. 86). Ist klar erkennbar, was der Gesetzgeber mit seiner Regelung beabsichtigt hat und von welchen Wertvorstellungen die Regelung getragen ist, kann sich der Rechtsauslegende wie bei hinreichend eindeutigem Wortsinn grundsätzlich nicht darüber hinwegsetzen. In Frage kommt dann in engen Grenzen, wenn es Gründe dafür gibt, eine Ergänzung oder Berichtigung von Normierungen (s. S. 121 ff.).

Bedenklich war deshalb die Argumentation im bereits erwähnten (S. 92) Tankstellen-Urteil zu § 6 Abs. 2 LadSchlG a. F. In seinen Gründen geht das Bundesverwaltungsgericht (JZ 1994, S. 298) u. a. detailliert auf die Gesetzesmaterialien ein, die keinerlei Anhaltspunkte dafür liefern, dass der historische Gesetzgeber in § 6 Abs. 2 LadSchlG a. F. „die Abgabe anderer Waren als Ersatzteile und Betriebsstoffe und damit auch die Abgabe von Zubehör zu diesen Waren ins Auge gefasst" hat. Über diese klare Erkenntnis setzte sich das Gericht also hinweg.

Strafvorschriften gründen sich auf mindestens ein Rechtsgut, d. h. ein als sozial wertvoll anerkanntes und deshalb vom Recht durch entsprechende Verhaltensnormen geschütztes Lebensgut (wie z. B. Freiheit oder körperliche Unversehrtheit). Das Rechtsgut ist dem Tatbestand nur durch Auslegung zu entnehmen; gleichzeitig werden die Tatbestandsmerkmale unter Rückgriff auf das Rechtsgut präzisiert. In diesen Zusammenhängen ist immer wieder maßgeblich, was der Gesetzgeber bezweckt hat, welche Wertsetzungen und Grundentscheidungen beabsichtigt waren. S. dazu in StGB-Kommentaren die einleitenden Hinweise auf die Gesetzesmaterialien und Rechtsgüter der jeweiligen Straftatbeständen. Entsprechendes gilt etwa auch für die Bußgeldtatbestände des OWiG.

Zu den **Materialien**, auf denen die jeweils auszulegenden Gesetze basieren, gehören z. B. die Gesetzentwürfe (einschließlich der amtlichen Begründungen), Berichte über Debatten, Ausschussprotokolle. Wichtig können auch die Änderungen von Gesetzestexten mit den dazugehörigen Unterlagen, vor allem Begründungen, sein.

Beispiele:
Die Legaldefinition des Verwaltungsakts in § 35 S. 1 VwVfG legt den Begriff nicht gänzlich fest, sondern lässt zahlreiche Fragen offen, zu deren Lösung weiterhin auf Rechtsprechung und Lehre zurückzugreifen ist. Der Gesetzgeber hat das zum Teil gewollt, um der weiteren Entwicklung nicht vorzugreifen (s. die Begründung des Regierungsentwurfs vom 18.7.1973 mit der Stellungnahme des Bundesrates dazu, BT-Drucksache 7/910, S. 57).
Dass der Begriff „Recht" in § 48 Abs. 1 S. 2 VwVfG weit auszulegen ist, ergibt sich ebenfalls aus der Begründung des Entwurfs. Der Gesetzgeber hat den Begriff „Recht" verwendet, um einer zu engen Auslegung zum Nachteil des Bürgers vorzubeugen und zugleich eine Parallele zu dem vergleichbaren Begriffspaar „Rechte" und „rechtlich geschützte Interessen" herzustellen (a. a. O., S. 68).
Nicht immer helfen die Gesetzesmaterialien weiter. Dass z. B. zum allgemeinen Persönlichkeitsrecht des Art. 2 Abs. 1 GG auch das Recht auf informationelle Selbstbestimmung gehört (s. BVerfGE 78,

77, 84), und zwar nicht nur im Bereich automatischer Datenverarbeitung, lässt sich anhand der Gesetzesmaterialien zum Grundgesetz nicht begründen. S. dazu auch S. 103.

Wie man mit Gesetzesmaterialien im Einzelnen umgeht, haben Tettinger/Mann, Einführung in die juristische Arbeitstechnik, 4. Aufl. 2009, S. 30 ff., eingehend dargestellt.

Das Mittel der historischen (insofern rückwärtsgewandten) Interpretation von Gesetzen ist vor allem in bestimmten Bereichen mit mehr oder minder schwankenden Moral- und Wertvorstellungen (z. B. Sexualstrafrecht, Umweltrecht) nur bedingt tauglich, auf rechtspolitische Fragen und Herausforderungen im Moment der Rechtsauslegung adäquat und akzeptabel zu reagieren. Deshalb kann sich der Auslegende oft nicht auf das Kriterium „Entstehungsgeschichte" stützen, schon gar nicht beschränken. Er muss sich fragen, ob die unter anderen Gegebenheiten und Zeitumständen erlassene Normierung auch noch angesichts gewandelter Rahmenbedingungen der Rechtsanwendungszeit eine konfliktlösende Wirkung haben kann und soll. Würde man das historische Verstehen für maßgeblich halten, wäre es der Rechtspraxis, insbesondere den obersten Gerichten verwehrt, Gesetzesnormen in bestimmten Grenzen inhaltlich fortzuentwickeln (S. 13), also den anwendungszeitlichen Verhältnissen und aktuell herrschenden Wertanschauungen in Staat und Gesellschaft anzupassen. Es wäre schon praktisch unmöglich, gegenwartsbedingten Veränderungen ständig mit Normkorrekturen oder gar ganz neuen Normierungen begegnen zu müssen (s. dazu BVerfGE 34, 269, 288 f.).

5.3.4 Zweck (teleologische Auslegung)

Jede Gesellschaft ordnet ihr Recht in einer Weise, dass ihre maßgeblichen rechtspolitischen und sozialethischen Ziele und Zwecke und damit ihre Wertvorstellungen bestmöglich verwirklicht werden. Geschaffen wird diese Ordnung des Rechts Stück für Stück durch den Erlass von Gesetzen, die sowohl der Verwirklichung allgemeiner Leit- und Grundgedanken wie in der Regel auch spezifischer Ziele und Zwecke dienen sollen und (wegen des Zwangscharakters von Recht, S. 5) auch müssen. Teleologische Auslegung bedeutet, den Sinngehalt von Normen oder Normbegriffen nach genau den **Zielen und Zwecken von Gesetzen** (ratio legis) zu bestimmen, die zum Erlass und zur konkreten Ausgestaltung einer gesetzgeberischen Regelung geführt haben (s. dazu S. 85). Das Zweckkriterium spielt gerade auch bei der Deutung unbestimmter Rechtsbegriffe und Generalklauseln (S. 114 f.) eine große Rolle.

Zur Behandlung des Zweckkriteriums durch das BVerfGE und zu der dabei mehrdeutigen Verwendung der Begriffe „Sinn und Zweck", insbesondere „Sinn" einer Regelung (als Ziel, Grund und Inhalt einer Norm) s. Bleckmann, JuS 2002, S. 944 f.

Die Vielfalt des Lebens bringt es mit sich, dass es eine Fülle denkbarer Gesetzeszwecke gibt. Sie sind benennbar, wenn auch nicht immer problemlos.

Beispiele:
Das Privatrecht soll vor allem die Privatautonomie gewähren und schützen, also die Freiheit des Einzelnen, seine rechtlichen Verhältnisse zu anderen Personen selbst zu bestimmen und zu verantworten, darüber hinaus auch bestimmte Güter (s. § 823 BGB). Mehr denn je ist neben der Garantie wirtschaftlicher Entfaltungsfreiheit auch der Gedanke des Schutzes von wirtschaftlich Schwächeren zu den Regelungszielen des Privatrechts zu zählen (s. etwa die Erweiterung des BGB um die Bestimmungen zum Schutz des Verbrauchers vor unsachlicher Beeinflussung beim Vertragsschluss, vor unseriösen Vertragsbedingungen, überhöhten Preisen oder fehlerhaften Produkten, §§ 305 ff.).

Erster Abschnitt: Methodik der Rechtsgewinnung

Die Strafrechtstatbestände dienen dem Schutz bestimmter „Rechtsgüter" (Schutzgüter) wie Leben (§§ 211 ff. StGB), Ehre (§§ 185 ff. StGB), Eigentum (§§ 303 ff. StGB). Der aus dem jeweils geschützten Rechtsgut zu ermittelnde Sinn einer strafrechtlichen Bestimmung ist für Auslegung und Anwendung von ganz besonders entscheidender Bedeutung.

Innerhalb des Verwaltungsrechts gelten je nach Art der Verwaltung unterschiedliche Zwecke. Ziel der Ordnungsverwaltung ist die Aufrechterhaltung der öffentlichen Sicherheit und Ordnung z. B. durch Abwehr drohender Gefahren; dagegen bezweckt z. B. die Leistungsverwaltung, durch bestimmte Maßnahmen u. a. die Lebensbedingungen der Bürger zu gewährleisten.

Im Rahmen des Verfassungsrechts gehört es u. a. zu den Zwecken des Staates, die Grundrechte zu gewährleisten. Welcher Lebensbereich jeweils geschützt ist (hier spricht man weniger vom Rechtsgut als vom „Schutzbereich" eines Grundrechts), ergibt sich durch Auslegung dessen, was das Garantieobjekt kennzeichnet (Art. 13 GG, s. S. 90, 98, schützt z. B. die räumliche Privatsphäre).

Gelegentlich kann der Rechtsanwender den Normzweck mühelos erkennen, weil der Gesetzgeber die von ihm konkret verfolgte Regelungsabsicht in einer Präambel oder in der ersten Bestimmung einer Normierung expressis verbis vorangestellt hat.

Beispiele:

§ 1 KrW-/AbfG: „Zweck des Gesetzes ist die Förderung der Kreislaufwirtschaft zur Schonung der natürlichen Ressourcen und die Sicherung der umweltverträglichen Beseitigung von Abfällen."

§ 1 Abs. 1 BImSchG: „Zweck dieses Gesetzes ist es, Menschen, Tiere und Pflanzen, den Boden, das Wasser, die Atmosphäre sowie Kultur- und sonstige Sachgüter vor schädlichen Umwelteinwirkungen zu schützen ...." Vgl. zum Ganzen ferner z. B. § 1 BNatSchG.

§ 1 Abs. 1 SGB I: „Das Recht des Sozialgesetzbuchs soll zur Verwirklichung sozialer Gerechtigkeit und sozialer Sicherheit Sozialleistungen einschließlich sozialer und erzieherischer Hilfen gestalten. Es soll dazu beitragen,
ein menschenwürdiges Dasein zu sichern,
gleiche Voraussetzungen für die freie Entfaltung der Persönlichkeit, insbesondere auch für junge Menschen zu schaffen,
die Familie zu schützen und zu fördern,
den Erwerb des Lebensunterhalts durch eine frei gewählte Tätigkeit zu ermöglichen und
besondere Belastungen des Lebens, auch durch Hilfe zur Selbsthilfe, abzuwenden oder auszugleichen."

In der Regel sind die genauen Zwecke erst einmal zu ermitteln. Zu prüfen ist hier, was der Gesetzgeber erreichen will, wenn er bestimmte Verhaltens- und Konfliktlösungsnormierungen verbindlich festlegt, wenn er also zur Konfliktbewältigung an bestimmte Tatbestände bestimmte Rechtsfolgen (s. S. 22 f.) knüpft. Oder anders gefragt: Welche sachgemäße Regelungs- und Wertentscheidung will der Gesetzgeber dem Normgegenstand entsprechend mit der Vorschrift bestimmen.

Bei der Bestimmung des Normzwecks können die amtlichen Begründungen zu Gesetzen hilfreich sein. Sie enthalten u. a. Hinweise darüber, was der jeweilige Normgeber mit der jeweiligen Regelung bezweckt.

Legaldefinitionen (S. 31 f.) sind zum Teil auf Grund einer gesetzgeberischen Verweisung (S. 36 f.) auch für andere Regelungsbereiche maßgeblich. Fehlt eine solche Verweisung kann die Legaldefinition nur dann verwendet werden, wenn der andere Regelungskomplex dem gleichen Normzweck dient. S. zum Ganzen auch BVerfGE 19, 354, 361 ff.; BVerwGE 16, 74, 75 f.; BGHZ 36, 370, 395 ff.; BGHSt 15, 128, 130 ff.

Gesetzeszwecke müssen sich nicht auf spezielle Gegenstände wie z. B. die soziale Sicherung oder den Umweltschutz beziehen. Ein abstrakter höherer Zweck ist der Leitgedanke, dass Lebenslagen und -konflikte ausgewogen, also

gerecht (S. 7 f.) zu regeln, Verhaltens- und Entscheidungsanweisungen mithin nach objektiven Maßstäben (z. B. Gebot der Gleichbehandlung, S. 8) zu treffen sind. Diesen grundsätzlich allen Gesetzen zuzuordnenden bzw. innewohnenden Zweck verfolgt nicht nur der Gesetzgeber. Auch der Rechtsanwender ist gehalten, eine Vorschrift prinzipiell in einer Weise auszulegen, dass sie Teil einer gerechten, sachlich gestalteten und zweckmäßigen Ordnung bleibt. Überdies ist durch teleologische Interpretation „übergesetzlichen" oder gesetzesimmanenten allgemeinen Rechtsgrundsätzen (z. B. Prinzip der Verhältnismäßigkeit oder des Vertrauensschutzes) Geltung zu verschaffen (s. zum Ganzen Fikentscher, S. 676 f.).

Wenn bei teleologischer Auslegung nach dem gesetzgeberischen Zweck gefragt ist, hat der Auslegende insbesondere herauszufinden, welche konkrete **Interessenlage** (bezogen auf materielle oder ideelle Rechte und Güter), d. h. welchen typischerweise in der Realität vorkommenden Interessengegensatz oder -konflikt die jeweilige Normierung regeln soll und welche prinzipiellen oder speziellen Wertentscheidungen der Regelung zugrunde liegen. Man kann dabei dem (legitimierten) Gesetzgeber unterstellen, dass er mit seiner abstrakten Normierung durch Beachtung und Abwägung der berührten Interessen zur Konfliktlösung einen bestmöglichen, und zwar gerechten und zweckmäßigen **Interessenausgleich** angestrebt hat.

Der Rechtsanwender muss also im Einzelfall herausfinden, um welche konkrete Interessenlage es geht, wie der Gesetzgeber die betreffende Interessenlage in der mutmaßlich einschlägigen Normierung geordnet und bewertet hat bzw. welchem materiellen oder ideellen Interesse (Recht, Gut) er gegenüber einem anderen Interesse grundsätzlich den Vorzug eingeräumt hat. Ergibt sich auf diese Weise, dass der Normgeber den Interessengegensatz zugunsten eines Interesses (Rechts, Guts) entschieden hat, will er mithin grundsätzlich die Bevorzugung dieses Interesses (Rechts, Guts). Entsprechend ist der jeweilige Rechtssatz oder Normbegriff mit Blick auf den konkret zu beurteilenden Sachverhalt zu interpretieren.

Das Zweckkriterium lässt sich auf die Vergangenheit, Gegenwart oder Zukunft beziehen. Im Laufe der Zeit können sich Normzwecke und die mit ihnen verbundenen Interessenbewertungen überholen, vor allem bei älteren Regelungen. Gesetzesmaterialien (s. S. 98) zu den Intentionen des Normgebers helfen hier kaum weiter, um in einem konkreten Fall einen gerechten Ausgleich zwischen nicht harmonierenden Interessenlagen herbeizuführen.

Beispiele:
Gehört ein Fernsehapparat oder gar ein Computer zum „notwendigen Lebensbedarf" eines Bedürftigen i. S. d. § 27 Abs. 1 S. 1 SGB XII? Als 1962 das BSHG, die Vorgängerregelung zum SGB XII, in Kraft trat, wäre bereits die Gewährung eines Fernsehapparates, also eine für den Antragsteller positive Auslegung des § 12 BSHG verfehlt gewesen. Was an Bedürftige aus Steuergeldern bezahlt werden sollte (s. dazu S. 105 f.), ist ohne Zeitbezug nicht gerecht zu beantworten.

Entsprechendes gilt für Problematiken wie: Genießt auch die „Scientology"-Vereinigung den Grundrechtsschutz des Art. 4 Abs. 1 GG? Oder: Ist ein „Sprayer" ein Künstler i. S. d. Art. 5 Abs. 3 GG?

Liegt es tatsächlich an den (für den Gesetzgeber noch nicht vorhersehbaren) **veränderten Verhältnissen, Wertungen und Anschauungen** in Staat und Gesellschaft, ist das Zweckmerkmal also nicht nur auf Zeit und Umstände der Normsetzung, sondern auch auf den aktuellen Moment der Rechtsanwendung zu erstrecken. Ausschlaggebend sind dann grundsätzlich die neuen Anforderungen und Anschauungen der Anwendungszeit. Anders als bei höheren Zwecken (s. S. 100 f.) ist hier deshalb die Frage erlaubt: Konnte der Gesetzgeber so vorausschauend sein, konnte er bestimmte neue Lebenssachverhalte bzw. Konfliktlagen im Moment der Gesetzgebung bereits erkennen? Zum Tragen kommt also der im Rahmen der Auslegungstheorien erwähnte „objektivierte Wille des Gesetzgebers" (S. 88), auf den mehrheitlich abgestellt wird.

Larenz/Canaris (S. 154) sprechen stets von „objektiv-teleologischen Auslegungskriterien", weil es „bei ihnen nicht darauf ankommt, dass sich der Gesetzgeber ihrer Bedeutung für die von ihm geschaffene Regelung immer bewusst gewesen ist".

Bei teleologischer Auslegung ergeben sich mithin die Absichten und Vorstellungen des Gesetzgebers wesentlich aus dem, was objektiv als Normzweck der jeweiligen gesetzgeberischen Regelungs- und Wertungsentscheidung zu erkennen ist. Der Rechtsanwender erwägt, wie der Normgeber den zum Anwendungszeitpunkt „rückständigen" Rechtssatz aktualisiert, also sachlich in eine gegenwartsnahe Fassung gebracht hätte, wären ihm die Verhältnisse und Wertvorstellungen der Anwendungszeit bewusst gewesen. Überspitzt formuliert: Vorausgesetzt, eine Norm ist tatsächlich „verstaubt", vergegenwärtigt sich der Auslegende im wörtlichen und übertragenen Sinn die Regelungs- und Wertentscheidung des Normgebers; der Rechtsanwender berücksichtigt vom gesetzgeberischen Willen das, was er im Zeitpunkt der Normanwendung akzeptieren kann, um in einem aktuellen Konfliktfall ein sachgerechtes, interessengemäßes und praktikables Lösungsergebnis zu erzielen.

Teleologische Auslegung bezieht sich nach allem auf die Frage, welchen Zweck eine Regelung vernünftigerweise haben kann. Der Auslegende muss sich also, will er zu einem gerechten, widerspruchsfreien und zweckmäßigen Deutungsergebnis gelangen, von Gedanken der **praktischen Vernunft** leiten lassen, ohne dabei allerdings die ursprünglichen Absichten des Gesetzgebers in unzulässiger Weise zu ignorieren bzw. zu „modernisieren", mithin zu missachten. Die Beurteilung, ob eine konkrete Sachverhaltslage als Fall der mutmaßlich einschlägigen Antwortnorm anzusehen ist, kann schließlich nur in Einklang mit den tatsächlichen oder mutmaßlichen gesetzgeberischen Vorgaben stehen (zur Gesetzesbindung s. S. 80, 123). Mit anderen Worten: Der Rechtsanwender hat sich als „Treuhänder" des Gesetzgebers für die Deutungsmöglichkeit zu entscheiden, die **den Intentionen des Normgebers am nächsten** kommt.

S. zum Ganzen BVerfGE 34, 269, 288 f., wo es heißt: „Die Auslegung einer Gesetzesnorm kann nicht immer auf die Dauer bei dem ihr zu ihrer Entstehungszeit beigelegten Sinn stehen bleiben. Es ist zu berücksichtigen, welche **vernünftige** Funktion sie im Zeitpunkt der Anwendung haben kann. Die Norm steht ständig im Kontext der sozialen Verhältnisse und der gesellschaftspolitischen Anschauungen, auf die sie wirken soll; ihr Inhalt kann und muss sich unter Umständen mit ihnen wandeln. Das gilt besonders, wenn sich zwischen Entstehung und Anwendung eines Gesetzes die Lebensverhältnisse und Rechtsanschauungen so tief greifend verändert haben wie in diesem (20., d. V.) Jahrhundert."

Über teleologische Auslegung werden Gesetzeszwecke also, soweit notwendig und möglich, laufend **dem Wandel** der herrschenden (rechts-)politischen, ethi-

Die Rechtsauslegung

schen (zur Gerechtigkeit s. S. 7 f.), sozialen und religiösen Vorstellungen sowie der realen (u. a. auch wirtschaftlichen und technischen) Verhältnisse **angepasst**, in denen sich die zu beurteilenden Fälle ereignen. Streng genommen werden hier, bezogen auf die veränderten, im Moment der Rechtsauslegung maßgeblichen realen Herausforderungen und (Wert-)Anschauungen, neue, gegenwartsnahe Gesetzeszwecke entwickelt, die aber, wie gesagt, die Absichten und Vorstellungen des Gesetzgebers nur „hochrechnen" dürfen, sich mit ihnen also in jedem Fall vereinbaren lassen müssen.

Beispiele:
Im Urteil des Bundesverfassungsgerichts zum Volkszählungsgesetz (E 65, 1 ff.) heißt es u. a. zur Auslegung des Art. 2 Abs. 1 i. V. m. Art. 1 Abs. 1 GG: Unter den Bedingungen der modernen Datenverarbeitung werde der Schutz des Einzelnen gegen unbegrenzte Erhebung, Speicherung, Verwendung und Weitergabe seiner persönlichen Daten von dem allgemeinen Persönlichkeitsrecht des Art. 2 Abs. 1 i. V. m. Art. 1 Abs. 1 GG erfasst. Das Grundrecht gewährleiste insoweit die Befugnisse des Einzelnen, grundsätzlich selbst über die Preisgabe und Verwendung seiner persönlichen Daten zu bestimmen. Das Gericht leitet aus diesem Grundrecht das Recht auf „informationelle Selbstbestimmung" (S. 98 f.) ab.

Im Spielebuch-Fall (S. 81) ist der Begriff „Eignung zur sittlichen Jugendgefährdung" in § 1 Abs. 1 S. 1 GJS gegenwartsnah auszulegen. Zu orientieren hat man sich an den sozialethischen Werten (dem Sittengesetz und der Werthaftigkeit des Jugendschutzes), die ebenfalls stark dem sozialen Wandel unterworfen sind.

Die Rechtsgüter der Straftatbestände sind als soziale Werte ebenso dem Wandel unterworfen. Deutlich zeigt sich das an den Tatbeständen des Sexualstrafrechts. Bei der Auslegung von Rechtsgut und Tatbestandsmerkmalen dieser Bestimmungen ist in besonderer Weise auf das Kriterium „Teleologie" zurückzugreifen, konkret also auf die herrschende Sozialmoral.

Das Abgeküsstwerden durch einen Vorbestraften sah das Reichsgericht (JW 1935, S. 526) als Ehrverletzung und damit „Beleidigung" i. S. d. § 185 StGB an. Nach der heute herrschenden Sozialmoral dürfte dieses Auslegungsergebnis kaum haltbar sein.

Die Gegenwartsbezogenheit zeigt sich etwa auch bei der Interpretation des Begriffs „notwendiger Lebensunterhalt"; s. dazu den Fernseher-Fall S. 105 f.

Vom Zeitgeist unbeeindruckt hob das Bundesverfassungsgericht, teleologisch argumentierend, in seiner Abtreibungs-Entscheidung von 1975 (E 39, 1, 67) die Schutzwürdigkeit des Rechtsguts in § 218 StGB (der Embryo als Keim der sich in ihm entwickelnden Persönlichkeit) hervor. Daran würde auch „ein allgemeiner Wandel der hierüber in der Bevölkerung herrschenden Anschauungen" – falls er überhaupt feststellbar wäre – nichts ändern. Abweichend davon erging dann – gegenwartsbezogen – die zweite Abtreibungs-Entscheidung (E 88, 203 ff.).

Letztlich ist mit dem Zweckkriterium ein weiterer Kontext angesprochen, in dem Rechtssätze stehen, nämlich der tatsächliche (rechts)politische und sozialethische Bezugsrahmen. Dieser kann, sollen die Zeitgenossen die konkreten Lösungen von Interessenkonflikten verstehen und vor allem als gerecht akzeptieren, bei Auslegung und Anwendung von („alten" oder auch „jungen") Normen nicht außer Betracht bleiben (vgl. dazu Zippelius, S. 6 ff., über Recht als „law in action"). Bei „offenen" und „dynamischen" Verweisungen (S. 37) baut der Gesetzgeber dem Wechsel der Verhältnisse nach Erlass der Verweisungsnorm selbst vor. In § 1 BNatSchG hat der Normgeber ein dynamisches Ziel formuliert. Natur und Landschaft sind danach durch den Naturschutz nicht nur zu schützen und zu pflegen, sondern auch zu entwickeln.

Zusammenfassend stellt sich für den teleologisch Auslegenden mithin als zentrale Frage, was mit einem Rechtssatz angesichts der zum Zeitpunkt der Rechtsanwendung herrschenden Umstände und Vorstellungen in Staat und Gesellschaft **vernünftigerweise bezweckt** ist. Dabei ist wesentlich auf die normspezifische Interessenlage und deren gesetzgeberische Bewertung abzustellen. Um welche Interessenlage es jeweils geht, ist nach sachlichen Maßstäben zu ermitteln. Wie sie der Gesetzgeber bewertet und demgemäß geregelt hat, ist womöglich von der sozialen Wirklichkeit bzw. dem aus ihr hervorgegangenen Konfliktfall vorgezeichnet gewesen, denn die spezifische Art eines Lebensverhältnisses (z. B. Abfallbeseitigung, Straßenverkehrsteilnahme, Steuerpflichten, Arbeitsverhältnisse) kann bereits die normgeberische Bewertung bestimmen, zumindest beeinflussen. Wie die gesetzliche Regelung erfolgt, ist insofern unter Umständen im Wesen der konkreten Interessenlage, quasi in der „Natur der Sache", vorangelegt. Mit „Natur der Sache" ist dabei die in den jeweiligen Lebensverhältnissen („Sachen") selbst schon innewohnende, „wenn auch noch umrisshafte und fragmentarische Ordnung" (Larenz/Canaris, S. 155) gemeint. Solche normativen Vorprägungen faktischer Verhältnisse sind gleichermaßen von Gesetzgeber und Rechtsanwender zu berücksichtigen.

Beispiel:
Wird ein Verwaltungsverfahren auf Antrag (§ 22 S. 2 VwVfG) eingeleitet, kann sich die Frage ergeben, welchen Inhalt bzw. welche Begründung der Antrag enthalten muss. Über beides enthält das VwVfG keine näheren Bestimmungen. Entsprechende Anforderungen können sich nicht nur aus besonderen Rechtsvorschriften außerhalb des VwVfG, sondern u. a. auch aus der Sache selbst, dem Antragsgegenstand, ergeben (s. dazu Kopp/Ramsauer, VwVfG, 11. Aufl. 2010, Rn. 35 zu § 22).

Die Bewertung der jeweiligen Interessenlage lässt sich u. a. daran ablesen, welche Rechtsfolge der Gesetzgeber im auszulegenden Rechtssatz an welche tatbestandlichen Voraussetzungen knüpft. Entscheidend sind hier aber z. B. auch das normative Umfeld, also der Gesetzeskontext, in den er die betreffende Norm gestellt hat, und die spezifischen Prinzipien, die der Gesamtnormierung zugrunde liegen (s. dazu BVerfGE 51, 176, 186). So bringt der Normgeber etwa durch eine Ausnahmeregelung zum Ausdruck, dass er es für gerechter hält, ein grundsätzlich vorrangig schutzwürdiges Interesse in bestimmten Fällen zu Gunsten anderer schutzwürdiger Interessen zu schwächen.

Ob eine konkret zu beurteilende Interessenlage als Fall einer Norm anzusehen ist, hängt davon ab, ob sie sich von der abstrakt im Tatbestand geregelten Interessenlage unterscheidet, genauer: **wesentlich unterscheidet**. Ergibt ein vernünftiger Vergleich, dass sie im Wesentlichen der normierten Interessenlage entspricht, wird sie vom Norminhalt erfasst. Mitunter lässt sich das leichter durch eine negative Abgrenzung feststellen, indem man Fälle aufzeigt, die offenkundig der in der Norm geregelten Interessenlage nicht zuzuordnen sind (s. BVerfGE 24, 236, 245 ff.).

Nicht selten erweist sich durch teleologische Auslegung, dass der Gesetzgeber hinsichtlich eines Lebensverhältnisses **mehrere Ziele und Zwecke** verfolgt. Das kann dadurch geschehen, dass er in der Normierung unmittelbar oder mittelbar auch auf das gegenläufige, also nicht bevorzugt geregelte Interesse Rücksicht nimmt. Sind mehrere Interessen „unter einen Hut zu bringen", ist das Auslegungsergebnis vorzuziehen, das allen Interessen am ehesten gerecht wird. Kollisionen von Zwecken lassen sich allerdings nicht stets durch Optimierung der Zwecke lösen; unter Umständen gebührt in einem konkreten Konfliktfall einem Interesse (Rechtsgut, Schutzobjekt) der Vorrang, dann muss der Abwägungsvorgang mit einer entsprechenden Bewertungsentscheidung abgeschlossen werden (s. dazu auch S. 142 f.).

Die Rechtsauslegung

Als Maßstab für eine gerechte Interessenbewertung kommt auch – wegen der Gesetzesbindung freilich in engen Grenzen – eine Beachtung möglicher realer **Folgen** von Regelungen bzw. Entscheidungen in Betracht. In jedem Fall muss der Rechtsanwendende hier eine vernünftige Wahl zwischen den Zwecken bzw. den Konsequenzen verschiedener Deutungsmöglichkeiten treffen.

S. zum Ganzen auch S. 111. Vgl. zur Folgenproblematik Zippelius, S. 59 ff., Engisch, S. 143 Fn. 37, Rüthers, Rn. 306a ff.

Da zu den allgemeinen Zwecken (S. 100 f.) auch z. B. die „Effizienz", „Praktikabilität", „Zweckmäßigkeit" gezählt werden, wird bei Anwendung des teleologischen Auslegungsmittels methodische Schärfe bisweilen pragmatisch aufgeweicht. Das macht dieses Auslegungsmittel unsicher und fragwürdig. Auf einem anderen Blatt steht aber, dass das Zweckkriterium das Argumentereservoir des Rechtsanwendenden anfüllt (s. dazu auch S. 111 f.).

5.3.5 Die **Anwendung der vier anerkannten Interpretationsmaximen**, insbesondere die des Normzwecks, soll abschließend noch einmal an einem Fall verdeutlicht werden:

Der alleinstehende, gelähmte Arbeitslose A bezieht nach dem SGB XII Hilfe zum Lebensunterhalt. Er möchte, da er durch seine Krankheit ans Haus gebunden ist, neben den Geldleistungen vom Sozialamt einen Fernsehapparat gestellt bekommen. Das lehnt das Sozialamt ab, weil dieser nicht zur Bestreitung des „notwendigen Lebensunterhalts" gehöre. Hat A einen Anspruch darauf?

Zum „notwendigen" Lebensunterhalt zählen die persönlichen Bedürfnisse des täglichen Lebens (§ 27 Abs. 1 S. 1 SGB XII), wozu auch die Beziehungen zur Umwelt und die Teilnahme am kulturellen Leben (§ 27 Abs. 1 S. 2 SGB XII) gehören. Danach müsste ein Fernsehapparat objektiv geeignet sein, derartige Bedürfnisse zu befriedigen.

Auszulegen sind u. a. die Begriffe „Beziehung zur Umwelt" und „Teilnahme am kulturellen Leben". Dem **Wortlaut** nach sind mit diesen Begriffen direkte Außenkontakte angesprochen. Da Umweltkontakte aber nicht notwendig unmittelbar erfolgen müssen, etwa durch den Besuch einer Veranstaltung, stünde der Wortlaut einer ausdehnenden Auslegung nicht entgegen. Aus dem **Kontext**, in dem § 27 SGB XII steht, lässt sich die Frage nicht beantworten. Auch die **Entstehungsgeschichte** des SGB XII ist unergiebig. Zu entscheiden ist hier nach dem **Normzweck**. Mit § 27 SGB XII ist beabsichtigt, dem Hilfsbedürftigen im Rahmen des notwendigen Lebensunterhalts auch ein gewisses Maß an Umweltkontakten zu garantieren. Es kann dann nicht dem Sinn des § 27 SGB XII entsprechen, solche Kontakte auf bestimmte Umgangsformen zu beschränken. Andernfalls wären gerade Hilfsbedürftige, die ihre Wohnung nicht verlassen können und deshalb in besonderem Maß von mittelbaren Kontakten abhängen, benachteiligt. § 27 Abs. 1 S. 2 SGB XII ist also teleologisch so auszulegen, dass der Umweltkontakt direkt oder indirekt erfolgen kann. Der Fernsehapparat wäre also objektiv geeignet, die Bedürfnisse i. S. d. § 27 Abs. 1 S. 2 SGB XII zu befriedigen.

Der Fernsehapparat müsste überdies zur Befriedigung des notwendigen Lebensunterhalts erforderlich sein. Mit der Gewährung von Sozialhilfe soll dem Hilfsbedürftigen die Führung eines menschenwürdigen Lebens (§ 1 SGB XII) ermöglicht werden. Dem **Wortlaut** des § 27 Abs. 1 S. 2 SGB XII, „in vertretbarem Umfang auch „Beziehungen zur Umwelt" und „Teilnahme am kulturellen Leben" zu ermöglichen, lässt sich nicht entnehmen, dass Fernsehgeräte zur Bestreitung des Lebensunterhalts erforderlich sind. Unergiebig ist der Rückgriff auf **Systematik** bzw. **Entstehungsgeschichte** (das SGB XII übernimmt bezüglich des hier in Rede stehenden § 27 Abs. 1 S. 2 die Formulierung der Vorgängerregelung des § 12 BSHG, und zur Zeit der Gesetzesentstehung des BSHG wäre ein Fernsehapparat auf keinen Fall „erforderlich", sondern ein Luxusgegenstand gewesen). Die Erforderlichkeit ist allerdings nach **teleologischer Auslegung** zu bejahen. Sie könnte sich aus dem Zusammenhang von § 27 und § 1 SGB XII ergeben. Nach § 1 SGB XII ist mit der Gewährung von Sozialhilfe dem Hilfsbedürftigen die Führung „eines Lebens zu ermöglichen, das der Würde des Menschen entspricht". Nach § 27 Abs. 1 S. 2 i. V. m. § 1 SGB XII soll das Maß der Teilnahme am kulturellen Leben gewährt werden, das notwendig ist, damit sich ein Hilfsempfänger in einer Menschenwürde gemäßen Weise in seiner Persönlichkeit entfalten kann. Zu solchen erforderlichen Beziehungen zur Umwelt und Teilnahme am kulturellen Leben gehören u. a. umfassende Informationen zu Zeitereignissen. In diesem

Zusammenhang spielen Massenmedien eine große Rolle. Welches konkrete Medium zuzubilligen ist, um eine angemessene Teilnahme zu gewährleisten, richtet sich nach den allgemeinen Anschauungen. Danach dürfte in heutiger Zeit ein Fernsehgerät zu den erforderlichen „persönlichen Bedürfnissen des täglichen Lebens" gehören. Nach teleologischer Auslegung kommt man also zu dem Ergebnis, dass A einen Anspruch auf einen Fernsehapparat hat.

5.4 Regeln zur Auslegung

5.4.1 Auslegungsziel und Auslegungskriterien

Welche der vier Kriterien bei der Auslegung heranzuziehen bzw. verwendbar sind bzw. welches Gewicht sie haben, hängt vom Auslegungsziel (S. 85 ff.) ab, d. h. von der Frage, ob der Wille des Gesetzgebers oder der „Wille" des Gesetzes, also der objektiv einem Gesetz innewohnende Sinn, ausschlaggebend sein soll. Zwischen Auslegungsziel und Auslegungsmittel besteht also ein Zusammenhang.

In der juristischen Ausbildung wird zwischen Auslegungsziel und Auslegungsmethode häufig nicht differenziert; auch werden grundsätzlich die Ziel-Aspekte in Klausuren nur im Zusammenhang mit den Auslegungsmitteln behandelt (s. auch S. 179). Streng begrifflich ist eine Unterscheidung aber geboten und wird von der h. M. auch vorgenommen.

Wird zwischen den Auslegungszielen und -mitteln nicht unterschieden, sind grundsätzlich alle Kriterien zur Ermittlung der Normbedeutung heranzuziehen, also Wortsinn, Kontext, Absichten des (historischen) Gesetzgebers und Zweck der Norm, wie er sich aus den Umständen und Anforderungen im Moment ihrer Anwendung ergibt (teleologische Auslegung im Sinne der objektiven Auslegungslehre, S. 86 f.). Macht man dagegen zwischen Zielen und Mitteln einen Unterschied und entscheidet sich strikt für die subjektive Theorie (S. 85 f.), so ist der Auslegende grundsätzlich an alle vom Gesetzgeber bewusst gemachten Vorgaben gebunden. Maßgeblich sind also Wortbedeutungen, Wertungen und Absichten zur Zeit des Inkrafttretens. Haben sich rechtlich bedeutsame Tatsachen oder Wertvorstellungen gewandelt und ist das begründbar, kann ausnahmsweise von den Vorstellungen des Normgebers abgewichen werden. Dem Grundsatz nach lässt der Subjektivist allerdings neben den gesetzgeberischen Absichten keine objektiv der Norm zu entnehmenden Zwecke zu. Demgegenüber fühlt sich der Auslegende, ist er ein Verfechter der objektiven Theorie, nicht von vornherein interpretatorisch durch das Normverständnis des Gesetzgebers eingeengt. Ihm kommt es darauf an, einen in der Gegenwart vorgegebenen Konfliktfall mit Hilfe einer Gesetzesvorschrift zu lösen, auch wenn sich Normdeutung und Wertung nicht mit den Vorstellungen des (historischen) Gesetzgebers decken.

Als herrschende Meinung zeichnet sich die Auffassung ab, wonach bei der Auslegung **alle erreichbaren Gesichtspunkte heranzuziehen** sind, deren Beachtlichkeit bzw. ggf. Unbeachtlichkeit allerdings jeweils besonders **zu begründen** ist, und zwar einleuchtend und nachprüfbar (s. S. 74 f.).

Dass die Bedeutung subjektiver Kriterien mit dem Alter der auszulegenden Norm aus Gründen der Rechtssicherheit (Bestimmtheit und Vorhersehbarkeit einer Regelung) schwindet (s. S. 45), gilt besonders für strafrechtliche Vorschriften. Der Rechtsunterworfene kennt die ursprünglichen Normzwecke im Zweifel nicht (vgl. dazu BGHSt 13, 5, 8), so dass hier in der Regel der Wortsinn ausschlaggebend ist.

Die Rechtsauslegung

5.4.2 Das Verhältnis der Auslegungskriterien zueinander

Nach der immer noch in Rechtsprechung und Lehre herrschenden Auffassung besteht zwischen den einzelnen Auslegungskriterien **kein Rangverhältnis**.

S. Larenz/Canaris, S. 163 ff.; Engisch, S. 146 ff.; Looschelders/Roth, S. 192 ff.; Bydlinski, S. 553 ff.; a. A., Rüthers, Rn. 725 ff.; Koch/Rüßmann, S. 176 ff.

Um zu „richtigen", also überzeugend begründeten Auslegungsergebnissen (S. 74 f.) zu gelangen, müssen alle sachlichen, für die Interpretation rechtlich bedeutsamen Gesichtspunkte beachtet werden. Und solche Sachargumente liefern, wenn auch je nach Einzelfall in unterschiedlicher Ergiebigkeit, im Prinzip alle anerkannten Auslegungsmittel.

Je zweifelhafter und damit umstrittener ist, welchen Sinngehalt ein Normtext vermittelt, desto wichtiger sind die in einem rational kontrollierbaren Verfahren angewendeten Auslegungsmaßstäbe (s. dazu auch S. 74 f.). Weil das Normverständnis ein Moment der Geltung im Sinne von Verbindlichkeit (S. 5) ist und diese für alle besteht, die dem Gesetz unterworfen sind, müssen Auslegungsergebnisse allgemeingültig sein. Zum Tragen kommen dürfen von daher nicht die tatsächlichen oder persönlichen Maßstäbe desjenigen, der die abstrakte normative Vorgabe im Verlauf des Anwendungsvorgangs auslegend und wertend konkretisiert. Der Normanwender darf mithin nicht einfach das Auslegungskriterium wählen, das zum parteilichen, subjektiv bevorzugten, insofern angeblich richtigen, aber damit nicht sachgerechten Resultat führt (s. dazu S. 149 ff.).

Es ist sinnvoll, sich bei der Anwendung der Kriterien von den folgenden **Auslegungsregeln** leiten zu lassen:

Auszugehen ist stets vom **Wortlaut** (S. 89 ff.) der Norm, wobei der Rechtsanwender zunächst den „historischen", also entstehungszeitlichen Wortsinn zu ermitteln hat, um über die vom Normgeber gewählten Formulierungen den Regelungsabsichten des Initiators und Verfassers der Vorschrift auf die Spur zu kommen. Führt die Wortinterpretation aus der Perspektive des Gesetzgebers nicht weiter (vor allem bei älteren Normierungen), ist das für den Auslegenden gegenwärtige Wortverständnis zu berücksichtigen. Dem allgemeinen Sprachgebrauch geht, da nur der rechtliche Sinngehalt von Bedeutung ist, der fachliche (grundsätzlich juristische, ausnahmsweise nicht juristische, S. 89 f.) vor.

Kein Raum für weitere Auslegung bleibt bei klarem Wortlaut, ferner wenn die Grenze des möglichen Sinns des Wortlauts erreicht ist. Sie darf der Rechtsanwendende durch Interpretation nicht übersteigen. Den Sinngehalt der Norm kann er dann also auch nicht mit Hilfe der anderen Auslegungsmittel „verdeutlichen"; ein so gewonnener Norminhalt hätte keinen Bestand. Erfasst der mögliche Wortsinn den Fall nicht, kommen grundsätzlich nur die Mittel der Rechtsfortbildung (S. 122 ff.) in Betracht.

Die Wortlautinterpretation führt häufig nur an den Sinngehalt heran, erfasst ihn aber noch nicht deutlich genug; es könnten sich auch mehrere Deutungsmöglichkeiten ergeben. In diesen Fällen sind weitere Gesichtspunkte zur Erfassung des Norminhalts heranzuziehen.

Aufschluss über den Sinngehalt geben oft der **Kontext**, also u. a. Ort und Funktion einer Norm im Gesamtgefüge des Gesetzes, denn Normen müssen so interpretiert werden, dass sie und die ihnen innewohnenden Wertmaßstäbe sich nicht widersprechen, sondern ein (logisch) geordnetes System bilden. Der Rechtsanwendende kann davon ausgehen, dass die Inhalte von Vorschriften desselben Gesetzes bzw. eines Gesetzesabschnitts miteinander zusammenhängen und grundsätzlich (Ausnahme, s. S. 95) sachlich miteinander übereinstimmen. Auszulegen ist überdies in einer Weise, dass das Ergebnis auch der Gesamtrechtsordnung (etwa höherrangigem Recht), deren Teil die Norm ist, nicht zuwiderläuft (S. 14).

Über den systematisierenden Vergleich der anzuwendenden Vorschrift mit anderen Normen lässt sich allerdings häufig auch nicht klären, wie ein Rechtssatz hinreichend eindeutig zu verstehen ist, so dass man dann auf Gesichtspunkte angewiesen ist, die sich nicht aus dem eigentlichen Normtext bzw. dessen Stellung im System erschließen lassen, sondern aus anderen, vom Text entfernteren, primär rechtlichen Erkenntnisquellen.

Rückschlüsse auf den Sinngehalt von Normen ergeben sich vor allem aus den vom Gesetzgeber spezifisch mit ihnen verknüpften **Zweckvorstellungen.** Wenn auch dieser Auslegungsaspekt nicht alle Bedeutungszweifel ausräumt, sind die sich **vernünftigerweise** aus dem Rechtssatz **ergebenden Zwecke** heranzuziehen. Die teleologische Auslegung muss sich dabei aber, wie gesagt, in dem Bedeutungsrahmen bewegen, den der Rechtsanwender vor allem mittels der grammatischen und systematischen Interpretation abgesteckt hat. Umgekehrt ist z. B., auch wenn der Norminhalt hinreichend klar ist, keine Auslegung zulässig, die einem eindeutigen Gesetzeszweck zuwiderläuft.

Neben Wortsinn und Systematik wäre also nach dem Normzweck auszulegen, und zwar unter Berücksichtigung subjektiver (entstehungszeitlicher) und objektiver Aspekte.

Einfach ist es für den Rechtsanwender, wenn alle vier Kriterien zum gleichen Resultat führen; dann ist der Auslegungsvorgang beendet. Weichen die Ergebnisse z. B. zwischen Wortlaut- und Zweckinterpretation voneinander ab, gibt das Zweckkriterium in den Grenzen des möglichen Wortsinns den Ausschlag.

Dass die Absichten und Vorstellungen des Gesetzgebers mit zunehmendem Abstand zwischen Entstehungs- und Anwendungszeit einer Norm an Gewicht verlieren, wurde bereits gesagt (S. 106). Umgekehrt kommt den Regelungsabsichten des Normgebers „bei zeitlich neuen und sachlich neuartigen Regelungen ein erhebliches Gewicht zu, soweit Wortlaut und Sinnzusammenhang der Norm Zweifel offen lassen" (BVerfGE 54, 277, 297 ff.).

Wie der Rechtsanwendende im konkreten Konfliktfall zu einer „richtigen" (S. 74 f.) Entscheidung gelangt, ist ihm methodisch nicht verbindlich vorgeschrieben (BVerfGE 82, 1, 11; 88, 145, 166 f.). Es ist zwar davon auszugehen, dass grundsätzlich alle durch Einsatz der vier Kriterien erreichbaren Gesichtspunkte beachtenswert sind, insofern kein Auslegungsmittel prinzipiell vorrangig benutzt wird. In der Rechtspraxis spielen allerdings – als normalerweise bindender Ausgangspunkt der Rechtsanwendung – der **mögliche Wortsinn und der Normzweck** eine herausragende Rolle. In der Regel findet man mittels teleologischer Auslegung die wichtigsten und damit überzeugendsten Argumente für eine Konfliktlösung (s. dazu BVerfGE 34, 269, 288 f.). Wegen des Gewichts des öffentlichen Interesses dürfte in öffentlich-rechtlichen Fällen das Zweckkriterium meistens im Vordergrund stehen. Am besten setzt der Rechtsanwender, sofern es nicht abwegig ist, alle Kriterien ein, kombiniert die so gewonnenen Erkenntnisse und wägt ab, welche am ehesten sachgerechte Rückschlüsse auf den Norminhalt und damit letztlich auf die entscheidende Frage erlauben, ob sich nach dem mutmaßlich zutreffenden Rechtssatz der konkrete Fall tatsächlich lösen lässt.

Die Kombination der vier klassischen Auslegungskriterien hat bereits Savigny (System des heutigen römischen Rechts, 1840, Bd. I, S. 215) vor Augen gehabt, wenn er ausführt, dass der Rechtsauslegende unter den vier Auslegungsmitteln nicht „nach Geschmack und Belieben wählen könnte." Es seien vielmehr „verschiedene Tätigkeiten, die vereinigt wirken müssen, wenn die Auslegung gelingen soll."

5.4.3 Argumentationsmethoden – Topik

Ob sich mit Hilfe der aus den Auslegungsarten gewonnenen leitenden Gesichtspunkte wirklich ein „richtiges", d. h. überzeugendes und rational überprüfbares Ergebnis (S. 74 f.) sicher und unbezweifelbar ableiten und begründen lässt, ist umstritten (s. dazu u. a. Kaufmann, S. 37 ff., 91 ff.). Im formal-logischen Sinn sind die herkömmlichen Auslegungskriterien nicht systematisierbar. Erschwerend kommt hinzu, dass die Normzweckinterpretation, zu der man in der Rechtspraxis nicht zuletzt wegen des raschen Wandels der Lebensverhältnisse, Anschauungen und Wertmaßstäbe sehr oft Zuflucht nimmt, durchaus ihre Unsicherheiten und Fragwürdigkeiten besitzt (S. 105). Wegen der enormen Elastizität ist das Zweckkriterium, zugespitzt ausgedrückt, ein kaum begrenzbarer Sammelbegriff für Wertungen unterschiedlicher Art und Herkunft (vgl. dazu auch Kriele, S. 92; Müller/Christensen, Rn. 95 ff., bezogen auf das Verfassungsrecht). Dass auf diese Weise stringente Rechtsentscheidungen nicht gewonnen werden können, zeigt sich besonders, wenn der Auslegende unbestimmte Rechtsbegriffe oder Generalklauseln inhaltlich hinreichend eindeutig auszufüllen hat (s. dazu auch S. 114 f.).

In einer solchen Situation verspricht man sich teilweise, in Ergänzung der in den Gesetzen konkretisierten Wertmaßstäbe, Argumentationshilfe durch **Rückgriff auf den Konsens**. Danach gilt es, die engstmögliche Annäherung an die in der Rechtsgemeinschaft herrschenden gemeinsamen Erwartungen zu leisten, und zwar Erwartungen darüber, wie die jeweilige Entscheidung ausfallen wird und ausfallen sollte. Eine besondere Rolle wird dabei den sog. „kompetenten Erwartungen" (Erwartungen der Fachwelt) eingeräumt. Sind sie unbestimmt, sollen die Erwartungen maßgeblich sein, die mit den von der Mehrheit der Rechtsgenossen anerkannten Gerechtigkeits- und Wertvorstellungen in Übereinstimmung stehen.

Diese „empirisch-soziologische" Methode ist vor allem in den USA entwickelt worden. Sie beeinflusst die amerikanische Juristenausbildung sehr stark (vgl. dazu Kriele, S. 102 ff.; Röhl/Röhl, S. 640 f. bzw. S. 648 f. zum „Law in Context").
Zur sog. „sozialen Wertungsjurisprudenz" und den damit in Zusammenhang stehenden sozialwissenschaftlichen Methoden zur Werterforschung s. Pawlowski, Rn. 232 ff.

Einzuwenden ist gegen „Konsens"-Vorschläge zur Lösung von Regelungs- und Wertungsstreitfällen, dass auch bei der Ermittlung von gemeinsamen Erwartungen und herrschenden Gerechtigkeits- und Wertvorstellungen wertende Entscheidungen zu treffen sind. So muss man zwischen ursprünglichen und gegenwärtigen „Erwartungen" unterscheiden. Eine solche Entscheidung wird nicht ohne Wertung zu gewinnen sein. Spätestens hier wird deutlich, wie wenig sich diese Methode als „empirisch-soziologisch" qualifiziert. Da es im Übrigen kaum eine sichere Methode gibt, die es erlaubt, „gemeinsame Erwartungen" und „herrschende Vorstellungen" im Einzelnen zu erkennen, führt also der „Konsens"-Ansatz nicht weiter (im Einzelnen dazu Kriele, S. 107 ff.; ferner Zippelius, S. 15 ff.). Überdies dürfte der Konsens auch deshalb kein verlässliches Argumentationsmittel sein, weil er gegenwarts- und zeit(geist)bezogen ist. Auslegungsergebnisse, die sich auf ihn stützen, haben mithin zu selten dauerhafte Gültigkeit. Außerdem sind sie genauso wenig „wahr" oder „richtig" wie anhand der anerkannten Kriterien ausgelegte und begründete Rechtsentscheidungen, die sich allerdings durch relative Objektivität auszeichnen.

Zur Rechtsgewinnung durch Konsensargumente im Rahmen der sog. „Diskurstheorie" s. S. 81; zur Rechtsbegründung durch praktische Vernunft s. Rüthers, Rn. 596 ff.; vgl. zum Ganzen auch Kaufmann, S. 19 ff.

Offen bleibt damit die Frage, wie vorzugehen ist, wenn man herausfinden will, was in einem konkreten Fall rechtens ist. Feststeht, dass sich die Rechtsordnung nicht auf wenige Grundsätze oder Axiome zurückführen lässt, aus denen alle weiteren Sätze in Kettendeduktionen ableitbar sind.

Auf dieser wirklichkeitsfernen Wunschvorstellung beruhte die Begriffsjurisprudenz des 19. Jahrhunderts. Für ihre Vertreter war Rechtsgewinnung ein rein begriffslogischer Vorgang: dem lückenlosen System von Rechtsbegriffen sei jede Subsumtion zur Konfliktlösung zu entnehmen.

Weil Recht(sanwendung) eben keine begriffslogische Angelegenheit ist, wird entsprechend nicht erwartet, dass der Rechtspraktiker logisch, d. h. zwingend richtige Rechtsentscheidungen fällt, sondern Lösungen liefert, die vor allem bestmöglich gerecht, sachlich begründet und transparent, insofern nachvollziehbar und kontrollierbar sind (S. 74 f.). Die mittels der anerkannten Auslegungskriterien gewonnenen Gesichtspunkte erfüllen durchaus solche Rechtfertigungsansprüche an Interpretationsergebnisse (s. dazu BVerfGE 94, 1, 10 f.). Entscheidend ist stets die überzeugende Begründung der Resultate. Dem trägt **das topische Verfahren** zur Gewinnung von Rechtsentscheidungen Rechnung, dem Viehwegs 1953 erschienene Schrift „Topik und Jurisprudenz" zugrunde liegt. Viehweg hat mit ihr die u. a. von Aristoteles und Cicero entwickelte Methode zur Erfassung und Diskussion von Problemen allgemein auf die Rechtsanwendung erstreckt, wobei rhetorische Gesichtspunkte eine große Rolle spielen.

Unter **Topik** versteht man ein „besonderes Verfahren der Problemerörterung, das durch Verwendung gewisser, als feststehend angenommener Gesichtspunkte, Fragestellungen und Argumente (Topoi) gekennzeichnet" ist.

S. Viehweg, a. a. O., 5. Aufl. 1974, S. 10. Topoi (griechisch topos = Ort, Platz) sind alle allgemein schon bekannten („verorteten") Gedanken, Beispiele und Argumente.

Topoi dienen dazu, eine Angelegenheit als Problem zu erkennen, dessen Erörterung zu bewirken, den Verständniszusammenhang aufzuhellen, in dem es steht, und die Folgen unterschiedlicher Problemlösungen zu bedenken. Topisches Denken kennt keinen in sich geschlossenen Ableitungszusammenhang; es führt gleichsam in vielen „kleinen Ableitungszusammenhängen" immer auf das Problem zurück. Wie verfährt man dabei? Zunächst wird einfach „probiert", d. h. es werden also alle Orte gedanklich „abgelaufen", an denen Argumente zur Problemlösung bereitliegen können. Man greift dabei verhältnismäßig zufällige Gesichtspunkte, Kenntnisse, Argumente mehr versuchsweise auf und trägt sie an das Problem heran (Viehweg, a. a. O., S. 20). Dann wird ausgewählt,

Die Rechtsauslegung

verfeinert und erweitert in Bezug auf die Funktion des jeweiligen Aspekts, der Problemerörterung zu dienen.

Für Viehweg gibt es also zwei Stufen der Topik: Nachdem das Problem gestellt ist, bezieht man mehr oder minder beliebige Gesichtspunkte auf es (a), um auf diese Weise die konkret vorgegebenen Probleme zu verdeutlichen; danach werden die sich aus den Problemen ergebenden Aspekte betrachtet und in sog. Topoi-Katalogen zusammengestellt (b). Wie die Gesichtspunkte im Katalog angeordnet werden, ist belanglos, ebenso ihre Zahl (Viehweg, a. a. O., S. 38).

Man kann Kataloge allgemein verwendbarer und fachbezogener Topoi zusammenstellen. Juristische Topoi wären demnach **alle faktischen und normativen Argumente**, die bei der Lösung von Rechtsfragen benutzt werden und als solche anerkannt sind (Viehweg, a. a. O., S. 36). Als ein wesentlicher Topos kann hier der Begriff des **Interesses** (S. 101) gelten, der nicht nur materielle (z. B. wirtschaftliche, soziale) sondern auch ideelle (z. B. kulturelle, religiöse) Bedürfnisse (Rechte, Güter) einschließt. Er ist eine Art Stamm-Topos, aus dem zahlreiche weitere Gesichtspunkte entwickelt wurden wie das „subjektive Recht" oder der „Rechtsreflex" (Viehweg, a. a. O., S. 95). Weitere juristische Topoi sind z. B. Rechtsprinzipien, allgemeine Rechtfertigung für das Bestehen von Normen wie Rechtssicherheit oder Vertrauensschutz; auch Gründe der Schadenszurechnung sind Topoi. Man kann so weit gehen, zu sagen, dass im Grunde jeder Gedanke, der bei rechtlichen Erwägungen überhaupt eine Rolle spielen kann, ein Topos ist. Die normativen Vorgaben geraten dabei als die eigentlich wesentlichen Rechts- und Wertmaßstäbe zur Falllösung allerdings leicht aus dem Blick, insbesondere wenn sie nach Einschätzung des Rechtsanwenders zur konkreten Konfliktbewältigung nicht geeignet sind.

Engisch (S. 329 Fn. 36) verweist auf die auch von Viehweg (a. a. O., S. 111) gewürdigte Arbeit von G. Struck, Topische Jurisprudenz, 1971, der (S. 20 ff.) u. a. mehr als 60 Topoi zusammengestellt und das topische Verfahren kritisch kommentiert hat.

Die Topik hat Vorstellungen begünstigt, die Voraussetzungs- und Folgenanalysen bei der Auslegung von Rechtssätzen, insbesondere denen des Verfassungsrechts, für geboten halten. S. dazu Zippelius, S. 59 ff.; vgl. auch Schwacke, Grundrechtliche Spannungslagen, 1975, S. 97.

Die „freie" Topik trägt zwar dazu bei, Probleme zu verdeutlichen und die Struktur der Problemlösung offenzulegen, man darf ihre Möglichkeiten aber nicht überschätzen. Letztlich ist die Topik nur ein **Argumentereservoir**. Sie stellt eine Fülle von Gesichtspunkten zur Problemlösung und -begründung bereit, gibt aber keinen Aufschluss darüber, welches Argument im konkreten Entscheidungsfall das maßgebliche ist. Immerhin dient die Topik mittelbar der Wahrheitsfindung, indem sie, wie gesagt, möglichst viele einschlägige Aspekte zusammenträgt.

Auch die sich aus den vier Auslegungskriterien ergebenden Gesichtspunkte sind Topoi, d. h. Gründe für oder gegen eine bestimmte Normdeutung. Bei seiner Entscheidung erwägt der Auslegende nicht nur die **Effektivität, Praktikabilität und Billigkeit**, sondern auch die realen Konsequenzen seines Auslegungsergebnisses. Er muss sich im Rahmen des Zweckkriteriums z. B. fragen, ob die sich ergebenden **Folgen** (s. S. 105) gewollt sind. Führt eine bestimmte Interpretation zu einem inakzeptablen Resultat, ist es als vom Normzweck nicht gedeckt, also als unzutreffend und damit unbillig zu verwerfen. Gearbeitet wird hier mit der Begründungsfigur des **„argumentum ad absurdum"**. Das bedeutet: Eine Normauslegung bzw. -anwendung scheidet wegen Zweckwidrigkeit aus, wenn sie überzogene, unerwünschte oder unerträgliche Ergebnisse zur Folge

hätte (beispielhaft dazu BGHSt 7, 268, 270 f.; vgl. zum Ganzen auch Looschelders/Roth, S. 107 ff.).
Bereits anhand der Auslegungsmittel gewinnt der Auslegende mithin Gründe dafür oder dagegen, eine von mehreren Normdeutungen zu wählen. Auf diese Weise gelingt es, unterschiedliche Interpretationsmöglichkeiten zu präzisieren bzw. auszusondern. Eigentliche Funktion der Kriterien ist dabei gerade, Methode und damit Objektivität in das um gerechte Auslegung bemühte Erwägen der Argumente zu bringen, den Rechtsanwender mithin sachlich zu „disziplinieren". Es handelt sich hier also keineswegs um ein von den gesetzlichen Vorgaben befreites, richtungsloses Vergleichen von Gründen. Eher geht es darum, fallbezogen die jeweilige konkrete Rechtsfrage so zu beantworten, dass sie bestimmten Gerechtigkeitsvorstellungen am ehesten entspricht.

Nach der „freien Topik" dagegen lässt sich juristisches Denken und Entscheiden letztlich nicht ins Rationale auflösen, es schließt mithin volitive, also willensbestimmte Elemente ein. Selbst wenn man die Topoi ausschöpft, also jene des rechtlichen Gesamtkontextes, d. h. auch die fundamentalen Grundsatz- und Wertentscheidungen der Rechtsordnung, insbesondere die der Verfassung, berücksichtigt, können Widersprüche bleiben. Dann muss das persönliche Rechtsgefühl des Rechtsanwenders (s. S. 84) den Ausschlag geben. Würde man in der Rechtspraxis nach der „freien" topischen Begründungslehre zur Gewinnung gerechter normativer Konfliktlösungen verfahren, dürften die Ergebnisse nach allem verfassungsrechtlich oft nicht haltbar, zumindest bedenklich sein (zur Gesetzesbindung des Rechtsanwenders s. S. 80, 123; vgl. zum Ganzen auch Müller/Christensen, Rn. 118 ff.).

Zunehmend werden Auslegungs-, letztlich Konfliktlösungsmethoden diskutiert und z. B. auch schon praktiziert, bei denen rein wirtschaftliche, insofern materielle Erwägungen im Vordergrund stehen. So ist nach der in den USA entwickelten **„ökonomischen Interpretationslehre"** im Zweifel die materiell gesehen effizienteste Wertentscheidung die rechtlich „richtige" (s. dazu Schäfer/Ott, JZ 1988, S. 213; dies., Lehrbuch der ökonomischen Analyse des Zivilrechts 4. Aufl. 2005; vgl. zum Ganzen auch Röhl/Röhl, S. 645 ff.). Ob z. B. Fahrlässigkeit gem. § 276 Abs. 2 BGB anzunehmen ist, richtet sich demgemäß nach der Relation zwischen wirtschaftlichem Aufwand für die Schadensvorsorge und dem zu erwartenden Schaden. Verfassungsrechtlich dürfte auch das Auslegungskriterium der „ökonomischen Analyse des Rechts" zweifelhaft sein.

Nicht zu verwechseln ist dieser Ansatz mit der Beachtung der Grundsätze der Praktikabilität und Effizienz im Rahmen des Zweckkriteriums (S. 105). Dass Gesichtspunkte der Wirtschaftlichkeit vom Normgeber selbst berücksichtigt werden, zeigt sich z. B. im Verwaltungsverfahrensrecht. Wenn gem. § 10 S. 2 VwVfG Behörden u. a. verpflichtet sind, Verwaltungsverfahren einfach und zweckmäßig durchzuführen, so ist das auch Ausdruck des Grundsatzes der Verfahrensökonomie. Gründe der Verwaltungsökonomie dürfen allerdings nicht zu einer Einschränkung der Grundrechte führen. So das BVerfG (u. a. E 65, 116, 129; s. aber auch E 71, 104, 363), das gelegentlich mit dem Praktikabilitätsargument arbeitet (s. z. B. E 12, 151, 171).

Um Ökonomie, Praktikabilität und Effizienz von Konfliktbewältigungen geht es auch bei den heutigen Bemühungen, Streitfälle durch Mediationen zu entscheiden. Man strebt eine Lösung an, die allen Konfliktbeteiligten ökonomisch mehr einträgt, als es eine nach rechtsstaatlichen Grundsätzen und Maßstäben gewonnene Rechtsentscheidung erbringen könnte (sog. „win-win-Situation").

Entscheidungserheblich sind also vor allem die Ergebnisse ökonomischer Analysen der jeweiligen Interessenlagen.

Im Rahmen von Mediationen, bei denen mithin, soweit rechtlich möglich, unabhängig von normativen Vorgaben eine für alle Betroffenen optimale, zumindest akzeptable Streitbeendigung angestrebt wird (u. a. im Familienbereich, aber auch auf dem Gebiet des Strafrechts, s. § 46a StGB, oder des öffentlichen Rechts, z. B. Umweltrechts; s. dazu Kopp/Ramsauer, VwVfG, 11. Aufl. 2010, Einführung I, Rn. 77 ff.), könnte – je nach Konfliktgegenstand – topisches Denken (S. 110 f.) seinen Sinn und seine Berechtigung haben, sofern es in einem Streitfall um mehr als ökonomische Darlegung, Abwägung und Bewertung von Rechts- bzw. Interessenpositionen geht.

Mediationen dürften, auch wenn sie (noch) grundsätzlich auf dem Prinzip der Freiwilligkeit beruhen, eine immer größere Rolle spielen. Durch das Mediationsgesetz des Bundes (mit ihm wird nicht zuletzt eine EU-Richtlinie umgesetzt) werden künftig gerichtsinterne Güteverhandlungen gefördert. Das Gesetz erstreckt sich auf fast alle Verfahrensarten, d. h. es gilt nicht nur für das Zivil-, sondern etwa auch für das Verwaltungsrecht.

5.5 Sonderprobleme der Auslegung

Auf bestimmte Rechtssätze und Normbegriffe lassen sich die genannten Auslegungsregeln nicht problemlos übertragen. Teilweise gelten hier Besonderheiten.

5.5.1 Ausnahmevorschriften

Um der Unterschiedlichkeit tatsächlicher Lebens- und Konfliktverhältnisse angemessener Rechnung zu tragen, schränkt der Gesetzgeber Regelungen zum Teil durch Ausnahmevorschriften ein (Regel-Ausnahme-Schema, S. 33 f.). Derartige Normierungen tragen dazu bei, in spezifisch gelagerten Einzelfällen unangebrachte, vor allem ungerechte oder unzweckmäßige Entscheidungen zu vermeiden.

Beispiele:
Nach § 935 Abs. 2 BGB finden die Regeln darüber, dass abhanden gekommene Sachen nicht gutgläubig erworben werden können (§ 935 Abs. 1 BGB), keine Anwendung auf Geld oder Inhaberpapiere sowie auf Sachen, die im Wege der öffentlichen Versteigerung oder in einer Versteigerung nach § 979 Abs. 1a BGB veräußert werden.
S. auch die § 398 BGB (Abtretung) einschränkende Normierung des § 399 BGB (Ausschluss der Abtretung bei Inhaltsänderung oder Vereinbarung).

Die behandelten Auslegungsmaximen gelten grundsätzlich in gleicher Weise für Ausnahmevorschriften (BVerfGE 47, 239, 250). Ausnahmen regelnde Normen sind aber insofern **eng auszulegen** (S. 93), als durch ihre Deutung der in der Grundregel umgesetzten gesetzgeberischen Absicht nicht entgegengewirkt werden darf (s. BGHZ 11, 135, 143). Wünscht der Gesetzgeber, dass nur in engen Grenzen von der „Regel" abgewichen wird, dann ist die Ausnahmevorschrift eben auch nur eng auszulegen.

Vgl. zum Ganzen BVerfGE 37, 363, 404, wonach es der Charakter einer Ausnahmevorschrift verbietet, „sie über ihren eindeutigen Inhalt und Sinn hinaus auszulegen". Mehr gebe die Formel „Ausnahmevorschriften sind eng auszulegen" nicht her, die früher verbreitet war. Der Normzweckgedanke kann deshalb unter Umständen eine weite Auslegung erfordern (BGHZ 26, 73, 78).

Der Wortlaut eines Rechtssatzes ist nicht immer ein zuverlässiges Kriterium für die Einstufung einer Norm als Ausnahmebestimmung. Nicht jeder einschränkende Rechtssatz ist eine Ausnahmevorschrift. Das zu erkennen, kann durchaus schwierig sein, weil sich die Regel-Ausnahme-Normierung unter Umständen nur auf die Frage der Beweislastverteilung (S. 34) bezieht. Von einer Ausnahmevorschrift kann ferner dann nicht gesprochen werden, wenn es sich lediglich um eine weitere gleichberechtigte Regel für andere typische Konfliktfälle handelt.

Beispiel:
§ 935 BGB (kein gutgläubiger Erwerb von abhandengekommenen Sachen) ist keine Ausnahmevorschrift zu § 932 BGB (gutgläubiger Erwerb von Sachen), obgleich die Formulierungen etwas anderes annehmen lassen können. Denn die „Konzeption des Gesetzgebers – nämlich die Kombination zweier Rechtsgedanken, den Schutz des gutgläubigen Erwerbers mit der Zurücksetzung desjenigen Eigentümers, der seine Sache freiwillig aus der Hand gegeben hatte –", lassen erst beide Bestimmungen zusammen erkennen (Larenz/Canaris, S. 176).

5.5.2 Unbestimmte Rechtsbegriffe, Generalklauseln, Rechtsgrundsätze

Die Auslegung von unbestimmten Rechtsbegriffen, insbesondere von wertausfüllungsbedürftigen Generalklauseln (S. 49) und allgemeinen Rechtsgrundsätzen (S. 10) bereitet je nach den Umständen des konkret zu beurteilenden Einzelfalls erhebliche Probleme. Normalerweise führen hier weder eine Auslegung nach dem „Wortlaut" (die Formulierung „wichtiger Grund" in §§ 314, 626 BGB z. B. ist nur vordergründig, nicht aber in seinem speziellen Sinn leicht zu verstehen) noch nach den Kriterien „Kontext" und „Entstehungsgeschichte" weiter. Auch teleologisch lässt sich lediglich gegenwartsbezogen der Bedeutungsumfang vage ermitteln. Streng genommen beschränkt sich die Arbeit des Rechtsanwenders gar nicht auf das Interpretieren; der Gesetzgeber hat ihn vielmehr planmäßig autorisiert, im Hinblick auf die besonderen Umstände des konkret zu beurteilenden Konflikts selbst eine genaue Bestimmung vorzunehmen und wertausfüllend zu entscheiden. Der Auslegende kann dabei nur versuchen, anhand von typischerweise immer wieder in der Wirklichkeit vorkommenden Fällen den Sinngehalt zu erfassen, um aus solchen Beispielen Wertmaßstäbe für die Beurteilung vergleichbarer Fälle zu bilden. Jede weitere Konkretisierung verfeinert dabei die Vergleichsmaßstäbe. Entsprechend verfahren Rechtsprechung und Lehre, deren Auslegungsergebnisse der Rechtsanwender für seinen konkreten Entscheidungsfall sinnvollerweise ausschöpft (s. S. 49).

Rüthers ordnet weit gefasste unbestimmte Normbegriffe und Generalklauseln als gesetzgeberisch geplante Lücken ein (Rn. 835 ff.).

Soll z. B. beurteilt werden, ob ein Verhalten „gegen die guten Sitten" (§§ 138 Abs. 1, 826 BGB, s. auch z. B. § 228 StGB) verstößt, geht der Normanwendende folgendermaßen vor: Gibt es für seinen Einzelfall bereits eine Fallgruppe (Typenbildung)? Wenn ja, ist die Frage zu entscheiden, ob die aus dem Vergleichsfall gewonnenen Wertmaßstäbe auf den konkret zu beurteilenden Sachverhalt übertragbar sind. Gibt es noch keinen maßstäblichen Fall, sind hier innerhalb der gesetzlich festgelegten Grenzen und unter Beachtung der tatsächlich zur Anwendungszeit herrschenden (Moral- bzw. Wert-)Vorstellungen Werturteile zu fällen, die der Gesetzgeber selbst noch nicht treffen konnte oder wollte. Je weiter sich der Auslegende vom Bedeutungskern eines unbestimmten Rechtsbegriffs entfernt, desto schwieriger ist es allerdings, die Entscheidung strikt und allseits überzeugend (S. 74 f.) zu begründen.

In Extremfällen kann die Konkretisierung auf eine weitgehend autonome, letztlich aus dem Rechtsgefühl gewonnene Wertausfüllung hinauslaufen. Keinesfalls dürfte aber allgemein gelten, was Zippelius (S. 23), freilich expressis verbis zugespitzt, formuliert: „Welche Auslegung einer wählt, hängt davon ab, was für eine Staatsphilosophie er hat." Interpretieren ist, nicht zuletzt wegen der Rechtsetzungsprärogative des Normgebers (Art. 20 Abs. 3 GG), immer noch ein erklärendes „Übersetzen" des gesetzgeberisch Vorgegebenen und Gedachten (s. allerdings dazu auch Zippelius, S. 49, 51 f.).

Um ein ausgewogenes Urteil zu finden, können je nach individueller Konfliktsituation mit Blick auf den Normzweck genaue Interessenabwägungen erforderlich sein, wie sie etwa bei teleologischer Auslegung, im Grunde genommen bei jeder Suche nach einem gerechten Interessenausgleich, vorausgesetzt werden. Teilweise finden sich zu Art und Weise der Interessenabwägung gesetzliche Hinweise.

Beispiele:
§§ 314, 626 BGB, wo u. a. von der „Berücksichtigung aller Umstände des Einzelfalls und unter Abwägung" der „beiderseitigen Interessen" bzw. der „Interessen beider Vertragsteile" die Rede ist.

5.5.3 Gewohnheitsrecht

Die Auslegung von Gewohnheitsrecht fällt mit dessen Ermittlung zusammen. Das zeigt sich insbesondere daran, dass erst anhand von teleologischen Kriterien die Überzeugung von der Gebotenheit der jeweiligen Übung und damit das Gewohnheitsrecht selbst festgestellt wird. Denn ob ein bestimmtes Verhalten von einer Rechtsüberzeugung getragen ist, ergibt sich aus einer entsprechenden Deutung des Verhaltens, wobei hierfür nur allgemeine Zwecke wie Gerechtigkeit oder rechtsethische Prinzipien (s. S. 100 f.) in Betracht kommen. Die übrigen Auslegungsmaximen versagen hier.

Die Frage, ob fehlausgelegtes Gewohnheitsrecht „verbindlich" (S. 5) sein kann (so BGHZ 37, 219, 224 f.), erörtern Looschelders/Roth, S. 322 ff.

5.5.4 Richterliche Entscheidungen

Richterliche Entscheidungen, insbesondere höherer und vor allem oberster Gerichte, sind anders als das Gewohnheitsrecht von großer praktischer Bedeutung (S. 13). An vorausgegangenen Urteilen, die zwar nur ausnahmsweise Gesetzeskraft haben (S. 13), die aber doch verallgemeinerungsfähige, oft grundsätzliche Konkretisierungs-, Auslegungs- und Wertungsergebnisse enthalten, orientiert sich die Rechtspraxis, also der einzelne Rechtsanwender, und berücksichtigt sie, sofern über einen ähnlichen Fall zu entscheiden ist. Vor allem Entscheidungen der obersten Gerichte (sie haben u. a. die Aufgabe, für die Widerspruchsfreiheit der Rechtsordnung zu sorgen) werden, wenn sie lange Zeit unwidersprochen und unverändert bleiben, faktisch wie normative Sätze behandelt.

Wegen dieser Wirkung kann man auch von Präjudizien sprechen. Manche stufen das auch als „Richterrecht" (S. 13) ein.

Die Auslegung gerichtlicher Entscheidungen kann erforderlich sein, wenn sie als Vorbild, sozusagen als Muster herangezogen werden. Ob sie dazu in Betracht kommen, hängt davon ab, inwieweit die vorausgegangene Entscheidung Fälle betrifft, in denen es um die gleiche Rechtsfrage geht. Dazu ist die Rechtsmeinung der Richter zu ermitteln, und zwar auf der Grundlage des schriftlich fixierten Urteilstenors, zu dessen Klärung die Urteilsgründe zu lesen sind. Man verfährt wie bei Normauslegung generell, geht also vom Wortlaut aus. Sofern Rechtsmeinungen geäußert werden, die in Bezug auf den konkret zu entscheidenden Fall nicht erheblich sind, bleiben sie zur Prüfung der „präjudiziellen" Wirkung außer Betracht.

Der Auslegung bedürfen herangezogene richterliche Vorentscheidungen in noch höherem Maße als Rechtssätze. Denn wegen ihrer Bezogenheit auf ganz konkrete Fallumstände ist stets sorgfältig zu prüfen, ob sich die im „Präjudiz" ausgesprochenen rechtsrelevanten (Grund-)Sätze tatsächlich als allgemeingültige Muster eignen.

Wird mit einem Auslegungsergebnis von einer vorrichterlichen Entscheidung abgewichen, weil der Konfliktfall etwa anders gelagert ist, muss der Interpret – nicht zuletzt, um den Geboten der Rechtssicherheit und Gleichbehandlung zu genügen – seine Abweichung eingehend rechtfertigen (vgl. zum Ganzen Engisch, S. 282 f.).

5.5.5 Verfassungsrecht

Uneinig ist man sich in der Frage, ob Verfassungsrecht einer besonderen Auslegungsmethode bedarf oder ob die allgemeinen Auslegungsregeln ohne Einschränkung auch auf Verfassungsnormen anzuwenden sind.

Zu den einzelnen Streitpositionen s. Larenz/Canaris, S. 180 ff.; Röhl/Röhl, S. 659 ff.; des Weiteren H. Krüger, Allgemeine Staatslehre, 2. Aufl. 1966, S. 149 f.

Das Grundgesetz enthält (von Ausnahmen abgesehen, s. z. B. Art. 7 Abs. 4, Art. 16a Abs. 4 S. 1 1. Halbs. GG) die grundlegenden Regeln für das Funktionieren des Staates und das Verhältnis des Staates zu seinen Bürgern. Die Verfassung ist schon wegen ihrer notwendig hohen Allgemeinheit in besonderem Maße auslegungsbedürftig. Probleme bereiten etwa die Regelungsweiten, d. h. die Fülle der abstrakt und offen normierten Lebensverhältnisse (s. etwa die grundrechtlichen Schutzbereiche). Erschwerend kommt überdies hinzu, dass bei der Interpretation oft nicht allein rechtliche, sondern im Hinblick etwa auf das Gemeinwohl und das Funktionieren des Rechtsstaats auch politische Argumente das Deutungsergebnis mitbestimmen, wobei hier nicht selten Folgenbetrachtungen (s. S. 105) wichtig sind.

Aus allem könnte sich ergeben, dass Verfassungsnormen eigene Auslegungsmaximen benötigen. Dem ist grundsätzlich nicht so. Die herausgehobene Position der Verfassung innerhalb der Normenhierarchie (s. S. 14, vgl. dazu auch BVerfGE 6, 32, 40; 49, 89, 141 f.) darf allerdings nie aus dem Blickfeld des Auslegenden geraten. Wenn schon allgemein gilt, dass jeder einzelne Rechtssatz als Teil einer widerspruchsfrei konzipierten Gesamtrechtsordnung verstanden werden muss (S. 7, 93 f.), so hat deshalb dieser Aspekt bei der Verfassungsinterpretation eine besondere Bedeutung. Verfassungsvorschriften sind nämlich nicht nur so auszulegen, dass Widersprüche zu anderen Verfassungsnormen und vor allem zu den fundamentalen Struktur- und Wertentscheidungen vermieden werden (bedenklich deswegen die Mauerschützen-Entscheidung des BVerfG EuGRZ 96, 548 f.; s. auch S. 145). Die Interpretationsergebnisse haben vielmehr für die Auslegung nachrangigen Rechts **Leitbild- und Maßstabsfunk-**

Die Rechtsauslegung

tion (s. dazu z. B. BVerfGE 1, 1, 14 ff.; 33, 23, 27). Dem besonderen Rang des Grundgesetzes entspricht es überdies, wenn – das geht über allgemeine Auslegungskriterien hinaus – bei Verfassungsnormen diejenige Deutung vorzuziehen ist, „die die juristische Wirkungskraft der betreffenden Norm am stärksten entfaltet" (BVerfGE 43, 154, 167).

Im Rahmen der Verfassungsinterpretation sind aber dennoch zunächst die vier klassischen Auslegungskriterien (S. 88 ff.) heranzuziehen. Wie für alle übrigen Vorschriften gilt aber z. B. auch für das Verfassungsrecht, dass ein mehrfach verwendeter Begriff nicht notwendig überall die gleiche Bedeutung hat (S. 85, 91). Anhand des Normzwecks hat der Auslegende dann zu ermitteln, welches Verständnis jeweils zugrunde zu legen ist (BVerfGE 6, 32, 38).

Nach gängiger Rechtspraxis richtet sich das Gewicht der Auslegungsmittel danach, ob der Rechtssatz mehr **wertentscheidender** oder mehr **organisationsrechtlicher Natur** ist. Für die inhaltliche Bestimmung von Organisationsnormen ist die Entstehungsgeschichte eine wesentliche Erkenntnisquelle. Das gilt insbesondere für Zuständigkeitsregelungen (s. dazu BVerfGE 41, 205, 220; 68, 319, 328 f.). Bei der Interpretation von verfassungsrechtlichen Wertbegriffen oder Wertentscheidungen spielen in der Regel Gesichtspunkte des Normzwecks im Sinne objektiv-teleologischer Auslegung die entscheidende Rolle; die anderen Interpretationskriterien haben dagegen geringere Bedeutung.

Beispiel:
Die Polizei löst eine Versammlung auf, die lediglich eine Zusammenkunft unterhaltenden Charakters ist. Die Teilnehmer berufen sich auf Art. 8 GG. Fraglich ist, ob Art. 8 GG ausschließlich Versammlungen mit politischem Hintergrund und mit politischem Zweck oder auch Zusammenkünfte privaten, z. B. geselligen Charakters schützt. Art. 8 GG gehört zu jenen Grundrechten, die vor allem Betätigungen unmittelbar politischer Natur schützen. Er ist zusammen mit Art. 5 Abs. 1 S. 1 (Meinungsäußerungsfreiheit), Art. 5 Abs. 1 S. 2 (Freiheit der Massenmedien) und Art. 9 GG (Vereinigungs- und Koalitionsfreiheit) zu den für die Demokratie als einer pluralistischen Ordnung besonders unerlässlichen Grundrechten zu zählen. Das spricht dafür, das Grundrecht auf Versammlungen politischer Natur zu beschränken. Ansatzpunkt zur Lösung ist der Gedanke, dass die verschiedenen Grundrechte die Selbstverwirklichungsmöglichkeiten des Einzelnen gegenständlich bezeichnen, mithin die Grundwertentscheidung des Art. 1 GG konkretisieren. Die Aussage des Art. 1 GG wird als solche durch die in Art. 20 GG aufgestellten Grundsätze verdeutlicht. Ebenso wenig wie die Art. 1 und 20 GG zu trennen und ihnen jeweils unterschiedliche, miteinander grundsätzlich in keinerlei Zusammenhang stehende Sätze zuzuordnen sind, lassen sich innerhalb des Grundrechte-Katalogs Grundrechte, die die Privatsphäre erfassen, von denen unterscheiden, die auf die Welt des Politischen bezogen sind. Politische und private Sphäre sind letztlich ununterscheidbar. Insofern ist der weiten Auslegung des Art. 8 GG der Vorzug zu geben. Bei dieser Betrachtungsweise dominiert also die objektiv-teleologische Auslegung (S. 102).

Im Rahmen der Verfassungsinterpretation werden häufig die faktischen Besonderheiten eines Normgegenstandes berücksichtigt und aus ihnen Gründe für bestimmte Deutungen abgeleitet. So hat das Bundesverfassungsgericht (E 1, 208, 225; 6, 104, 114) z. B. aus der tatsächlichen Funktion, die politischen Parteien in der Demokratie zukommt, verfassungsrechtliche Schlüsse für die Bewertung der Rechtsstellung politischer Parteien gezogen.

Wörtlich heißt es dazu (E 11, 266, 273): „Das Grundgesetz hat ..., der Verfassungswirklichkeit folgend, die politischen Parteien in Art. 21 GG als verfassungsrechtlich notwendige Instrumente für die politische Willensbildung des Volkes anerkannt und sie in den Rang einer verfassungsrechtlichen Institution erhoben. Durch ihre verfassungsrechtliche Anerkennung als politische Handlungseinheiten, derer heute die Demokratie bedarf, um die Wähler zu politisch aktionsfähigen Gruppen zusammenzuschließen und ihnen so überhaupt erst einen wirksamen Einfluss auf das staatliche Geschehen zu ermöglichen, ist von Bundesverfassung wegen der moderne demokratische Parteienstaat legalisiert worden ...."

Die gegenwartsnahe, d. h. (rechts-)politische, soziale, wirtschaftliche oder technische Veränderungen berücksichtigende teleologische Argumentation führt wie bei verfassungsnachrangigem Recht auch bei der Verfassung selbst dazu, dass ihre Normen grundsätzlich einem Bedeutungswandel oder einer Bedeutungserweiterung unterliegen können (s. dazu S. 102 f.). Der besondere Grad der Abstraktheit und Unbestimmtheit vieler Grundgesetzvorschriften zeigt, dass der Verfassungsgeber im Interesse einer für Staat und Gesellschaft förderlichen Weiterentwicklung Uneindeutigkeiten, also zukünftige Anpassungsmöglichkeiten in seinen gesetzgeberischen Plan eingebaut hat. Da Verfassungsänderungen an strenge Voraussetzungen geknüpft sind, könnte sich andernfalls die Gefahr einer in sich erstarrenden Gesamtordnung verwirklichen.

Auch im Bereich des Verfassungsrechtssatzes können „neue, nicht vorausgesehene Tatbestände auftauchen oder bekannte Tatbestände durch ihre Einordnung in den Gesamtablauf einer Entwicklung in neuer Beziehung und Bedeutung erscheinen" (BVerfGE 3, 407, 422), die ein gewandeltes Verfassungsverständnis erfordern (BVerfGE 3, 407, 422). Vgl. zum Ganzen auch BVerfGE 74, 297, 350: „Inhalt und Tragweite verfassungsrechtlicher Begriffe und Bestimmungen hängen von ihrem Normbereich ab; ihre Bedeutung kann sich bei Veränderungen in diesem Bereich wandeln."

Die hohe Auslegungsbedürftigkeit von Verfassungsnormen und die Verschränkung von rechtlich und politisch begründeter Interpretation führen dazu, dass auf diesem Felde besonders selten eine einzige Lösung gibt; in der Regel ist also eine Mehrzahl vertretbarer Ansichten möglich.

Die Gratwanderung zwischen einerseits zulässiger Anpassung eines Norminhalts an neue Entwicklungen bzw. Wertvorstellungen und andererseits zeitgeistnaher Überinterpretation von Grundgesetzbestimmungen, also verfassungswidriger Bedeutungsausdehnung, stellt den Auslegenden im Einzelfall vor große Probleme (vgl. z. B. die Diskussionen zum Begriff „Ehe" in Art. 6 Abs. 1 GG; s. dazu u. a. Gade, VR 2002, S. 397 ff.). Hinsichtlich der Möglichkeit des Verfassungswandels ist zu bedenken, dass das Bundesverfassungsgericht letztlich jederzeit Verfassungsnormen allgemeinverbindlich konkretisierend auslegen kann (s. § 31 Abs. 2 BVerfGG; Art. 94 Abs. 2 S. 1 GG).

Exkurs: Verfassungskonforme Auslegung

Kein Problem der Verfassungsinterpretation ist die sog. verfassungskonforme Auslegung. Sie ist streng genommen lediglich ein Sonderfall der systematischen Auslegung (S. 94) und dient in besonderem Maße der „Einheit der Rechtsordnung" (s. S. 7).

Die verfassungskonforme Interpretation gebietet, dass verfassungsnachrangiges Recht (aus welchem Rechtsgebiet auch immer) in einer Weise auszulegen ist, dass es der Verfassung, insbesondere ihren Staatszielbestimmungen und ihrer Wertordnung, vor allem den Grundrechten nicht widerspricht (vgl. dazu BVerfGE 51, 304, 323). Letztlich ist die Verfassung mithin Wertmaßstab für die „zutreffende" Auslegung. Im Kollisionsfall gilt daher, was die Verfassung (be-)sagt. Ist das nachrangige Recht mit Verfassungsrecht als höherrangigem Recht nicht in Einklang zu bringen, gelingt die verfassungskonforme Deutung also nicht, ist die fragliche Norm grundsätzlich unwirksam (nichtig).

Die Rechtsauslegung

Das hinter dem Gebot verfassungskonformer Auslegung stehende Prinzip gilt für nachgeordnete Rechtssätze allgemein. Der Normenhierarchie (S. 14) entsprechend, sind niederrangige Vorschriften im Verhältnis zu höherrangigen stets „gesetzes"konform zu interpretieren. Ein Verstoß gegen höherrangiges Recht hätte Nichtigkeit der nachrangigen Vorschrift zur Folge (S. 13 f.). Bei „verfassungs"-konformer Auslegung ist die höherrangige Regelung lediglich stets Verfassungsrecht.

Verfassungskonforme Auslegung ist nur **zulässig**, wenn drei Voraussetzungen erfüllt sind:

(1) Die jeweiligen bundes- oder landesgesetzlichen Vorschriften müssen **auslegungsfähig und -bedürftig** sein (BVerfGE 19, 242, 247; 67, 382, 390). Bei mehreren möglichen Auslegungsergebnissen hat der Rechtsanwender die zu wählen, die mit dem Grundgesetz in Einklang steht. Ob Mehrdeutigkeit anzunehmen ist, zeigt sich in erster Linie anhand der Kriterien „Wortsinn" und „Entstehungsgeschichte".

S. dazu BVerfGE 88, 145, 166: „Lassen der Wortlaut, die Entstehungsgeschichte, der Gesamtzusammenhang der einschlägigen Regelungen und deren Sinn und Zweck mehrere Deutungen zu, von denen jedenfalls eine zu einem verfassungsgemäßen Ergebnis führt, so ist diese geboten." Vgl. zum Ganzen auch BVerfGE 2, 266, 288; 40, 88, 94.

(2) Der **eindeutig** zum Ausdruck gekommene **Wille des Gesetzgebers** muss beachtet werden. Der Auslegende kann sich zwar unter bestimmten Voraussetzungen über gesetzgeberische Zwecke (s. BVerfGE 93, 37, 81), nicht aber über den eindeutigen Wortlaut bzw. den klar erkennbaren Willen des Gesetzgebers (BVerfGE 86, 288, 320) hinwegsetzen, insbesondere darf er nicht den rechtlichen Sinn der Norm neu bestimmen (BVerfGE 90, 263, 276; 98, 280, 293 f.).

(3) Durch die verfassungskonforme Auslegung muss der fraglichen Norm schließlich ein **vernünftiger Sinn** verliehen werden (BVerfGE 44, 105,122; 47, 327, 380).

Wegen der Gesetzesbindung (S. 80, 123) ist bei zulässiger verfassungskonformer Interpretation dem Willen des Gesetzgebers weitestgehend Rechnung zu tragen (zur Regelung des Maximums s. BVerfGE 49, 89, 157; vgl. zum Ganzen auch Bleckmann, JuS 2002, S. 947).

Beispiele für eine verfassungskonforme Auslegung:
Gestützt auf die Menschenwürdegarantie (Art. 1 GG) und das Allgemeine Persönlichkeitsrecht (Art. 2 GG) wurde im Wege verfassungskonformer Interpretation das „allgemeine Persönlichkeitsrecht" als „sonstiges (absolutes, d. V.) Recht" i. S. d. § 823 BGB anerkannt (BGHZ 13, 324, 338 f.).

Da auch Spontan- und Eilversammlungen durch Art. 8 GG (Versammlungsfreiheit) geschützt sind, ist die in § 14 Abs. 1 VersammlG geregelte Anmeldepflicht für Versammlungen unter freiem Himmel einengend derart auszulegen, dass Spontanversammlungen nicht darunter fallen (BVerfGE 69, 315, 350), während bei Eilversammlungen die Anmeldung möglich sein muss; grundsätzlich ist hier die Anmeldefrist angemessen zu verkürzen (BVerfGE 85, 69, 75).

Das Problem verfassungskonformer Auslegung kann sich auch bei **Staatsverträgen** ergeben.

Dazu ein mittlerweile historisches Beispiel:
Beim Streit um den Grundlagenvertrag mit der Deutschen Demokratischen Republik hatte sich als Hauptproblem herausgestellt, ob dem Vertragsinhalt eine mit dem Grundgesetz vereinbare Auslegung gegeben werden und der Vertrag daher in verfassungsrechtlicher Weise ratifiziert werden konnte (s. dazu BVerfGE 36, 1, 21 ff.).

Im Zusammenhang mit der verfassungskonformen Interpretation sind auch noch die in der Rechtspraxis immer bedeutsamer werdende europarechtskonforme sowie die völkerrechtskonforme Auslegung zu nennen.

Europarechtskonforme Auslegung bedeutet zum einen: Das Sekundärrecht der EU (S. 14) muss widerspruchsfrei zu den Setzungen und Wertungen des Primärrechts der EU (S. 14) gedeutet werden. Zum anderen gilt: Nationales Recht muss – bezogen auf das gesamte EU-Recht – gemeinschaftsrechtskonform ausgelegt werden. Läuft nationales Recht Europarecht zuwider (sehr oft geht es hier um Verstöße gegen EU-Richtlinien), führt das aber nicht zur Ungültigkeit der jeweiligen Norm, sondern nur zu ihrer Unanwendbarkeit (S. 17).

Das Gebot, europarechtskonform zu interpretieren, steht innerhalb der Grenzen richterlicher Normauslegung im Einklang mit dem Grundgesetz (BVerfGE 75, 223, 240). Vgl. zum Ganzen Röhl/Röhl, S. 623 ff.

Der Europäische Gerichtshof entscheidet zur Vereinheitlichung der Rechtsanwendung innerhalb der Europäischen Gemeinschaft verbindlich über die Interpretation von Sekundärrecht, wenn Zweifel bestehen, ob Normen des nationalen Rechts mit dem Europarecht übereinstimmen, oder wenn EU-Vorschriften selbst inhaltlich unklar sind. Der EuGH verwendet zwar seinerseits auch die allgemeinen Auslegungsmaximen (s. Streinz, Europarecht, 8. Aufl. 2008, Rn. 570). Wenn unklar ist bzw. bleibt, wie er eine EU-Norm (z. B. der Verträge oder einer Verordnung) zu deuten hat, dann ist entscheidend, bei welchem Auslegungsergebnis das EU-Recht seine größte praktische Wirksamkeit und effektive Durchsetzbarkeit entfalten kann (Grundsatz des „effet utile").

Zur europarechtskonformen Auslegung s. Müller/Christensen, Rn. 428d; ferner z. B. Lutter, JZ 1992, S. 593 ff.

Zur Auslegung europäischen Rechts s. Looschelders/Roth, S. 215. Zur Notwendigkeit einer europäischen Methoden- bzw. Auslegungslehre s. Rüthers, Rn. 648a.

Sinn der **völkerrechtskonformen** Interpretation ist es, dass Verstöße gegen internationale Verpflichtungen bestmöglich zu vermeiden oder zu beseitigen sind (BVerfGE 58, 1, 84; 63, 1, 20). Dieses Gebot der **völkerrechtsfreundlichen** Auslegung des nationalen Rechts, auch des Verfassungsrechts, wird aus den Art. 24 bis 26 GG abgeleitet (s. zum Ganzen Jarass, in: Jarass/Pieroth, GG, 11. Aufl. 2011, Rn. 4 zu Art. 25; Verdross/Simma, Universelles Völkerrecht, 3. Aufl. 1984, § 860).

6 Die Rechtsfortbildung

6.1 Gegenstand, Aufgabe und Grenzen der Rechtsfortbildung

Kein Gesetzgeber ist so vorausblickend, dass er alle typischerweise zu regelnden Lebens- und Konfliktlagen mit seinen Normierungen erfasst. Die Vielgestaltigkeit der Realität und vor allem der Wandel der Wertvorstellungen bzw. der Verhältnisse in Staat und Gesellschaft bedingen Lücken in den Regelungen der Rechtsordnung, die, soweit rechtlich zulässig, aus Gründen der Gerechtigkeit zu beseitigen sind.

Ob der Normanwender anhand der bestehenden Rechtsordnung eine hinreichende Antwort auf seine Konfliktfrage geben kann oder nicht, erkennt er erst, wenn er alle Mittel der Auslegung ausgeschöpft hat. Jenseits des noch möglichen Wortsinns ist Auslegung grundsätzlich nicht mehr zulässig (S. 92). Hier käme der Normanwender mithin zu dem Ergebnis, dass die Rechtsanwendung (Konfliktlösung) nicht gelingt, dass er den Fall also anhand der bestehenden Rechtsordnung nicht entscheiden kann bzw. dass er nur zu einer unangemessenen, ungerechten oder nicht rangkonformen Entscheidung gelangen könnte. Müsste die **äußerste Auslegungsgrenze**, eben der mögliche Wortsinn der Normierung, **überschritten** werden, um eine gerechte und angemessene Konfliktlösung zu erzielen, ergibt sich die Möglichkeit bzw. das Gebot, Mittel der Rechtsfortbildung wie z. B. das der Analogie (S. 130 ff.) einzusetzen. Dies ist nur eine Auffassung zur Abgrenzung von Auslegung und Rechtsfortbildung, jedoch die herrschende (vgl. dazu BVerfGE 88, 145, 167).

Keine Rolle darf in diesem Zusammenhang spielen, ob ein Normanwender mit einer rechtsmaßstäblich erreichbaren Konfliktlösung persönlich nicht in Übereinstimmung ist oder ein solches Ergebnis z. B. für rechts- oder sozialpolitisch unerwünscht hält. Rechtsfortbildung setzt deshalb stets voraus, dass sich das geltende Recht **tatsächlich** als **lücken- oder fehlerhaft** erweist. Je älter und objektiv unzeitgemäßer eine Normierung ist, umso näher liegt es, Mittel der Rechtsfortbildung einzusetzen.

Zur schöpferischen Rechtsprechung im Rahmen der Gesamtrechtsordnung s. BVerfG 34, 269, 287: „Der Richter ist nach dem Grundgesetz nicht darauf verwiesen, gesetzgeberische Weisungen in den Grenzen des möglichen Wortsinns auf den Einzelfall anzuwenden."

Bedenkt man, dass der Normanwender bei jedem Wertungsvorgang, jeder einzelfallbezogenen Konkretisierung letztlich in den Grenzen von „Gesetz und Recht" auch schöpferisch tätig ist, lassen sich Auslegung und Rechtsfortbildung nicht strikt trennen, ist so betrachtet jede Rechtsentscheidung „ein Stück punktueller Rechtsfortbildung" (H. P. Schneider, Richterrecht, Gesetzesrecht und Verfassungsrecht, 1969, S. 26) und der prinzipielle Gesetzesvorrang bereits gelockert. Vgl. zum Ganzen auch Müller/Christensen, Rn. 97; Larenz/Canaris, S. 188.

Dass der Normanwender anhand der Gesetze keine Konfliktlösung findet, kann daraus folgen, dass eine Norm zwar besteht, aber verfassungswidrig ist.

Zur Feststellung der Verfassungswidrigkeit im Rahmen sog. Normenkontrollverfahren s. im Einzelnen Schwacke/Schmidt, Staatsrecht, 5. Aufl. 2007, Rn. 647 ff. bzw. 654 ff.

In der Praxis ist der Fall, über Rechtsfortbildung einen normativen Mangel zu beseitigen, die häufigere und unaufwendigere Alternative. Wegen der prinzipiellen Gesetzesbindung des Rechtsanwenders (S. 80, 123) muss sich aber auch die rechtsfortbildende Tätigkeit in engen Grenzen halten. Was durch Rechtsfortbildung als maßgebliche „Rechtsregel" gefunden wird, die über das geschriebene Recht hinausgeht und es damit ergänzt oder korrigiert, muss deshalb als „Recht" i. S. d. geltenden Rechtsordnung (S. 7) gerechtfertigt sein. Der Rechtsanwender steht hier vor der Aufgabe, für die regelungsbedürftige Konfliktsituation unter Beachtung der allgemeinen Regeln, Grundsätze und Wertmaßstäbe der Rechtsordnung eine **allgemeingültige Lösung** zu erarbeiten.

Ergebnisse der Rechtsfortbildung sind in noch strengerer Weise als normale Rechtsanwendungs- und Auslegungsresultate methodisch **zu begründen** (BVerfGE 88, 145, 167). Der Rechtsanwender muss die vorgenommenen Abweichungen genau benennen und einsichtig machen, „dass das geschriebene Gesetz seine Funktion, ein Rechtsproblem gerecht zu lösen, nicht erfüllt" (BVerfGE 34, 269, 287), dass also die prinzipiell sich erhebenden verfassungsrechtlichen Gründe der Gewaltenteilung und Rechtssicherheit ausnahmsweise kein Hindernis für die konkrete Rechtsfortbildung sind. Bei Überzeugungskraft der Argumentation wird man annehmen dürfen, dass der Gesetzgeber mit einer solchen Einsicht den vom Normanwender für lücken- oder fehlerhaft gehaltenen Norminhalt so nicht festgelegt oder der Regelungsabsicht entsprechend revidiert hätte. Der Rechtsanwendende nimmt in diesen Fällen eine ergänzende oder korrigierende Veränderung der Normierung vor, bleibt dabei aber im gesetzlichen Rechtsraum, mithin innerhalb der gesetzgeberischen Regelungsidee, also **innerhalb** der **Regelungsabsichten des Gesetzgebers** (Teleologie).

Auch hier wird zum Teil von Richterrecht (S. 13) gesprochen (Zippelius, S. 10; Rüthers, Rn. 822), ohne dass der Begriff auf Entscheidungen der obersten Gerichte begrenzt wird. Sind rechtsfortbildende Urteile von grundsätzlicher Bedeutung, fungieren sie als Präjudizien (S. 115).

Zum Problem der Rechtsquellenqualität (S. 13) fortgebildeten Rechts im Hinblick auf höchstrichterliche Rechtsprechung s. Kriele, S. 247 ff.

Von der **„gesetzesimmanenten Rechtsfortbildung"** (Larenz/Canaris, S. 187), dem Normalfall einer grundsätzlich zulässigen Gesetzeskorrektur durch den Rechtsanwender, ist die **gesetzesübersteigende** Rechtsfortbildung abzugrenzen. Bei ihr wird auch der Rahmen der gesetzgeberischen Vorgaben verlassen, die bestehende festgelegte Normierung also überstiegen. Der Rechtsanwender bildet hier das Recht zwar **außerhalb des gesetzlichen Rechtsraums**, allerdings noch **innerhalb der (Gesamt-)Rechtsordnung** fort. Es versteht sich von selbst, dass diese Art von Rechtsfortbildung, die den Rechtsanwender quasi in die Rolle eines Normsetzers schlüpfen lässt, nur in strikten Ausnahmefällen und unter ganz besonderen Voraussetzungen zulässig ist.

Zu Auslegung, Ergänzung und Berichtigung von Rechtssätzen innerhalb des gesetzlichen Rechtsraums ist der Rechtsanwendende in den Bereichen von Judikative und Exekutive, wie gesagt, verpflichtet. Wo die gesetzesimmanente Rechtsfortbildung möglich ist, darf sie von daher nicht mit der Begründung unterbleiben, das einschlägige Gesetz enthalte keine oder keine eindeutige Regelung. Gesetzesübersteigende Rechtsfortbildung ist hingegen Aufgabe der obersten Gerichte (s. z. B. § 132 Abs 4 GVG; ferner § 11 Abs. 4 VwGO; vgl. zum Ganzen auch S. 144 f.).

Rechtsfortbildung muss, wie gesagt, stets **aus rechtlichen Gründen** geschehen. Zur Verfolgung gesellschaftspolitischer, wirtschaftlicher oder gar ideologischer Zielsetzungen darf Recht nicht ergänzt oder berichtigt werden. In solchen Fällen liegt weder eine Lücke der Rechtsordnung vor, noch träte ein Rechtsnotstand bei ausbleibender Konfliktlösung ein. Auch ist für die Klärung und Regelung von Sachfragen ausschließlich der Gesetzgeber und nicht die Justiz zuständig. Rechtsfortbildung soll vielmehr wie Rechtsauslegung zur rechtmäßigen Lösung einer konkreten Interessen- oder Konfliktlage führen, wo auf Gesetzgebung nicht gewartet werden kann. Der Rechtsanwender entfernt sich hier zwar notwendigerweise von den prinzipiell verbindlichen normativen Vorgaben, ist aber dem Gesetz und Gesetzgeber gegenüber zu „denkendem Gehorsam" (Heck, Gesetzesauslegung und Interessenjurisprudenz, AcP 112 (1914), S. 20) verpflichtet. Noch mehr als z. B. eine Normkonkretisierung mittels teleologischer Argumente streift die Rechtsfortbildung zumindest die Grenze zur Rechtssetzung, die normalerweise allein dem Normgeber vorbehalten ist. Deswegen darf sich der Rechtsanwender hier nur dann über gesetztes Recht hinwegsetzen, wenn Gründe der Gewaltenteilung und des rechtsstaatlichen Bestimmtheitsgebots nicht eine förmliche Fortentwicklung des Rechts durch Gesetzgebung gebieten.

Je stärker Rechtspositionen verkürzt werden, desto sorgfältiger sind die Grenzen der Rechtsfortbildung zu beachten (BVerfGE 1, 261, 262 f. m. N.; BVerwGE 59, 242, 247 f.).

Verfassungsrechtlich grundsätzlich unhaltbar ist eine Rechtsfortbildung gegen den Gesetzessinn (**contra legem**), durch die gesetzgeberische Gestaltungs- und Regelungsabsichten bzw. Wertentscheidungen „verfehlt oder verfälscht" werden (BVerfGE 35, 263, 280). Die „prinzipielle Zielsetzung", die der Gesetzgeber „vor allem zu erreichen bestrebt war" (BVerfGE 86, 288, 320 f.) muss mithin gewahrt bleiben (s. zum Ganzen auch BVerfGE 91, 389, 404 f.; BVerwGE 92, 132, 144).

Das Bundesverfassungsgericht hat zwar seine Entscheidung zu nicht ehelichen Gemeinschaften im Mietrecht (E 82, 1, 6) mit dem Mittel der Analogie gerechtfertigt, es dürfte hier aber eher ein Urteil „contra legem" anzunehmen sein. Vgl. in diesem Zusammenhang auch die Soraya-Entscheidung (BVerfGE 34, 269, 287) zur Geldentschädigung bei immateriellen Schäden wie schweren Persönlichkeitsverletzungen.

Beispiel für eine aus dem Bestimmtheitsgebot des § 1 StGB und dem Erfordernis geschriebenen Strafrechts (Art. 103 Abs. 2 GG) folgende, ausschließlich dem Gesetzgeber vorbehaltene Lückenfüllung: Vor Einführung des Tatbestandes der Geldwäsche (§ 261 StGB) im Jahr 1993 gab es trotz der unbestrittenen Strafwürdigkeit entsprechender Verhaltensweisen keine Möglichkeit, Geldwäsche zu bestrafen. Eine Strafbarkeit rechtfertigte sich in der Regel rechtsmethodisch nicht aus den bestehenden Straftatbeständen der Hehlerei (§ 259), Strafvereitelung (§ 258), Begünstigung (§ 257), so dass Deutschland für einschlägige Täter ein Dorado bot.

Verfassungsrechtlich fragwürdig sind ferner die Fälle **offenen Ungehorsams** des Rechtsanwenders gegenüber dem Normgeber, also bewusster Außerachtlassung von klaren gesetzgeberischen Regelungen, zumal von positiven Verfassungsvorschriften. Was gerecht ist, kann der Normanwender nicht losgelöst von der positiven Rechtsordnung entscheiden. Mit anderen Worten: nicht seine eigenen Gerechtigkeitsvorstellungen sind maßgeblich, sondern die in der geltenden positiven Rechtsnorm zum Ausdruck gebrachten. Anerkannt ist deshalb, dass eine gesetzgeberische Vorgabe prinzipiell auch dann verbindlich bleibt, wenn sie „inhaltlich ungerecht und unzweckmäßig" (Radbruch) ist. Das soll und kann aber nicht gelten, wenn „der Widerspruch des positiven Gesetzes zur Gerechtigkeit ein so unerträgliches Maß erreicht, dass das Gesetz als ‚unrichtiges Recht' der Gerechtigkeit zu weichen hat ... wo Gerechtigkeit nicht einmal erstrebt wird, wo die Gleichheit, ..., bei der Setzung positiven Rechts bewusst verleugnet wurde, ..." (**Radbruch'sche Formel**; s. Radbruch, Rechtsphilosophie, 8. Aufl. 1973, S. 345). Aktuell dürfte die Frage des Ungehorsams in einem funktionierenden Rechtsstaat nur sein, wenn positives Recht mit Unrechtsgehalt aus totalitären Systemen angewendet werden soll.

S. dazu BVerfGE 23, 98, 106, wonach Vorschriften (hier ging es um eine Verordnung aus dem Jahr 1941) ungültig sind, soweit sie „fundamentalen Prinzipien der Gerechtigkeit so evident widersprechen, dass der Richter, der sie anwenden oder ihre Rechtsfolgen anerkennen wollte, Unrecht statt Recht sprechen würde".

U. a. mit dem Begriff der „materiellen Gerechtigkeit" (S. 7 f.) hat das Bundesverfassungsgericht auch im Rahmen der Mauerschützen-Entscheidung (E 95, 96, 133) argumentiert. Danach sollen Gründe der „materiellen Gerechtigkeit" das absolute Rückwirkungsverbot des Art. 103 Abs. 2 GG, mithin den strikt gebotenen Vertrauensschutz einschränken können. S. dazu Kaufmann, Die Radbruch'sche Formel vom gesetzlichen Unrecht und vom übergesetzlichen Recht in der Diskussion um das im Namen der DDR begangene Unrecht, NJW 1995, S. 81 ff. Vgl. zum Ganzen auch S. 145.

Die verfassungsrechtliche Problematik der Gratwanderung zwischen (noch) erlaubter Rechtsfortbildung und allein gebotener Rechtssetzung kann an dieser Stelle nicht weiter vertieft werden (s. auch S. 123).

Zu der in Art. 20 Abs. 2 GG verankerten Regelungsprärogative des Gesetzgebers und der damit zusammenhängenden verfassungsrechtlichen Frage, sofern man in Rechtsfortbildung zumindest teilweise verdeckte Normsetzung sieht, s. Kriele, S. 60 ff.; Fikentscher, S. 704 ff.

Nicht nur die allgemeine Gesetzesbindung des Rechtsanwenders durch Art. 20 Abs. 3 GG (s. ferner Art. 97 Abs. 1 GG) kann einer Rechtsfortbildung einen Riegel vorschieben, es gibt auch ausdrückliche **Verbote der Rechtsfortbildung**. So bestimmt die Spezialregelung des Art. 103 Abs. 2 GG (nulla poena sine lege), dass im Strafrecht das Rechtsfortbildungs-Mittel der Analogie (s. S. 130 ff.) zu Lasten von Tätern unzulässig ist. Das Analogieverbot gilt sowohl für strafbegründende wie für strafverschärfende Normen.

Gem. Art. 103 Abs. 2 GG ist bereits jede Strafrechtsanwendung, erst recht jede Strafrechtsfortbildung (s. auch S. 134), grundsätzlich ausgeschlossen, die über den Inhalt einer gesetzlichen Sanktionsnorm hinausgeht (vgl. dazu BVerfGE 87, 399, 411 m. w. N.; s. aber auch BGHSt 4, 76, 77, wo von zulässiger „kleine(r) berichtigende(r) Auslegung" die Rede ist).

Durch Analogieschlüsse dürfen darüber hinaus keine Eingriffstatbestände entwickelt werden.

Kein Raum für Rechtsfortbildung bleibt ferner, wenn der Gesetzgeber eindeutig will, dass eine Regelung ausschließlich auf bestimmte Fälle anzuwenden ist. Das kann expressis verbis durch ein „nur" oder „lediglich" ausgedrückt sein oder sich durch Auslegung (unter Beachtung der Gesetzesmaterialien und vor allem mittels teleologischer Erwägungen) ergeben. So kann gem. § 253 Abs. 1 BGB wegen eines immateriellen Schadens „Entschädigung in Geld **nur** in den durch das Gesetz bestimmten Fällen gefordert werden". Mit anderen Worten: Wenn „nur" die „durch das Gesetz bestimmten Fälle" i. S. d. § 253 Abs. 1 BGB gelöst werden sollen, will der Gesetzgeber die Konfliktregelung auf andere Fälle nicht erstreckt wissen. Zu diesem Ergebnis gelangt man, wie sich zeigte, durch einen Umkehrschluss (s. dazu S. 138).

Weitere Beispiele:

§§ 844 f. BGB, wonach ausnahmsweise, aber eben begrenzt auf die im Gesetz genannten „Dritten", mittelbar durch eine unerlaubte Handlung Geschädigte (etwa unterhaltsberechtigte Abkömmlinge) Schadenersatz erhalten sollen.

Regelungen mit enumerativer Aufzählung wie Art. 73 GG (ausschließliche Gesetzgebungskompetenz des Bundes). Durch die Aufzählung zeigt der Gesetzgeber, dass er die Ausdehnung eines Anwendungsbereichs auf ähnliche, in der Norm nicht bezeichnete Fälle nicht wollte.

6.2 Rechtsfortbildung im gesetzlichen Rechtsraum: Die Ausfüllung von Lücken

6.2.1 Der Lückenbegriff

Kann auch bei weitestgehender Auslegung einer gesetzlichen Regelung oder des Gewohnheitsrechts eine konkrete Konfliktfrage nicht beantwortet werden, enthält die Rechtsordnung eine **Lücke**, die unter bestimmten Voraussetzungen durch Rechtsfortbildung zu schließen ist. Eine Lücke ist definitionsgemäß eine Stelle, in der etwas in einem zusammenhängenden Ganzen fehlt; „das Ganze" ist hier das zu einem geschlossenen und widerspruchsfreien System (S. 7) geordnete Rechtsganze. Von einer Lücke im Gesetz spricht man vor allem dann, wenn eine Normierung zu einer bestimmten Frage völlig „schweigt", wobei dieses Schweigen in der Regel eine **planwidrige Unvollständigkeit des Gesetzes** ist.

Den Begriff prägte Elze in seiner Schrift „Lücken im Gesetz", 1916, S. 3 ff. Zur planwidrigen Unvollständigkeit des Gesetzes s. Canaris, Die Feststellung von Lücken im Gesetz, 2. Aufl. 1983, S. 31 ff.

Der Ausdruck „planwidrig" deutet auf die ursprüngliche Regelungsabsicht des Gesetzgebers hin. Eine Lücke ist demnach gegeben, wenn eine Regel fehlt, die bei vollständiger Verwirklichung der Regelungsabsicht des Gesetzgebers in der Normierung hätte enthalten sein sollen.

Bei der Ermittlung, ob etwas in einem bestimmten Gesetz fehlt, was nach der Regelungsabsicht nicht fehlen sollte, helfen Fragen weiter wie: Hat sich der Gesetzgeber innerhalb der Systematik seiner Regelung zu einem korrigierenden Widerspruch oder inhaltlich ohne sachlichen Grund eine zu beseitigende Gleichheitswidrigkeit geleistet?

Die Lücke kann allerdings auch dadurch entstanden sein, dass für den Gesetzgeber ein regelungsbedürftiges Problem noch nicht erkennbar war. Die Lückenhaftigkeit kann mithin eine Frage der tatsächlichen Entwicklung sein (BVerfGE 82, 6, 11 f.). Dass der Regelungsbedarf einer rechtsrelevanten Frage oder Fallgruppe erst im Laufe der Zeit durch veränderte Verhältnisse oder Vorstellungen hervorgerufen und damit erst nach Gesetzeserlass offenkundig wird, kommt entschieden häufiger vor als ein Fehler des Normgebers. Gerade bei älteren Gesetzen dürften solche Lücken eher auftauchen.

Beispiele:
Erst lange nach Inkrafttreten des StGB hat sich die Normierungsnotwendigkeit z. B. des unerlaubten Umgangs mit radioaktiven Stoffen (§ 328) erwiesen.

Den Regelungsbedarf z. B. neuer Modalitäten im Zahlungsverkehr (s. §§ 676a ff.) gab es bei Inkrafttreten des BGB noch nicht.

Abzugrenzen von der planwidrigen Unvollständigkeit des Gesetzes sind **geplante Aussparungen im Gesetz**. Es kann durchaus sein, dass der Normgeber – darüber informieren in erster Linie die Gesetzesmaterialien – Lücken in Kauf genommen, mithin bewusst in seinen Gesetzesplan eingebaut hat. Er könnte veranlasst worden sein, von der Regelung bestimmter Interessen- und Konfliktlagen (noch) abzusehen, weil deren Thematiken zum Zeitpunkt der Gesetzesentstehung erst heraufdämmerten, also (noch) zu vage waren. Auch in diesen Fällen ergibt sich die Notwendigkeit einer Gesetzes „vervollständigung" durch den Rechtsanwender. Ob sie begrifflich als „Lücken" einzuordnen sind (so Rüthers, Rn. 835, bezogen auf Generalklauseln oder unbestimmte Rechtsbegriffe; vgl. dazu auch Wank, S. 80 f.) oder nicht, mag hier dahinstehen.

Lückenhaft ist eine Normierung demgegenüber dann nicht, wenn der Gesetzgeber bestimmte Tatbestände ganz bewusst nicht in die Regelung einbezogen hat, weil für sie die entsprechenden **Rechtsfolgen** der Regelungsidee nach **nicht eintreten sollen** (**beredtes Schweigen** des Gesetzgebers). Hier hat sich der Normgeber aus Gründen der Recht- oder Zweckmäßigkeit klar gegen eine Normierung entschieden, so dass dann auch kein Raum für Rechtsfortbildung bleibt, wenn der Rechtsanwender etwas anderes wünscht. Eine Rechtsfortbildung würde hier gegen das Gesetz (contra legem, S. 123) erfolgen (s. dazu BVerfGE 35, 263, 280).

Beispiele:
Dass Geschwister untereinander nicht Pflichtteilsberechtigte i. S. d. § 2303 BGB sind, bedeutet keine Lücke im BGB, sondern ein beredtes Schweigen des Gesetzgebers. Für diesen Fall sollte es keine entsprechende Normierung geben. Auch im Wege der Rechtsfortbildung darf ein Geschwisterteil, das etwa – anders oder weit mehr als Eltern, Ehegatte oder Kinder – freiwillig und für eine lange Zeit ein anderes Geschwisterteil materiell oder ideell unterstützt hat, bei Nichtberücksichtigung im Testament nicht in den Kreis der Pflichtteilsberechtigten einbezogen werden.

Der BGB-Gesetzgeber lehnte ein Sonderrecht zum Wohnungseigentum aus Gründen der Übersichtlichkeit der Rechtsverhältnisse am Grundstück ab, obwohl er das grundsätzliche Rechtsproblem durchaus sah. Zur Regelung u. a. des Rechtsinstituts „Wohnungseigentum" war daher ein besonderes Gesetz erforderlich, das 1951 erlassen wurde („Gesetz über das Wohnungseigentum und das Dauerwohnrecht").

Bestimmte Gegenstände und Lebensbereiche sind nur sehr begrenzt einer Normierung zugänglich wie z. B. die Sitte, innerseelische Vorgänge oder die Gesinnung (S. 6). Anstands- oder Sittlichkeitsfragen treten aber dann aus dem rechtsfreien Raum bloßer sozialer Verhaltensüblichkeiten heraus, wenn sie im Rahmen von Rechtsbeziehungen normativ gewertet werden sollen (s. dazu etwa § 242 BGB, der Gesetzgeber verwendet hier den unbestimmten Rechtsbegriff „Verkehrssitte"). Manifestieren sich Gedanken, Absichten oder Gesinnungen in bestimmten Verhaltensweisen, die ihrerseits rechtlich geregelt sind (z. B. die Zueignungsabsicht beim Diebstahl, § 242 StGB), können innerseelische oder gedankliche Prozesse rechtliche Bedeutung haben. Sie bleiben damit aber selbst ihrer Natur nach im außerrechtlichen Raum. Ob der Gesetzgeber den Regelungsbedarf erkannt hat oder nicht, ob vor allem eine Unvollständigkeit des Gesetzes geplant oder nicht geplant, aber durch Rechtsfortbildung ergänz- oder korrigierbar ist, ergibt sich einerseits aus der Entstehungsgeschichte (S. 97 ff.) oder der Systematik des Gesetzes (S. 93 ff.), lässt sich andererseits aber auch durch teleologische Auslegung (S. 99 ff.) ermitteln.

Die Rechtsfortbildung

6.2.2 Lückenarten

Unbefriedigende und deshalb regelungsbedürftige Unvollständigkeiten kommen in der Rechtsordnung in unterschiedlicher Weise vor. Entsprechend vielfältig fallen die Differenzierungen und Benennungen der Lückenarten aus (s. die Auflistung von Rüthers, Rn. 841).

Ist eine einzelne Vorschrift in planwidriger Weise unvollständig, ist in ihr also ein bestimmtes Problem nicht geregelt, obgleich der Gesetzeszweck es gebietet, spricht man von einer **Normlücke**. Lücken dieser Art unterlaufen dem Gesetzgeber selten; geplant dürften sie kaum je sein.

Beispiel:
§ 904 S. 2 BGB, der die Frage offen lässt, gegen wen sich der Ersatzanspruch eines Eigentümers richtet, der zur Gefahrenabwehr Einwirkungen auf sein Eigentum hinnehmen muss. In Frage kommen als Anspruchsgegner die Person, die zur Gefahrenabwehr gehandelt hat, sowie die Person, von der Gefahren abgewehrt wurden. Die Lücke ist schon aus der Formulierung des § 904 S. 2 BGB abzulesen: „Der Eigentümer kann Ersatz des ihm entstandenen Schadens verlangen."

Meistens handelt es sich bei Unvollständigkeiten um sog. **Regelungslücken**, oft auch Gesetzeslücken genannt. Bei ihnen bezieht sich die Aussparung bzw. das Versäumnis des Normgebers nicht auf einen einzelnen Rechtssatz; es fehlt vielmehr gänzlich eine bestimmte Normierung im Gesetz, obwohl es ihrer Einbeziehung bedarf, weil man sonst gleichheitswidrig auf bestimmte Problemfälle bzw. Interessenlagen keine Antwort geben kann. Seinem Wortlaut nach ist bei Regelungslücken das Gesetz bzw. ein Gesetzesteil zwar widerspruchsfrei, aber ergänzungsbedürftig.

Beispiele:
Anders als in § 37 VwVfG für den Verwaltungsakt hat der VwVfG-Gesetzgeber für Nebenbestimmungen (§ 36 VwVfG) z. B. keine spezielle Regelung zur Bestimmtheit geschaffen (s. dazu BVerwG NVwZ 1990, S. 856).
Sind Konkurrenzlagen sich widersprechender gleichrangiger Rechtssätze auch über die „lex specialis"-Regel (S. 19) nicht aufzulösen, darf der Rechtsanwender beide Normen nicht anwenden. Damit entsteht hier eine Regelungslücke, die zu schließen ist. Rüthers (Rn. 845) führt für diese Fälle eine weitere Lückenkategorie ein, nämlich die der „Kollisionslücke".
Seit der Schuldrechtsreform lassen sich frühere Schulbeispiele zur Regelungslücke wie z. B. der im Wege der Rechtsfortbildung entwickelte Grundsatz der „positiven Vertragsverletzung" nur noch als historische Planwidrigkeit anführen: Das alte Recht der Leistungsstörungen (§§ 276 ff., 280, 284 ff., 325 f. BGB a. F.) enthielt nur Regelungen zu Unmöglichkeit und Verzug, nicht aber zu sonstigen schuldhaften Pflichtverletzungen im Rahmen von Schuldverhältnissen. Diese unbefriedigende planwidrige Unvollständigkeit im BGB wurde eben durch die Entwicklung des Grundsatzes der „positiven Vertragsverletzung" beseitigt. Heute enthalten § 241 Abs. 2 i. V. m. §§ 280 ff. BGB die dazugehörigen Regeln. Entsprechendes gilt auch für die Grundsätze „culpa in contrahendo" (s. heute dazu § 311 Abs. 2 i. V. m. § 241 Abs. 2 BGB) und „Wegfall der Geschäftsgrundlage" (s. heute als „Störung der Geschäftsgrundlage" in § 313 BGB geregelt).

Neben den Norm- bzw. Regelungslücken gibt es für manche auch noch sog. **Rechtslücken** (s. Engisch, S. 236 ff.; Rüthers, Rn. 855 ff.). Sie sprechen davon, wenn in der gesamten Rechtsordnung (also nicht nur in der Ordnung eines Gesetzes) für einen ganzen Lebensbereich eine Normierung oder ein Rechtsinstitut fehlt. Nun wird es aber für die Gesamtrechtsordnung niemals einen realen Gesamtregelungsplan und entsprechend keine einsehbaren Materialien geben. Zur Ausfüllung sog. Rechtslücken dürfte stets der Gesetzgeber tätig werden müssen, es sei denn, es sind ausnahmsweise äußerst gewichtige Gründe für gesetzesübersteigende Rechtsfortbildung (S. 144 f.) gegeben oder eine „Rechtslücke" stellt sich in Wirklichkeit als Regelungslücke heraus (s. dazu Larenz/Canaris, S. 196 f., 232 ff.).

Innerhalb der beiden großen Lückenarten (Norm- bzw. Regelungslücke) wird noch weiter unterschieden einerseits zwischen „offenen" bzw. „verdeckten", andererseits zwischen „anfänglichen" bzw. „nachträglichen" Lücken. Bei allen Arten ist, wenn die Voraussetzungen vorliegen, Rechtsfortbildung nicht nur erlaubt, sondern geboten.

Von einer **offenen Lücke** spricht man, wenn entweder innerhalb einer einzelnen Norm (Normlücke) oder eines Komplexes von Normen (Regelungslücke) für einen Konflikt eine Entscheidungsanweisung fehlt, nach der Teleologie aber nicht fehlen sollte. Der Fall der Regelungslücke hinsichtlich der früher ungeregelten „positiven Vertragsverletzung" (s. S. 127) war hier einzuordnen. Der **Anwendungsbereich** des Gesetzes ist hier also im Wege der Rechtsfortbildung **zu erweitern**.

Eine **verdeckte Lücke** liegt vor, wenn dem Wortsinn nach für die in Frage stehenden Fälle zwar eine Entscheidungsanweisung gegeben ist, diese aber, beachtet man Teleologie und Wertung, für diese Fälle nicht gelten soll, will man zu einem gerechten Ergebnis gelangen. Anders als bei offenen Lücken wird der **Anwendungsbereich** also **eingeschränkt**.

Beispiele:
§ 181 BGB verbietet das Selbstkontrahieren, also das Tätigen von Geschäften mit sich selbst, weil die Mitwirkung derselben Person auf beiden Vertragsseiten die Gefahr eines Interessenkonflikts und damit die Schädigung einer Vertragsseite in sich birgt (BGHZ 56, 97, 101). Wenn ein solches Insichgeschäft eines gesetzlichen Vertreters (z. B. der Eltern) dem gesetzlich Vertretenen (z. B. dem Kind) lediglich einen rechtlichen Vorteil bringt, ist § 181 BGB zwar seinem Wortsinn, nicht aber seinem Normzweck nach anwendbar, da hier ein Interessenkonflikt ausgeschlossen ist (s. dazu BGHZ 59, 236, 240 f.; 94, 232, 235).

In § 823 Abs. 1 BGB ist lediglich normiert: „Wer... das Leben,... Eigentum **oder ein sonstiges Recht** eines anderen verletzt", hat Schadenersatz zu leisten. Der Begriff „sonstiges Recht" lässt außer Betracht, dass zwischen relativen und absoluten Rechten zu differenzieren ist. Im Hinblick auf seine Nennung hinter den übrigen Begriffen, die ausschließlich absolute, also von jedermann zu beachtende Rechte sind, muss es sich auch bei den „sonstigen Rechten" um entsprechende ausschließliche Rechte handeln. Forderungsrechte, die nur die andere Vertragspartei binden, gehören demnach z. B. nicht zu den „sonstigen Rechten". Die Erwägungen basieren u. a. auf Kontextbetrachtungen. Zu demselben Ergebnis dürfte man ggf. also auch durch Auslegung gelangen. Das Beispiel zeigt, wie nahe Auslegung und Rechtsfortbildung beieinander liegen können.

Die Lückenarten werden schließlich in anfängliche und nachträgliche Unvollständigkeiten unterteilt. Meistens handelt es sich um – dem Gesetzgeber unbewusste bzw. bewusste (S. 125 f.) – **anfängliche** Norm- bzw. Regelungslücken. Der Regelungsbedarf und damit die sich im Hinblick auf die Klärung einer konkreten Interessen- oder Konfliktlage ergebende Notwendigkeit von Rechtsfortbildung war mithin bereits bei Entstehung des Gesetzes da; der Gesetzgeber hat das aber nicht erkannt oder konnte z. B. eine entsprechende Norm bzw. Regelung politisch nicht durchsetzen und ließ hier das Gesetzeswerk offen. Das darf freilich nicht dazu führen, dass politisch umstrittene Gegenstände unter Verletzung des Gewaltenteilungsprinzips (S. 80, 123) quasi durch die Hintertür vom rechtsfortbildenden Normanwender der Normierung einverleibt werden.

Die Rechtsfortbildung

Erfordern veränderte tatsächliche Verhältnisse (häufig in Wirtschaft und immer weiter fortschreitender Technik, man denke nur an die Ergebnisse der digitalen Entwicklungen) oder gewandelte Wertvorstellungen gegenwartsnahe, also auf aktuelle Fakten bezogene Rechtsentscheidungen auf der Basis unzulänglicher Gesetzesvorgaben, handelt es sich um **nachträgliche** Lücken. Das Bedürfnis bzw. die Notwendigkeit, die aktuellen Sachlagen oder Fallgruppen in die Regelung einzubeziehen, konnte dem Gesetzgeber noch nicht bewusst gewesen sein, er hätte hier aber bei Kenntnis der neuen Umstände vernünftigerweise gewollt, dass solche nach Gesetzesentstehung offenbar gewordenen Sachverhalte (Lücken) von der Norm bzw. Regelung tatbestandlich miterfasst würden. Es ist also teleologisch zu argumentieren.

6.2.3 Verfahren zur Lückenschließung im Überblick

Bei den Verfahren der Lückenschließung ist vieles streitig; auch hier besteht bereits terminologisch Uneinigkeit. Erläutert werden im folgenden die gängigen Vorschläge zur Lückenschließung. Auch zu den Verfahren der Rechtsfortbildung durch Lückenschließung gibt es keine gesetzlichen Regelungen.

Anders ist es im Schweizerischen Recht, das nicht nur zur Auslegung (S. 82), sondern ebenfalls zur Rechtsfortbildung allgemeine Regeln kennt. S. dazu Art. 1 Abs. 2 Schweizerisches Zivilgesetzbuch: „Kann dem Gesetz keine Vorschrift entnommen werden, so soll der Richter nach Gewohnheitsrecht und, wo auch ein solches fehlt, nach der Regel entscheiden, die er als Gesetzgeber aufstellen würde." Er soll dabei nach „bewährter Lehre und Überlieferung" (Art. 1 Abs. 3) vorgehen.

Alle Verfahren darf der Rechtsanwender, wie gesagt, nur einsetzen, wenn er zuvor das **Vorhandensein einer Lücke** und die **Art der Unvollständigkeit** festgestellt hat. Von der Art der Lücke hängt die Enge bzw. Weite des Aufgabenfeldes bzw. Spielraums des Rechtsfortbildenden ab. Bei der offenen Normlücke etwa hat er lediglich das fehlende Teilstück der Norm hinzuzufügen, um die einzelne ungeregelte Rechtsfrage beantworten zu können (im Beispielsfall des § 904 S. 2 BGB, s. S. 127, also, wer konkret dem betroffenen Eigentümer Schadenersatz leisten muss). In den Fällen verdeckter Regelungslücken dagegen stellt sich ihm das Problem, die für eine Konfliktfrage fehlende Regelung und Wertung im Sinne des Gesetzes zu schaffen (s. dazu die Beispiele zur Analogie, S. 130 f.).

Will man die verschiedenen Argumentationstechniken zu gesetzesimmanenter Rechtsfortbildung in ein Schema bringen, ergibt sich:

```
                    Gesetzesimmanente Rechtsfortbildung zur Schließung
                   ┌─────────────────────┴──────────────────────┐
              offener Lücken                              verdeckter Lücken
         ┌────────┬──────────┐                       ┌───────────┴──────────┐
     Analogie  Rechts-    Teleolog.                Teleol.              Güter-
              ergänzung  Extension               Reduktion           abwägung bei
                                                                     Kollisionslagen
   ┌──────┬──────┐
Einzel-  Gesamt-  Erst-recht-
analogie analogie  Schluss
```

Bei gesetzesübersteigender Rechtsfortbildung (S. 144 f.) wird Recht umgebildet. Hier kann man, wie gesagt, nicht von einer Korrektur (planwidriger) Unvollständigkeiten von Gesetzen sprechen, da die durch Rechtsfortbildung erzielten Ergebnisse überhaupt nicht im Plan des Normgebers lagen.

6.2.4 Die Verfahren zur Schließung offener Lücken

Offene Lücken können durch Analogieschluss, Rechtsergänzung und Teleologische Extension geschlossen werden. In der Rechtspraxis spielt die Schlussfigur der Analogie die Hauptrolle.

(1) Analogie

Bei erfolgreicher Rechtsanwendung findet der Rechtspraktiker eine passende Norm, deren Tatbestand die konkret zu beurteilende Konfliktlage erfasst, wodurch die in der Norm angeordnete Rechtsfolge gilt (s. S. 22 f.). Erwägt der Rechtsanwendende einen Analogieschluss, weil ihm für die Lösung seines Falles eine solche Antwortnorm fehlt, hält er Ausschau nach einer Vorschrift, deren Rechtsfolge auch auf seine Frage Antwort geben könnte. Dabei leiten ihn folgende Erwägungen: Die Tatbestandsbeschreibung dieser Norm trifft zwar auf den aktuellen Sachverhalt nicht unmittelbar zu, bezieht sich allerdings auf eine mutmaßlich ähnliche Interessenlage, so dass dem Rechts- und Wertungsgedanken der Norm nach die Rechtsfolge auch für den konkret zu klärenden Sachverhalt gelten könnte. Vergleicht er nun die in der Norm abstrakt geregelte Interessenlage mit der von ihm konkret zu entscheidenden, ungeregelten Interessenlage und stellt dabei fest, dass sich beide Lebensverhältnisse entsprechen, dass die von ihm zu regelnde Interessenlage also im Vergleich zur geregelten Interessenlage ein Analogon, etwas Ähnliches, ist, hat er die Antwort (Rechtsfolge der Norm) auf seine konkrete Frage gefunden.

Analogie ist nach allem die Verwendung der an einen Tatbestand geknüpften Rechtsfolge auf einen ungeregelten Sachverhalt, der die Voraussetzungen des Tatbestandes zwar nicht erfüllt, der aber der vom Tatbestand A erfassten Sachverhaltslage in rechtlich-wertender Hinsicht ähnlich ist. Man zieht mithin aus der

Die Rechtsfortbildung

wertungsmäßigen Gleichheit des von Tatbestand A abstrakt erfassten Sachverhalts und des ihm entsprechenden, ungeregelten Sachverhalts den Schluss, dass für beide Sachverhalte, also den geregelten wie den ungeregelten, die gleiche Rechtsfolge gelten soll. Würde der Rechtsanwender die beiden ähnlich gelagerten, weil gleiche Interessenlagen betreffenden Fälle unterschiedlich behandeln, also den Analogieschluss unterlassen, wäre wesentlich Gleiches nicht gleich geregelt, läge also eine Inkonsequenz der Rechtsordnung vor. Man kann in diesen Fällen dem Normgeber unterstellen, dass er den Konflikt, hätte er die Lücke entdeckt, nicht anders geklärt haben würde als der Rechtsanwender.

Beispiele:
Dass unter dem Begriff „sonstiges Recht" i. S. d. § 823 Abs. 1 BGB als rechtlich geschütztes Interesse auch der eingerichtete und ausgeübte Gewerbebetrieb zu zählen ist, verdankt sich einer Lückenfüllung durch Analogie (BGHZ 69, 128, 139; s. auch BGH NJW 1963, S. 484).

Bis zu seiner Änderung war der damalige § 1606 Abs. 3 S. 2 BGB eines der Schulbeispiele im Zivilrecht. Danach wurde davon ausgegangen, dass die „Mutter" ihre Unterhaltsverpflichtung „durch Pflege und Erziehung des Kindes" erfüllt. § 1606 Abs. 3 BGB a. F. wurde analog auf den Vater bezogen, sofern der als „Hausmann" das Kind betreute (s. dazu BGH NJW 1985, S. 1461). Sinn der Vorschrift ist es, dass durch die Unterhaltspflicht gegenüber einem minderjährigen unverheirateten Kind der Erziehende, ob Mutter oder Vater, nicht zur Berufstätigkeit gezwungen werden soll. § 1606 Abs. 3 S. 2 BGB n. F. spricht nur noch von „Elternteil".

Allgemein sind im öffentlichen Recht zahlreiche BGB-Bestimmungen analog anwendbar, weil sie entweder wegen ihrer Allgemeingültigkeit rechtsgrundsätzlich wirken oder weil sie rechtstechnische Fragen so regeln, wie es der Gesetzgeber von verwaltungsrechtlichen Normen getan hätte, wenn er selbst eine Regelung geschaffen hätte oder schaffen würde (s. z. B. § 59 Abs. 1 VwVfG). Analog angewendet werden im öffentlichen Recht, sofern Regelungen fehlen, vor allem § 242 BGB (Grundsatz von Treu und Glauben; u. a. auf diesem Prinzip basiert der Vertrauensschutzgrundsatz, §§ 133, 157 BGB (insbesondere für die Auslegung von Verwaltungsakten), § 138 BGB (Sittenwidrigkeit). Hier wird zwar analogisch argumentiert; letztlich handelt es sich aber um Gesetzesanwendung. Grundsätzlich kann deshalb auch zuungunsten des Betroffenen eine Vorschrift analog angewendet werden. In der Praxis soll das gleichwohl zurückhaltend gehandhabt werden.

Durch analoge Anwendung des § 80 Abs. 2 Nr. 2 VwGO ist die aufschiebende Wirkung (Suspensiveffekt) von Rechtsbehelfen gegen einen durch Verwaltungsakt verfügten sog. Smog-Alarm ausgeschlossen, weil hier wie bei den in § 80 Abs. 2 Nr. 2 VwGO ausdrücklich erwähnten „unaufschiebbaren Anordnungen und Maßnahmen von Polizeivollzugsbeamten" andernfalls die öffentliche Aufgabe nicht erfüllt werden kann und sich ein Betroffener sonst durch Einlegen eines Rechtsmittels den Konsequenzen des verfügten Smog-Alarms entziehen könnte.

Die Vorschrift des § 113 Abs. 1 S. 4 VwGO kommt bei Fortsetzungsfeststellungsklagen nach Wortlaut („vorher") und Systematik nur im Falle der Erledigung eines Verwaltungsakts nach Erhebung der Anfechtungsklage in Betracht. Der Kläger wendet sich hier gegen einen ursprünglich erlassenen Verwaltungsakt, der sich in einem laufenden Anfechtungsklageverfahren erledigt hat. Sinn der Fortsetzungsfeststellungsklage ist es, den Rechtsschutz umfassend zu sichern. Ob ein Verwaltungsakt sich vor oder nach Klageerhebung erledigt, macht für das Rechtsschutzbedürfnis des Betroffenen keinen Unterschied. Aus diesem Grund wird § 113 Abs. 1 S. 4 VwGO analog auch auf zahlreiche weitere Prozesskonstellationen, z. B. Verpflichtungsklagen, angewendet (s. dazu Kopp/Schenke, VwGO, 16. Aufl. 2009, Rn. 99 zu § 113).

Gem. § 46 Abs. 1 OWiG gelten, soweit das OWiG keine eigenen Regelungen enthält, sinngemäß die Vorschriften u. a. der StPO, des GVG und des JGG für das Bußgeldverfahren. Wegen der unterschiedlichen Bedeutung von Bußgeldverfahren und Strafverfahren sind aber z. B. längst nicht alle StPO-Vorschriften analog anzuwenden (z. B. nicht §§ 98a, 98b StPO zur Rasterfahndung oder § 163e StPO zur Ausschreibung zur Beobachtung). Der Rechtsanwender muss also stets den Inhalt der jeweils analog heranzuziehenden Norm z. B. nach den unterschiedlich schwerwiegenden Folgen bestimmen. Was wegen des schwereren Schuldvorwurfs im Strafverfahren noch erlaubt ist, kann im Bußgeldverfahren unverhältnismäßig sein (s. dazu Göhler, OWiG, 15. Aufl. 2009, Rn. 10 ff. zu § 46).

Im Gegensatz zum normalen Subsumtionsvorgang (nur bei Vorliegen des Tatbestandes gilt die Rechtsfolge der Norm, S. 22 f.) gebietet es hier also die Rechtsordnung, zur Erlangung einer gerechten Entscheidung trotz Nichtvorliegens des Tatbestandes eine Rechsfolgeanordnung gelten zu lassen. Man gewinnt das Ergebnis nicht durch einen logischen Schluss, sondern durch einen Vergleich und rechtfertigt die Analogie mit Hilfe der Begründungsfigur des „**argumentum a simile**": Der geregelte Sachverhalt ist dem nicht geregelten trotz der tatsächlich vorhandenen Unterschiedlichkeit ähnlich (im Wesentlichen gleich); deshalb soll die für den geregelten Fall geltende Rechtsfolge auch für den ungeregelten Fall gelten, obwohl deren Tatbestand dem Wortlaut nach den ungeregelten Fall nicht erfasst. Kurz: gleiche rechtliche Behandlung von (im Wesentlichen) gleichen Interessen- bzw. Konfliktlagen.

Letztlich ist die Analogie ein Anwendungsfall des Art. 3 Abs. 1 GG, wonach u. a. **wesentlich Gleiches auch gleich zu behandeln** ist. Die Analogie teilt damit aber auch die schwierige Problematik, wann Sachverhalte als gleich bzw. ungleich zu bewerten sind (s. dazu BVerfGE 1, 14, 52; 84, 133, 158, 183; 103, 310, 318; BGHZ 112, 163, 173). Auf die gebotene rechtliche Ungleichbehandlung wegen der Unterschiedlichkeit trotz gleicher Interessen- bzw. Konfliktlage, dem „argumentum e contrario", wird später eingegangen (S. 138).

Aus gesetzestechnischen Gründen ordnet der Gesetzgeber mitunter selbst ausdrücklich eine Analogie an (etwa durch Verweisungen, s. S. 36 f.). Hier gebietet er dem Rechtsanwender die entsprechende oder sinngemäße Anwendung einer Norm auf eine vergleichbare Fallkonstellation. Im streng methodischen Sinn handelt es sich dabei um Rechtsanwendung, nicht um Analogie.

Beispiele:
§ 119 Abs. 2 BGB regelt: „Als Irrtum über den Inhalt der Erklärung gilt auch der Irrtum über solche Eigenschaften der Person oder der Sache, die im Verkehr als wesentlich angesehen werden."
§ 452 BGB: „Die Vorschriften dieses Untertitels über den Kauf von Grundstücken finden auf den Kaufvertrag von eingetragenen Schiffen und Schiffsbauwerken entsprechende Anwendung."
In § 839a Abs. 2 BGB (Haftung des gerichtlichen Sachverständigen) heißt es: „§ 839 Abs. 3 ist entsprechend anwendbar."
„Auf die Unwirksamkeit der Zusicherung findet, ..., § 49 entsprechende Anwendung" (§ 38 Abs. 2 VwVfG).
Die Regelung über die zeitliche Begrenzung der Befugnis zur Rücknahme von Verwaltungsakten (§ 48 Abs. 4 VwVfG) „gilt entsprechend" für den Widerruf von Verwaltungsakten gem. § 49 Abs. 2 S. 2 VwVfG.
Nach § 59 Abs. 1 VwVfG ist ein öffentlich-rechtlicher Vertrag nichtig, wenn sich die Nichtigkeit aus der entsprechenden Anwendung von Vorschriften des Bürgerlichen Gesetzbuches ergibt.

Arten von Analogie

Die weitaus meisten Analogiefälle sind sog. Gesetzesanalogien, d. h. die für den Tatbestand eines bestimmten Rechtssatzes gegebene Regel wird auf einen anderen, ihm ähnlichen Sachverhalt übertragen. Weil eine einzelne Norm auf einen von ihr nicht geregelten Fall entsprechend angewendet wird, ist es präziser und deshalb besser hier den Begriff **Einzelanalogie** statt Gesetzesanalogie zu verwenden (s. Larenz/Canaris, S. 204). Die VwGO-Beispiele (S. 131) etwa sind Fälle von Einzelanalogie.

Die Rechtsfortbildung

Zu unterscheiden davon ist die **Gesamtanalogie**, auch Rechtsanalogie genannt. Sie wird auf mehr als eine Norm gestützt: mehreren Vorschriften mit gleichem Normzweck, die an verschiedene Tatbestände die gleiche Rechtsfolge knüpfen, wird ein allgemeiner Grundgedanke entnommen, der auf eine Vielzahl ungeregelter Interessen- bzw. Konfliktlagen angewendet werden kann, wenn sie den geregelten Normierungsinhalten wertungsmäßig ähnlich sind. Es wird hier quasi ein neuer Rechtssatz formuliert.

Beispiele:
Aus mehreren Rechtsnormen, in denen für bestimmte Dauerschuldverhältnisse ein nicht abdingbares Recht zur Kündigung „aus wichtigem Grund" geregelt ist, wurde etwa der Grundgedanke abgeleitet, dass generell Dauerschuldverhältnisse „aus wichtigem Grund" gekündigt werden können, also auch „Weinbezugsverträge" (s. BGHZ 9, 157, 161 ff.; vgl. dazu die heutige Regelung in § 314 BGB; s. zum Ganzen Larenz/Canaris, S. 204 f., die die stufenweise analogische Ableitung des allgemeinen Grundsatzes darstellen).

Etliche durch Gesamtanalogie (Rechtsanalogie) gewonnene allgemeine Rechtsgrundsätze hat der Normgeber inzwischen gesetzlich verankert. Dazu gehört u. a. der schon erwähnte Grundsatz der „positiven Vertragsverletzung" (S. 127), der aus §§ 280, 286 BGB a. F. und – für gegenseitige Verträge – aus §§ 325, 326 BGB a. F. entwickelt worden war. S. auch das Beispiel der „culpa in contrahendo" (S. 127).

U. a. aus Einzelgrundrechten, Art. 19 Abs. 2 GG und dem Rechtsstaatsprinzip ist der allgemeine „Grundsatz der Verhältnismäßigkeit" entwickelt worden, der z. B. im Rahmen von belastendem Ermessenshandeln gem. § 40 VwVfG gilt. Beispiele für positivrechtliche Regelungen des Verhältnismäßigkeitsgebots: § 15 OBG NRW, § 2 PolG NRW.

Man erkennt also, dass Einzel- und Gesamtanalogie lediglich darin differieren, dass bei ersterer die Regel für einen ungeregelten, aber ähnlichen Fall aus einer Einzelnorm, bei letzterer aus dem einer Gesamtheit von Rechtssätzen gleichermaßen innewohnenden allgemeinen Rechtsgedanken entnommen und übertragen wird.

Das Analogieverfahren

Unter den folgenden Voraussetzungen ist eine **Analogie zulässig**:

(a) Feststellung einer planwidrigen Unvollständigkeit des Gesetzes (Lücke).
(b) Kein Verbot einer Analogie aus verfassungsrechtlichen Gründen.
(c) Vorhandensein eines geltenden Rechtssatzes § X, der generell für eine analoge Anwendung in Betracht kommt, weil er nach seinem Normzweck die Interessen- bzw. Konfliktlage des Falls A regelt, die der Interessen- bzw. Konfliktlage des konkret zu entscheidenden Konfliktfalls ähnlich sein könnte.
(d) Feststellung, dass Fall A und konkret zu entscheidender Fall einander im Wesentlichen entsprechen, weil die Interessen- bzw. Konfliktlagen nach dem Rechts- und Wertungsgedanken des Rechtssatzes § X ähnlich (gleich) sind.

Kurz: Der Analogieschluss ist erlaubt, wenn die Analogie verfassungsrechtlich zulässig ist und der Rechtsanwender positiv beantworten kann, dass der Normzweck des § X, mithin der ihm entnehmbare Wertmaßstab (über den Wortlaut hinaus) auch die konkret zu lösende Konfliktlage erfasst. Das gewonnene Analogieergebnis muss, um auch für andere gleich gelagerte Fälle zu gelten, zu einem allgemein subsumtionsfähigen Satz, also zu einer **allgemeingültigen Regel** im Sinne der geltenden Rechtsordnung (s. S. 4) führen.

Bevor das Analogieverfahren an einem Fall verdeutlicht wird, sollen die einzelnen vier Stadien noch eingehender erläutert werden:

(a) **Festzustellen** ist zunächst **eine Lücke** im Gesetz. Der betreffende Fall muss **regelungsfähig und -bedürftig**, aber ungeregelt sein. Ob das zutrifft, wird anhand der Auslegungsregeln (S. 89 ff.) bestimmt. Es muss z. B. sicher sein, dass es sich nicht um eine vom Gesetzgeber gewollte Nichtregelung (S. 124) handelt. Das Bedürfnis, die Lücke zu schließen, muss sich aus Gerechtigkeitsgründen ergeben.

(b) **Verfassungsrechtliche Gründe** dürfen einer Analogie nicht im Wege stehen. Was eines gesetzgeberischen Aktes bedarf, kann nicht durch einen Analogieschluss ersetzt werden. Insbesondere die Prinzipien der Gewaltenteilung und Bestimmtheit können deshalb einer Lückenfüllung durch Analogie entgegenstehen. Das Rechtssicherheitsgebot schließt Analogie im Straf- und Ordnungswidrigkeitenrecht grundsätzlich aus.

Für das **Strafrecht** ergibt sich aus § 1 StGB und aus dem Erfordernis geschriebenen Strafrechts (Art. 103 Abs. 2 GG) ein grundsätzliches **Analogieverbot zuungunsten des Täters** (s. dazu auch § 369 Abs. 2 AO). Eine Ausnahme bildet § 315b Abs. 1 Nr. 3 StGB („ähnlichen, ebenso gefährlichen Eingriff"). Ferner können insbesondere Strafmilderungs-, Strafausschließungs- und Strafaufhebungsgründe für eine analoge Anwendung in Frage kommen. Auch Rechtfertigungsgründe sind einer Erweiterung durch Analogie zugänglich. Verfahrensrechtliche Vorschriften sind sogar grundsätzlich analogiefähig, also auch zu Lasten eines Täters.

Für das **Recht der Ordnungswidrigkeiten** folgt u. a. aus §§ 3, 4 OWiG ein **Analogieverbot zuungunsten des Betroffenen** (s. dazu BVerfGE 73, 206, 235 f.). Eine Begründung oder Verschärfung von Ahndungsmitteln mit dem Argument, das jeweilige Verhalten stehe einem bestimmten, im Gesetz beschriebenen Fehlverhalten gleich, ist daher unzulässig. Das Analogieverbot gilt für die Voraussetzungen der Ahndung ebenso wie für deren Art, Rahmen und Höhe. Verfahrensrechtliche Vorschriften sind demgegenüber grundsätzlich analogiefähig, also wie im Strafrecht auch zu Lasten des Betroffenen. Zu seinen Gunsten sind Analogieschlüsse zulässig, wenn sie die Möglichkeit einer Ahndung nicht begründen oder verschärfen.

(c) Wie bei gesetzesimmanenter Rechtsfortbildung allgemein, benötigt der Rechtsanwender auch für die Konfliktlösung durch Analogie einen **Anhaltspunkt in der geltenden Rechtsordnung**. Nicht seine persönlichen Zweck- und Wertvorstellungen sind entscheidend, sondern gesetzgeberische Rechts- und Wertmaßstäbe. Sie liefert ihm die Vorschrift mit der spezifischen Wertentscheidung des Gesetzgebers für mutmaßlich entsprechend gelagerte Fälle. Für den ungeregelten Fall muss dem Rechtsanwender diese gesetzliche Regelung als angemessen erscheinen. Da im nachfolgenden Schritt an ihrem Normzweck die wertungsmäßige Gleichheit zu messen ist, kommt es auf die genaue Erfassung der gesetzgeberischen Absicht an (welche Interessenlage soll durch die Normierung geregelt werden und in welchem Sinn? Wie wird sie bewertet?).

(d) **Ähnlichkeit** bedeutet Übereinstimmung gerade in den für die rechtliche Bewertung maßgeblichen Punkten. Ähnlichkeit heißt nicht vollständige Gleichheit; die **geregelte und** die **ungeregelte Interessenlage** müssen also nicht vollständig, sondern nur **im Wesentlichen gleich** sein. Welche Aspekte ähnlich sein müssen und ob Ähnlichkeit gegeben ist, ist keine Frage der Logik, sondern

Die Rechtsfortbildung

der **Wertung**. Auch Analogik ist Teleologik (weshalb z. B. auch Folgenbetrachtungen, s. S. 105, 111, einzubeziehen sind). Der Rechtsanwender muss nach allem unter Beachtung der gesetzgeberischen Rechts- und Wertungsvorgaben (Norm § X) und durch den Vergleich des gesetzlich geregelten und des ungeregelten Sachverhalts einschätzen, ob eine Analogie gerechtfertigt ist und auf diesem Weg ein vernünftiges, angemessenes, gerechtes Ergebnis erzielt und begründet werden kann.

Die Ergebnisse von Analogie sind nach allem Werturteile und keine logischen Schlüsse. Wie Subsumtionsresultate müssen sie nicht nur einleuchten, sondern bedürfen überdies einer genauen rationalen und damit nachprüfbaren Begründung (s. S. 74 f.).

An einem Beispielsfall soll das Analogieverfahren abschließend noch einmal verdeutlicht werden:

Eine Gruppe von Examenskandidaten will mit Freunden und Familien die bestandene Prüfung in einem Lokal feiern. Dorthin wollen sie in einer Autokolonne fahren. Ein paar Tage vor dem Examenstermin stellen sie fest, dass auf der Strecke zum reservierten Lokal zwei weitere Verkehrsampeln und zwei Stoppschilder installiert worden sind. Sie befürchten, dass das Fahren in Autokolonne dadurch behindert, wenn nicht sogar unmöglich gemacht wird. Alle Examenskandidaten legen Widerspruch gegen das Aufstellen der Verkehrsampeln und Stoppschilder ein in der Hoffnung, dass die Ampeln und Stoppschilder bis zum Bescheid ihrer Widersprüche außer Funktion gesetzt werden. Sie berufen sich dabei auf die in § 80 Abs. 1 S. 1 VwGO normierte aufschiebende Wirkung von Rechtsbehelfen gegen Verwaltungsakte.

Der Suspensiveffekt des § 80 Abs. 1 S. 1 VwGO erstreckt sich auf alle belastenden Verwaltungsakte und damit auch auf die Aufstellung von Verkehrsampeln und Stoppschildern als Allgemeinverfügungen (§ 35 S. 2 3. Alt. VwVfG). Die aufschiebende Wirkung entfällt u. a. bei „unaufschiebbaren Anordnungen und Maßnahmen von Polizeivollzugsbeamten" (§ 80 Abs. 2 Nr. 2 VwGO). Wenn dieser Rechtssatz auch auf die Aufstellung der Verkehrsampeln und Stoppschilder zutrifft, dann wäre er auch während des konkreten Widerspruchsverfahrens verbindlich, d. h. die Teilnehmer der Autokolonne müssten trotz der eingelegten Widersprüche auch die zusätzlich aufgestellten Verkehrszeichen beachten.

(a) Unmittelbar lässt sich § 80 Abs. 2 Nr. 2 VwGO nicht auf den Sachverhalt anwenden, da der Wortlaut („Polizeivollzugsbeamte") weder auf die Verkehrsampeln noch auf die Stoppschilder passt. Da es auch keine anderen Vorschriften zum Suspensiveffekt gibt, fehlt also für den in Rede stehenden Konfliktfall eine Rechtsnorm. Aus Gründen der Rechtssicherheit ist aber ein Regelungsbedarf da, so dass also eine planwidrige Unvollständigkeit des Gesetzes (**Lücke**) angenommen werden kann.

(b) Aus **verfassungsrechtlichen Gründen** bestehen **keine Bedenken** gegen die Vornahme einer Lückenschließung durch Analogie. Anders als etwa im Strafrecht ist Analogie im Verwaltungsrecht grundsätzlich auch zu Lasten des Betroffenen zulässig.

(c) Die **geltende gesetzliche Regelung des § 80 Abs. 2 Nr. 2 VwGO,** dessen analoge Anwendung in Betracht kommt, dient dazu, durch Sicherstellung der Vollziehbarkeit der unaufschiebbaren Verwaltungsakte die unverzügliche Erfüllung öffentlicher Aufgaben zu garantieren. Überdies sollen sich Betroffene ihren Verpflichtungen, bestimmte Anordnungen direkt zu befolgen, nicht einfach durch Einlegen eines Rechtsmittels entziehen können. § 80 Abs. 2 Nr. 2 VwGO betrifft dem Wortlaut nach unaufschiebbare polizeiliche Anordnungen und Maßnahmen, die sich u. a. auch auf die Verkehrsregelung beziehen können. § 80 Abs. 2 Nr. 2 VwGO könnte von daher auch auf eine unaufschiebbare Verkehrsregelung durch Verkehrszeichen passen.

(d) Erfasst werden vom Normzweck alle Fälle, in denen unaufschiebbare Anordnungen der polizeilichen Vollzugsbeamte direkt und ohne Verzögerung befolgt werden sollen, also auch Polizeianordnungen zur unaufschiebbaren Verkehrsregelung. Die Sachverhaltslage betrifft eine unaufschiebbare Verkehrsregelung durch Verkehrsampeln bzw. Verkehrszeichen (Stoppschilder). Zwischen einer unaufschiebbaren Verkehrsanordnung durch einen Polizisten und einer unaufschiebbaren Verkehrsregelung durch Verkehrsampeln bzw. -zeichen besteht **Funktionsgleichheit** (s. dazu BVerwG NJW 1978, S. 656). Die **Interessenlagen** sind **ähnlich**. Für die Sicherstellung der Verkehrssicherheit ist

135

Erster Abschnitt: Methodik der Rechtsgewinnung

die Garantie direkter Befolgung von Ge- und Verbotszeichen ohne Verzögerung gleichermaßen wichtig wie die Befolgung einer polizeilichen Verkehrsanordnung. Der Gesetzgeber will in besonderen Situationen von Unaufschiebbarkeit das öffentliche Interesse (an z. B. Verkehrssicherheit) höher gewichtet wissen als das private Interesse von Bürgern, durch Einlegung eines Widerspruchs zunächst einmal die Wirkungen einer Anordnung nicht befolgen zu müssen. Die Sachverhaltslagen sind in beiden Fällen im Wesentlichen gleich; die ratio legis des § 80 Abs. 2 Nr. 2 VwGO erfasst also auch den Konfliktfall.

Als **allgemeingültiges Ergebnis** ist festzustellen, dass § 80 Abs. 2 Nr. 2 VwGO analog auf Ge- und Verbote regelnde Verkehrszeichen anwendbar ist.

Ein Analogieverfahren kann auch mit einem negativen Resultat enden, also mit dem Schluss, dass die Rechtsfolge der Norm, deren analoge Anwendung in Betracht gezogen wurde, im konkreten Fall nicht eintritt. Die Rechtsanwendung schlösse dann entsprechend mit einer negativen Rechtsentscheidung ab.

Beispiele:
Eine Behörde lässt, ohne das Zwangsmittel entsprechend festzusetzen, im Wege der Ersatzvornahme ordnungsgemäß ein rechtswidrig errichtetes Bauwerk abreißen, weil der Bauherr der Abrissverfügung nicht Folge leistete. Sie verlangt von diesem Kostenerstattung. Der Bauherr lehnt das ab, weil die Ersatzvornahme einen nicht mehr heilbaren Fehler aufweist. Die Behörde kann hier, da die Anwendung des Zwangsmittels rechtswidrig war, ihre Abrisskosten nicht etwa durch analoge Anwendung der BGB-Vorschriften über Geschäftsführung ohne Auftrag (§§ 677 ff.) oder im Wege des öffentlichrechtlichen Erstattungsanspruchs (entsprechende Anwendung der §§ 812 ff. über die ungerechtfertigte Bereicherung) geltend machen, weil hier die Bestimmungen des VwVfG und der KostO als leges speciales (S. 19) vorgehen.

In einem Widerspruchsverfahren gem. §§ 68 ff. VwGO hält die zuständige Behörde einen anzuwendenden (nachkonstitutionellen) Rechtssatz für verfassungswidrig. Sie setzt das Widerspruchsverfahren aus und legt die Frage der Verfassungsmäßigkeit dem Bundesverfassungsgericht vor. Das Grundgesetz kennt zwar in Art. 100 Abs. 1 ein Verfahren der konkreten Normenkontrolle. Zulässig ist das Verfahren der Aussetzung und Vorlage eines für verfassungswidrig gehaltenen (nachkonstitutionellen) Rechtssatzes aber nur im Rahmen der Gerichtsbarkeit. Dieses Verfahren ist so eindeutig auf die rechtsprechende Gewalt beschränkt, dass auch analoge Anwendung auf Verwaltungsverfahren (hier: Widerspruchsverfahren) ausscheidet.

Ob eine Rechtsentscheidung im Einzelfall über eine Lückenfüllung durch **Analogie oder** durch **extensive Auslegung** (S. 93) getroffen werden muss, kann schwierig zu bestimmen sein. Jenseits des möglichen Wortsinns beginnt zwar grundsätzlich das Feld der Lückenschließung und damit auch der Analogie. Die Grenze zwischen teleologischer Interpretation und Analogie ist allerdings fließend, zumal auch im Rahmen der Analogie mit dem Normzweck, insbesondere der wesentlichen Gleichheit von Interessenlagen, argumentiert wird. Versucht man mit teleologischen Gründen Auslegungsergebnisse zu gewinnen, handelt es sich – umgekehrt – letztlich nicht mehr um Schlusssätze aus Subsumtionen, sondern streng genommen um Resultate eben auch auf Grund eines Vergleichs der jeweiligen Interessenlagen (s. S. 101; zur Gleichsetzungslehre s. Kaufmann, S. 11 ff., 25 ff.). Das Gebot der Vorhersehbarkeit rechtlicher Regelungen einerseits und die Akzeptanz, Nachvollziehbarkeit und Kontrollierbarkeit von Rechtsentscheidungen anderseits erfordern es, im Einzelfall die Argumentationsform vorzuziehen, die methodisch am korrektesten zu begründen ist.

Beispiel:
Vom möglichen Wortsinn des zentralen Begriffs „Wohnung" in Art. 13 Abs. 1 GG werden umgangssprachlich keine „Geschäftsräume" erfasst. Normzweck des Art. 13 GG ist der Schutz der Privatsphäre, und zwar im Sinne des privaten Wohnens und des privaten Wirkens. Danach haben auch „Geschäftsräume" am Schutz des Art. 13 GG teil (s. dazu BVerfGE 32, 54, 68; 76, 83, 88; 96, 44, 51.), weil auch berufliche Betätigung eines raumbezogenen Schutzes vor fremdem Eindringen durch hoheit-

lich handelnde Personen bedarf. Das Bundesverfassungsgericht gewinnt dieses Ergebnis durch weite Auslegung, indem ein raumtechnischer, formaler Wortsinn von Wohnung für maßgeblich erklärt wird, der „Geschäftsräume" einschließt (h. M.; differenzierend Pieroth/Schlink, Grundrechte. Staatsrecht II, 26. Auflage 2010, Rn. 945). Dahin würde man methodisch auch über einen Analogieschluss gelangen.

Die Abgrenzungsfrage ist im Rahmen von Strafrechtsfällen besonders problematisch, da das Erfordernis gesetzlicher Bestimmtheit hier prinzipiell jede Rechtsanwendung ausschließt, die den möglichen Wortsinn einer Sanktionsnorm überschreitet (s. S. 92 f.). Vgl. in diesem Zusammenhang die umstrittene Rechtsprechung zum „Gewaltbegriff" in § 240 StGB. So wurde z. B. durch extensive Auslegung die Zuordnung des Falls von „gewaltlosem Beibringen eines Betäubungsmittels" unter den Gewaltbegriff ermöglicht (s. BGH NJW 1953, S. 351; BVerfGE 73, 206, 242). Zuvor war in entsprechenden Fällen ein Ergebnis im Wege der Analogie gewonnen worden (RGSt 56, 87, 88). S. zum Ganzen die intensiven Auseinandersetzungen mit der Rechtsprechung zum Gewaltbegriff bei Kaufmann, S. 30 ff.; Müller/Christensen, Rn. 322 ff. Zur entsprechenden Abgrenzungsproblematik im Recht der Ordnungswidrigkeiten s. BVerfGE 71, 108, 115.

(2) Erst-recht-Schluss

Besondere Fälle der Analogie sind die mit einem **Erst-recht-Schluss** arbeitenden Argumentationen (argumenta a fortiori). Das bedeutet zum einen: Ist für den vertypt geregelten Sachverhalt (Tatbestand A) eine bestimmte Rechtsfolge angeordnet, so kommt diese erst recht für den ungeregelten, im Wesentlichen gleichen Sachverhalt in Betracht, wenn der Normzweck der Regel (A) den ungeregelten Fall noch stärker erfasst. Ist jemand z. B. verpflichtet, einen bestimmten Nachteil zu erdulden, wird gefolgert, dass er dann auch verpflichtet ist, einen demgegenüber geringeren Nachteil hinzunehmen (**argumentum a maiore ad minus**).

Beispiele:
§ 904 S. 2 BGB, wonach ein Eigentümer Schadenersatz nicht nur für den geregelten Fall der Eigentumsverletzung, sondern auch und erst recht für den nicht geregelten Fall einer Körperverletzung verlangen kann (s. dazu Engisch, S. 260, Fn. 50).

Im Strafverfahren unterliegen selbst Beweismittel, die durch Privatpersonen rechtswidrig erlangt sind, grundsätzlich keinen Verwertungsverboten (§§ 48, 136a StPO). Wenn dies im Strafverfahren gilt, obwohl es hier um erheblich gravierendere Unrechtsfolgen geht, muss dies erst recht für Beweismittel gelten, die von einer unzuständigen Behörde im Bußgeldverfahren (s. § 46 Abs. 1 OWiG) beschafft worden sind (s. dazu Göhler, OWiG, 15. Aufl. 2009, Rn. 10c zu § 46).

§ 48 VwVfG regelt die Aufhebung rechtswidriger Verwaltungsakte, § 49 VwVfG die Aufhebung rechtmäßiger Verwaltungsakte. Auf die Aufhebung rechtswidriger Verwaltungsakte ist § 49 VwVfG ebenfalls anwendbar, denn wenn in dem gegebenen Fall der Verwaltungsakt sogar als rechtmäßiger aufgehoben werden könnte, dann erst recht, wenn er mit Fehlern behaftet ist.

Der Erst-recht-Schluss kann auch in anderer Form begründet werden: Wenn bestimmte Voraussetzungen genügen, um z. B. eine Ersatzpflicht zu begründen, dann müssen erst recht schwerwiegendere Voraussetzungen zu dieser Rechtsfolge führen (**argumentum a minore ad maius**).

Ob das „argumentum a maiore" (wenn sogar a, dann auch schon, also erst recht b) oder das „argumentum a minore" (wenn schon a, dann umso mehr, also erst recht b) benutzt wird, ist lediglich eine Frage der Perspektive. Für beide gilt der Satz: Wenn für einen normierten Fall gemäß Tatbestand A die Rechtsfolge R gilt, dann muss R erst recht für den ihm ähnlichen, aber ungeregelten Fall gelten. Hier wird deutlich, dass Erst-recht-Varianten Sonderfälle der Analogie (S. 132) sind. Als Moment des Ähnlichen fungieren die Begriffe „mehr" bzw. „weniger".

Die „argumenta a fortiori" sind ebenso wenig logische Schlüsse wie Analogieresultate (s. S. 135), weil die wesentliche Feststellung dessen, was jeweils „mehr" bzw. „weniger" ist, wertendem Denken entspringt.

Exkurs: Umkehrschluss

Die Gegenargumentationsform zur Analogie und den „argumenta a fortiori" ist der Umkehrschluss (**argumentum e contrario**). Er schließt das Bestehen von Lücken und damit Argumentationsschlüsse aus, gehört von daher nicht zu den Verfahren der Lückenschließung (a. A. Rüthers, Rn. 899 ff.; Wank, S. 87), soll aber in diesem Zusammenhang nicht unerwähnt bleiben.

Während bei Analogie (S. 130 ff.) und Erst-recht-Schluss (S. 137) trotz Nichterfüllung eines Tatbestandes im ungeregelten Fall dennoch die Rechtsfolge R dieses Tatbestandes ausgesprochen wird, geschieht das beim Umkehrschluss nicht: Weil das Gesetz an den Tatbestand A gerade die Rechtsfolge R knüpft, gilt sie für andere Interessen- bzw. Konfliktlagen auch dann nicht, wenn sie ähnlich sind.

Ob die Beschränkung der Rechtsfolge auf Fälle der Tatbestandserfüllung geboten ist, ergibt sich aus teleologischen Erwägungen (s. zum Ganzen Klug, Juristische Logik, 4. Aufl. 1982, S. 145 f.).

(3) Rechtsergänzung unter Berufung auf allgemeine Rechtsprinzipien

Während bei der Gesamtanalogie (S. 133) stets aus einem Komplex von gesamtanalogiefähigen Normen ein gemeinsamer Rechtsgedanke abgeleitet wird, mit dessen Hilfe ungeregelte, ähnlich gelagerte Fälle gelöst werden können, ist der normative Anknüpfungspunkt für die Lückenschließung hier ein in der Regel nur in einem Gesetz oder in der Rechtsordnung angelegtes allgemeines Rechtsprinzip. Beispielhaft sind insbesondere der Grundsatz von Treu und Glauben (das Schweizerische Zivilgesetzbuch stellt ihn in Art. 2 Abs. 1 an den Anfang seiner Vorschriften) oder die Rechtsprinzipien der grundgesetzlichen Wertordnung (Vertrauensschutz, Verhältnismäßigkeit) zu nennen. Aus solchen Rechtsgrundsätzen und den hinter ihnen stehenden Wertentscheidungen werden wiederum **allgemeingültige Grundgedanken** (Unterprinzipien) **abgeleitet**.

Beispiele:
§ 254 Abs. 1 BGB (Mitverschulden) wird der allgemeine Rechtsgrundsatz entnommen, dass eine Schadensverteilung gemäß dieser Vorschrift immer dann stattzufinden hat, wenn auf der Seite des Geschädigten ein Umstand zu der Schadensentstehung beigetragen hat, für den dieser nach den Regeln des Schadenersatzrechts verantwortlich ist. § 254 BGB ist eine Ausprägung des Grundsatzes von Treu und Glauben (BGH NJW 1972, S. 334; BGHZ 34, 355, 363), denn wer für einen Schaden vollen Ersatz fordert, den er mitverschuldet hat, verhält sich widersprüchlich (sog. **venire contra factum proprium** i. S. d. § 242 BGB).

Sind Vertragsparteien beim Abschluss eines Vertrages ganz selbstverständlich von bestimmten Umständen und Verhältnissen ausgegangen, ohne sie zur Bedingung ihres Vertrages zu machen, so muss beim Wegfall einer solchen Geschäftsgrundlage, wenn ein Festhalten am unveränderten Vertragsinhalt gegen § 242 BGB verstoßen würde, eine Anpassung an die Änderung der Umstände und Verhältnisse erfolgen (sog. **clausula rebus sic stantibus**; vgl. RGZ 106, 233, 235; 111, 286, 287).

Die **Verwirkung** ist ebenfalls als Fall unzulässiger Rechtsausübung ein aus § 242 BGB entwickeltes Prinzip. Danach kann z. B. ein Anspruch nicht mehr geltend gemacht werden, wenn seit der Möglichkeit der Geltendmachung längere Zeit verstrichen ist und besondere Umstände hinzutreten, auf Grund derer die verspätete Geltendmachung als Verstoß gegen Treu und Glauben empfunden wird (RGZ 155, 148, 152).

Auch im Fall der Rechtsergänzung werden zunächst das Fehlen einer Normierung und ein Regelungsbedarf festgestellt. Liegen die Voraussetzungen für eine Analogie (S. 130 ff.) nicht vor, muss nach einem einschlägigen, von der Rechtsprechung entwickelten (in der Rechtspraxis gegebenenfalls erst noch zu entwickelnden) allgemeinen Prinzip Ausschau gehalten werden, auf das der Rechtsanwender seine Entscheidung stützen kann. Das Prinzip wird mit teleologischen Argumenten auf den konkreten Konfliktsachverhalt angewendet.

Fließend können nicht nur die Grenzen zur Gesamtanalogie, sondern ebenfalls zur gesetzesübersteigenden Rechtsfortbildung (S. 144 f.) sein, wo u. a. aus grundlegenden Rechtsprinzipien die Fortbildung des Rechts gerechtfertigt wird.

(4) Teleologische Extension

Mittels teleologischer Extension kann der Rechtsanwender Konfliktsachverhalte entscheiden, auf die der inhaltlich zu eng gefasste Tatbestand einer Norm seinem Wortlaut nach nicht zutrifft, die aber nach dem Normzweck vom Tatbestand erfasst werden sollten. Es gibt hier also einen **Widerspruch zwischen zu engem Wortlaut** und **weitem Gesetzesziel**. Der nicht geregelte Fall ist dem geregelten Fall aber nicht etwa wie bei der Analogie (S. 132) ähnlich, sondern durchaus unähnlich. Er hätte aber vom Gesetzgeber angesichts des klaren Normzwecks bei der Regelung bestimmter typischer Fälle mitberücksichtigt werden müssen.

Beispiele:
Eine Zustimmung des gesetzlichen Vertreters zum Rechtsgeschäft des Minderjährigen (§ 107 BGB) ist auch dann nicht erforderlich, wenn das Rechtsgeschäft weder lediglich vorteilhaft ist noch dem Minderjährigen einen rechtlichen Nachteil bringt, also indifferent ist (s. Ellenberger in Palandt, BGB, 70. Aufl. 2011, Rn. 7 zu § 107). In § 107 BGB heißt es u. a., dass es der Einwilligung des Vertreters zu Rechtsgeschäften bedarf, durch die der Minderjährige „nicht lediglich einen rechtlichen Vorteil erlangt."

Entgegen dem nicht ganz klaren Wortlaut des § 47 Abs. 2 S. 1 2. Halbs. VwVfG („... oder seine Rechtsfolgen für den Betroffenen ungünstiger wären als die des fehlerhaften Verwaltungsaktes") ist die Umdeutung u. a. auch dann ausgeschlossen, wenn der neue Verwaltungsakt weitere Personen, die im früheren Verfahren noch nicht betroffen waren, erstmals belasten würde (s. dazu Kopp/Ramsauer, VwVfG, 11. Aufl. 2010, Rn. 27 zu § 47).

Unterließe man eine teleologisch zu rechtfertigende Tatbestandserweiterung, könnte für die ungeregelten Fälle keine gerechte Lösung gefunden werden, läge also auch hier eine sachlich **nicht begründbare Ungleichbehandlung** (S. 132) vor. Genau die Zweckargumente, die im Rahmen teleologischer Auslegung (S. 99 f.) nicht zur Subsumierbarkeit des Sachverhalts unter die Norm führen, weil sonst die Grenze des möglichen Wortsinns der einschlägigen Norm überschritten würde, kommen hier zum Zuge. Über einen Umweg gelingt hier quasi die Erfassung („Subsumtion") des Konfliktfalls doch noch, indem das Normverständnis eben durch teleologische Extension erweitert wird (s. z. B. BGHZ 33, 123, 128). Wegen der nur in engen Grenzen zulässigen Überschreitung des möglichen Wortsinns (S. 92 f.) ist Voraussetzung, dass eine Lücke im Gesetz tatsächlich festgestellt worden ist.

Die teleologische Extension steht zwischen teleologisch begründeter extensiver Auslegung und Analogie. Manche halten sie für überflüssig (s. Wank, S. 46, Schmalz, Rn. 432, Bydlinski, S. 475; a. A. Larenz/Canaris, S. 216 ff., Looschelders/Roth, S. 267 ff.). Teleologische Extension und Analogie

führen zwar beide dazu, dass auf einen ungeregelten Fall die Rechtsfolgeanordnung der für den geregelten Fall geltenden Norm übertragen wird. Sie unterscheiden sich aber hinsichtlich des in der verwendeten Norm erkannten Wertmaßstabs. Wenn durch teleologische Extension ein Fall gelöst wird, knüpft der Rechtsanwender an die in der verwendeten Norm irgendwie schon zum Ausdruck gebrachte gesetzgeberische Wertentscheidung an und bringt sie zu voller Geltung (Looschelders/Roth, S. 269).
Bei Analogie wird die Rechtsfolgeanweisung einer Norm auf Sachverhalte erstreckt, obwohl es hier an einer sie betreffenden Wertentscheidung des Normgebers fehlt.

Da teleologische Extensionen letztlich auf analoge Anwendungen von Rechtssätzen hinauslaufen, sind sie im Bereich des Strafrechts und – wegen des Gesetzesvorbehalts – auch grundsätzlich im Rahmen hoheitlicher Eingriffe verboten (s. S. 124).

6.2.5 Die Verfahren zur Schließung verdeckter Lücken

Verdeckte Lücken können durch teleologische Reduktion und bei Kollisionslagen durch Abwägung der konkurrierenden Rechtsgüter oder -prinzipien geschlossen werden. Anders als bei den Verfahren zur Schließung offener Lücken (S. 130 ff.), wo unter Gesichtspunkten der Teleologie die zu eng gefasste Regel auf den ihr zukommenden Anwendungsbereich erweitert wird, geschieht die Schließung verdeckter Lücken in der Regel dadurch, dass vor allem mit Zweckargumenten eine **Einschränkung des Anwendungsbereichs** begründet wird. Würde man den Fall anhand der grundsätzlich dem Wortlaut nach anwendbaren Normierung lösen, stünde das mit der normgeberischen Wertentscheidung nicht in Einklang, würde das also dem Normzweck widersprechen.

(1) Teleologische Reduktion

Teleologische Reduktion (oder auch Restriktion) ist das Gegenteil zur Analogie (S. 130). Der geregelte Sachverhalt ist dem nicht geregelten unähnlich, so dass die für den geregelten Fall angeordnete Rechtsfolge im ungeregelten Fall **außer Betracht** bleibt, **obwohl** der ungeregelte Fall **vom klaren Wortlaut der Norm mitgeregelt** ist. Der einschlägigen, aber zu weit gefassten Normierung werden mithin Fallgruppen entzogen, um zu einem normzweckgemäßen Ergebnis gelangen zu können, bzw. die Regel-Normierung wird durch eine nicht vorhandene, aus teleologischen Gründen aber gebotene Ausnahmeregelung dort sinngemäß ergänzt, wo es der Gesetzgeber – quasi gegen seine wirkliche Intention und Bewertung – versäumt hat, sie für bestimmte Lebenssachverhalte zu schaffen. Kurz: Der Gesetzgeber ist bei der allgemeinen Formulierung seiner Norm versehentlich über sein selbst gesetztes Regelungsziel hinausgeschossen.

Fikentscher bezeichnet als teleologische Reduktion die „sinngemäße Ungleichbehandlung rechtsunähnlicher Sachverhalte trotz entgegenstehenden, zu weit gefassten Gesetzeswortlauts" (S. 723). Rüthers (Rn. 848) spricht hier von „Ausnahmelücken".

Das Verfahren der teleologischen Reduktion ergibt sich aus der begrifflichen Bestimmung einer Lücke als „verdeckte Lücke" (S. 128). Wenn einer gesetzlichen Regel eine Einschränkung fehlt, obgleich sie von Normzweck und gesetzgeberischer Bewertung her geboten ist, muss sie nachträglich hinzugefügt, muss also die zu weit gefasste Regel auf ihren Zweck hin beschränkt oder in den Grenzen ihres Bedeutungsinhalts gehalten werden. Eine restriktive Auslegung (S. 93) ist wegen des eindeutigen Wortsinns hier nicht möglich.

Die Rechtsfortbildung

Beispiele:
Auf Fälle, in denen der Vertretene lediglich einen rechtlichen Vorteil erlangt (z. B. Schenkungen), ist § 181 BGB (s. auch S. 128) nicht anwendbar, weil nach dem Normzweck hier nur vor Übervorteilung bei Interessenkonflikten geschützt werden soll. S. dazu BGHZ 52, 316, 318.

Ansprüche, die der Pfändung nicht unterworfen sind, können nicht abgetreten werden (§ 400 BGB). Die Norm bezweckt, dass sich der Berechtigte nicht selbst um die notwendigen Mittel zu seinem Unterhalt bringt. Entgegen dem klaren Wortlaut hat der BGH (s. E 59, 109, 115) jedoch über eine teleologische Reduktion die Abtretung unpfändbarer Rentenansprüche dann für zulässig erachtet, wenn sie an denjenigen erfolgt, der dem Berechtigten in fürsorglicher Absicht freiwillig oder vertragsgemäß eine entsprechende Zahlung leistet, und zwar entweder nach Empfang des Gegenwertes der abgetretenen Ansprüche oder zwar im voraus, aber unter der Bedingung des tatsächlichen Empfangs. Ohne die Einschränkung des § 400 BGB durch teleologische Reduktion würde der vom Gesetz verfolgte Zweck (Sicherung des notwendigen Lebensunterhalts des Abtretenden, also Schutz seiner Interessenlage) in sein Gegenteil verkehrt. S. zum Ganzen auch BGHZ 4, 153, 157.

Die Rechtshängigkeitswirkungen (§ 17b Abs. 1 S. 2 GVG i. V. m. § 83 VwGO) bleiben fortbestehen, wenn ein Rechtsstreit, nachdem die Klage tatsächlich vor einem unzuständigen Gericht erhoben wurde, von diesem rechtskräftig an das zuständige Gericht verwiesen wurde. Zweck der Norm ist es, den rechtsuchenden Kläger vor Nachteilen durch die Anrufung eines unzuständigen Gerichts zu bewahren. Geschützt ist der Kläger aber nicht, wenn er bei zumutbarer Sorgfalt das zutreffende Gericht ausgewählt hätte. Teleologisch geboten ist deshalb, die Norm nicht auf schuldhaft bei einem unzuständigen Gericht erhobene Klagen anzuwenden.

Bei teleologischer Reduktion weicht man nach allem vom regulären Subsumtionsschema (S. 22 f., 76) ab, indem trotz Vorliegens des Tatbestandes die Rechtsfolge nicht angeordnet wird. Bei der Analogie wird im Gegensatz dazu die Rechtsfolgeanweisung trotz Nichtvorliegens des Tatbestandes ausgesprochen (S. 130 ff.). Die teleologische Reduktion ist ebenfalls Ausdruck des Gleichheitsgedankens (Art. 3 Abs. 1 GG). Während sie den Satz von der gebotenen Ungleichbehandlung des Ungleichen berücksichtigt, rechtfertigt sich Analogie umgekehrt aus dem Gebot der Gleichbehandlung des Gleichen (S. 132). Ob eine Ungleichbehandlung gegeben ist, bestimmt sich aus dem Normzweck (S. 100). Wie bei der Analogie werden die Interessenlagen des geregelten und ungeregelten Falls miteinander verglichen.

Auch das Reduktionsverfahren kann durch ein anderes Rechtsprinzip gesperrt sein, z. B. durch den Grundsatz der Rechtssicherheit (s. dazu BVerfG ZiP 1993, S. 843). Ob das der Fall ist, ergibt sich im Wege der Auslegung. Die Bestimmung des Normzwecks und damit der geregelten Interessenlage muss klar erweisen, dass sich nur durch teleologische Reduktion und damit Einschränkung des eindeutigen, aber zu weit gefassten Normtextes ein angemessenes, gerechtes bzw. ein dem Zweck nicht widersprechendes Ergebnis gewinnen lässt.

Die Abgrenzung zwischen teleologischer Reduktion und restriktiver Auslegung (S. 93) ist ebenso schwierig wie die zwischen teleologischer Extension und extensiver Interpretation (S. 139 f.). Teleologische Reduktion greift grundsätzlich ein, wenn eine restriktive Auslegung im Rahmen des möglichen Wortsinns nicht mehr in Betracht kommt, wenn also über den möglichen Wortsinn hinausgegangen werden müsste. Die Grenze ist allerdings auch hier fließend. Zu wählen ist der Weg, der sich am besten in den Kontext des Gesetzes (S. 95) einfügt, der also letztlich gerechter ist.

(2) Güterabwägung bei Kollisionslagen

Besondere Problemfälle treten auf, wenn Normen mit gegensätzlichen Entscheidungsanweisungen, die prinzipiell nebeneinander anwendbar sind, konkurrieren, sich die Konkurrenzlage aber nicht mit Hilfe der bekannten Kollisionsregeln (S. 19 f.) lösen lassen. Da sich die Normen widersprechen, können nicht beide zum Zuge kommen, d. h. eine muss verdrängt werden. Das bedeutet: Es ist für deren grundsätzlich anwendbaren Tatbestand eine einschränkende Regel, quasi ein ungeschriebener Ausnahmetatbestand, zu formulieren, um zu einer konfliktspezifisch gerechten Entscheidung zu gelangen. Man wird auch diese sich aus einer unauflösbaren Konfliktlage ergebende Unvollständigkeit der Rechtsordnung (Fehlen der gebotenen Einschränkung einer der Normen) zu den verdeckten Lücken zu zählen haben. Weder mangelt es nämlich an einer grundsätzlich anwendbaren Entscheidungsanweisung, noch gelangt man ohne Einsatz der Mittel zur Schließung verdeckter Lücken zu einer Entscheidung, die auf die besondere Konfliktlage in rechtlich-wertender Hinsicht angemessen reagiert.

Für Fikentscher liegt hier eine besondere Form der Regelungslücke vor (S. 720). Engisch spricht in diesem Zusammenhang von „Kollisionslücken" (S. 275 Fn. 79, S. 277). Vgl. dazu auch Rüthers, Rn. 776.

Konfliktspezifisch wird bei unauflösbaren Kollisionsfällen durch **Abwägung** der durch den konkreten Sachverhalt betroffenen Rechte bzw. Pflichten, Güter, Interessen oder Prinzipien der **Vorrang** eines Rechts bzw. einer Pflicht, eines Gutes, Interesses oder Prinzips festgestellt, wobei den Regelungszwecken der kollidierenden Normen Rechnung zu tragen ist.

Beispiel:
Im Lebach-Fall (BVerfGE 35, 202, 230, 238 ff.) kollidieren das allgemeine Persönlichkeitsrecht (Art. 2 Abs. 1 GG) und die Rundfunkfreiheit (Art. 5 Abs. 1 S. 2 GG). Das Bundesverfassungsgericht ist hier zu dem Ergebnis gekommen, dass das Unterbleiben der in Frage stehenden aktuellen Berichterstattung des Fernsehens über einen Kriminalfall eine notwendige Bedingung für die Erreichung des Resozialisierungsziels (als Teilziel im Rahmen des allgemeinen Persönlichkeitsschutzes) ist, dass in solchen Fällen also dem Persönlichkeitsschutz Vorrang gebührt gegenüber der Rundfunkfreiheit.

Die Methode der Güterabwägung spielt generell bei Konfliktlösungen eine große Rolle, denn Kollisionslagen ergeben sich nicht nur, wenn Normen konkurrieren, sondern überhaupt recht oft im Verlauf von Rechtsgewinnungsvorgängen, und zwar in allen Bereichen des Rechts.

Beispiele:
Abwägungen im Rahmen von Notstandslagen (s. § 904 BGB, § 228 BGB; § 16 OWiG).
Zum Gebot gerechter Abwägung im Rahmen von Ermessensentscheidungen s. § 40 VwVfG; zur Abwägung im Planungsrecht s. § 74 VwVfG. Vgl. zum Ganzen auch § 1 Abs. 6 BauGB (zu berücksichtigende Grundsätze der Bauleitplanung).
Bei der Rücknahme eines rechtswidrigen Verwaltungsaktes ist zwischen dem schutzwürdigen Vertrauen des Begünstigten auf den Bestand des Verwaltungsaktes und dem öffentlichen Interesse an einer Rücknahme des rechtswidrigen Verwaltungsaktes abzuwägen (§ 48 Abs. 2 S. 1 VwVfG).
Abwägung „nach billigem Ermessen" (§ 2 S. 1 VO über die Behandlung der Ehewohnung und des Hausrates).

Noch viel häufiger kommen in der Rechtspraxis die konkludenten Abwägungsgebote vor, die der Gesetzgeber an den Normanwender richtet, und zwar durch die Verwendung unbestimmter Rechtsbegriffe (was ist z. B. noch bzw. noch nicht „zumutbar" oder „vertretbar") oder von Generalklauseln (wann verstößt ein Verhalten gegen die „guten Sitten"?).

Die Güterabwägungsmethode ist vor allem von Belang, wenn Normen oder Prinzipien, die ihre letzte Grundlage in der Verfassung finden, in einem Konfliktfall nebeneinander anwendbar sind, also kollidieren. Soweit die Rechte von Bürgern betroffen sind – und das gilt für die meisten Fälle von Normen- und Prinzipienkollisionen –, handelt es sich um **grundrechtliche Spannungslagen** (S. 18).

Beispiele:
Im Lüth-Urteil (E 7, 198, 204 ff.) ging es um das Verhältnis des Grundrechts der Meinungsfreiheit (Art. 5 Abs. 1 GG) zum Schutz der gewerblichen Tätigkeit (Art. 2 Abs. 1 GG) gegenüber einer Aufforderung zum Boykott.

Im Rahmen der Mephisto-Entscheidung (E 30, 173, 193) war die durch Art. 5 Abs. 3 GG geschützte Kunstfreiheit gegen das allgemeine Persönlichkeitsrecht (Art. 2 Abs. 1 GG) abzuwägen.

Die Kollisionslage zwischen dem Schutz des werdenden Lebens und dem Selbstbestimmungsrecht der schwangeren Frau im Fall des Schwangerschaftsabbruchs (s. dazu S. 103).

Der Interessenkonflikt von Rauchern (Art. 2 Abs. 1 GG) und Nichtrauchern (Art. 2 Abs. 2 S. 1 GG), vgl. dazu Hauber VR 1994, S. 37 ff.

Die Konkurrenz zwischen Persönlichkeitsschutz und Meinungsäußerungsfreiheit im Fall der Plakataktion von Greenpeace, in der die FCKW-Produktion deutscher Unternehmen unter Abbildung des Porträts ihrer Vorstandsvorsitzenden und Namensnennung in satirisch-sarkastischer Weise kritisiert wird, s. dazu BGH JZ 1994, S. 413 ff.; s. zum Ganzen auch BVerfGE 95, 96 ff.

Der Rechtsanwender stellt im **Güterabwägungsverfahren** zunächst die Kollisionslage als solche fest, d. h. das Zusammentreffen unterschiedlicher Geltungsanordnungen von prinzipiell nebeneinander anwendbaren Normen. Sodann ist abzuwägen, und zwar **zunächst abstrakt, dann konkret**. Im ersten Schritt werden die Wertentscheidungen, die in den jeweiligen Normen zum Ausdruck kommen, miteinander verglichen und festgestellt, ob ein betroffenes Recht oder Gut gegenüber dem anderen höher zu bewerten ist. Besteht ein **Wertunterschied** (dem Rechtsgut Leben kommt etwa ein höherer Rang zu als materiellen Gütern), fällt die Abwägungsentscheidung entsprechend zugunsten der Norm aus, die das jeweilige abstrakt höher zu gewichtende Gut schützt.

Bei Gleichrangigkeit von Rechten oder Rechtsgütern ist ein solcher abstrakter Vergleich ausgeschlossen. Ausschlaggebend sind hier die Besonderheiten des Einzelfalls (z. B. Ausmaß und Umfang der Beeinträchtigung). Darüber hinaus gibt es allgemeine Rechtsgrundsätze, die wie bei jeder Rechtsanwendung gerade auch bei Güterabwägung zu beachten sind. Dazu gehören das Gleichbehandlungsgebot, die Grundsätze der Verhältnismäßigkeit und des Vertrauensschutzes. Bei der Lösung grundrechtlicher Spannungslagen kann etwa ausschlaggebend sein, welche der konkurrierenden Grundrechtsnormen auf die Art einer bestimmten Freiheitsbetätigung am stärksten zugeschnitten ist, welche sich also in ihrer Schutzintention am ehesten mit dem Freiheitsanliegen des Bürgers deckt, das sich in einer bestimmten Freiheitsbetätigung ausdrückt. Die Verdrängung eines Grundrechts kann etwa angenommen werden, wenn in einem konkreten Konfliktfall der sachliche Schwerpunkt nur bei einem Grundrecht liegt, ein anderes lediglich am Rande tangiert ist.

Beispiel:
Die Wirtschaftswerbung berührt in erster Linie Art. 12 GG und nur am Rande Art. 5 Abs. 1 GG.

Beachtung findet nach wie vor das „Prinzip der praktischen Konkordanz" (Hesse, Grundzüge des Verfassungsrechts, 20. Aufl. 1999, Rn. 317 ff.) das dem Grundsatz der Einheit der Verfassung dient. Danach sollen u. a. bei Grundrechtskollisionen die Grenzen zwischen den einschlägigen Verfassungsnormen so austariert werden, dass sie die Entscheidung des Falls im Ergebnis auch mittragen. Sollte das nicht möglich sein, „ist unter Berücksichtigung der falltypischen Gestaltung und der Umstände des Einzelfalls zu entscheiden, welches Interesse zurückzutreten hat" (BVerfGE 35, 202, 225).

Bei allen Abwägungsvorgängen, insbesondere im Rahmen von Grundrechtskollisionen, muss sich der Rechtsanwendende davon leiten lassen, „dass die verfassungsmäßige Ordnung ein Sinnganzes bildet, ein Widerstreit zwischen verfassungsrechtlich geschützten Belangen mithin stets nach Maßgabe der grundgesetzlichen Wertordnung und unter Berücksichtigung der Einheit dieses grundlegenden Wertsystems zu lösen ist" (BVerfGE 49, 24, 56 in seiner Kontaktsperre-Entscheidung).

6.3 Gesetzesübersteigende Rechtsfortbildung

Die bisherigen Verfahren der Rechtsfortbildung bewegen sich innerhalb des gesetzlichen Rechtsraums, also im Rahmen von Zielsetzung und Plan des Gesetzgebers (S. 122). Die Rechtsfindung geschieht zwar über den möglichen Wortsinn einer Normsetzung hinaus (praeter legem), aber, wie gesagt, innerhalb des gesetzgeberischen Plans, der sich durch teleologische Auslegung (S. 99 ff.) ermitteln lässt. Es handelt sich mithin um Rechtsgewinnung **außerhalb des vom Gesetz(geber) Gesagten**, aber **innerhalb des vom Gesetz(geber) Gewollten**.

Jenseits des positiv geordneten Rechts (des objektiven Rechts, S. 9 f.), also jenseits des gesetzlichen Rechtsraums (**extra legem**), beginnt der Rechtsraum, der nur noch auf den „fundierten allgemeinen Gerechtigkeitsvorstellungen der Gemeinschaft" (BVerfGE 34, 269, 287) basiert, die etwa in der grundgesetzlichen Wertordnung und in allgemeiner Rechtsüberzeugung zum Ausdruck kommen. Innerhalb dieses Raums von „Recht" **(intra ius)** liegt der Bereich des Ungeregelten, aber Regelbaren, also all das, was mit dem Instrument der Rechtsregel zwar erfassbar ist, aber – aus welchen Gründen auch immer – noch nicht erfasst wurde.

Für Fikentscher (S. 726) ist die teleologische Extension (S. 139) bereits ein Verfahren der Rechtsfortbildung außerhalb des gesetzlichen Rechtsraums.

Gesetzesübersteigende Rechtsfortbildung ist zwar zulässig, wegen der verfassungsrechtlich verankerten Rechtssetzungsprärogative des Gesetzgebers bzw. der Gesetzesbindung der Rechtsanwender (s. dazu S. 80, 123) allerdings nur **in äußerst engen Grenzen**. Eine Rechtsfortbildung „praeter legem", bei der der Normanwendende mithin punktuell als „Gesetzgeber" fungiert, bedarf deshalb einer sehr sorgfältigen **Begründung** (s. dazu BVerfGE 88, 145, 167; krit. zum Ganzen Rüthers, Rn. 913 ff., der solche Argumentationen für Scheinbegründungen hält). Wo etwa die Rechtssicherheit eine klare detaillierte Normierung verlangt, die nicht allein auf juristischer Rechtfertigung beruhen, sondern nur vom Gesetzgeber erbracht werden kann, ist gesetzesübersteigende Rechtsfortbildung ausgeschlossen.

Die Rechtsfortbildung

S. dazu BVerfGE 22, 349, 361 ff.: Das Bundesverfassungsgericht darf bei der Feststellung des Verfassungsverstoßes nicht selbst die verletzte Gleichheit wiederherstellen, indem es die gesetzliche Vergünstigung auf die übergangene Personengruppe ausdehnt, weil es damit der Entscheidung des Gesetzgebers vorgreifen würde. Etwas anderes gilt nur, wenn mit Rücksicht auf einen zwingenden Verfassungsauftrag oder nach den sonstigen Umständen des Einzelfalls nur diese eine Möglichkeit zur Beseitigung des Verfassungsverstoßes in Betracht kommt. Vgl. zum Ganzen auch BVerfGE 20, 162, 218 f.

Da gesetzesübersteigende Rechtsfortbildung den **obersten Gerichten** vorbehalten ist und auch nur in außergewöhnlichen Fällen und sehr engen Grenzen vorgenommen wird, sollen im Rahmen dieser Darstellung lediglich die Gesichtspunkte genannt werden, die sie ermöglichen.

Wenn nach allem tatsächlich erwiesen ist, dass sich die Antwort auf eine unbedingt zu lösende Konfliktfrage weder durch Anwendung oder Auslegung der bestehenden Rechtsordnung noch durch gesetzesimmanente Rechtsfortbildung geben lässt, darf eine gesetzesübersteigende Rechtsfortbildung erfolgen. Richterliche „Normsetzung" ist allerdings an die **strikte Voraussetzung** geknüpft, dass eines der drei nachfolgend genannten Argumente sie gebietet:

- Es liegt ein **unabweisbares Bedürfnis des Rechtsverkehrs** vor.

  Beispiel:
  Damit dem Geschäftsverkehr verlässliche und zweckmäßige Regelungen zur Verfügung stehen, ist durch Rechtsfortbildung die Kreditgewährung u. a. durch Anerkennung des „Anwartschaftsrechts" beim Kauf unter Eigentumsvorbehalt und durch Schaffung bzw. Präzisierung der Grundsätze über die „Sicherungsübereignung" gefördert worden. Die Entwicklung des Instituts des Sicherungseigentums, ein besitzloses Pfandrecht an beweglichen Sachen, das vom Gesetzgeber nicht geregelt (s. § 1205 BGB), vom Wortsinn jedoch nicht verboten ist, geschah also als Reaktion auf ein solches unabweisbares Bedürfnis des Rechtsverkehrs (s. dazu Larenz/Canaris, S. 251 f.).

- Die **Natur der Sache** rechtfertigt ausnahmsweise richterliche Normsetzung.

  Beispiel:
  Das Bundesverfassungsgericht hat so die Kompetenzen des Bundes zur Raumordnung des Bundesgebietes innerhalb des Art. 74 Abs. 1 Nr. 18 GG begründet (E 3, 407, 427 f.).

- Aus **rechtsethischen Prinzipien** oder **obersten Verfassungsgrundsätzen** als fundamentalen Leitgedanken des Rechts (**Gerechtigkeitsgebot**) können ebenfalls in sehr engen Grenzen und in außergewöhnlichen Anwendungsbereichen direkt Konfliktlösungen abgeleitet werden.

  Beispiel:
  Das Bundesverfassungsgericht hat etwa aus dem Grundsatz des Vertrauensschutzes die Grenzen der echten und unechten Rückwirkung von Gesetzen entwickelt (E 13, 261, 270 ff.; 14, 288, 297 ff.; vgl. dazu auch E 39, 128, 143 ff.; 97, 67, 78 ff.). S. zum Ganzen auch die Mauerschützen-Entscheidung (BVerfGE 95, 96 ff.; vgl. dazu S. 124). Die Einschränkung der „absoluten Regel" des Rückwirkungsverbots des Art. 103 Abs. 2 GG wird u. a. mit dem Argument der „materiellen Gerechtigkeit" gerechtfertigt (a. a. O., 133). Danach ist das Vertrauen in Gesetze, die undemokratisch und nicht rechtsstaatlich zustande gekommen sind, nicht zu schützen (s. dazu auch S. 123 f.).

7 Fazit: Der Weg zur Antwort auf die Rechtsfrage

Beachtliche Überlegungen werden in der Rechtspraxis regelmäßig dadurch in Gang gesetzt, dass jemand an dem Verhalten eines anderen Anstoß nimmt, es als Beeinträchtigung erlebt, sich nicht damit abfindet, sondern sich fragt, ob er sich dergleichen gefallen lassen müsse oder zur Wehr setzen könne. Wird diese Frage im Sinne der „Faustformel"

Wer will was von wem?

geordnet und mit den Ausdrücken der Rechtssprache verdeutlicht, ist die **Rechtsfrage** gestellt.

Beispiel:
Im Schwingtür-Fall (S. 42) könnte sich der Verletzte überlegen, wie er sich bei dem Verletzer wegen des Schadens an Sonnenbrille und Vase Ausgleich verschaffen kann. Er würde sich hier also die Rechtsfrage stellen, ob er gegen den Schädiger einen Anspruch auf Schadenersatz hat.

Die Antworten auf Rechtsfragen sind in der geltenden Rechtsordnung zu suchen. In ihr muss ein Rechtssatz gefunden werden, der auf die konkrete Rechtsfrage eine Antwort gibt (die Faustformel wird also noch ergänzt und heißt vollständig: wer will was von wem **woraus**?). Ermittelt wird, in welchem Teilbereich der Rechtsordnung (Rechtsgebiet) welcher Rechtssatz am ehesten eine Antwort (passende Rechtsfolge) bereithält: Man stellt also Norm-Hypothesen auf und bezieht die gegebenen Tatsachen des Sachverhalts auf die jeweiligen Tatbestandsmerkmale der mutmaßlich zutreffenden Normen, um herauszufinden, ob die Rechtssätze, allen voran die Antwortnorm, tatsächlich auf den konkreten Fall zutreffen.

Dabei kann es vorkommen, dass Tatsachen und Tatbestandsmerkmale einander klar und endgültig entsprechen. Manche sprechen hier von Isomorphie: Zwischen gegebenen Tatsachen und Tatbestandselementen besteht das Verhältnis des Abzubildenden zum Bild (s. Makkonen, Zur Problematik der juridischen Entscheidung, 1965, S. 79). In den meisten Fällen ist es jedoch so, dass dieses Verhältnis nicht so klar ist. Dann ergibt sich die Notwendigkeit der Rechtsgewinnung durch Auslegung.

Beispiel:
Wenn etwa auf Grund des § 22 Abs. 2 GastG Keller und Hof, die zur Schankwirtschaft eines Gastwirts gehören, betreten und besichtigt werden sollen, der Betroffene Betreten und Besichtigen für einen verbotenen Eingriff in seine Privatsphäre hält, stellt sich als Rechtsfrage, ob es eine Norm gibt, die ein solches hoheitliches Vorgehen verhindern hilft. Die Antwort darauf könnte sich aus Art. 13 Abs. 1 GG ergeben (Norm-Hypothese): „Die Wohnung ist unverletzlich." „Keller", „Hof", „Schankwirtschaft" sind Tatsachenbeschreibungen, die nicht ohne weiteres dem Normbegriff „Wohnung" zuzuordnen sind. Es knüpfen sich also notwendig Interpretationsfragen an.

Schließlich kann die Situation eintreten, dass sich kein Rechtssatz finden lässt, in dessen Entscheidungsbereich der jeweilige Fall gehört. Hier entsteht das Problem der Lücke.

Allgemein wird man insofern auf dem Weg zur Antwort **folgende Fragen** zu stellen haben:

- Welche Rechtsnormen erlauben eine Antwort, d. h. enthalten eine Rechtsfolge, die das Begehren erfüllen könnte? (1)

Fazit: Der Weg zur Antwort auf die Rechtsfrage

- Sind die als einschlägig in Betracht gezogenen Rechtssätze auf den zu entscheidenden Fall
  - klar anwendbar? (2a)
  - nicht klar anwendbar, die Inhalte der mutmaßlich zutreffenden Normen also nur durch Auslegung bestimmbar? (2b)
- Welche Rückschlüsse erlauben Rechtsprechung und Literatur hinsichtlich der möglichen Rechtsentscheidung im konkreten Fall? (3)

Ob eine Norm klar anwendbar ist oder nicht (2a), kann etwa durch einen Blick in Kommentare ermittelt werden: Was sagen Rechtsprechung und Lehre zu entsprechenden Rechtsbegriffen oder Konfliktfällen, wie sind z. B. bestimmte Tatbestandsbegriffe zu definieren bzw. durch beispielhafte Fallgruppen zu umschreiben? Welche von mehreren einschlägigen Normen hat Vorrang?

Sollte eine Auslegung notwendig sein (2b), ist erst recht von Bedeutung, wie sich Rechtsprechung und Lehre zu einem solchen oder vergleichbaren Fall geäußert haben. In der Regel ist der Standpunkt der Lehre neben dem der Rechtsprechung zu berücksichtigen, weil sich sonst eine Antwort auf der Stufe (3) nicht zuverlässig geben lässt.

- Wenn es in der Rechtsordnung keinen (mutmaßlich) zutreffenden Rechtssatz gibt, ist die Antwort auf die Rechtsfrage im Wege der Rechtsfortbildung zu suchen, sind also z. B. Verfahren zur Lückenschließung anzuwenden? (4)

Auch bei den Verfahren der Rechtsfortbildung ist zu berücksichtigen, was Rechtsprechung und Lehre in entsprechenden Fällen oder Fallgruppen an Erkenntnissen bzw. Ergebnissen gewonnen haben.

In den Situationen der Rechtsgewinnung ohne Auslegung (Isomorphie) und mit Auslegung sowie der Rechtsentscheidung durch Lückenschließung sind unterschiedliche Methoden zu beachten, die in bestimmter Weise miteinander verflochten sind:

Erster Abschnitt: Methodik der Rechtsgewinnung

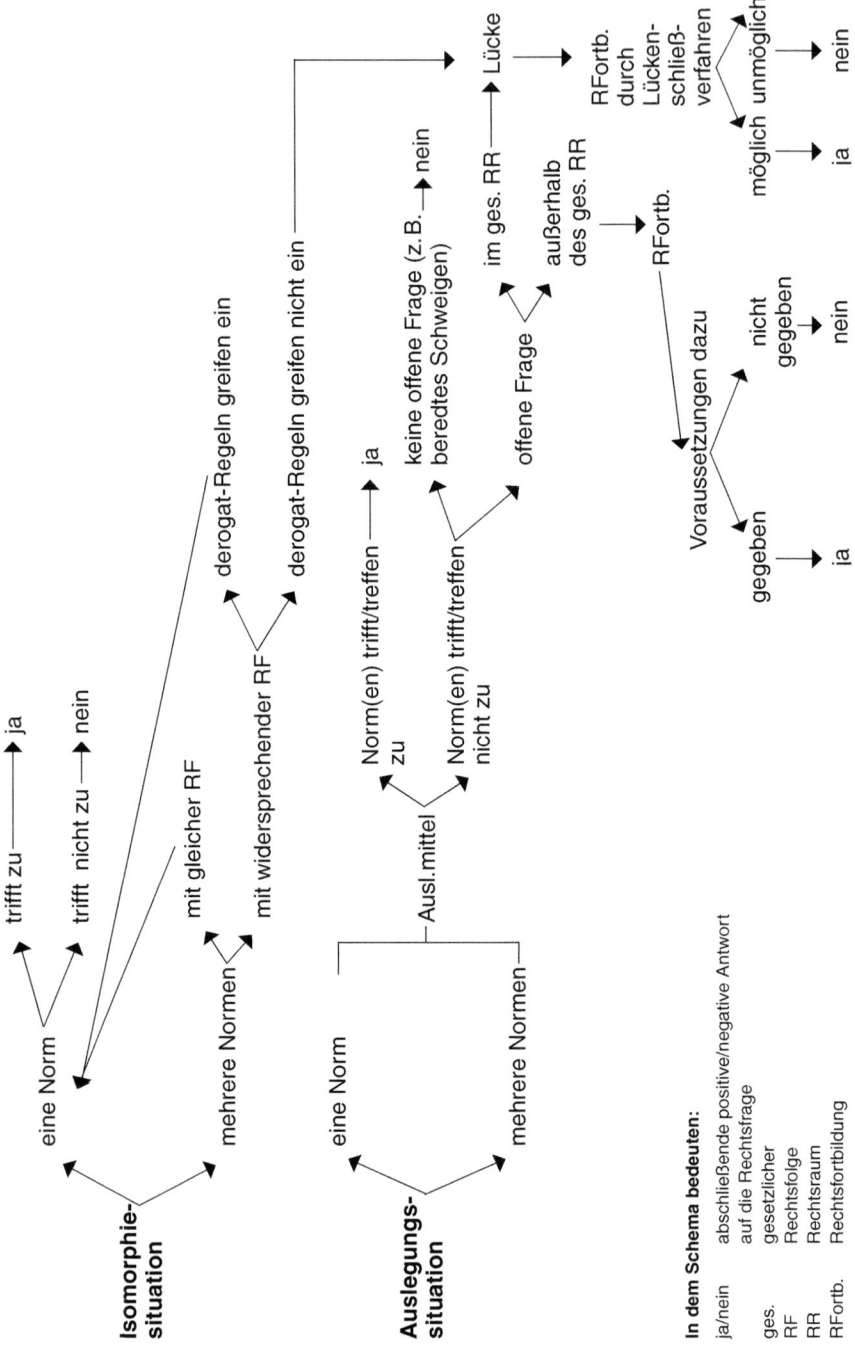

148

8   Einflussfaktoren der Rechtsgewinnung

Rechtsanwender müssen zwar grundsätzlich gebunden an „Gesetz und Recht", also rechtsmaßstäblich Konflikte lösen; dennoch sind der methodischen Rechtsfindung anhand der normgeberischen Vorgaben Grenzen gesetzt. Rechtsentscheidungen werden, wie sich zeigte, nicht durch logisch zwingende Ableitungen gewonnen, können angesichts so offener Rechtsmaßstäbe wie etwa „Gerechtigkeit" oder so unbestimmter Normbegriffe wie „Sittlichkeit" letztlich nicht wirklich rational begründet werden und liefern, so betrachtet, keine „wahren" oder „richtigen" Ergebnisse (S. 74 f.). Den Weg zum Ziel, nämlich zur Antwort auf die konkrete Rechtsfrage, bestimmt zwar ganz wesentlich Objektives wie die normativen und methodischen Vorgaben. Es gibt aber eben immer wieder Momente und Punkte, bei denen Irrationales, Subjektives wie das Gerechtigkeitsgefühl des jeweiligen Normanwenders im Spiel ist oder es auf Fantasie, Instinkt und Intuition des Rechtspraktikers geradezu ankommt. Letzteres nimmt der Gesetzgeber mitunter bewusst in Kauf, wenn er z. B. Interessenlagen selbst (noch) nicht regelt oder wenn er den Normanwender zu Wertentscheidungen autorisiert, damit Inhalte von Sollensgeboten neuen Entwicklungen oder sich wandelnden, etwa sozialethischen Vorstellungen, anzupassen sind, um letztlich auch für künftige Normadressaten gerechte und akzeptable Konfliktlösungen zu ermöglichen. Beispielhaft sind hier wieder Formulierungen in Generalklauseln zu nennen. So werden nach ständiger Rechtsprechung die „guten Sitten" als das „Anstandsgefühl aller billig und gerecht Denkenden" (BGHSt 4, 24, 32) ausgelegt. Wie soll sich der Rechtsanwender „objektiv" in ein solches Anstandsgefühl der breiten Mehrheit einfühlen, wie kann er wirklich wissen, ob er nicht von seinen eigenen Empfindungen gelenkt wird, wenn er entscheidet, ob ein bestimmtes Verhalten als sittenwidrig zu werten ist?

Abgesehen von besonders schwierigen Lagen, in denen Wertausfüllung verlangt wird, sind Prozesse des Verstehens, der Auslegung und der fallbezogenen Konkretisierung auch sonst kaum je rein technisch-juristische Vorgänge. Man darf die bestehenden rechtsmethodischen Mittel nicht unter-, aber auch nicht überschätzen. Selbst bei größter Bemühung des Rechtsanwenders, sich genau an das zu halten, was einerseits tatsächlich aus dem zu entscheidenden Sachverhalt folgt (auch hier kommt es ja auf sachliche und zutreffende Beurteilungen an) und was sich andererseits der Rechtsordnung nach methodengerechter Interpretation und Anwendung entnehmen lässt, sind die so gewonnenen Erkenntnisse doch oft nicht die einzigen Richtmaße einer Konfliktlösung. Streng genommen mischt sich in jeden Gedankengang – bewusst oder unbewusst – Subjektives. Von rein objektiver Rechtsfindung kann von daher nur bedingt gesprochen werden.

Wie der Auslegende bei Textinterpretationen allgemein, geht auch der Rechtsinterpret, dessen Arbeit sich vor allem um das Verstehen, Deuten und Bewerten von Gesetzestexten dreht, mit einem bestimmten **Vorverständnis** von den faktischen, vor allem normativen Aussagen zu einem Konfliktfall an die Rechtsgewinnung heran. Es wirken insofern eine Vielzahl von Faktoren individueller, sozialer, institutioneller und auch situativer Art auf den Auslegungs- und Entscheidungsprozess ein.

Erster Abschnitt: Methodik der Rechtsgewinnung

Zum Ganzen s. z. B. Esser, S. 130 ff.; Gadamer, Wahrheit und Methode, Grundzüge einer philosophischen Hermeneutik, 6. Aufl. 1990, S. 270 ff.; Kaufmann, S. 36 ff.

Zum „hermeneutischen Zirkel" des Verstehensprozesses (wer eine Textaussage verstehen will, muss mindestens ansatzweise Wissen oder Vorstellungen von ihr haben) s. Larenz/Canaris, S. 28 ff.

An dieser Stelle geht es nicht um die relativ „rationale" Seite des Vor-Verständnisses im Sinne von Vorwissen, also um den Umstand, dass der Konfliktlösende juristische und methodische Vorkenntnisse hat und dass überdies seine Auslegungs- und Anwendungserfahrung, wenn nicht gar Routine die Erfassung und Entscheidung von Fällen erleichtern (allerdings auch ein unverbildetes Judiz erschweren). Das hier erörterte Vorverständnis bezieht sich vielmehr auf die Vorprägungen bis hin zu den Vorurteilen, von denen auch Rechtsanwender bestimmt sind und die sich auf Sachverhalts- und Normdeutung und damit auf Rechtsgewinnungsergebnisse auswirken können. Dieses Vorverständnis wird zu einem wesentlichen Teil durch die individuellen und allgemeinen Sozialisationsprozesse „erworben", in denen der Normanwendende gestanden hat, fortlaufend steht und denen er sich wie jeder Mensch sonst auch nur in Grenzen entziehen kann. Er ist beeinflusst durch Erfahrungen und Erkenntnisse jeder Art, die er während seiner Erziehung, Ausbildung und Berufsausübung sowie in außerberuflichen Situationen (z. B. durch persönliche Schicksalsschläge, außergewöhnliche Ereignisse in Staat und Gesellschaft) gemacht (oder auch nicht gemacht) hat. Sein Vorverständnis ist ferner mitgeprägt durch die Bedingungen, die im Moment der Rechtsgewinnung herrschen und sein Bild von den gegenwärtigen Verhältnissen und Problemlagen auch mitbestimmen können.

So dürfte nach einem von Kampfhunden verursachten Unfall mit tragischem Ausgang die Einstufung eines Hundes als Kampfhund (s. S. 85 f.) rigider ausfallen. War der Rechtsfinder auch noch unmittelbar oder mittelbar betroffen, wird bei aller „Panzerung" durch Gesetz, Methodik und Selbstkontrolle eine ganz objektive Rechtsanwendung kaum zu erwarten sein. Auch könnte eine Vielzahl aktueller Waffenmissbrauchsfälle die Sensibilität all derer, die für die Überwachung des im Waffenhandel tätigen Personals zuständig sind, beträchtlich steigern. Die Zunahme von Drogenmissbrauch und die besseren Erkenntnisse über die hier bedeutsamen Zusammenhänge werden ebenfalls nicht ohne Einfluss auf die Rechtsprechung zu solchen Fällen sein.

S. in diesem Zusammenhang z. B. auch die Entscheidungen zu Sitzblockaden (BGHSt 1, 145 ff.; 23, 126 ff.; 35, 270 ff.), wo es u. a. um die Deutung der Normbegriffe „Gewalt" und „verwerflich" in § 240 StGB ging. Hier wird durch „objektivierende" Argumentation verdeckt oder zu verdecken versucht, dass Vorurteile, zumindest ein ganz bestimmtes Vorverständnis bei der Rechtsgewinnung eine Rolle gespielt haben dürfte (s. dazu u. a. Kaufmann, NJW 1988, S. 2581 ff.; s. auch Müller/Christensen, Rn. 322 ff.).

Die Rechtsordnung trägt dem Umstand, dass ein Rechtsanwender eventuell zu einem objektiven Urteil nicht imstande ist, durch die rechtsstaatlich garantierte Möglichkeit (Gebot eines fairen Verfahrens) Rechnung, bei „Besorgnis der Befangenheit" (§§ 42 ZPO, 24 StPO) einen Befangenheitsantrag zu stellen (§§ 42 ZPO, 24 StPO).

Den Prozess der Rechtsfindung bestimmt die Bemühung um gerechte Konfliktlösung. Der Rechtsanwender wird sich zwar intuitiv eine an seinem Gerechtigkeitsempfinden orientierte Vor-Einschätzung des Falles bilden und dürfte geneigt sein, diese Vor-Meinung anhand der bestehenden normativen Vorgaben bestätigt zu sehen. Dieses Umstandes muss er sich aber immer bewusst sein, denn das Streben nach Gerechtigkeit hat stets durch methodengerechte Auslegung und Anwendung von Rechtsnormen, unter Umständen auch Rechtsfortbildung zu geschehen. Das Bewusstsein für mögliche subjektive Einfärbungen sollte in hohem Maße geschärft sein, insbesondere bei der Abfassung von

Begründungen bzw. bei der Überprüfung, ob es auch keine Scheinbegründungen sind, um eine persönlich bevorzugte Entscheidung zu rechtfertigen (s. dazu Engisch, S. 54 f.). Das gilt z. B. vor allem für teleologische Argumentationen. Rechtsanwender können und sollen hier den Wandel in Staat und Gesellschaft berücksichtigen. Die tatsächliche Veränderung muss aber auch dazu Veranlassung geben, den Norminhalt gegenwartsnah zu interpretieren, also quasi freiere Hand an ihn zu legen. Nicht jeder Wandel erfordert eine veränderte Sicht vom Rechtssatz.
Wenn sich die Bedeutung einer Gesetzesvorschrift mit Hilfe der anerkannten Methoden und Regeln hinreichend genau bestimmen lässt, bleibt grundsätzlich für den Rechtsfinder kein Raum für weitere Deutungen, selbst wenn das Ergebnis seinem Rechtsgefühl widerspricht oder wenn es ihm etwa aus ideologischen Gründen missfällt. Dieses klar zu erkennen, setzt eine starke und redliche, mitunter sich selbst verleugnende Persönlichkeit voraus.

Subjektives kann sich besonders auch in folgenorientierte Argumentationen einschleichen, die in der Rechtspraxis immer häufiger vorkommen (s. in diesem Zusammenhang u. a. die umstrittenen Entscheidungen zur Schadenersatzpflicht des Arztes bei fehlgeschlagener Sterilisation bzw. fehlerhafter Schwangerschaftsberatung, BVerfG NJW 1998, S. 1519 ff. und im Gegensatz dazu BVerfG NJW 1998, S. 523 f.).

Dass das Vorverständnis, dass unter Umständen sogar Vorurteile (im negativen Sinn) in Rechtsgewinnungsprozesse einfließen können, und zwar je nach Art des Gegenstandes mehr oder minder deutlich, ist bei (Norm-)Textinterpretationen allerdings kaum ganz vermeidbar. Geht es um Konfliktlagen, die eo ipso an Irrationales rühren, sollte deshalb der Rechtspraktiker seinen persönlichen Standpunkt als solchen zu erkennen geben, damit auch diese eventuell höchstpersönliche Sichtweise als Teil des Rechtsfindungsergebnisses nicht unter „objektiven" Argumenten verborgen wird, sondern nachvollziehbar, kontrollierbar und diskutierbar ist. Werden subjektive Beimischungen verdeutlicht, dürfte zumindest ein Stück Objektivität zurückgewonnen sein (s. Kaufmann, S. 32).

Zweiter Abschnitt: Technik der Fallbearbeitung

1 Klausurtechnik

1.1 Allgemeines

Zur Lösung von Fällen sind nicht nur rechtliche und methodische Kenntnisse vonnöten; der Bearbeiter muss vielmehr die einzelnen Schritte auf dem Weg zu einer überzeugenden Konfliktentscheidung auch formal richtig umsetzen können. Je besser er die Lösungstechniken beherrscht, desto stärker kann er sich auf die Bewältigung inhaltlicher Probleme eines konkreten Falles konzentrieren. Technische Sicherheit gewinnt man am ehesten durch eingehendes Üben von Fallbearbeitungen. Die eine oder andere nachfolgende Ausführung mag selbstverständlich klingen; die Praxis zeigt aber, dass solche Ratschläge erstaunlich oft missachtet werden.

Wie methodische können auch lösungstechnische Empfehlungen zur Anfertigung von Klausuren **nur allgemeine Hinweise** sein. Sie gelten für eine Vielzahl sehr unterschiedlicher Fälle, aber nicht für alle. Entscheidend ist stets die fallspezifische Problematik bzw. die exakte **fallgerechte Bearbeitung** des jeweils konkret gegebenen Einzelsachverhalts.

Fälle sind überwiegend in Form von Gutachten (s. dazu S. 182 ff.) zu lösen, d. h. man nähert sich von den aufgeworfenen Fragen schrittweise, nämlich durch eine Reihe von Schlussfolgerungen, den Zwischenergebnissen und schließlich dem Endergebnis. Fallbearbeitungen müssen überdies in der Regel innerhalb von Klausuren erbracht werden. Die Beispiele zu den wichtigsten Grundregeln werden deshalb klausur- und gutachtentechnisch gegeben.

Soweit möglich werden die Probleme der Klausurtechnik an einer Varianten des Schwingtür-Falls (S. 42) und einem öffentlich-rechtlichen Fall demonstriert:

(1) Kurz nach seinem 16. Geburtstag öffnet der angetrunkene A unachtsam die Schwingtür eines Warenhauses, in das er unerkannt vor seinem zu Gewalttätigkeiten neigenden Kollegen K flüchten will, dem er 100 EUR schuldet. Dabei geht die einfache, abgenutzte Sonnenbrille des B zu Bruch, die dieser vor acht Monaten während eines Urlaubs im Wald gefunden hat. Außerdem fällt das Einkaufsnetz des B zu Boden, in dem sich eine Vase und ein paar schwarze Herren-Wildlederschuhe befanden. Die Vase, die B hatte tauschen wollen, was er aber aus Zeitgründen nicht mehr geschafft hatte, zerbrach. Die Schuhe blieben unversehrt. K, der tatsächlich A bemerkt hatte und ihm nachgeeilt war, um ihn auf die 100 EUR anzusprechen, entdeckt im Einkaufsnetz des B seine schwarzen Wildlederschuhe, die er eine Woche vorher beim Schuster S in Reparatur gegeben hatte. K erkundigt sich, woher B die Schuhe habe, und hört, dass S sie dem B günstig verkauft habe. S hatte die reparierten Schuhe des K aus Versehen zu den nicht aus der Reparatur abgeholten, verkäuflichen Schuhen gestellt und an B verkauft. K zeigt B den Abholschein für seine Schuhe. Daraufhin händigt B dem K sofort die Schuhe aus. B verlangt von A Schadenersatz für die zerbrochenen Gegenstände sowie – in Höhe des Kaufpreises – für die dem K übergebenen Schuhe. A lehnt Schadenersatz in Geld für die zerbrochenen Gegenstände ab. Ihn treffe kein Verschulden und er habe in Notwehr gehandelt. Er sei angesichts des nahenden K überfordert gewesen, die Schwingtür umsichtig zu öffnen. Außerdem gehöre B die Sonnenbrille gar nicht, weil er sie nicht ordentlich gekauft habe. Für die zerbrochene Vase, die B ja ohnehin nicht gefallen habe, biete er eine seiner zahlreichen Vasen an. Dafür, dass B dem K die Schuhe gegeben habe, habe er nicht einzustehen, zumal er, B, die Schuhe nicht hätte aushändigen

müssen. B beharrt auf Schadenersatz in Geld für die zerbrochenen Gegenstände. Bezüglich der Schuhe gibt er nach und wendet sich stattdessen an K, von dem er die Herausgabe der zu Unrecht übergebenen Schuhe verlangt. K weigert sich, da er sich immer noch für den Eigentümer hält. Bestehen die Ansprüche des B gegen A bzw. des B gegen K zu Recht?

(2) Mieter M eines Hauses auf einem Eckgrundstück in der nordrhein-westfälischen Stadt D lässt die Hecken seines Gartens in einer Weise wuchern, dass Autofahrer einen Teil der Straße nicht überblicken können. Außerdem stellt der 12-jährige Sohn S des M den Rasensprenger oftmals in eine Position, dass ein heftiger Wasserstrahl auf Straße und Gehweg fällt, was mehrere Autofahrer bereits zu abrupten Bremsungen veranlasste. Schriftlich fordert das Ordnungsamt von D den Eigentümer des Hauses, E, auf, die Hecke zu schneiden, und den Mieter M, dafür zu sorgen, dass der Rasensprenger stets so steht, dass niemand beeinträchtigt werden kann. Wie ist die Rechtslage?

1.2 Erfassen des Sachverhalts

1.2.1 Erster wichtiger Schritt einer Fallbearbeitung ist die **exakte, detaillierte** und **vollständige** Aufnahme des konkret gegebenen Sachverhalts, der in der Regel eine Fülle von direkten oder indirekten Hinweisen auf die zu erörternden Gesichtspunkte der Lösung enthält. Dabei sollten auch schon die den Text abschließende Frage- bzw. Aufgabenstellung und eventuelle Bearbeitungshinweise mitgelesen werden. Sie lassen miterkennen, was als Konfliktfall zu bearbeiten ist, welche Teile des Sachverhalts insofern entscheidend sind.

Wenig sinnvoll, weil häufig verwirrend und fehlerstiftend, ist es, bereits bei der ersten Textaufnahme im Sachverhalt (womöglich mehrfarbig) Kennzeichnungen anzubringen, da oftmals erst die wiederholte und dadurch noch genauere Beschäftigung mit Sachverhalt und Fragestellung ergibt, welche Details wirklich von Belang sind.

Überhaupt empfiehlt es sich, generell mit Kennzeichnungen im ausgegebenen Sachverhaltstext zurückhaltend zu sein, weil dieser mit der Klausurlösung wieder abgegeben werden muss. Besser ist die Benutzung eines gesonderten Blankobogens.

Hilfreich ist es dagegen, erst einmal alle Einfälle festzuhalten, damit der Bearbeiter nichts übersieht. Zu umfangreichen Sachverhalten, insbesondere verwickelten Rechtsbeziehungen, fertigt man am besten eine allererste Lösungsskizze (s. auch S. 166 ff.) oder – spielen Daten und Zahlen eine größere Rolle – eine Datentabelle an.

Für die genaue Erfassung des Sachverhalts sollte man sich ausreichend Zeit nehmen. Flüchtiges Lesen führt allzu leicht zum Verlesen. So hatte z. B. der Bearbeiter eines Falles, in dem es um eine Problematik des Art. 13 GG ging, im Klausurtext hartnäckig Hausbes**i**tzer statt Hausbes**e**tzer gelesen.

1.2.2 Übersicht verschafft auch eine **Aufteilung des Sachverhalts** nach Sachverhaltsteilen, Beteiligten oder Daten. Kommen mehrere Personen oder Komplexe in einem Fall vor, steht es grundsätzlich frei, womit der Bearbeiter beginnen will. Gründe der Logik und Ökonomie können es nahelegen, mit bestimmten Punkten anzufangen (zur Gliederung und Festlegung der Prüfungsreihenfolge im Einzelnen s. S. 166 ff.).

Der Schwingtür-Fall (S. 153 f.) ist nach Beteiligten und Sachverhaltsteilen zu zergliedern. Bedeutend sind die für die Rechtsbeziehungen einerseits zwischen A und B, andererseits zwischen B und K wichtigen Tatsachen. Im Verhältnis zwischen A und B ist noch zu unterscheiden zwischen den unterschiedlichen Schadensobjekten:

- Beziehungen zwischen B und A
  - bezüglich der Brille
  - bezüglich der Vase
  - (bezüglich der Schuhe)
- Beziehungen zwischen B und K

Im Eckgrundstück-Fall (S. 154) sind Sachverhaltskomplexe die Ordnungsverfügungen gegen E (hinsichtlich der Hecke) bzw. gegen M (hinsichtlich des Rasensprengers).

1.2.3 Meistens ist der Sachverhalt wie in den Beispielsfällen (S. 153 f.) vollständig ausformuliert. In Klausuren für Vorgerückte muss er mitunter zunächst aus einem **Aktenauszug** herausgearbeitet und erst noch abgefasst werden. Für die genaue Aufnahme des Sachverhalts gelten hier die gleichen Regeln.

1.2.4 An das, was im Sachverhalt bzw. in den Schriftstücken eines Aktenauszugs steht, ist der Bearbeiter grundsätzlich gebunden. Die mitgeteilten „Tatsachen" müssen dabei als **objektiv richtig** akzeptiert werden, selbst wenn sie womöglich realitätsfern oder unlogisch erscheinen. Aus klausurpädagogischen Gründen können sie sinnvoll sein.

Heißt es in einem Text, dass ein Mieter stets seinen Müll aus dem Fenster auf die Straße wirft, also zur Müllbeseitigung keinen Mülleimer benutzt, hat der Klausurbearbeiter genau von diesem sozial inadäquaten Verhalten auszugehen und nicht zu erörtern, ob ein normaler Mensch so etwas überhaupt tut.

Wenn im Eckgrundstück-Fall (S. 154) von einer wuchernden Hecke die Rede ist, darf der Bearbeiter sich keine Gedanken etwa darüber machen, ob eine Hecke tatsächlich so wachsen kann, dass sie Autofahrern die Sicht nimmt.

1.2.5 Die einzelnen Formulierungen des Sachverhalts sind in der Regel sorgfältig bedacht, um den Bearbeiter auf die entscheidenden Probleme und Aspekte und damit zugleich auch auf den Rahmen hinzulenken, innerhalb dessen die Falllösung zu erarbeiten ist; sie enthalten aber durchaus auch einige bloße Ausschmückungen. Es muss also sorgfältig unterschieden werden zwischen **rechtlich bedeutenden bzw. unbedeutenden Angaben** (s. dazu im Einzelnen S. 58). Lassen sich z. B. nur wenige Tatsachen auf einen für richtig befundenen Lösungsweg beziehen, sollte dieser noch einmal überprüft werden, damit der Bearbeiter nicht versehentlich auf eine falsche Prüfungsfährte gerät. Ein anderes Problem ist die Sachverhaltslücke (S. 157).

Das **Alter** eines Beteiligten und sonstige **Daten** sind meistens wichtig und weisen auf zu behandelnde Gesichtspunkte hin.

Von Bedeutung ist im Schwingtür-Fall (S. 153 f.), etwa der Hinweis auf den Brillenfund „vor acht Monaten", der u. a. eine Subsumtion des Sachverhalts unter § 973 BGB ermöglicht. Dagegen soll erkannt werden, dass die Altersangabe zum Schädiger A grundlos erfolgte und rechtlich nicht ausführlich zu würdigen ist.

Im Eckgrundstück-Fall (S. 154), soll die Frage der Zusatzhaftung des M hinsichtlich seines minderjährigen Sohnes, der grundsätzlich auch polizeipflichtig ist, thematisiert werden.

Bedeutsam, zumindest Ideenlieferanten sind in der Regel die im Sachverhalt erwähnten **Rechtsansichten** der Beteiligten. Sie können auf die besonderen Problematiken, möglicherweise sogar den Schwerpunkt eines Falles hinweisen oder auch Tatsachen enthalten, die für die Falllösung relevant sind. An die vorgetragenen, durchaus auch unzutreffenden oder gar abwegigen Argumente und

Einwände ist der Bearbeiter freilich nicht gebunden. Wird eine bestimmte Thematik angesprochen, besteht meistens Veranlassung, sich – zumindest kurz – mit ihr zu befassen

Im Schwingtür-Fall (S. 153 f.) wird durch den Hinweis des A auf den sich nahenden K auf einen möglichen Rechtfertigungsgrund (z. B. Notwehr) angespielt. Hier bedarf es allerdings keiner großen Ausführungen dazu, dass das Argument nicht durchschlägt. Mit der Bemerkung des A zu seinen zahlreichen Vasen, von denen er eine als Ersatz anbietet, soll der Bearbeiter auf die Problematik des § 249 Abs. 2 S. 1 BGB (Wahlrecht zwischen Naturalherstellung und Geldersatz) aufmerksam gemacht werden.

1.2.6 Sachverhaltsangaben dürfen, wie gesagt, **auf keinen Fall abgeändert** werden, sondern sind so hinzunehmen, wie sie formuliert wurden. Gerade das mutmaßliche Wiedererkennen von bekannten Sachverhalten mit ihren Problematiken verleitet zu sachverhalts-losgelöster Fallbearbeitung. Verhängnisvolle Fehler passieren deshalb, wenn man erst durch eine Sachverhaltsveränderung (sog. **Sachverhaltsquetsche**) zu geläufigen Problemen gelangt oder umgekehrt auf diese Weise Aspekte, die man nicht beherrscht, unangesprochen lassen kann. In der Regel enthält jede Klausuraufgabe spezifische Feinheiten.

Im Schwingtür-Fall (S. 153 f.) darf nicht die Frist oder der Wert des gefundenen Gegenstandes verändert werden, um Probleme des Eigentumserwerbs eines Finders zu erörtern. Wenn überdies vom „angetrunkenen" A die Rede ist, so ist A auch nur angetrunken und nicht betrunken. Oder wenn es heißt, dass die Schuhe „unversehrt" geblieben sind, ist nicht zu spekulieren, ob sie nicht doch durch den Fall zu Boden zumindest leicht beschädigt sein könnten.

Im Eckgrundstück-Fall (S. 154) ist davon die Rede, dass das Ordnungsamt gegen den Eigentümer E wegen der wuchernden Hecke und gegen den Mieter M wegen der Rasensprenger-Position eine Ordnungsverfügung erlassen hat. Fehlerhaft wäre es, nur M als Störer zu behandeln und von daher die Frage z. B. des Auswahlermessens (S. 24) nicht zu thematisieren.

Die Gefahr, **die Klarheit eines gegebenen Sachverhalts zu verkennen** und fälschlich eine Sachverhaltslücke zu unterstellen oder „Tatsachen" abzuändern, ist groß; vor allem Anfänger unterliegen ihr oft. Der Klausursteller überlegt sich, wie gesagt, den Sachverhaltstext genau. Der Bearbeiter hat in der Regel nicht mit üblen Fallstricken zu rechnen. Deshalb sollte der Blick auf den Sachverhalt nicht durch Misstrauen verstellt sein. Die Angaben dienen meistens der Klärung und nicht der Verunklärung.

Im Schwingtür-Fall (S. 153 f.) heißt es nur, dass bestimmte Gegenstände zu Bruch gehen, nicht aber, dass z. B. B durch das unachtsame Öffnen der Schwingtür verletzt wurde. Dieser Aspekt des § 823 Abs. 1 BGB soll demnach nicht geprüft werden.

Der Bearbeiter muss in jedem Fall sorgfältig untersuchen, ob ein ihm unklar erscheinender Sachverhalt nicht doch (z. B. in Ansichten der Beteiligten) versteckte Hinweise enthält, die den Text als klar erkennen lassen. Sind Fakten, auf die es bei der Problemlösung mutmaßlich ankommt, in der Tat unklar, darf und muss der Bearbeiter die entsprechende Sachverhaltsstelle vorsichtig und vernünftig **auslegen**, da er als Tatsachenmaterial lediglich den Aufgabentext hat. Es sind in dem Fall die Schlüsse zu ziehen, die bei **natürlicher Betrachtungsweise** und nach **allgemeiner Lebenserfahrung** sowie nach dem **Gesamtzusammenhang** erlaubt sind. Stets ist vom Normalfall bzw. von interessengerechten Ausnahmen auszugehen.

Im Eckgrundstück-Fall (S. 154) wird u. a. zu prüfen sein, ob der auf Gehweg und Straße fallende Wasserstrahl eine Gefahr darstellt, ob er objektiv geeignet ist, einen Schaden herbeizuführen und ob auch hinreichend wahrscheinlich ist, dass ein Schaden eintreten kann. Der Sachverhalt sagt nur, dass der

Klausurtechnik

Wasserstrahl oftmals auf Gehweg und Straße gerichtet war und dass mehrere Autofahrer dadurch plötzlich bremsen mussten. Der Bearbeiter muss nach allgemeiner Lebenserfahrung und natürlichen Gegebenheiten in einem solchen Fall beurteilen, ob eine Gefahr für die öffentliche Sicherheit gegeben ist.

Weiteres Beispiel: Grundschüler J hat zu Beginn seiner ersten Schulferien von seiner Großmutter 10 EUR erhalten. In einem Spielzeuggeschäft kauft er dafür „Ausrüstungsstücke für einen Zugschaffner" wie Dienstmütze, Signalpfeife etc. Sein Vater ist empört über die Anschaffung eines solchen „Plunders". Er gibt die Sachen dem Verkäufer zurück und verlangt seinerseits das Geld zurück. Hier spielt die Frage der Geschäftsfähigkeit des J eine Rolle. Über das Alter des J sagt der Sachverhalt nichts. Dennoch lässt sich aus den Sachverhaltsangaben (Grundschüler, erste Schulferien; „Zugschaffner-Ausrüstung") schließen, dass J minderjährig ist.

Sachverhalte enthalten, das sei noch einmal betont, **selten echte Sachverhaltslücken**. Der Fallbearbeiter muss sich deshalb davor hüten, einen Klausurtext korrigierend zu „bearbeiten", d. h. zu verbiegen, insbesondere Sachverhaltsangaben hinzuzudichten oder umgekehrt wegzulassen. **Sachverhaltsunterstellungen** sind nur ausnahmsweise erlaubt, insbesondere bei formellen Fragen (z. B. zu Zuständigkeiten, Fristen oder Formen). Sachverhaltstexte sind so knapp wie möglich formuliert. Angaben über – mit Blick auf die Fallproblematik(en) – unerhebliche Tatsachen werden oft ausgespart. Ist dagegen etwas angesprochen, ist das meistens ein Indiz, dass auch dieser Aspekt irgendwie klausurrelevant ist, zumindest kurz angerissen werden soll.

Im Schwingtür-Fall (S. 153 f.) ist davon die Rede, dass A „angetrunken" war, als er die Schwingtür öffnete. Im Rahmen der Prüfung des § 823 Abs. 1 BGB ist zumindest kurz anzusprechen, ob A auch schuldhaft gehandelt hat. Dagegen enthält der Sachverhalt z. B. über die Geschäftsfähigkeit des B oder K nichts, sie kann der Bearbeiter deshalb unterstellen.

Geht es in einer BGB-Klausur etwa um Vertragsabschlüsse, ist die Geschäftsfähigkeit der Vertragspartner zu unterstellen, es sei denn, im Sachverhalt finden sich Hinweise auf das Gegenteil

Im Eckgrundstück-Fall (S. 154) kann z. B. die Zuständigkeit des Ordnungsamtes unterstellt werden.

Spielen Gesetze oder Satzungen in einer Klausur eine Rolle, kann von ihrem ordnungsgemäßen Erlass in der Regel ausgegangen werden, ebenso davon, dass sie nicht gegen höherrangiges Recht verstoßen, also gültig (S. 13 f.) sind. Nur wenn der Sachverhalt z. B. auf Verfahrensfehler oder Aspekte der Nichtigkeit abstellt, sind diese meistens Prüfungsgegenstände.

Sind in einer Aktenauszugs-Klausur Fragen offen geblieben, kann der Bearbeiter unterstellen, dass die Verwaltung ihre Ermittlungen erfolglos einstellen musste oder einstellen wird, dass also eine bestimmte Frage ungeklärt bleibt. Der Sachverhalt kann also grundsätzlich als „entscheidungsreif" betrachtet werden.

In Klausuren fehlen mitunter auch bewusst Angaben. Wenn z. B. laut Sachverhalt zwischen Vertragspartnern streitige Tatsachen bestehen, soll das ausnahmsweise zu einer Stellungnahme zu Beweislastregelungen (etwa § 1006 BGB; zu gesetzlichen Vermutungen S. 40) veranlassen. Solche Beweislastgrundsätze dürfen aber nicht angewendet werden, wenn nach dem Sachverhalt die Eigentumslage z. B. gerade erörtert werden soll. Der Bearbeiter darf dann also nicht unter Hinweis auf § 1006 BGB die rechtliche Problematik ausklammern.

Ein besonderes, allerdings – vor allem bei Anfängerklausuren – äußerst selten auftretendes Problem ist die Notwendigkeit der Bildung von **Sachverhaltsalternativen**, wenn weder Auslegung noch Unterstellung die Lückenhaftigkeit des Sachverhalts beseitigen können. In dem Fall muss der Bearbeiter ausnahmsweise unter Beachtung der möglichen Sachverhaltsalternativen rechtlich doppelgleisig argumentieren, was zeitlich meistens kaum zu schaffen ist (s. dazu im Einzelnen S. 171).

1.3 Aufbereiten der Fragestellung

1.3.1 Auch **die korrekte Erfassung der Fallfrage(n)** und damit die Eingrenzung des Klausurauftrags ist ein sehr wichtiger Schritt auf dem Weg zur richtigen Lösung. Während bei der Sachverhaltsaufnahme die Aufgabenstellung mit in den Blick genommen werden sollte, aber noch nicht im Detail erarbeitet sein muss, setzt die Fallbearbeitung ihre ganz genaue Kenntnis voraus, gibt sie doch exakt an, was vom Bearbeiter erwartet wird. Ausführungen zu Fragen, die nicht gestellt sind, kosten unnötige Bearbeitungszeit, die bei der Lösung des tatsächlich Erfragten fehlt, und tragen dem Bearbeiter nichts ein, weil sie nicht bewertet werden. **Bearbeitungshinweise** müssen ebenfalls sorgfältig gelesen werden; nicht selten zeigen sie z. B. an, dass nicht alles, was in Frage kommt, vom Klausurbearbeiter zu prüfen ist.

Ganz allgemein verschafft sich der Klausurbearbeiter am besten zunächst darüber Klarheit,

- ob **nur** eine **materiell-rechtliche Lösung** („Welchen Anspruch hat B gegen A?" „War der Entzug der Fahrerlaubnis rechtmäßig?" „Ist das Gesetz verfassungswidrig?") oder nur bzw. auch eine verfahrensrechtliche Lösung („Hätte ein Widerspruch/eine Klage Aussicht auf Erfolg?" „Wie wird das Gericht entscheiden?") erbracht werden soll,
- ob bei Aktenauszugs-Arbeiten ein **Gutachten** (S. 182 ff.) **oder** ein **Bescheid** (S. 185 ff.) erwartet wird.

Ist ein Gutachten verlangt, heißt es z. B.: „Nehmen Sie zur Rechtslage Stellung". Ist nach einer Entscheidung gefragt, kann der Auftrag lauten: „Formulieren Sie die Verfügung der Behörde." Bisweilen wird vom Bearbeiter sowohl ein Gutachten wie ein Bescheid erwartet. Dann könnte die Aufgabe sein: „Formulieren Sie den Widerspruchsbescheid. Enthält der Vorgang Rechtsprobleme, die nicht im Rahmen des Bescheids erörtert werden, so sind diese in einem gesonderten Aktenvermerk gutachtlich zu behandeln." Hierzu gilt als Bearbeitungsregel: Ist nach Sachlage dem Widerspruchsbescheid stattzugeben, sind fast alle Rechtsprobleme im Gutachten zu behandeln. Ist der Widerspruchsbescheid zurückzuweisen, ist zu den meisten Rechtsproblemen im Bescheid selbst Stellung zu nehmen.

Bei Aktenauszugs-Klausuren ist meistens zu materiell-rechtlichen und verfahrensrechtlichen Aspekten Stellung zu nehmen.

1.3.2 Die Fragestellung wirft in der Regel keine Probleme auf, wenn **eine oder mehrere konkrete Fragen** gestellt sind („Ist die Ordnungsverfügung rechtswidrig?" „Ist G in seinem Grundrecht aus Art. 5 Abs. 1 GG verletzt?" „Hat B gegen A einen Erfüllungsanspruch?"). Zu bearbeiten sind dann **ausschließlich** die klar gestellten Fragen.

Im Schwingtür-Fall (S. 153 f.) ist z. B. darauf zu achten, dass nicht nach den Rechtsbeziehungen zwischen K und S gefragt ist.

Mehrere konkrete Fragen sind sämtlich zu beantworten, und zwar im Allgemeinen **nacheinander jede Frage für sich**. Es dürfte also nicht heißen: „Kann W von A oder von der Gemeinde Schadenersatz verlangen?" Sinnvoll ist es überdies, die Reihenfolge der Fragestellung einzuhalten (so z. B. im Schwingtür-

Fall, S. 153 f.). Ist es zweckmäßiger oder logischer, eine bestimmte Frage vor einer anderen zu beantworten, ist die im Klausurtext vorkommende Reihenfolge der Fragen ausnahmsweise abzuändern. In der Regel lässt sie sich abschließend erst festlegen, wenn die Fallfragen rechtlich überblickt werden. Bei Abwandlung der konkreten Ausgangsfrage(n) ist die Einhaltung der im Aufgabentext vorgegebenen Reihenfolge geboten.

Würde es z. B. im Schwingtür-Fall (S. 153 f.) in einer Zusatzfrage heißen: „Wie wäre zu entscheiden, wenn nicht S, sondern dessen Lehrling L die Schuhe zu den verkäuflichen Paaren gestellt hätte", so wäre zunächst die Ausgangsfrage zu behandeln.

Hat der Klausursteller die Fragestellung durch Varianten ergänzt, ist bei mehreren Fragen darauf zu achten, auf welche konkrete Ausgangsfrage sich die Abwandlung bezieht.

1.3.3 Auch eine auf den ersten Blick konkrete Fragestellung kann der **Präzisierung oder Auslegung** bedürfen. Aus dem Sachverhalt lässt sich das konkrete rechtliche Verlangen eines Beteiligten nicht immer ableiten.

Im Schwingtür-Fall (S. 153 f.) ist u. a. nach den Ansprüchen des B gegen A gefragt. Mit Blick auf den Sachverhalt ist der Anspruch zu präzisieren. In diesem Fall ergibt sich relativ leicht, dass B Schadenersatz in Geld für die zerbrochenen Gegenstände haben will. Der Sachverhalt gibt auch darüber Auskunft, dass B keinen Schadenersatz für die dem K ausgehändigten Schuhe fordert. Es wäre also überflüssig und falsch, auch hinsichtlich der Schuhe einen Schadenersatzanspruch in Geld zu erörtern.

Im Wagentür-Fall (S. 1) verlangt der Geschädigte nur Ersatz der Arztkosten. Schmerzensgeldansprüche sind also außer Betracht zu lassen.

Anders dürfte der Fall im folgenden Beispiel liegen: „A wirft seinen Fernsehapparat aus Wut über das seiner Ansicht nach einseitige und läppische Programm aus dem Fenster. Der nicht krankenversicherte Fußgänger F wird an der Schulter getroffen und muss drei Wochen im Krankenhaus liegen, woraus ihm Kosten in Höhe von 5000 EUR entstehen. F will von A seinen Schaden ersetzt haben. Zu Recht?" Hier ist, obwohl nur konkret die Krankenhauskosten beziffert werden, auch die Schmerzensgeldthematik mitzubehandeln, denn es heißt am Ende des Sachverhalts: „F will von A **seinen Schaden** ersetzt haben. Zu Recht?"

1.3.4 Schwierigkeiten können sich ergeben, wenn der Klausurtext **mit keiner oder einer allgemein gehaltenen Frage** („Wie ist die Rechtslage?" „Welche Ansprüche sind entstanden?") endet. In diesem Fall hat der Bearbeiter zunächst selbst die Fragen zu erarbeiten, d. h. zu erfassen, einzugrenzen, zu zerlegen und zu formulieren, und zwar durch Heranziehung und ggf. Auslegung des Sachverhalts.

Hier müssen nach dem jeweils möglichen Rechtsbegehren aller Beteiligten, das aus der jeweiligen konkret gegebenen Interessenlage folgt, umfassend die **Rechtsbeziehungen ermittelt** werden. Anschließend ist die allgemeine Fallfrage in einer Weise zu zergliedern, dass alle sich aus dem Sachverhalt ergebenden Rechtsprobleme gelöst werden können. Als **Aufteilungsgesichtspunkte** kommen in Frage: die einzelnen sachlichen Komplexe, die Sachverhaltsbeteiligten oder die rechtlichen Begehren der Beteiligten. Letztlich ist nach Lage des konkreten Einzelsachverhalts zu entscheiden, wie die fallrelevanten Fragen lauten und gegliedert werden sollten. Im Zweifel ist eine Fragestellung weit auszulegen, damit auch erschöpfend Antwort gegeben werden kann; anders ist es, wenn die Abfassung des Sachverhalts eine enge Auslegung nahelegt.

Hätte im Schwingtür-Fall (S. 153 f.) die Fallfrage gelautet: „Welche Ansprüche entstehen zwischen den Beteiligten", wären z. B. auch die Rechtsbeziehungen zwischen B und S bzw. K und S anzusprechen.

Zweiter Abschnitt: Technik der Fallbearbeitung

Im Eckgrundstück-Fall (S. 154) ist davon die Rede, dass Ordnungsverfügungen gegen E und M ergangen sind. Gefragt ist nach der Rechtslage. Diese Frage ist allerdings, wie sich aus dem Sachverhalt ergibt, ordnungsrechtlich gemeint. Nicht zu erwägen sind deshalb z. B. zivilrechtliche Ansprüche etwa zwischen M einerseits und einem mutmaßlich gefährdeten Passanten bzw. Autofahrer andererseits oder strafrechtliche Aspekte.

Im folgenden Beispiel ist kein Hinweis darauf gegeben, was der Beeinträchtigte will: Mieter M kommt des öfteren nachts betrunken nach Hause. Er lärmt und klingelt den Vermieter V heraus. In einer Nacht bringt er durch eine unachtsame Bewegung V sogar so zu Fall, dass dieser sich zwei Zehen bricht. Welche rechtlichen Möglichkeiten hat V gegen M? Hier ist zu überlegen, worauf das Begehren des V gerichtet sein könnte: auf Schadenersatz, auf Unterlassung der nächtlichen Ruhestörung, auf (fristlose) Räumung der Wohnung, auf Verhängung eines Bußgelds gegen M. Kann laut Sachverhalt das Interesse auf alles gerichtet sein, sind alle Gesichtspunkte in Fragen zu kleiden und zu prüfen. In solchen Fällen ist ganz besonders auf eventuell eingrenzende Bearbeitungsvermerke zu achten wie z. B.: Bußgeldrechtliche Aspekte sind außer Betracht zu lassen.

1.3.5 Je nach Rechtsgebiet können spezifische Regeln gelten:

In privatrechtlichen Klausuren ist entweder direkt nach **bestimmten Ansprüchen** (s. § 194 Abs. 1 BGB) der Beteiligten gefragt, oder es lässt sich die allgemeine Fallfrage mit Hilfe der Faustformel „**Wer will was von wem woraus?**" (zur Frage nach der Anspruchsgrundlage s. auch S. 165; zur Prüfungsreihenfolge s. S. 168) in Einzelfragen zerlegen. Durch Auslegung wird danach zu ermitteln sein, was die Beteiligten nach dem gegebenen Sachverhalt sinnvollerweise voneinander verlangen oder was sie abwehren, wie also und wodurch die Interessengegensätze ausgeglichen werden können.

Die allgemeine Fragestellung ist meistens aufzugliedern nach Beteiligten, und zwar jeweils Zwei-Personen-Verhältnissen („Wer gegen wen?" „Wer von wem?") und Anspruchsbegehren („Was?" „Welcher Anspruch?"). Das Anspruchsbegehren muss dabei inhaltlich so präzisiert werden, dass es sich mit den Rechtsfolgen der im nächsten Lösungsabschnitt zu erwägenden einschlägigen Antwortnormen (s. S. 165 f.) deckt, denn gefragt wird stets nach **Rechtsfolgen** (s. S. 163). Eingeteilt werden kann die Fragestellung zudem nach Sachverhaltsabschnitten.

Würde im Schwingtür-Fall (S. 153) allgemein nach der Rechtslage gefragt sein, wäre z. B. zu gliedern:

I. Ansprüche des B
   1. Schadenersatzansprüche gegen A?
      – bezüglich der Brille
      – bezüglich der Vase
   2. Herausgabeanspruch gegen K?
   3. Schadenersatzanspruch gegen S?

II. Anspruch des K
   1. Erfüllungsanspruch gegen S?
   2. Schadenersatzanspruch gegen S?

Beteiligte können neben Herausgabe, Schadenersatz, Rück- oder Kostenerstattung auch z. B. Unterlassen, Rücktritt, Duldung, Abtretung, Grundbuchänderung, Feststellung, Rücknahme oder Gewährung verlangen. Für die Lösung ist es stets wichtig, die einzelnen Fragen rechtsfolgenbezogen zu konkretisieren (zum Anspruchsaufbau im Einzelnen s. Bringewat, Methodik der juristischen Fallbearbeitung, 2007, Rn. 376 ff.).

Üblicherweise werden die dem Sachverhalt zu entnehmenden Begehren, wie gesagt, in Form von Ansprüchen formuliert. Gefragt wird mitunter jedoch auch konkret oder allgemein nach einer bestimmten Rechtslage z. B. Eigentumslage. Dann kann es ausnahmsweise sinnvoll sein, die Frage(n) in zeitlicher (historischer) Reihenfolge zu stellen und zu behandeln.

- In Fällen des **Straf- oder Ordnungswidrigkeitenrechts** sind, wenn es keinen gegenteiligen Bearbeitungsvermerk gibt, alle nach dem konkret gegebenen Sachverhalt in Betracht kommende Straftaten bzw. Ordnungswidrigkeiten zu beachten, wobei nach (Verletzungs-)Handlungen, Tatkomplexen, Tatbeteiligten (Alleintäterschaft, mehrere Täter), ggf. nach dem Taterfolg zu suchen ist (zum Aufbau im Einzelnen s. Bringewat, a. a. O. Rn. 449 ff.).

- Vor allem **in öffentlich-rechtlichen Klausuren** sollte bei der Ermittlung der Fragestellung das Augenmerk darauf gerichtet sein, ob zum Arbeitsauftrag die Frage z. B. der Rechtmäßigkeit einer Maßnahme bzw. Verfassungsgemäßheit eines Gesetzes gehört oder auch die Frage eines Rechtsbehelfs (Widerspruch/Klage) und dessen Erfolgsaussichten, also zusätzlich die verfahrensrechtliche Problematik („Wie wird das Verwaltungs-/Verfassungsgericht entscheiden?" „Hat der Widerspruch/hat die Verfassungsbeschwerde Aussicht auf Erfolg?" „Was kann A dagegen unternehmen?").

Im Eckgrundstück-Fall (S. 154) ist – beschränkt auf ordnungsrechtliche Aspekte – allgemein nach der Rechtslage gefragt, d. h. sowohl nach materiell-rechtlichen wie verfahrensrechtlichen Gesichtspunkten. Zu fragen ist also einerseits danach, (1) ob die Ordnungsverfügungen (a) gegen E und (b) gegen M rechtmäßig ergangen sind, und (2) welche Rechtsbehelfe (a) E und (b) M dagegen einlegen können.

Sind sowohl materiell-rechtliche wie auch verfahrensrechtliche Fragen zu behandeln, kann es sinnvoll sein, zunächst die Frage der Zulässigkeit des Rechtsbehelfs zu stellen und sodann die Frage seiner Begründetheit, wobei hier als Unterfragen dann die Probleme der Rechtmäßigkeit der hoheitlichen Maßnahme thematisiert werden können.

Zur Ermittlung der Fragestellung helfen in öffentlich-rechtlichen Klausuren meistens die Fragen weiter: „Woran sind die Beteiligten sinnvollerweise interessiert?" „Wodurch können sie was erreichen?" Damit ist in verwaltungsrechtlichen Arbeiten nach der Handlungsgrundlage gefragt, d. h. entweder – wie meistens – nach der Ermächtigungsgrundlage für das Handeln der Verwaltung gegenüber dem Bürger (bei belastenden Verwaltungsakten) oder nach der Anspruchsgrundlage des Bürgers gegenüber der Verwaltung (bei begünstigenden Verwaltungsakten; bei Schadenersatz- oder Erstattungsansprüchen).

In verwaltungsrechtlichen Fällen sind die Fragestellungen nicht nur spezifisch zu gliedern (etwa in die Fragen der formellen und materiellen Rechtmäßigkeit einer Hoheitsmaßnahme. So z. B. im Eckgrundstück-Fall, S. 154). Überdies kann der Aspekt der Wirksamkeit einer Ermächtigungsgrundlage zu Teilfragen führen („Ist die Ermächtigungsgrundlage formell und materiell gültig?"), sofern der konkrete Sachverhalt dazu veranlasst. Ebenso könnte sich laut Sachverhalt auch die zusätzliche Frage ergeben, ob die betreffende hoheitliche Maßnahme verfassungsmäßig ist. Nach Sachverhaltskomplexen ist eine Fragestellung in verwaltungsrechtlichen Fällen selten zu gliedern.

Auch in staatsrechtlichen Klausuren ist die Fragestellung danach einzuteilen, ob Zulässigkeit und Begründetheit („Hätte eine Verfassungsbeschwerde Aussicht auf Erfolg?") und/oder formelle und materielle Rechtmäßigkeit („Ist das Gesetz verfassungsmäßig in formeller und materieller Hinsicht?") zu behandeln sind.

Anders als im Zivilrecht, wo das tatsächliche Geschehen des Sachverhalts für die Formulierung der Fragen hinsichtlich des Anspruchsverlangens maßgeblich ist und danach im weiteren Lösungsabschnitt die entsprechenden Antwortnormen zu finden sind, lassen sich im öffentlichen Recht die Arbeitsschritte „Erarbeitung der Fallfrage" und „Aufsuchen der (je nach Interessenlage einschlägigen) Normen" oft nicht sauber voneinander trennen (zum Aufbau im Einzelnen s. Bringewat a. a. O. Rn. 576 ff.).

1.4 Aufsuchen der einschlägigen Norm(en)

Nachdem bekannt ist, wonach, insbesondere nach welchen Rechtsfolgen gefragt ist, hat der Bearbeiter nunmehr sämtliche auf den Sachverhalt zu beziehende Rechtssätze zu ermitteln, die die Fallfragen beantworten, d. h. das Zutreffen oder Nichtzutreffen des rechtlichen Begehrens der Beteiligten begründen könnten. Bevor die Suche nach den einzelnen klausurrelevanten Rechtssätzen beginnt, muss sich der Bearbeiter darüber im Klaren sein, welches bzw. **welche Rechtsgebiete** (Privatrecht, Strafrecht, Öffentliches Recht) und welche Rechtsquelle (man denke dabei etwa auch an Rechtsgrundsätze) für den zu entscheidenden Fall in Betracht kommen (s. dazu S. 9, 11).

1.4.1 Das Aufspüren der einschlägigen Normen setzt **Gesetzeskenntnisse**, Einfallsreichtum und Geschick voraus. Übung ist hier das A und das O. Über Inhalt und Systematik der wichtigsten Gesetzestexte sollte sich der Bearbeiter möglichst vor und nicht während einer Klausur einen Überblick verschaffen. Anders als bei Hausarbeiten, für die auch Datenbanken wie Juris genutzt werden können (s. S. 191), helfen hier nur die Sachregister von Gesetzessammlungen sowie die Inhaltsübersichten zu den jeweiligen Gesetzen weiter; sie erleichtern aber auf jeden Fall die Suche nach den fallwesentlichen vollständigen und unvollständigen Rechtssätzen. Bevor der Blick auf spezielle Gesetz gerichtet wird, sollte grundsätzlich zunächst mit den großen Normierungen begonnen werden: vor allem BGB, StGB, GG bzw. Länderverfassungen, VwVfG des Bundes bzw. der Länder. Gerade z. B. die Allgemeinen Teile von BGB und StGB gelten recht oft auch für andere Regelungen.

<small>In der Regel fallen einem bereits beim Erfassen von Sachverhalt und Fragestellung die ersten einschlägigen Vorschriften, insbesondere Antwortnormen, ein, was sich stets festzuhalten lohnt. Alle tatsächlich anzuwendenden Rechtssätze später auszusortieren, macht dann wenig Mühe.</small>

<small>Gewisse Orientierungshilfen und Gedächtnisstützen bieten die zahlreich zur Verfügung stehenden Aufbau- und Prüfungsschemata (vgl. dazu z. B. Nemitz, Die Schemata, 3 Bd., 5. Aufl. 2006). Sie können freilich – vor allem Klausuranfänger – leicht dazu verleiten, fallspezifisch wichtige Normen zu übersehen oder umgekehrt, da Schemata in der Regel um die Berücksichtigung der gängigen Aspekte bemüht sind, Überflüssiges zu erwägen. In jedem Fall ist es von Vorteil, sich die wesentlichen Aufbau- und Prüfungsübersichten selbst zu erarbeiten und zusammenzustellen. Schemata taugen aber, wie gesagt, stets nur als eine Art Prüfliste.</small>

1.4.2 Wie im methodischen Teil dieser Darstellung näher erläutert, sind nicht alle Vorschriften **Antwortnormen** (s. S. 31 ff.). Der Bearbeiter hat das bei der Suche nach den einschlägigen Rechtssätzen zu berücksichtigen, vor allem beim Aufspüren der Norm, mit der er in eine Lösung „einsteigen" will.

So kann im Schwingtür-Fall (S. 153 f.) B seinen Schadenersatzanspruch gegen A nicht etwa auf § 249 BGB stützen. § 249 BGB ist eine Hilfsnorm (s. S. 31 f.), die lediglich den Inhalt eines Schadenersatzanspruchs aus § 823 Abs. 1 BGB näher bestimmt. Keine Antwortnormen sind ferner z. B. die Anfechtungsbestimmungen (§§ 119, 123 BGB) oder unvollständige Rechtssätze wie §§ 276 ff. BGB zur Verantwortlichkeit von Schuldnern (s. dazu z. B. §§ 280 Abs. 1 S. 2, 323 Abs. 6 BGB).

1.4.3 Technisch beginnt die **Suche nach der einschlägigen Antwortnorm** mit einem Blick auf die im Sachverhalt vorgetragenen Tatsachen (**Voraussetzungen**) sowie auf das der Fallfrage entnommene private oder hoheitliche Verlangen (**Rechtsfolgen**). Auch bei diesem Abschnitt zahlt sich sehr aus, wenn man den Sachverhalt genau und vollständig gelesen und seine Anspielungen auf rechtliche Aspekte erkannt hat. Mitunter werden in Sachverhalten oder Fragestellungen die normativen Grundlagen einer Fallprüfung direkt oder indirekt mitgeteilt.

Wichtig sind stets auch hier die besonderen Bearbeitungsvermerke am Schluss eines Sachverhalts, denn sie können den Bearbeiter z. B. an bestimmte Gesetze binden bzw. ihm die Anwendung von spezialgesetzlichen Regelungen ersparen. Werden Texte von Spezialgesetzen auszugsweise oder ganz beigefügt, sind nicht selten nur diese Normierungen zur Bearbeitung eines Falles heranzuziehen.

Am Schluss eines Klausurtextes kann es z. B. heißen: A macht die Verletzung seiner Grundrechte aus Art. 5 und 8 GG geltend. Dann sind auch nur Art. 5 und Art. 8 GG Prüfungsnormen.

Im Eckgrundstück-Fall (S. 154) ist erwähnt, warum die Ordnungsbehörde die Beschneidung der Hecke bzw. das Unterlassen einer bestimmten Rasensprenger-Position verlangt (Anordnung von Rechtsfolgen), weil vom Grundstück des E bzw. des dort zur Miete wohnenden M Gefahren ausgegangen sind bzw. ausgehen (Voraussetzungen). Hier kommt § 14 OBG NRW als Ermächtigungsgrundlage in Betracht.

Dem Schwingtür-Fall (S. 153 f.) ist u. a. zu entnehmen, dass B durch eine Verletzungshandlung des A einen Schaden erlitten hat (Voraussetzungen) und deshalb Schadenersatz (Rechtsfolge) fordert. Hier bietet sich, da vertragliche Beziehungen zwischen A und B nicht bestanden, die gesetzliche Schadenersatznorm des § 823 Abs. 1 BGB als Antwortnorm an.

Ist es nicht leicht, an eine Rechtsfolge, auf die das Verlangen eines Beteiligten gerichtet ist, anzuknüpfen, sollte sich der Bearbeiter eingehend in die Situation der Beteiligten hineinversetzen und überlegen, weshalb wer was von wem verlangt.

Lassen sich die angestrebten Rechtsfolgen dagegen dem Sachverhalt entnehmen („B verlangt von A Herausgabe des Buchs") oder kommen die vorgetragenen rechtlichen Begehren bestimmten Rechtsfolgen sehr nahe, sind mit Blick auf den Sachverhalt **all die Normen in Betracht zu ziehen, die die bestimmten Rechtsfolgen enthalten**, das Begehren mithin stützen könnten. Steht also z. B. in einer Zivilrechtsklausur die Rechtsfolge „Herausgabe einer Sache" zur Diskussion, sollte man grundsätzlich an alle möglichen Herausgabevorschriften des BGB denken.

In Betracht kommen hier z. B. §§ 985, 1065, 1227; 861; 1007, 2018; 667 i. V. m. 681 S. 2 und 687 Abs. 2 S. 1; 812; 816; bei Naturalrestitution i. V. m. § 249, § 823 Abs. 1 und § 826 BGB. Zu beachten sind daneben Herausgabeansprüche aus Vertrag, z. B. §§ 285, 292, 346, 440, 449 oder etwa §§ 604, 667, 695, 732 BGB.

Die **Vielzahl möglicher Antwortnormen** (beispielsweise bei Herausgabeansprüchen) ist natürlich nicht in jedem Fall in den Blick zu nehmen. Damit keine allzu überflüssigen Erwägungen angestellt werden, ist es sinnvoll, nicht nur auf die angestrebten Rechtsfolgen zu blicken, sondern auch auf die im Fall angesprochenen Lebenssachverhalte. Hat der Bearbeiter diese rechtlich eingeordnet bzw. bestimmte Rechtsverhältnisse als nicht gegeben erkannt, konzentriert sich die Suche nach einschlägigen Antwortnormen gleich auf das **fallbezogen Wesentliche**. Die strikte Beachtung der im Sachverhalt beschriebenen Lebensvorgänge engt von daher die Zahl der überhaupt ernsthaft in Frage kommenden und deshalb auch tatsächlich nur zu erwägenden Antwortnormen ein.

Im Schwingtür-Fall (S. 153 f.) verlangt B u. a. von K Herausgabe der Schuhe. Zwischen B und K gibt es, wie dem Sachverhalt unschwer zu entnehmen ist, keine vertraglichen Beziehungen, so dass die Herausgabevorschriften, die sich auf Verträge beziehen, von vornherein als nicht ernsthaft in Frage kommende Antwortnormen außer Betracht zu bleiben haben. Laut Sachverhalt spielen auch die Anspruchsgrundlagen §§ 1065, 1227, 2018, 667 i. V. m. 681 S. 2 und 687 Abs. 2 S. 1 BGB keine Rolle, da es hier nicht um Nießbrauchs-, Pfand-, Erb- bzw. Auftragsrecht geht. Zu erwägen sind allenfalls die Anspruchsgrundlagen: §§ 985; 861; 1007; 812; 816 sowie 823 Abs. 1 bzw. 826 i. V. m. § 249 BGB. Kurz zu überlegen, aber im Hinblick auf die Sachverhaltsangaben im Rahmen der Vorüberlegungen auszuscheiden sind: §§ 861; 1007; 816; 823 Abs. 1 bzw. 826 i. V. m. § 249 BGB. Verbleiben also als mutmaßlich passende Antwortnormen § 985 bzw. § 812 BGB.

Es empfiehlt sich allerdings, zu Beginn einer jeden Fallbearbeitung den Bogen der gegebenenfalls zu berücksichtigenden Anspruchs- oder Handlungsgrundlagen eher zu weit zu spannen, damit – jedenfalls kurz – überlegt wird, worauf alles ein Anspruch gestützt werden könnte. Die **Gefahr, eine Antwortnorm zu übersehen**, kann auf diese Weise verhindert, zumindest gemindert werden. Jedoch muss auf den ersten Blick Abwegiges sofort beiseitegelassen werden, nicht zuletzt, um keine Zeit für die nächsten Lösungsschritte „Prüfungsreihenfolge/Lösungsskizze" und „Niederschrift" zu vergeuden. Auch hier gilt: durch häufiges Üben von Falllösungen gewinnt man Routine, recht schnell Wesentliches von Unwesentlichem zu unterscheiden, um sich auf die wirklich wichtigen Antwortnormen konzentrieren zu können.

Stets sollte zur Konfliktlösung **zunächst die rangniedrigere Norm** (S. 14) herangezogen werden, weil sie in der Regel konkreter und differenzierter das jeweilige spezielle Fallgeschehen erfasst.

In Klausurgutachten sind **alle fallrelevanten Antwortnormen** zu erwägen und jedenfalls grob auf ihre Tauglichkeit zu prüfen. Das gilt nicht nur, wenn eine Norm nach summarischer Prüfung offensichtlich nicht eingreift und deshalb weitere Möglichkeiten gesucht werden, das rechtliche Begehren zu rechtfertigen. Der Bearbeiter darf also nicht, wenn er eine Antwortnorm gefunden hat, die Überlegung nach weiteren grundsätzlich möglichen Rechtssätzen einstellen (s. dazu auch S. 182 f.). Ob Logik und Ökonomie zur Begrenzung des Prüfungsumfangs führen können, ist eine Frage des nächsten Abschnitts, also der „Fallbearbeitung".

Im Schwingtür-Fall (S. 153 f.) ist, auch wenn man den Anspruch des B gegen K auf Herausgabe der Schuhe aus § 985 BGB bejaht, zusätzlich die schuldrechtliche Anspruchsgrundlage gem. § 812 BGB beachtlich.

Verfassungsbeschwerden sind z. B. grundsätzlich auf alle möglichen Grundrechtsverstöße zu stützen.

In verwaltungsrechtlichen Klausurfällen sind alle Handlungs-, Zuständigkeits- und Ermächtigungsgrundlagen in Betracht zu ziehen. Zu beachten ist aber – wie stets –, ob die Prüfung nicht durch Bearbeitungshinweise in der Klausur auf bestimmte Normen beschränkt sein soll.

1.4.4 Auch im Zusammenhang mit dem Aufspüren der einschlägigen Norm(en) gelten je nach Rechtsgebiet spezifische Regeln.

Klausurtechnik

Zivilrechtliche Begehren sind in der Regel auf Ansprüche, also das „Recht, von einem anderen ein Tun (auch Dulden, d. V.) oder Unterlassen zu verlangen", gerichtet (§ 194 Abs. 1 BGB). Gesucht werden also Anspruchsgrundlagen, die sich aus vertraglichen oder gesetzlichen Regelungen ergeben können.

Beispiele für gesetzliche und gewohnheitsrechtliche Normen als Anspruchsgrundlagen bei

- Begehren eines bestimmten Tuns: § 823 BGB (Schadenersatz); § 253 Abs. 2 BGB (Schmerzensgeld); § 929 BGB (Eigentumsübergabe); § 985 BGB (Herausgabe einer Sache);
- Begehren einer bestimmten Duldung: § 912 Abs. 1 BGB (Duldung des Überbaus durch einen Grundstückseigentümer);
- Begehren eines bestimmten Unterlassens: § 1004 Abs. 1 S. 2 BGB (Der Eigentümer befürchtet weitere Beeinträchtigungen seines Eigentums und wünscht Unterlassung).

Obwohl die wesentlichen schuldrechtlichen Vertragstypen im BGB geregelt sind wie Kauf- oder Mietvertrag, sind die eigentlichen Anspruchsgrundlagen die jeweiligen Vertragsbestimmungen. Nicht aus den entsprechenden Rechtssätzen (z. B. §§ 433, 535 BGB), sondern aus den bestimmten Vertragsregelungen ergibt sich, was die Beteiligten verlangen können. Es ist jedoch üblich, die entsprechenden Rechtssätze als Antwortnormen für die jeweils begehrten Leistungen heranzuziehen. Geht es z. B. um die Frage, ob Mieter M den Mietpreis zahlen muss, ist es deshalb zu formulieren: „Anspruchsgrundlage für das Verlangen des V auf Zahlung des Mietpreises könnte § 535 Abs. 2 BGB sein" und nicht: „Anspruchsgrundlage könnte der zwischen M und V geschlossene Mietvertrag sein." Haben die Beteiligten allerdings einen nicht im BGB vorgesehenen Vertrag geschlossen, sind dessen Vorschriften Anspruchsgrundlagen. S. zum Ganzen S. 11.

Eine entsprechende Vielfalt von grundsätzlich möglichen Antwortnormen wie im Zivilrecht gibt es weder im Verwaltungs- oder Staatsrecht noch z. B. im Straf- oder Ordnungswidrigkeitenrecht.

Im **öffentlichen Recht** hat der Bearbeiter meistens die Handlungs(Zuständigkeits-/Ermächtigungs-)grundlage zu suchen. Das ist nicht immer leicht, weil das öffentliche Recht umfangreicher und nur teilweise kodifiziert ist, ferner die in Betracht zu ziehenden Rechtssätze oft nicht in so deutlichem Zusammenhang stehen wie in anderen Rechtsgebieten, vor allem im Zivilrecht.

Um Handlungsgrundlagen nicht zu übersehen, empfiehlt es sich, für häufiger in Klausuren vorkommende Gebiete die wichtigsten zusammenzustellen (z. B. Erlaubnis- bzw. Genehmigungsnormen des GastG, der GewO, des BauGB, des AuslG, des StVG). Auch die wichtigsten Schadenersatz- bzw. Erstattungsansprüche sollte man überblicken können.

In verwaltungsrechtlichen Fällen würde man bezüglich der gefundenen Normen z. B. formulieren,

- wenn die Rechtmäßigkeit zu prüfen ist: „Ermächtigungsgrundlage für die beabsichtigte Maßnahme könnte § … sein" oder „Der mit dem Antrag geltend gemachte Anspruch könnte sich aus § … ergeben."
- wenn ein eingelegter Rechtsbehelf zu prüfen ist: „Nach § 68 VwGO …".

Für **staatsrechtliche Fälle** gibt es nur sehr wenige Anspruchs- und Ermächtigungsgrundlagen, zudem helfen sie meistens nicht weiter, weil es hier mehr um spezifische staatsrechtliche Probleme geht. Insbesondere hat der Bearbeiter oft Rechtsprinzipien zu berücksichtigen, die etwa aus Grundrechtsgewährungen abgeleitet sind. Sinnvoll ist es, sich entsprechende Problemkataloge anzulegen (s. zum Ganzen die Hinweise zur Fallbearbeitung bei Schwacke/Schmidt, Staatsrecht, 5. Aufl. 2007, u. a. Rn. 595, 608, 629, 687).

Bei Klausuren aus dem **Straf- oder Ordnungswidrigkeitenrecht** werden die einschlägigen Straftat- bzw. Bußgeldtatbestände gesucht. Gegebenenfalls sind auch z. B. strafrechtliche Nebengesetze zu berücksichtigen. Im Allgemeinen wird dann aber in einem Bearbeitungsvermerk in der Klausur darauf hingewiesen.

1.4.5 Auf welche Weise die Rechtsordnung einen Konfliktsachverhalt gelöst haben will, lässt sich kaum allein einer oder mehreren Antwortnormen, sondern meistens erst einem **Normengefüge** (S. 41 ff.) entnehmen. Um insbesondere erfassen zu können, ob die grundsätzliche Regelung der Antwortnorm gilt oder ob und welche Gegennormen (S. 33 f.) einschlägig sind, schlüpft der Bearbeiter wechselweise in die Rolle der am Konflikt Beteiligten und bedenkt deren spezifische gegensätzliche Interessenlagen. Wie Antwortnormen sind auch die in Betracht zu ziehenden **unvollständigen Rechtssätze** zu suchen und zu erwägen. Dazu ist es oft unerlässlich, die vollständige Regelung der Antwortnorm und den Gesetzesabschnitt, vor allem ihre nachfolgenden Vorschriften, genauer zur Kenntnis zu nehmen. Die Sachverhaltsdetails, insbesondere die von den Konfliktbeteiligten vorgetragenen Behauptungen und Einwände enthalten oft direkte oder indirekte Hinweise auf Gegennormen. Wichtig ist es auch hier, dass die unvollständigen Rechtssätze jeweils nicht nur angelesen, sondern inhaltlich umfassend aufgenommen werden, auch wenn der Bearbeiter meint, die Norm zu kennen. Das gilt vor allem für wenig übersichtliche Vorschriften.

Geht es z. B. in einem zivilrechtlichen Fall u. a. um die Frage der Verjährung, ist auf spezielle Verjährungsvorschriften in den einzelnen Gesetzesabschnitten zu achten.

Bei verfassungsrechtlichen Fällen mit Schwerpunkt „Gesetzgebungszuständigkeit" sind nicht nur die Art. 70 ff. GG, sondern unter Umständen auch Art. 105 ff. GG heranzuziehen.

Prinzipiell sollte der Fallbearbeiter anstreben, sich mit allen in Frage kommenden Einwänden, Begründungen, Rechtfertigungen, also allen möglichen Ausnahmebestimmungen zu den konfliktentscheidenden Antwortnormen zu befassen, sodann die mutmaßlich einschlägigen Normierungen aufspüren und vollständig erwägen. In Gutachten müssen grundsätzlich alle rechtlichen Gesichtspunkte behandelt werden (s. S. 182).

1.5 Festlegen der Prüfungsreihenfolge und Skizzieren des Lösungswegs

1.5.1 Nach dem Erfassen der direkten oder indirekten, also verdeckten Hinweise des Sachverhalts, der Fallfrage und der mutmaßlich entscheidungserheblichen vollständigen und unvollständigen Normen „erfühlt" der Bearbeiter häufig schon, welche Gesichtspunkte und Probleme anzusprechen bzw. intensiver zu erörtern sind. Wenig sinnvoll wäre es, nun „aus dem Stand" die Lösung niederzuschreiben. Allzu groß dürfte die Gefahr sein, ungeordnet oder oberflächlich den konkreten Fall zu lösen, wichtige Aspekte zu übersehen oder umgekehrt Überflüssiges zu prüfen, womöglich sich gar in Widersprüche zu verstricken. Am besten **resümiert** man zunächst, was einem bis jetzt auf- und eingefallen ist, bedenkt also gründlich die ermittelten Lösungsbausteine, ordnet die fallrelevanten und bringt sie sodann in eine logisch und zweckmäßig angelegte **Lösungsskizze** ein. Stellt sich heraus, dass ganze Teile des Sachverhalts rechtlich unverwertbar, also überflüssig sind, stimmt in der Regel etwas mit der vorläufigen Lösung nicht.

Klausurtechnik

Im Schwingtür-Fall (S. 153 f.) wird der Bearbeiter die folgenden Vorüberlegungen für die Anfertigung einer Lösungsskizze auswerten:

- Die Erfassung des Sachverhalts hat ergeben, dass vier Personen – A, B, K und S – Beteiligte sind, davon aber (das ergibt sich im Zusammenhang mit der Fallfrage) unmittelbar nur A, B und K, mittelbar S eine rechtliche Rolle spielen. Der Sachverhalt ist zudem in zwei Komplexe zu zerlegen: Mit den zerbrochenen Gegenständen ist offenbar nur das Verhältnis zwischen A und B angesprochen; mit den Schuhen haben offensichtlich B, K und S etwas zu tun. Fest steht auch, welche Sachverhaltsaussagen rechtlich bedeutsam sein können und welche von vornherein als irrelevante Füllsel beiseite zu lassen sind (s. dazu im Einzelnen S. 58).
- Die Ansprüche (im konkreten Fall nur eines Beteiligten, nämlich des B) und die Fallfragen sind hier relativ klar. Die Fallfrage verdeutlicht, dass der Bearbeiter nur die Ansprüche zwischen B und A einerseits und B und K andererseits zu prüfen hat. Der Sachverhalt präzisiert die Ansprüche des B noch weiter, nämlich dahin gehend, dass B von A Schadenersatz in Geld für die zerbrochenen Gegenstände, von K Herausgabe der Schuhe verlangt.
- Zu suchen war also nach entsprechenden Anspruchsgrundlagen im BGB, wobei vertragliche Antwortnormen außer Betracht bleiben konnten, da zwischen den Beteiligten keine vertraglichen oder vertragsähnlichen Beziehungen bestanden. Als gesetzliche Antwortnormen bieten sich für die Beziehungen zwischen B und A § 823 Abs. 1 BGB (Schadensersatz wegen unerlaubter Handlung) und für die Beziehung zwischen B und K Herausgabeanspruchsgrundlagen wie §§ 861, 985, 1007, 823 und 812 BGB an.

Mit diesem Vorwissen geht der Bearbeiter nun daran, die Falllösung aufzubauen. Mit dem Hinweis auf den Fund der Brille ist offenbar eine Eigentumsproblematik angesprochen; die etwas komplizierteren Vorgänge um die Schuhe deuten ebenfalls auf Eigentumsprobleme hin.

Die eigentliche rechtliche Gedankenarbeit beginnt erst jetzt, denn nun ist konkret zu erarbeiten, was von dem bisher Ermittelten falladäquat berücksichtigt werden muss und in welcher Reihenfolge zu prüfen ist, um zu einem überzeugenden Ergebnis zu gelangen. Aus der vorläufigen Gliederung sollte sich insgesamt ergeben, wer von wem was will, welche (Anspruchs-)Begehren bestehen, worauf sie sich voraussichtlich stützen lassen („woraus", s. S. 146), und wie sie womöglich zu entkräften sind.

1.5.2 Um abwegige von möglichen oder wahrscheinlich einschlägigen Rechtssätzen zu sondern, muss der Bearbeiter Sachverhalte und Norminhalte miteinander vergleichen, also **in groben Zügen subsumieren**.

Die **Auswahl der tatsächlich prüfungsbedürftigen Rechtssätze** bereitet gerade Anfängern große Probleme. Ein Patentrezept gibt es nicht; richtig aber ist es, alles in die Falllösung einzubeziehen, was nicht abwegig, was mithin ernsthaft zu begründen ist. Es wäre also falsch, eine Norm mit einer Rechtsfolge zu prüfen, nach der laut Sachverhalt gar nicht gefragt ist. Umgekehrt sollten, wie gesagt, alle tatsächlich in Betracht kommenden Normen auch untersucht werden, wenn ein Gutachten anzufertigen ist. Wie intensiv die passenden Rechtssätze im Einzelnen dann geprüft werden müssen, um eine fallgerechte Entscheidung treffen zu können, ist eine Frage der Gewichtung (s. dazu S. 173 f.). Wenn nach allem offensichtlich eine Anspruchs- bzw. Ermächtigungsgrundlage gar nicht eingreift, ist der jeweilige Rechtssatz nicht in die Prüfung einzubeziehen. Entsprechendes gilt für unvollständige Normen, insbesondere Gegennormen.

1.5.3 Die in der Regel beachtliche Vielzahl von passenden und prüfungswürdigen Normen wird nunmehr zu einem **falladäquaten Normengefüge** geordnet.

Für die Festlegung der **äußeren Prüfungsreihenfolge** gibt es einige Aufbaumaximen:

- Ein bestimmter Prüfungsablauf kann sich aus **logischen Gründen** ergeben. So sind Antwortnormen vor Gegennormen, rechtshindernde Gegennormen vor rechtsvernichtenden zu prüfen.

Gibt der Sachverhalt Anlass, die Wirksamkeit eines Rechtssatzes zu untersuchen, ist dieser Aspekt vor der Prüfung der tatbestandlichen Voraussetzungen zu erörtern (s. dazu S. 177).

- Die Prüfungsreihenfolge erfolgt nach dem **Rangverhältnis**. Deshalb sind spezielle vor den allgemeinen Rechtssätzen zu behandeln, da sie bei Durchgreifen die allgemeinen Vorschriften verdrängen (s. S. 17 f., 19), die dann ihrerseits gar nicht zu prüfen sind.

- Ganz allgemein gilt für alle Rechtsgebiete, dass die **verfahrensrechtliche** vor der **materiell-rechtlichen** Seite zu prüfen ist, falls beide Aspekte zu berücksichtigen sind. Die **Zulässigkeit** einer Klage ist grundsätzlich **vor** der **Begründetheit** zu begutachten, die **formelle** in der Regel **vor** der **materiellen Rechtmäßigkeit** (also die Zuständigkeit vor der Ermächtigungsgrundlage).

- In **Zivilrechtsklausuren** wird im Rahmen der Begutachtung der Rechtsbeziehungen zweier Personen grundsätzlich mit der Prüfung vertraglicher Ansprüche begonnen, weil der eine Rolle spielende Vertrag auf die übrigen in Betracht zu ziehenden Normen einwirken kann.

Wenn die konkrete Fragestellung nicht einen anderen Prüfungsweg nahelegt, sollten zivilrechtliche Ansprüche zweckmäßigerweise in folgender Reihenfolge behandelt werden:

- **vertragliche** Ansprüche,
- **vertragsähnliche** Ansprüche (z. B. aus Verschulden bei Vertragsschluss etwa gem. §§ 311 Abs. 2 u. 3, 241 Abs. 2 BGB oder Geschäftsführung ohne Auftrag gem. §§ 677 ff. BGB),
- **dingliche** Ansprüche (z. B. §§ 985 ff. BGB),
- **deliktische** Ansprüche (§§ 823 ff. BGB),
- Ansprüche aus **(ungerechtfertigter) Bereicherung** (§§ 812 ff. BGB).

Im Schwingtür-Fall (S. 153 f.) erwägt man entsprechend hinsichtlich des Herausgabeanspruchs (Schuhe) nacheinander: Vertragsansprüche – Ansprüche aus § 861 BGB – aus § 985 BGB – aus § 1007 BGB – aus § 823 BGB – aus § 812 BGB.

In Zivilrechtsfällen werden Ansprüche wegen Verletzung vertraglicher Pflichten erst nach der Feststellung behandelt, dass Ansprüche auf Vertragserfüllung nicht bestehen. Aus logischen Gründen ist zunächst zu ermitteln, ob eine Verletzungshandlung vorliegt, bevor die Widerrechtlichkeit bzw. das Verschulden festgestellt wird.

Greifen die genannten Regeln nicht, legen insbesondere Gesichtspunkte der Logik eine bestimmte Prüfungsreihenfolge nicht nahe, wird die Lösung nach Zweckmäßigkeitserwägungen aufgebaut. Letztlich kommt es stets darauf an, die Argumente geschickt innerhalb des Gutachtens zu platzieren, um zu einer überzeugenden Falllösung zu gelangen.

Weder zweckmäßig noch logisch, aber für den Aufbau und die Formulierung der Lösung günstig ist es, einerseits Ansprüche vorzuziehen, die nicht zu dem gewünschten Ergebnis führen, also das Verlangen nicht stützen, andererseits Ansprüche zuerst zu prüfen, die relativ leicht zu begutachten sind. Grundsätzliche rechtliche Erörterungen stehen meistens besser vor speziellen. Feste Regeln gibt es zu allem allerdings nicht. Jede Klausur verlangt letztlich ihren problemspezifischen Aufbau.

Hilfreich können auch bei grundsätzlichen Aufbaufragen Prüfungsschemata oder -anleitungen sein, die vor allem für das Zivilrecht, Strafrecht bzw. öffentliche Recht die wesentlichen zu berücksichtigenden Aspekte in allgemein sinnvoller Reihenfolge enthalten (s. zum Ganzen z. B. Bringewat, Methodik der juristischen Fallbearbeitung, 2007, Rn. 402 ff., 564 ff., 588 ff.; Möllers, Juristische Arbeitstechnik und wissenschaftliches Arbeiten, 5. Aufl. 2010, Rn. 117 ff., 131 ff., 137 ff., oder etwa die Hinweise zu Fallbearbeitungen im Staatsrecht von Schwacke/Schmidt, Staatsrecht, 5. Aufl. 2007, z. B. Rn. 300, 595 ff., 608, 629). Alle diese in der Regel mehr oder minder schematischen Hilfen sind freilich nie mehr als Gedächtnisstützen, da sie zu notwendigen oder zweckmäßigen Abweichungen vom normalen Prüfungsverlauf nicht anleiten, die spezifischen Themen bzw. Probleme einer konkret zu bearbeitenden Aufgabe nicht berücksichtigen, insofern auch andere Schwerpunkte setzen können. Vor Klausuren sollte man sich die wichtigsten Prüfungspunkte in groben Zügen einprägen, um jedenfalls ein Aufbaugerüst parat zu haben.

1.5.4 Gesichtspunkte der Logik und Zweckmäßigkeit bestimmen auch die **innere Prüfungsreihenfolge**, d. h. den Ablauf der Tatbestandszergliederungen und Prüfungen der einzelnen Tatbestandsvoraussetzungen.

Es ist oft zweckmäßig, Tatbestandsmerkmale in der Reihenfolge zu prüfen, wie sie sich aus dem Rechtssatz ergeben. Allgemein sollten allerdings in der Regel unproblematische vor problematischen Tatbestandselementen erörtert werden.

Zur Zerlegung der Normen, insbesondere der Tatbestände, nach den methodischen Regeln der Rechtsanwendung s. S. 57 ff.

Die Tatbestandszergliederung gibt genau zu erkennen, ob Hilfs- oder Gegennormen heranzuziehen sind. Der Bearbeiter muss insbesondere auf Einwände (auch z. B. Rechtfertigungsgründe) achten, die ggf. vorzutragen sind. Stets ist auch zu bedenken, ob die Regelung einer einschlägigen Gegennorm ihrerseits gesperrt ist, so dass es letztlich doch bei der grundsätzlichen Regelung bleibt (S. 35).

1.5.5 Die **vorläufige Gliederung** der Falllösung legt man am besten so an, dass ausreichend Platz für die einzelnen Voraussetzungen, möglichen Einwände etc. bleibt. Auf diese Weise kann die vorläufige Gliederung Schritt für Schritt zu einer sinnvollen Lösungsskizze ausgebaut werden, ohne dass die Übersichtlichkeit darunter leidet oder der Bearbeiter in die missliche Lage gerät, Zeit für eine übersichtliche Neuschrift der Skizze zu vergeuden.

Im Schwingtür-Fall (S. 153 f.) könnte die vorläufige Gliederung etwa so aussehen, wobei man, um Zeit zu sparen, sinnvollerweise eigene Abkürzungen (z. B. SE für Schadenersatz, 823 I für § 823 Abs. 1 BGB) verwendet:

Zweiter Abschnitt: Technik der Fallbearbeitung

1. Ansprüche B gegen A
   – SE (Geld) – Brille – 823 I
   – SE (Geld) – Vase – 823 I

2. Ansprüche B gegen K
   Herausg. Schuhe
   – 861
   – 985
   – 1007
   – 823 I
   – 812

1.5.6 Mit seiner **Lösungsskizze** sollte sich der Bearbeiter vor allem sein Prüfungsprogramm, also den Gedankengang einschließlich der vorläufigen Subsumtionsergebnisse, einsichtig machen. Mitunter genügt es allerdings nicht, sich vor Augen zu führen, wie die Prüfung verlaufen soll, sich also nur einen „roten Faden" zu verschaffen. Gerade bei Klausuren, in denen nur ein Problem schwerpunktmäßig behandelt werden muss (vor allem in verfassungsrechtlichen Arbeiten), kann es sinnvoll sein, die Problembehandlung nicht nur stichwortartig festzuhalten, sondern sogar Argumente und Gegenargumente zu sammeln und den Begründungsvorgang zu skizzieren.

Aus der Lösungsskizze sollte nach allem hervorgehen:

- der äußere Aufbau der Fallbearbeitung,
- der innere Aufbau der Prüfung, d. h. die zu untersuchenden Antwortnormen mit den fallbezogen wesentlichen Tatbestandsvoraussetzungen, den möglicherweise einschlägigen Hilfs- und Gegennormen und die Ergebnisse der oberflächlichen Subsumtionen,
- ggf. die mutmaßlichen Schwerpunkte bzw. Problematiken, Argumente.

Im Schwingtür-Fall (S. 153 f.) könnte die vorläufige Gliederung etwa so zu einer Lösungsskizze vervollständigt werden:

1. Ansprüche B gegen A
1.1 SE (Geld) – Brille – 823 I
   – unachts. Öffnen, Bruch
   – Eigentum des B
     – 973 II 1, nicht: 973 II 2,
   – widerrechtl. (k. Notwehr)
   – schuldh.
     – 276 II (angetrunken unbedeut.)
   = SE (Geld) gegeben

1.2 SE (Geld) – Vase
   – 823 I
   – Bruch etc. s. o.
   – SE (Geld)
     – 249 II 1 (Wahlrecht)
   = SE (Geld) gegeben

2. Anspruch B gegen K
   Herausg. Schuhe
   – k. Vertrag etc.
   – 861 I nein (k. verbotene Eigenmacht)
   – 985
      – K unmittelbarer Besitzer ohne Recht auf Besitz
      – B Eigentümer?
        – Eigentum von S erlangt?
          – 929 S. 1 (S nicht Eigent.)
          – 932 I (gutgl. Erwerb)
          – Ausschluss v. Bösgl. (932 II)
          – Ausschluss v. 935 I (abhanden gek. Sache)
      = B Eigentümer
   = 985 gegeben
   – 1007 nein
   – 823 nein
   – 812
      – fehlender Rechtsgrund
      = 812 gegeben.

1.5.7 Insbesondere Anfänger neigen dazu, die Bedeutung einer Lösungsskizze zu unterschätzen. Da sie die Grundlage der Falllösung ist, sollte dafür genügend Zeit eingeräumt werden. Für die bisherigen Lösungsschritte – Erfassen von Sachverhalt und Fragestellung, Aufsuchen der einschlägigen Normen, Festlegen der Prüfungsreihenfolge und Anfertigen der Lösungsskizze – wird im Allgemeinen **ein Drittel der Bearbeitungszeit** verwendet.

1.6 Niederschrift

Nach Abschluss der gründlichen Vorarbeiten kann der Bearbeiter mit dem Kernstück der Klausur, der Niederschrift der Falllösung, beginnen.

Selbst wenn nach etwa einem Drittel der zur Verfügung stehenden Zeit die Vorüberlegungen noch nicht beendet sind, ist es ratsam, mit der Ausformulierung des Prüfungsprogramms zu beginnen.

So ausgeklügelt die Lösungsskizze auch sein mag, sie ist dennoch bei jedem Gedankenschritt erneut sachverhaltsbezogen zu überdenken. Der Bearbeiter kann nicht einfach sprachlich umsetzen, was ihm nach den Vorarbeiten als geeigneter Lösungsweg erscheint, er sollte also von seinem Lösungsaufriss unabhängig bleiben. Erst die vollständige und exakte Prüfung ergibt, ob die Gedankenführung und die einzelnen Begründungen stichhaltig sind, ob die erwartete Fallentscheidung von daher überzeugend und nachvollziehbar (S. 74 f.) ist.

1.6.1 Formales

Klausuren sind auf fortlaufend nummerierten DIN A4 Bögen zu schreiben, wobei ein Korrekturrand von mindestens einem Drittel der möglichst nur einseitig benutzten Seiten erforderlich ist. Üblich ist es, auf einem Deckblatt insbesondere anzugeben: Vor- und Nachnamen des Fallbearbeiters, Titel der Lehrveranstaltung/des Kurses, Name des Professors/Klausurstellers, Datum. Die Klausur ist am Ende zu unterschreiben. Abgegeben werden müssen Deckblatt, ausgeteilter Sachverhaltstext und Klausurniederschrift. Um dem Verlust loser Bögen vorzubeugen, ist es ratsam, die Seiten zu heften oder zu klammern.

Klausurtexten werden keine Gliederungen vorangestellt. Sinnvoll ist es allerdings, die einzelnen Prüfungsabschnitte durch Ziffern und/oder Buchstaben bzw. Dezimalzahlen zu kennzeichnen.

Trotz des Zeit- und Nervendrucks sollte sich jeder Bearbeiter vor allem um Leserlichkeit bemühen. Das ist nicht nur ein freundlicher Akt dem Korrektor gegenüber, der mitunter für das Entziffern der Schrift fast mehr Zeit aufbringen muss als für das Korrigieren der Arbeit. Der Korrektor kann bei Unleserlichkeit der Schrift nicht ohne weiteres zugunsten des Bearbeiters eine richtige Ausführung unterstellen. Entsprechendes gilt für eigenwillige Abkürzungen. Will der Bearbeiter, um Zeit zu sparen, durchgehend bestimmte Wörter abkürzen (etwa Beschwerdeführer durch „Bf."), muss er das vorab klarstellen. Gebräuchliche Abkürzungen („z. B."; „u. a.") und fachsprachlich übliche (GG, BGB, VwGO) können freilich ohne weiteren Hinweis verwendet werden.

1.6.2 Stilistisches

Zu einer überzeugenden und ansprechenden Falllösung trägt nicht unwesentlich ein im juristischen Sinne **guter Stil** bei. Klausuren sollten sachlich, deutlich, deswegen so präzise, einfach und verständlich wie möglich geschrieben sein. Überflüssig und daher zu vermeiden sind floskelhafte oder verstärkende Wendungen („Das ist sozusagen ein Fall der …"/„Ganz gewiss liegt hier eine erhebliche Verletzung … vor"/„Total abwegig ist es hier, zu erwägen, ob …"), ebenso stereotyp wiederholte Sätze („Es ist zu prüfen, ob … Nun ist zu prüfen, ob …"). Auch Ich-Formulierungen, Bemühungen um launige Ausführungen oder gar Kraftausdrücke, insbesondere zum Sachverhalt, oder persönliche Anmerkungen (Beispiele aus der Klausurpraxis: „Es tut mir wirklich echt riesig leid, dass ich nicht zu einem anderen Ergebnis kam."/„Ob hier der nach wie vor nicht ernst genug genommene Gleichheitssatz verletzt ist …"/„Ehrlich gesagt, mit dem Quatsch von Klausurfrage konnte ich einfach nichts anfangen, aber rechtmäßig ist so was bestimmt nicht.") dienen nicht der Überzeugungskraft eines Lösungstextes. Klausurbearbeitungen setzen nach allem nicht nur solides juristisches und methodisches Wissen voraus, sondern ebenso die Beherrschung der Schriftsprache; sie lässt sich erlernen (s. dazu Bringewat, Methodik der juristischen Fallbearbeitung, 2007, Rn. 185 ff.). Wie unklare oder falsche Formulierungen, das wird leicht verkannt, können überdies fehlerhafte Rechtschreibung, Grammatik oder Interpunktion inhaltliche Fehler nach sich ziehen oder zumindest für Missverständnisse oder Unklarheiten sorgen, die sich für den Bearbeiter womöglich auch nachteilig auswirken.

Allgemein zu Darstellungsweise und (persönlichem) Stil s. u. a. Tettinger/Mann, Einführung in die juristische Arbeitstechnik, 4. Aufl. 2009, Rn. 276 ff.; ferner Möllers, Juristische Arbeitstechnik und wissenschaftliches Arbeiten, 5. Aufl. 2010, insbes. Rn. 383 ff.

Zum Gutachten- und Urteilsstil s. S. 181 f.

1.6.3 Allgemeine Regeln zur Ausarbeitung der Lösung

Einstieg

Die logisch richtige und alles Überflüssige vermeidende Gedankenführung wird maßgeblich gewährleistet durch den richtigen Einstieg in die Fallprüfung, auch „Aufhänger" genannt. Mit ihm steht und fällt die Arbeit. Den Einstieg bestimmen grundsätzlich die einschlägigen Rechtssätze, die als mögliche Antwortnormen gefunden wurden, und nicht Tatsachen oder Ansichten aus dem Sachverhalt.

Im Schwingtür-Fall (S. 153 f.) ist im Rahmen der Ansprüche des B gegen K der Herausgabeanspruch der rechtliche Aufhänger und nicht etwa der mögliche Einwand des K, er sei noch Eigentümer.

Jeder Punkt der Bearbeitung des Konfliktfalls muss sich aus dem jeweiligen Aufhänger, also der gerade zur Prüfung anstehenden Norm ergeben. Vor die eigentliche rechtliche Prüfung werden keine Vorfragen gestellt und zunächst beantwortet. Damit würde der Bearbeiter in der Regel zu erkennen geben, dass er Schwierigkeiten hat, den richtigen Einstieg in die Fallösung zu finden.

Im Schwingtür-Fall (S. 153 f.) ist also die jeweilige Eigentumsproblematik – bezüglich der Brille, der Vase, der Schuhe – nicht vorzuziehen, sondern innerhalb der einschlägigen Antwortnormen (§ 823 Abs. 1 BGB, „Eigentum"; § 985 BGB, „Eigentümer") an richtiger Stelle zu behandeln.

In verwaltungsrechtlichen Klausuren kann es manchmal sinnvoll sein, vorab die Rechtsnatur einer Maßnahme zu bestimmen. Meistens veranlasst dann die Klausuraufgabe dazu. Ist das nicht der Fall, sollte der Bearbeiter kurz erklären, warum es nach dem Sachverhalt auf die Rechtsnatur der Maßnahme ankommt.

Sachverhaltsbezug

Es kann nicht oft genug wiederholt werden, dass der ständige **Kontakt mit** dem **Sachverhalt** unerlässlich ist, ebenso **mit** der **Fallfrage** (ggf. auch mit den Bearbeitungshinweisen), damit nicht Problematiken behandelt werden, die ganz allgemein im Rahmen solcher Fälle eine Rolle spielen können, nach der konkret vorgegebenen Konfliktlage aber bedeutungslos sind. Auch die Anlehnung an Fallschemata sollte deshalb mehr als kontrolliert geschehen. Durch Klausuren wird nicht einfach Wissen abgefragt, sondern getestet, ob der Bearbeiter in juristischen Zusammenhängen denken kann; das wiederum setzt solide juristische und methodische Kenntnisse voraus. Überflüssige, fallentlegene Ausführungen mögen noch so klug klingen, sie zählen aber nicht, lassen im Gegenteil darauf schließen, dass der Bearbeiter unsicher ist und die eigentlichen Probleme des Klausurgegenstandes nicht gesehen hat. Außerdem wird dadurch wichtige Zeit verschwendet.

Schwerpunktbildung

Vor Beginn der Niederschrift muss der Bearbeiter wissen, wo er die Schwerpunkte der Ausarbeitung setzen will. Vom Umfang der Hauptproblematik(en) hängt ab, wie ausführlich die einzelnen Lösungsabschnitte zu behandeln sind. Auch an der richtigen Gewichtung zeigt sich, ob der Bearbeiter die gestellte Aufgabe verstanden hat oder ob sich seine Fallbearbeitung etwa an ein Lösungsschema anlehnt. Jeder Konfliktsachverhalt hat grundsätzlich seine ganz spezifischen Problempunkte, die ausführlich und mit guter Begründung zu bearbeiten sind. So darf Unstreitiges nicht zu Lasten der tatsächlichen Schwerpunkte breit ausformuliert werden. Überdies kommt es immer wieder vor, dass sich Bearbeiter, vor allem Anfänger, insbesondere mit formellen Punkten zu intensiv befassen. Soll das geschehen, wird danach im Klausurtext mittelbar oder unmittelbar gefragt.

Existieren gewisse Zweifel, ob die formelle Seite in Ordnung ist, kann man mit einem Satz zum Ausdruck bringen, dass formell-rechtlich keine Bedenken bestehen. So sollte es im Eckgrundstück-Fall (S. 154) im Rahmen der Prüfung der Rechtmäßigkeit der Ordnungsverfügung allenfalls heißen: „Die sachliche und örtliche Zuständigkeit des Ordnungsamtes sowie die ordnungsgemäße Form der Ordnungsverfügung können laut Sachverhalt unterstellt werden."

Überflüssig und zeitverschwendend, dazu wertlos wären hier etwa folgende Ausführungen: „Die Ordnungsverfügung müsste formell rechtmäßig ergangen sein. Das Ordnungsamt müsste sachlich, instanziell und örtlich zuständig gewesen sein. Die sachliche Zuständigkeit folgt aus § 5 Abs. 1 OBG NRW. Hier geht es um den gesundheitlichen Schutz der Kraftverkehrsteilnehmer, also um allgemeine Gefahrenabwehr. Die sachliche Zuständigkeit ist also gegeben. Da keine besonderen Befugnisse für Landes- oder Kreisordnungsbehörden nach § 5 Abs. 2 OBG NRW gegeben sind, ist das Ordnungsamt auch instanziell zuständig. Gem. § 4 OBG NRW Ist die Ordnungsbehörde zuständig, in deren Bezirk die zu schützenden Interessen verletzt oder gefährdet werden. Das Eckgrundstück, von dem die Gefahren ausgehen, liegt in der nordrhein-westfälischen Stadt D. Die örtliche Zuständigkeit ist somit gegeben. Formell rechtmäßig wäre die Ordnungsverfügung, wenn sie in ordnungsgemäßer Form ergangen ist. Nach § 20 OBG NRW muss eine Verfügung schriftlich erfolgen. Das ist hier geschehen. Sonstige Formfehler sind nicht zu erkennen. Die Verfügung ist somit formell rechtmäßig ergangen."

Die letzteren Ausführungen werden – und in dem Fall auch nur teilweise – allenfalls dann abverlangt, wenn der Sachverhalt erkennen lässt, dass die formelle Rechtmäßigkeit nicht sicher gegeben ist, wenn es z. B. geheißen hätte: „Das Ordnungsamt fordert E telefonisch auf …".

Schlüssige Gedankenführung

Ein verständiger Leser muss die Fallprüfung nachvollziehen können. Der Gedankengang ist also klar und schlüssig, d. h. so aufzubauen, dass sich **ein Schritt aus dem anderen** ergibt. Es muss in jedem Moment der Falllösung einleuchten, weshalb was wo erörtert wird, auch etwa, warum etwas eingehender behandelt wird.

Notwendiges und Überflüssiges

Schwierig kann im Einzelnen die Frage sein, was im Rahmen der Lösung in welchem Umfang auszuführen, zumindest kurz anzusprechen und – umgekehrt – was nicht zu erörtern ist. Patentrezepte gibt es auch hierfür nicht, da jeder Sachverhalt seine eigene Behandlung verlangt. Was notwendig und was überflüssig ist, hängt allein vom konkret zu beurteilenden Fall bzw. Klausurauftrag ab. Je häufiger Falllösungen geübt werden, desto eher und stärker entwickelt man das richtige Gefühl dafür, was erforderlich und was weniger bedeutsam oder gar überflüssig ist. Grundsätzlich gehört all das, aber letztlich auch nur das in eine Niederschrift, was zum Erreichen einer folgerichtigen und damit überzeugenden Gedankenführung notwendig ist. Sachverhalt, Fallfrage (ggf. Bearbeitungsvermerke) und einschlägige Normierungen stecken dabei das Prüfungsprogramm ab.

Dazu einige zusammenfassende Anmerkungen:

(1) Sogleich mit der Prüfung beginnen und nicht allgemein in den Fall einführen bzw. den Prüfungsablauf erklären.

Im Schwingtür-Fall (S. 153 f.) also nicht erst erklären, welche Rechtsbeziehungen zwischen wem bestehen, was geschehen ist und wo die Probleme liegen könnten, sondern sogleich prüfen:
1. Ansprüche des B gegen A
1.1 Schadenersatz bezüglich der Brille.
> B könnte gegen A einen Schadenersatzanspruch aus § 823 Abs. 1 BGB haben. Etc.

Die Gliederung und den Lösungsaufbau also nicht erläutern; die **Gedankenführung muss für sich sprechen** und nicht erst gerechtfertigt werden.

Im Schwingtür-Fall (S. 153 f.) ist also nicht zu erklären, warum man welche Ansprüche zuerst oder warum man welchen Anspruch in welcher Reihenfolge zu prüfen gedenkt oder dass es einerlei sei, mit welchem Anspruch man im gegebenen Fall beginnt.
Sätze wie „Bevor zu klären ist, ob ..., ist festzustellen, ob ..." sind zu vermeiden.

Nur wenn bei der Falllösung ausnahmsweise vom üblichen Aufbau abgewichen werden muss, kann es sinnvoll sein, das in wenigen Worten zu begründen.

(2) Sachverhalt und zu prüfende Normen nicht wiederholen, es sei denn, es kommt auf einen bestimmten Textabschnitt (etwa im Rahmen von Begründungen) an, so dass die wörtliche Wiedergabe der betreffenden Stelle der Klarheit halber angebracht ist.

Also im Schwingtür-Fall (S. 153 f.) nicht formulieren: „Der angetrunkene A hat, weil er vor seinem zu Gewalttätigkeiten neigenden Kollegen K, dem er 100 EUR schuldet, unerkannt in ein Warenhaus flüchten wollte, unachtsam eine Schwingtür geöffnet. Dabei ist die Sonnenbrille des B zu Bruch gegangen. B könnte deshalb gegen A einen Schadenersatzanspruch gemäß § 823 Abs. 1 BGB haben. Die Norm besagt, dass zu Schadenersatz verpflichtet ist, wer vorsätzlich oder fahrlässig das Leben etc.... verletzt. ..." Sachverhalt und Gesetzeswortlaut sind schließlich bekannt.

(3) Auch das kann nicht oft genug wiederholt werden: **nur tatsächlich gestellte Fallfragen beantworten** bzw. die sich im Verlauf der Lösung ergebenden Gegenstände bzw. Probleme ansprechen. Sie allerdings sind so vollständig zu behandeln, dass der konkret vorgegebene Konfliktsachverhalt auch klar und nachvollziehbar entschieden wird. Die Erörterung von Scheinproblemen trägt zur Klausurlösung nichts bei (s. S. 158), ebenso wenig die Prüfung von Ansprüchen, die nach Sachverhalt und Ausgangsfrage(n) keine Rolle spielen.

(4) In einer gutachtlichen Falllösung (s. dazu eingehend S. 182 f.) sollen **alle Rechtssätze**, die einen Anspruch stützen können, auch **geprüft werden**. Mit der Bejahung einer Antwortnorm ist die Falllösung also nicht abzubrechen.

Auch wenn B im Schwingtür-Fall (S. 153 f.) bereits gemäß § 985 BGB einen Herausgabeanspruch gegen K hat, ist dennoch weiter zu prüfen, ob er sein Begehren noch auf andere Normen – hier: § 812 BGB – stützen kann.

Allerdings sind auch im Rahmen von Gutachten keine Antwortnormen zu erörtern, die nur theoretisch in Betracht kommen, zur konkreten Falllösung aber nichts beitragen.

Im Schwingtür-Fall (S. 153 f.) sind also im Rahmen der Schadenersatzansprüche (Brille, Vase) des B gegenüber A vertragliche Anspruchsgrundlagen noch nicht einmal anzusprechen, weil der Sachverhalt keine Hinweise auf vertragliche Beziehungen enthält.

Art. 2 Abs. 1 GG hat Auffangfunktion und kommt als eigenständiger Prüfungsmaßstab nur in Betracht, soweit das jeweilige Spezialgrundrecht den Grundrechtseingriff unter demselben Gesichtspunkt nicht erfasst.

Das gilt auch für unvollständige Rechtssätze.

Zweiter Abschnitt: Technik der Fallbearbeitung

Im Schwingtür-Fall (S. 153 f.) heißt es, dass A „angetrunken" ist. Das ist ein Hinweis darauf, dass der Bearbeiter die Verschuldensfrage im Rahmen des § 823 BGB nicht gänzlich außer Betracht lassen soll. Andererseits heißt es auch lediglich, dass A „angetrunken" ist. Über seinen Zustand und die möglichen Ursachen seines Zustandes ist nichts gesagt. Daraus kann geschlossen werden, dass das Verschulden nicht problematisiert werden soll, dass hier nur Gesetzeskenntnisse (Rückgriff auf § 276 bzw. ggf. § 827 S. 2 BGB) zu zeigen sind.

(5) Strikt fallbezogen subsumieren

Zu prüfende Begriffe dürfen z. B. nur insoweit definiert und ausgelegt werden, wie es für die jeweilige Subsumtion notwendig ist. Kommt eine Norm in Betracht, deren Probleme der Bearbeiter beherrscht, darf er sie dennoch nur behandeln, wenn sie wirklich etwas mit dem konkreten Fall zu tun haben, wenn es also einen rechtlichen Bezug zum Sachverhalt gibt. Gerade Anfänger müssen sich davor hüten, den Sachverhalt so zu „verdrehen", dass sie bestimmte Probleme erörtern können. Insbesondere sind Streitstände, die keine Sachverhaltsproblematik berühren, unerwähnt zu lassen, auch wenn der Bearbeiter das in Rechtsprechung und Literatur behandelte Für und Wider noch so eindrucksvoll darstellen könnte.

Die im Zusammenhang mit dem Schwingtür-Fall (S. 153 f.) zu prüfenden Rechtssätze (insbesondere z. B. § 985 BGB) enthalten mannigfache Probleme, zu denen es zahlreiche Rechtsprechungsentscheidungen bzw. ein umfangreiches Schrifttum gibt. Der Fallbearbeiter soll hier aber insbesondere zeigen, dass er ein Normengefüge entwickeln, mit dem BGB umgehen und vor allem subsumieren kann. Der Fall ist so konstruiert, dass die bekannten Streitstände nicht auszutragen sind. Aus dem Sachverhalt geht z. B. auch klar hervor, dass A durch positives Tun (unachtsames Öffnen der Schwingtür) B geschädigt hat. Hier darf also nicht etwa die umstrittene Problematik der Garantenstellung erörtert werden, die nur eine Rolle gespielt hätte, wenn B durch ein Unterlassen des A geschädigt worden wäre.

Nichts ist nach allem so falsch, bestenfalls hinsichtlich der Beurteilung einer Klausur wertlos, wie die unökonomische Beschäftigung mit Normmerkmalen oder Problemen, die sich auf das Lösungsergebnis nicht auswirken oder sogar gänzlich am gegebenen Sachverhalt und an den darauf bezogenen Fallfragen vorbeigehen. Es soll ein Klausurfall gelöst und nicht in epischer Breite Wissen ausgebreitet werden.

(6) Selbstverständliches nicht begründen

Dass im Schwingtür-Fall (S. 153 f.) im unachtsamen Öffnen der Schwingtür eine Verletzungshandlung zu sehen ist, braucht nicht begründet zu werden. S. dazu auch S. 75.

Eine allgemeingültige Regel zu Notwendigkeit und Intensität von Argumentationen gibt es nicht. Ob und wie weitgehend begründet werden muss, wird einerseits vom Sachverhalt, andererseits vom Gesetz bestimmt. Keiner Begründung bedürfen allgemein anerkannte Begriffsbestimmungen und Auslegungsergebnisse.

Wichtig ist stets, dass die **Argumentation nachvollziehbar** ist (bisweilen finden sich in Klausuren geradezu fantastische, aber wertlose Begründungen, denen ein verständiger Leser nicht oder kaum folgen kann) und dass die Gedankenführung nicht zu früh abgebrochen wird. Vor allem Anfängern unterläuft es immer wieder, dass sie Begründungen durch Behauptungen ersetzen, also nur Scheinbegründungen geben.

Bei der Prüfung des Merkmals „vorsätzlich" dürfte es z. B. nicht heißen: „Vorsatz bedeutet Wissen und Wollen einer Handlung. A hat B vorsätzlich verletzt, weil er B wissentlich und willentlich eine Verletzung zugefügt hat."

(7) Einzelne Hinweise zur Rechtsanwendung

Was im Rahmen der Rechtsanwendung notwendigerweise auszuführen und was zu vermeiden ist, soll anhand einiger praktisch wichtiger Beispiele angesprochen werden. Letztlich ist auch hier stets der konkrete Sachverhalt entscheidend.

- Die **Gültigkeit** einschlägiger Normen nur prüfen, wenn es im Sachverhalt Hinweise darauf gibt, dass der Rechtssatz ausnahmsweise ungültig ist.

Im Schwingtür-Fall (S. 153 f.) ist von daher nicht die Gültigkeit der §§ 823, 985 oder 812 BGB anzusprechen. Geht es um die Anspruchs- oder Ermächtigungsgrundlage eines Gesetzes, dessen gültiges Zustandekommen z. B. fraglich ist, prüft man zunächst diesen Aspekt, um nicht überflüssigerweise einen ungültigen Rechtssatz anzuwenden. Ob das tatsächlich notwendig ist, verrät in der Regel der Sachverhalt (etwa durch Hinweise auf Verfahrensfehler) bzw. die Fragestellung.

- Auch die **Anwendbarkeit einer Norm** – falls das angezeigt ist – vorab erörtern, bevor Voraussetzungen und Rechtsfolge eines Rechtssatzes behandelt werden. Steht fest, dass eine spezialgesetzliche Regelung zum Zuge kommt, ist die verdrängte Auffangnorm nicht mehr zu prüfen.

- Die **einzelnen Voraussetzungen von Antwortnormen** werden auch dann kurz behandelt, wenn nicht in ihnen, sondern z. B. in der sie einschränkenden Gegennorm die Probleme stecken.

- Enthält einer der einschlägigen Tatbestände **alternativ zu erfüllende Voraussetzungen** (S. 63), muss freilich nur eine der genannten, vom Gesetzgeber als gleichwertig hingestellten Alternativen erfüllt sein.

Im Angstschrei-Fall (S. 65, wo auch der Tatbestand des § 117 Abs. 1 OWiG zerlegt ist) sind entsprechend nur zu prüfen: das 1. Tatbestandsmerkmal; eine der Alternativen des 2. Tatbestandsmerkmals, wobei die „Ausmaß"-Alternative aus zwei Varianten besteht und hier die erste Variante in Betracht kommt; das 3. Tatbestandsmerkmal; eine der Alternativen des 4. Tatbestandsmerkmals, wobei die erste Alternative wiederum aus zwei Varianten besteht und hier die zweite infrage kommt; schließlich das 5. Tatbestandsmerkmal.

- **Subsumtionen** erschöpfen sich in der Regel nicht darin, das jeweilige Tatbestandsmerkmal mit dem konkreten Sachverhaltselement zu vergleichen; vielmehr muss auch **grundsätzlich begründet** werden, warum ein Tatbestandsmerkmal verwirklicht ist, es sei denn, die Begründung wäre selbstverständlich (S. 75).

Bei Ansprüchen aus gesetzestypischen oder atypischen Verträgen ist das wirksame Zustandekommen des Vertrages (§§ 145 ff. BGB) zu erörtern, wenn die Wirksamkeit des Vertrages im Sachverhalt nicht ausdrücklich genannt oder gemäß Sachverhalt bzw. Bearbeitungshinweis nicht zu unterstellen ist.

- **Negative Tatbestandsmerkmale** wie z. B. die Rechtswidrigkeit in § 823 BGB (Fehlen von Rechtfertigungsgründen; s. dazu S. 27) sind nur dann zu prüfen, wenn der Sachverhalt Anhaltspunkte für das Vorliegen eines Rechtfertigungsgrundes enthält.

Ansonsten hat es lediglich zu heißen: „Die Verletzungshandlung ist auch widerrechtlich, da Rechtfertigungsgründe laut Sachverhalt nicht ersichtlich sind."

Entsprechendes gilt auch für Strafrechtsnormen. Häufig sind nur Tatbestand und Vorsatz bzw. Fahrlässigkeit zu prüfen; die Rechtswidrigkeit ist mangels irgendeines Rechtfertigungsgrundes dann lediglich festzustellen.

- Bei **Begriffsbestimmungen** ist stets zu bedenken, dass das Gesetz selbst eine Definition enthalten kann (S. 31 f.). Freie allgemeine Erwägungen zur Begriffsbestimmung sind grundsätzlich überflüssig und falsch, wenn es für das in Rede stehende Tatbestandsmerkmal eine Legaldefinition gibt.

  Im Schwingtür-Fall (S. 153 f.) ist § 985 BGB eine der Antwortnormen. Voraussetzung ist u. a., dass K Besitzer der Schuhe ist. Im Hinblick auf den Sachverhalt bedarf diese Frage keinerlei Erörterungen. Wäre dieses Tatbestandselement aber zu prüfen und somit vorab zu klären, wer „Besitzer" einer Sache ist, so wäre es falsch, nicht von der gesetzlichen Begriffsbestimmung zum Merkmal „Besitz" in § 854 Abs. 1 BGB („Der Besitz einer Sache wird durch die Erlangung der tatsächlichen Gewalt über die Sache erworben.") auszugehen.

- **Über die Art der** heranzuziehenden **Normen** werden **keine Ausführungen** gemacht, die einschlägigen Rechtssätze sind vielmehr ohne Vorrede direkt zu prüfen. Dem Bearbeiter muss allerdings wegen des korrekten Aufbaus immer klar sein, welches die Antwortnorm und welches der unvollständige Rechtssatz ist.

- In welcher **Reihenfolge** die Tatbestandsvoraussetzungen zu klären sind, ergibt sich in der Regel aus der einschlägigen Norm. Der Bearbeiter sollte davon abweichen, wenn ein Merkmal offensichtlich nicht vorliegt mit der Konsequenz, dass die Rechtsfolge der Vorschrift in keinem Fall eintritt. Hier wäre es überflüssig, nach der Feststellung „Das Merkmal X ist nicht gegeben" sonstige, womöglich problembeladene Voraussetzungen zu prüfen, weil es am Ergebnis nichts mehr ändern kann.

  Die Normprüfung kann hier verkürzt werden, indem man etwa sagt: „Ob A schuldhaft gehandelt hat, ist zweifelhaft, kann aber dahinstehen. Die Voraussetzungen des § 823 Abs. 1 BGB sind in jedem Fall wegen fehlender Rechtswidrigkeit nicht erfüllt, da ...".

  Zu unterscheiden davon ist, dass in bestimmten Fällen **nach** einem **negativen Ergebnis nicht weitergeprüft** werden darf. Ist z. B. die Zulässigkeit einer Klage zu verneinen, wäre es grundsätzlich verkehrt, auf die Begründetheit einzugehen. Zu denken ist in solchen Fällen unter Umständen an eine Hilfslösung (s. dazu S. 180). Auch aus Gründen der Logik kann eine Fortsetzung der Fallprüfung ausgeschlossen sein.

  Wäre die Fallfrage im Schwingtür-Fall (S. 153 f.) so gestellt, dass man zu einer Verneinung eines Anspruchs des B aus § 823 Abs. 1 BGB käme, so dürfte der Bearbeiter nicht mehr die Frage erörtern, ob B auf Schadensersatz in Geld bestehen könnte (Wahlrecht in § 249 Abs. 2 S. 1 BGB).

- Die Rechtsfolge einer Norm gilt trotz Vorliegens aller Tatbestandsvoraussetzungen nicht, wenn sie durch andere Normen **zu Fall gebracht** wird. In der Antwortnorm selbst kann geregelt sein, dass die Rechtsfolge in einem bestimmten Fall nicht gelten soll. Ist das der Fall, wäre es überflüssig, nun noch weitere Einwände zu prüfen, da die Antwortnorm aus den genannten Gründen ja gar nicht zum Zuge kommt.

  Wären im Schwingtür-Fall (S. 153 f.) K die Schuhe gestohlen und dann von S an B verkauft worden, so hätte man feststellen müssen, dass die Regelung des § 932 Abs. 1 BGB über den gutgläubigen Erwerb durch § 935 Abs. 1 BGB gesperrt worden, B also trotz seines guten Glaubens nicht Eigentümer geworden wäre. Denkbare Gegennormen wären also hier nicht mehr zu prüfen.

- Vor **Auslegung** einer Norm anhand der bekannten Auslegungskriterien (S. 89 ff.) nicht erst die einzelnen Auslegungsmaximen darlegen. Das gilt auch für den Streitstand zu den Auslegungszielen, der im Rahmen einer Klausurlösung normalerweise gar nicht zu erwähnen ist. Wie der Bearbeiter methodisch vorgeht, muss sich aus seiner Gedankenführung ergeben. Zum Merkmal „Entstehungsgeschichte", insbesondere zu den Gesetzesmaterialien, wird sich ein Klausurbearbeiter in der Regel gar nicht äußern können.

Entsprechendes gilt für die erforderlichen **Ergänzungen und Berichtigungen** von Rechtssätzen. Die Methoden – etwa ein Analogieschluss – sind auf den konkreten Fall hin anzuwenden und nicht vorab theoretisch zu behandeln.

Es wäre also überflüssig und trüge dem Bearbeiter nichts ein, im Autokorso-Fall (S. 135) nach der Feststellung, dass § 80 Abs. 2 Nr. 2 VwGO nicht unmittelbar anwendbar ist, erst auszuführen, dass der Fall einer Lücke, nämlich einer offenen Lücke, gegeben ist, welche Verfahren zur Schließung von offenen Lücken es gibt, welches insbesondere die Voraussetzungen eines Analogieschlusses sind. Es ist hier vielmehr nach der bekannten Methode direkt und konkret zu klären, ob und wie sich der Fall über einen Analogieschluss entscheiden lässt.

- Im Rahmen einer Auslegung sind nur **sach- und fallbezogene Gesichtspunkte** vorzutragen; es darf also nicht losgelöst von den Auslegungskriterien (insbesondere im Zusammenhang mit dem leicht ausufernden Zweckkriterium) frei argumentiert werden. Klausuren haben Rechtsfälle zum Gegenstand, es geht also stets auch nur um rechtliche Begründungen. Leere Wendungen (z. B.: das Ergebnis ist „gerecht", „billig", „vernünftig" oder gar – so ein Beispiel aus der Klausurpraxis – „geht mir gegen den Strich") ersetzen keine sach- und fallbezogenen Argumentationen.

In einem Betriebsgenehmigungs-Fall wären deshalb Ausführungen wertlos wie: „In einem Industriestaat, wie es Deutschland ist, hält man die Verstärkung der Investitionsneigung nun einmal leider für wichtiger als eine intakte Umwelt."

- Wenn durch Auslegung ein überzeugendes Ergebnis gewonnen werden kann, **endet** hier **die Fallprüfung**. Anschließend die Möglichkeit einer analogen Anwendung der betreffenden Norm zu erwägen, wäre falsch. Bestehen allerdings begründetermaßen Zweifel, ob eine Auslegung vom Normzweck gedeckt ist, kann die Frage offengelassen und sodann die Zulässigkeit einer Analogie behandelt werden. Das gilt nicht für das Strafrecht, weil Analogieschlüsse hier grundsätzlich unzulässig sind (s. S. 134).

(8) Behandlung von Streitfragen

Es fragt sich, wann und wie weitgehend Streitfragen zu entscheiden und auszuführen sind. Zunächst ist hier stets sorgfältig zu erwägen, ob der betreffende Punkt **tatsächlich umstritten** ist. Zu fast allen Aspekten gibt es begründbare Ansichten und Gegenansichten; selten gelangt man zum „richtigen" Ergebnis, in der Regel lediglich zu einer gut begründeten, damit vertretbaren und überzeugenden Entscheidung (s. S. 74 f.). Nur wenn ein Problem kontrovers diskutiert wird und nicht „ausgepaukt" ist, könnte die Behandlung eines solchen Meinungsstreits in Betracht kommen.

Allgemein gilt: **Streitfragen ohne Bezug zum Sachverhalt**, die mithin für die Entscheidung irrelevant sind, gehören überhaupt **nicht in die Niederschrift** einer Klausur; hier ist nicht einmal zu erwähnen, dass es einen bestimmten

Theorienstreit in diesem Zusammenhang gibt. Der Bearbeiter hat darüber hinaus weder auf Streitstände zu Nebenproblemen, die die Fallentscheidung nicht beeinflussen, noch auf Grundsatzfragen einzugehen. Ausführungen dazu mögen noch so erhellend sein, sie fließen nicht in die Bewertung ein und kosten nur Bearbeitungszeit.

Kommt es dagegen nach dem konkreten Sachverhaltsgeschehen **auf die Entscheidung eines strittigen Problems an**, muss es umrissen und entschieden werden, und zwar an der Stelle, an der es bedeutsam ist. Anders als in Hausarbeiten genügt es in Klausuren, die in Literatur und Rechtsprechung sich findenden Ansichten bzw. Gegenansichten als fallbezogene Argumente vorzutragen, ohne konkret dazu Quellen zu nennen. Hat der Bearbeiter sie zufällig im Kopf, kann er sie angeben; verlangt wird so etwas in Klausuren nicht. Die eigene Meinung wird danach oder verbunden mit der Ansicht, der man sich anschließt, dargestellt. Am besten beginnt man mit der Meinung, der man nicht folgt. Es wird auch nicht erwartet, dass neue Vorschläge zur Lösung von Streitragen gemacht werden. Entscheidend ist, dass der Bearbeiter darlegt, weshalb er ganz bestimmte Argumente vorträgt bzw. einer bestimmten Ansicht folgt, und dass er den Leser mit seiner Begründung zu überzeugen vermag.

Ansichten zu einem Streitstand können nicht immer dann von vornherein unterbleiben, wenn Ansicht und Gegenansicht zum gleichen Ergebnis führen. Je nach konkretem Fall kann es sinnvoll sein, beide Meinungen vorzutragen und zu begründen, warum sich am Ergebnis nichts ändert. Allein der Aspekt der richtigen Schwerpunktbildung könnte hier den Bearbeiter veranlassen, einen solchen Streitstand nur anzusprechen, aber nicht im Einzelnen auszuführen.

(9) Hilfslösung

In Ausnahmefällen muss der Bearbeiter sich fragen, ob eine Hilfslösung notwendig ist. Ein solcher seltener Fall ist etwa gegeben, wenn eine **Sachverhaltslücke** (s. S. 156 f.) durch sinnvolle Auslegung oder Ergänzung **nicht zu schließen** ist oder wenn der Bearbeiter einen Rechtsstandpunkt vertritt, der den Fall entproblematisiert, damit aber meistens auch erhebliche Teile des Sachverhalts überflüssig macht.

Gelegentlich wird in Klausurtexten auch direkt auf die Möglichkeit einer hilfsgutachtlichen Lösung hingewiesen. Die eigentliche Fallfrage könnte dann um Sätze wie „Ggf. ist ein Hilfsgutachten zu erstellen" oder „Hilfsweise ist zu prüfen, ob …" ergänzt sein.

Nachdem der Bearbeiter klar herausgestellt hat, zu welchem Ergebnis er in seiner Hauptlösung gekommen ist, beginnt er die Hilfslösung mit einem Hinweis darauf, weshalb er die Hauptlösung abschließen musste und was zu unterstellen ist, um zur eigentlichen Fallproblematik zu gelangen.

Geht es etwa um die Erfolgsaussichten einer Verfassungsbeschwerde, kann die Verneinung der Zulässigkeit dazu führen, dass die eigentlichen Fallprobleme bei der Begründetheitsprüfung nicht behandelt werden. Oder kommt man bei einer Subsumtion zum Ergebnis, ein bestimmtes Tatbestandsmerkmal sei nicht gegeben, ist methodisch die weitere Prüfung der Norm sinnlos, da sie nicht mehr zum Zuge kommen kann (s. S. 66).
Oder führt eine Verneinung der Zulässigkeit der Verfassungsbeschwerde aus Rechtsgründen zur frühen Beendigung der Fallprüfung, hätte die Hauptlösung z. B. so abzuschließen: „Somit ist die Verfassungsbeschwerde wegen des fehlenden Rechtsschutzbedürfnisses des X unzulässig." Zu Beginn der Hilfslösung stünde dann etwa: „Da die Antwort auf die Fallprüfung bereits ohne Ausschöpfung wesentlicher Teile des Sachverhalts zu geben war, ist eine Hilfslösung erforderlich. Dabei ist das Rechtsschutzbedürfnis des X zu unterstellen. Da auch die sonstigen Zulässigkeitsvoraussetzungen

gegeben sind, ist von der Zulässigkeit der Verfassungsbeschwerde auszugehen. Begründet wäre ..."
Wird bereits in der Fragestellung direkt verlangt, ggf. ein Hilfsgutachten zu erstellen, sind diese Begründungen freilich entbehrlich.

1.6.4 Gutachten- und Bescheidtechnik

Von der Art der Fragestellung hängt ab, in welcher Form die Falllösung dargestellt werden muss. Überwiegend sind Klausurfragen gutachtlich zu beantworten. Sofern es sich um Leistungsnachweise im öffentlichen Recht handelt, kann auch (ggf. zusätzlich) ein Bescheid verlangt sein.

Soll zu einem Gutachten ein Bescheid entworfen werden, sind im Gutachten zunächst alle problematischen Fragen zu behandeln. Sodann wird in einem Bescheid die konkrete Entscheidung formuliert. Grundsätzlich ist hier die Entscheidung auch genau zu begründen; es kann aber unter Umständen auf das Gutachten verwiesen werden.
In der Verwaltungspraxis sind in erster Linie Bescheide anzufertigen, z. B. Mitteilungen, Verfügungen oder Widersprüche. Aktenvermerke und Entscheidungsvorschläge werden dagegen gutachtlich gefasst.

Gutachten und Bescheid **unterscheiden sich** inhaltlich **durch** den **Aufbau der Gedankenführung**: Während man beim Gutachten schrittweise durch Schlussfolgerungen von der aufgeworfenen Frage zum Ergebnis gelangt (Frage – Angabe der Norm(en) – Subsumtion – Resultat), beginnt der Bescheid mit dem Ergebnis (Entscheidung), das sodann begründet wird.
Entsprechend differieren Gutachten und Bescheid auch stilistisch. Beim **Gutachtenstil** wird konjunktivisch formuliert („Anspruchsgrundlage könnte § 823 Abs. 1 BGB sein"; „E müsste dann Eigentümer der ... sein"); die (Zwischen-)Ergebnisse werden z. B. mit „damit", „also" oder einer sinngemäßen Wendung eingeleitet. Beim **Urteilsstil** wird das Entscheidungsergebnis indikativisch abgefasst („Ihr Antrag auf Genehmigung des ... wird abgelehnt.") und nachfolgend begründet. Das charakteristische Bindewort der Entscheidungsgründe ist entsprechend „denn".

Um nicht floskelhaft in Klausurniederschriften Konjunktivsätze aneinanderzureihen und Wendungen mit „also" oder „folglich" zu wiederholen, sollte der Stil der spezifischen Fallproblematik angepasst werden und die grundsätzlich richtige Formulierungsart „könnte – also ist" auf die hauptsächlichen Prüfungsgegenstände beschränkt werden.
Zum Gutachten- und Urteilsstil s. auch S. 185, ferner Tettinger/Mann, Einführung in die juristische Arbeitstechnik, 4. Aufl. 2009, Rn. 276 ff.; zur Bescheid-Sprache s. Büchner/Joerger/Trockels/Vondung, Übungen zum Verwaltungsrecht und zur Bescheidtechnik, 5. Aufl. 2010, Rn. 255 ff.

In welcher Weise Gutachten und Bescheid durch verschiedene Zwecke bestimmt sind, verdeutlicht die folgende Gegenüberstellung:

Gutachten	Bescheid
1. Am Anfang steht die Frage.	1. Begonnen wird mit der Antwort (Entscheidung).
2. Zweck ist, eine Entscheidung zu finden und die gestellten Fragen dazu zu beantworten.	2. Zweck ist, die getroffene Entscheidung mitzuteilen und zu begründen.
3. Der Bearbeiter will den Leser zu einem Entscheidungsvorschlag hinlenken; er will den Weg aufzeigen, der ihn zu diesem Vorschlag geführt hat.	3. Der Verfasser will die getroffene Entscheidung einsichtig machen.
4. Der Gutachter spricht zum rechtskundigen Leser (Prüfer, Vorgesetzten); er legt dar, wie nach seiner Auffassung ein Konfliktfall/eine strittige Rechtsfrage zu entscheiden ist.	4. Die Behörde spricht zum Bürger und begründet die getroffene Entscheidung.
5. Der Gutachter muss beachten, dass das Ergebnis seines Gutachtens ein Vorschlag ist, der möglicherweise vom Leser nicht gebilligt wird. Er hat daher auch Folgerungen aus einer abweichenden Auffassung zu bedenken und vorzubereiten. Deshalb ist ihm im Gutachten eine größere Ausführlichkeit gestattet, wenn nicht sogar im Einzelfall zur Pflicht gemacht. Der Gutachter vertieft sich in Rechtsausführungen, erörtert ggf. die unterschiedlichen Rechtsansichten zu einer Rechtsfrage, wägt sie gegeneinander ab und lässt sich über Zweifelsfragen aus, die bei der Entscheidung auftauchen.	5. Bei der Abfassung der Entscheidungsgründe steht die Entscheidung bereits fest. Sämtliche Sätze der Begründung sind streng auf den Entscheidungssatz zu beziehen. Nur das, was dazu dient, die Entscheidung zu rechtfertigen und überzeugend zu machen, ist Inhalt der Entscheidungsgründe. Alle für die Entscheidung nicht unbedingt notwendigen Ausführungen werden weggelassen, alle überflüssigen Erörterungen vermieden.

- **Gutachtentechnik**

Gutachten beginnen mit den Voraussetzungen und enden mit dem Ergebnis (Antwort auf die Rechtsfrage). Im Einzelnen ist ein Gutachten grundsätzlich wie folgt aufzubauen:

(1) Ausgangshypothese zur Fallfrage

Der Bearbeiter geht von einem Ergebnis aus, das er für eine mögliche Antwort auf die konkrete oder vorab ermittelte Fallfrage hält. Ob diese Hypothese zutreffend ist, wird sich erst im Verlauf des Gutachtens zeigen.

Im Schwingtür-Fall (S. 153 f.) heißt eine klare Frage: Kann B von A Schadenersatz verlangen. Ausgangshypothese ist hier entsprechend: B könnte gegen A einen Schadenersatzanspruch haben. Statt der konjunktivischen Formulierung kann man auch Wendungen benutzen wie: „Es ist zu prüfen, ob B gegen A einen Schadenersatzanspruch hat" oder „Fraglich ist, ob…". Stilistisch ist es gut, solche Einleitungsformeln nicht stereotyp zu wiederholen.

(2) Antwortnorm

Im nächsten Schritt ist ohne weitere Erklärung die erste in Frage kommende Antwortnorm anzugeben, die mutmaßlich zum Ergebnis führt. Auf diesen sog.

Klausurtechnik

„Aufhänger" ist die weitere Fallprüfung dann zu beziehen. Auch dies wird hypothetisch ausgedrückt.

Im Schwingtür-Fall (S. 153 f.) könnte es heißen: „B könnte gegen A einen Schadenersatzanspruch aus § 823 Abs. 1 BGB haben" oder „Ein Anspruch des B könnte sich aus § 823 Abs. 1 BGB ergeben" oder „B könnte sein Begehren auf § 823 Abs. 1 BGB stützen".

Oft wird die Nennung der zu prüfenden Norm bereits bei der Formulierung der Ausgangshypothese berücksichtigt, können also wie im Beispiel die Schritte (1) und (2) zusammengelegt werden.

Jede Antwortnorm ist exakt zu bezeichnen, also mit mutmaßlich entscheidungserheblichem Absatz, Satz, Halbsatz, Nummer und ggf. Alternativen. Das Gebot genauer Paragrafenangabe gilt generell für alle Normen, die herangezogen werden, also auch für die eventuell zum Zuge kommenden unvollständigen Rechtssätze. Normen werden grundsätzlich aber nicht zitiert (s. S. 175).

Basiert die Ausgangshypothese auf mehreren Rechtssätzen (sog. Paragrafenketten, S. 41), wird die Norm, die die erfragte Rechtsfolge enthält, zuerst genannt.

Angeführt werden in diesem Arbeitsschritt auch die fallbedeutsamen, mitunter erst durch Auslegung zu ermittelnden Voraussetzungen, die verwirklicht sein müssen, damit die gewünschte Rechtsfolge eintritt. In der Regel wird auch das konjunktivisch ausgedrückt, sofern der Konjunktiv nicht durch andere Wendungen zu ersetzen ist.

Im Schwingtür-Fall (S. 153 f.) böte sich als Formulierung an: „Ein Anspruch des B könnte sich aus § 823 Abs. 1 BGB ergeben. Dann müsste A Eigentum des B verletzt haben, d. h. B müsste Eigentümer der zerbrochenen Brille sein." Zur Straffung der Prüfung es auch erlaubt, Gutachtensätze zusammenzufassen: „Als Anspruchsgrundlage kommt § 823 Abs. 1 BGB in Betracht. Das dazu erforderliche Eigentum an der Brille könnte B gem. § … dadurch erworben haben, dass er …". Gerade bei weniger wichtigen oder selbstverständlichen Punkten sollte man sich so kurz wie möglich fassen.
Im Schwingtür-Fall (S. 153) kann es an anderer Stelle z. B. heißen: „Ein Anspruch auf Herausgabe der Schuhe könnte sich aus § 985 BGB ergeben, wonach der Eigentümer einer Sache von dem ihm gegenüber nicht zum Besitz berechtigten Besitzer (§ 986 Abs. 1 BGB) verlangen kann, die Sache herauszugeben …". Damit ist ausgedrückt, wie die Fallprüfung zu dieser Frage abläuft.

Sind – wie meistens – zahlreiche Tatbestandsmerkmale von vollständigen und unvollständigen Normen zu berücksichtigen, wäre es wenig sinnvoll, zunächst alle Voraussetzungen vorab zu nennen. In einem solchen Fall sollten die einzelnen Voraussetzungen schrittweise erst jeweils zu Beginn der Einzelbegriffssubsumtion (s. dazu S. 64 f.) bezeichnet und erörtert werden. Auch die Schritte (2) und (3) müssen also je nach Prüfungsgegenstand nicht stets nacheinander erfolgen.

(3) Subsumtion

Hier wird geklärt, ob die fallrelevanten Voraussetzungen vorliegen. Dazu werden die Tatbestandsmerkmale inhaltlich bestimmt, bevor grundsätzlich für jedes einzelne mit Begründung festgestellt wird, ob es verwirklicht ist (zum Subsumtionsverfahren s. S. 72 ff.).

Im Schwingtür-Fall (S. 153 f.) wäre entsprechend zu formulieren: „Fraglich ist, ob A wirksam Eigentum an der Brille erworben hat, als er sie fand. Seine Eigentümerposition könnte sich aus § 973 Abs. 1 S. 1 BGB ergeben, wonach …"

Am genannten Beispiel zeigt sich zugleich, dass bei den unvollständigen Rechtssätzen, die zur Feststellung der Voraussetzungen der Antwortnorm (hier: „Eigentum" gem. § 823 Abs. 1 BGB) heranzuziehen sind (hier: § 973 Abs. 1 S. 1

BGB), in gleicher Weise gutachtlich vorzugehen ist wie bei der Antwortnorm. Nicht nur erlaubt, sondern zur Straffung des Gutachtens sogar geboten ist es, Selbstverständliches, also Unproblematisches zusammenzufassen und ausnahmsweise sogar innerhalb eines Gutachtens im Urteilsstil (s. S. 181) zu formulieren.

Im Schwingtür-Fall (S. 153 f.) könnte die Prüfung des Herausgabeanspruchs des B gegen K etwa so fortgesetzt werden:
„K ist Besitzer, und zwar unmittelbarer Besitzer der Schuhe. Das bedarf nach dem Sachverhalt keiner Erörterung.
Fraglich ist jedoch, ob B zum Zeitpunkt seines Herausgabeanspruchs Eigentümer ist. Ursprünglich war K laut Sachverhalt Eigentümer. Er könnte jedoch sein Eigentum an den Schuhen durch den Verkauf der Schuhe durch S an B verloren haben. S müsste dann gem. § 929 S. 1 BGB wirksam das Eigentum an den Schuhen auf B übertragen haben. § 929 S. 1 BGB setzt zur wirksamen Eigentumsübertragung voraus, dass der Eigentümer die Sache dem Erwerber übergibt und beide sich darüber einig sind, dass das Eigentum übergehen soll. Nach dem Sachverhalt hat S dem B irrtümlich die Schuhe des K verkauft. S hat B die Schuhe übergeben, und es ist laut Sachverhalt davon auszugehen, dass beide Vertragsparteien sich darüber einig waren, dass B Eigentümer werden sollte. S war jedoch nur Besitzer und nicht Eigentümer der Schuhe, da er sie lediglich von K zur Reparatur erhalten hatte. Hier könnte jedoch § 932 Abs. 1 BGB eingreifen, der den gutgläubigen Erwerber schützt und in einem solchen Fall das Eigentum auch übergehen lässt, obwohl der Veräußerer nicht Eigentümer ist. Gutgläubig ist der Erwerber, wenn er den Veräußerer für den Eigentümer der in dessen Besitz befindlichen Sache hält. Im Sachverhalt ist dazu nichts gesagt. Da auch keine Anhaltspunkte dafür gegeben sind, dass B bösgläubig i. S. d. § 932 Abs. 2 BGB war, ist davon auszugehen, dass er die Schuhe gutgläubig erworben hat. Der gute Glaube wäre nur dann bedeutungslos, wenn es sich bei den Schuhen um eine „abhanden gekommene Sache" (§ 935 Abs. 1 BGB) handelte. Abhandengekommen ist eine Sache, wenn unfreiwillig der unmittelbare Besitz an ihr verloren wurde. K hatte die Schuhe in Reparatur gegeben, also S freiwillig den unmittelbaren Besitz eingeräumt. Somit waren die Schuhe keine „abhanden gekommene Sache". B ist also gem. §§ 929, 932 BGB Eigentümer geworden. B könnte dadurch, dass er die Schuhe K in der Annahme ausgehändigt hat, dieser sei noch Eigentümer, das Eigentum wieder verloren haben. Dann müssten sich K und B dinglich über eine Eigentumsübertragung geeinigt haben. Daran fehlt es jedoch nach dem Sachverhalt, da B gerade davon ausgegangen war, K sei der Eigentümer der Schuhe. B ist folglich auch nach der Aushändigung der Schuhe an K noch Eigentümer."

(4) Ergebnis

Nach Prüfung aller für den Fall wichtigen Voraussetzungen von Antwortnormen bzw. heranzuziehenden unvollständigen Rechtssätzen wird als Ergebnis festgestellt, dass die Rechtsfolge der Antwortnorm eintritt/nicht eintritt. Für die Schlussfolgerung werden Wendungen wie z. B. „also", „folglich ist", „hieraus folgt …", „demnach ergibt sich …" benutzt.

Im Schwingtür-Fall (S. 153 f.) müsste es heißen: „Da B nach allem Eigentümer, K lediglich Besitzer ist und auch kein Recht zum Besitz hat, kann B also von K die Schuhe herausverlangen."

Gutachten basieren in der Regel, wie bereits anklang, nicht auf einer Hypothese, sondern – entsprechend der Zahl der zu erörternden Voraussetzungen – auf vielen einzelnen Hypothesen, deren Einzelprüfung jeweils mit einem Zwischenergebnis abschließt. Erst wenn feststeht, dass alle einzelnen Hypothesen mit positiver Schlussfolgerung enden, kann als abschließendes Resultat formuliert werden, dass der Anspruch besteht. Ist ein Teilergebnis negativ, ergibt sich daraus zugleich das negative Gesamtergebnis, dass die Rechtsfolge nicht eintritt, die Ausgangshypothese also zu verwerfen ist (s. dazu die Ausführungen im Rahmen des entsprechenden Methodikabschnitts, S. 66 f.).

Zum Gutachtenaufbau s. Tettinger/Mann, Einführung in die juristische Arbeitstechnik, 4. Aufl. 2009, Rn. 195 ff.

Klausurtechnik

- **Bescheidtechnik**

Bescheide sind Schreiben einer Behörde in der für einen schriftlichen Verwaltungsakt typischen Form (Tenor; Gründe; Rechtsbehelfsbelehrung).

In den Verwaltungsverfahrensgesetzen des Bundes und der Länder findet sich der Begriff „Bescheid" nicht (in § 35 S. 1 VwVfG z. B. wird lediglich von „Verwaltungsakt" gesprochen). Verwaltungsakte sind der Sache nach z. B. Widerspruchsbescheide (§ 73 VwGO), Bußgeldbescheide (§ 65 OWiG), Genehmigungsbescheide bei der Errichtung und dem Betrieb genehmigungsbedürftiger Anlagen (§ 10 Abs. 7 BImSchG), Bescheide bei Eintragung von Denkmälern in die nordrhein-westfälische Denkmalliste (§ 3 Abs. 3 DSchG NRW).

Zu den einzelnen Bescheidarten s. Büchner/Joerger/Trockels/Vondung, a. a. O., Rn. 186 ff.

Anders als bei Gutachten werden in Bescheiden gleich zu Beginn das Ergebnis sowie deren Rechtsgrundlage (Antwortnorm) mitgeteilt. Man geht hier also nicht von einer Hypothese aus.

Im Rahmen der Vorüberlegungen erörtert der Bearbeiter den Fall allerdings in der Regel gutachtlich, da er sich zunächst einmal Gedanken darüber machen muss, worauf ein Verwaltungsakt oder Widerspruchsbescheid zu stützen und wie sein Erlass zu begründen ist. Bevor der Bescheid formuliert wird, steht also für den Bearbeiter das Ergebnis fest. In Klausuren wird diesem Umstand häufig durch entsprechende Aufgabenstellung („Erstellen Sie dazu ein Gutachten und fertigen Sie einen Bescheid an.") Rechnung getragen.

Aus dem Bescheid muss hervorgehen, was z. B. die Behörde woraus und weshalb vom Empfänger verlangt. Der Bürger, dessen Antrag abgelehnt worden ist, will wissen, warum er erfolglos geblieben ist. Er will davon überzeugt werden, dass die Entscheidung nach Sachlage und Rechtsvorschriften gerechtfertigt ist. Das aber erreicht der Verfasser eines Bescheides nicht mit einem das Pro und Contra abwägenden Gutachten und der dafür typischen Darlegung der Gedanken zur Sach- und Rechtslage. Überzeugen kann er nur mit kurzen, klaren Aussagen im Urteilsstil (S. 181), mit denen er das Ergebnis der Überlegungen, d. h. die Entscheidung, voranstellt und die Gründe, die sie rechtfertigen sollen, in einer zügigen Darstellung folgen lässt. Die Entscheidungsgründe dürfen in der Gedankenfolge und in der Ausdrucksweise also nicht dem Gutachten verhaftet bleiben. Im Gutachtenstil (S. 181) verfasste Entscheidungsgründe würden dem Bürger umständlich, wenn nicht gar unverständlich erscheinen.

Alle Zweifelsfragen, alle Möglichkeitsformen (möchte, dürfte, sollte, könnte etc.) sollten vermieden werden. Unpassend sind Wendungen wie „Es dürfte anzunehmen sein ...", „Die Behörde glaubt, die Tatsache, dass... als unerheblich ansehen zu können", „Es ist nach der Auffassung der Behörde anzunehmen, dass ...", ebenso Verstärkungen wie „... war der Antrag unbedingt ungerechtfertigt ...".

Die Verwaltung hat zwar die Pflicht, ihre Auffassung von der Sach- und Rechtslage deutlich zum Ausdruck zu bringen, sie muss allerdings dabei alles vermeiden, was den Bürger kränken oder herabsetzen könnte. Schärfe und Polemik schaden der Überzeugungskraft der Entscheidungsgründe eher. Umgekehrt ist auf unsachliche und deshalb überflüssige Bemerkungen des Antragstellers nicht einzugehen. Der Bearbeiter entwickelt in den Entscheidungsgründen – anders als im Gutachten – nicht mehr seine eigene Ansicht, sondern die der Behörde, auch wenn er womöglich persönlich anderer Ansicht ist. Sprachlich sollten Verwaltungsschreiben generell ruhig, knapp und einfach, aber bestimmt sein (s. dazu Pippke, VR 1980, S. 160).

Mit ihren Entscheidungsgründen will und soll die Verwaltung den Adressaten **überzeugen**, also weder den Bürger belehren noch einen Dritten unterweisen.

Das setzt verständliche Formulierungen voraus. Die Darstellungsweise muss so gewählt werden, dass der Bürger begreifen kann, welche Überlegungen die Behörde bei ihrer Entscheidung geleitet haben. Wo es sich um die Auseinandersetzung mit Fachliteratur handelt, wo zu Rechtsausführungen näher Stellung genommen werden muss, kann auf die juristische Fachsprache nicht völlig verzichtet werden. Auch hierbei wird aber darauf zu achten sein, dass die rechtliche Würdigung nicht zu einem Gespräch zwischen Fachleuten wird, wie das bei Gutachten und bei mündlichen Vorträgen möglich ist.

Verweisungen auf fallbezogen wichtige Fachunterlagen (wie z. B. Pläne) sind erlaubt, soweit die zitierten Unterlagen kopiert beigefügt sind oder eingesehen werden können.

Bescheidgründe sollen den Adressaten nicht nur überzeugen, sondern ihn vor allem **in die Lage versetzen, Rechtsbehelfe sachlich zu erwägen**. Außerdem muss es Aufsichtsbehörden und Gerichten möglich sein, die Richtigkeit der Rechtsanwendung im konkreten Einzelfall zu überprüfen. Die Verwaltungsverfahrensgesetze von Bund und Ländern enthalten zu Aufbau und Inhalt von Bescheiden nur einzelne Regelungen.

Zur Bescheidtechnik s. Hofmann/Gerke, Allgemeines Verwaltungsrecht, 10. Aufl. 2010, Rn. 320 ff.; Linhart, Schreiben, Bescheide und Vorschriften in der Verwaltung, 2010; Büchner/Joerger/Trockels/Vondung, a. a. O., Rn. 228 ff.; Stein, Bescheidtechnik, 2007; Büter/Schimke, Anleitung zur Bescheidtechnik, 2. Aufl. 1993; Hamann, Bescheidtechnik, 2. Aufl. 1991.

Anders als Gutachten sind Bescheide nach allem also grundsätzlich in drei Gedankenschritten anzulegen:

(1) Entscheidungssatz (Ergebnis)

Der Entscheidungssatz, **Tenor** genannt, beginnt mit der Sachentscheidung, also dem, was die Behörde verfügt. Er enthält den **Verwaltungsakt**, um den es geht (z. B. ein Gebot, Verbot, eine Feststellung etc.). In knapper Form wird mitgeteilt, welche „auf unmittelbare Rechtswirkung nach außen gerichtete Entscheidung zur Regelung eines Einzelfalls auf dem Gebiet des öffentlichen Rechts" die Behörde getroffen hat. Gem. § 41 Abs. 4 S. 1, § 69 Abs. 2 VwVfG ist das der „verfügende Teil" des Verwaltungsakts. Im Tenor hat nur zu stehen, was unmittelbar zur Verfügung gehört, also nicht Sachverhaltsausführungen, Begründungen, Wiedergabe von gesetzlichen Rechtsfolgen oder bloße Hinweise oder Empfehlungen.

Die Sachentscheidung ist „inhaltlich hinreichend bestimmt" (§ 37 Abs. 1 VwVfG) zu formulieren. Vollständig und präzise muss erkennbar sein, welche hoheitliche Regelung wem gegenüber verfügt worden ist.

Zur Tenorierung speziell nach der jeweiligen Art der Sachentscheidung (Entsprechung, Ablehnung, teilweise Entsprechung, teilweise Ablehnung, Einstellung des Verfahrens, Berichtigung etc.) s. Büchner/Joerger/Trockels/Vondung, a. a. O., 232, 236 ff.

Der **Entscheidungssatz** besteht in der Regel aus der Entscheidung in der Hauptsache und aus Nebenentscheidungen. Die hauptsächliche Entscheidung (**Sachentscheidung**) kann mit einer Entscheidung über Nebenbestimmungen (wie z. B. Befristung, § 36 Abs. 2 Nr. 1 VwVfG, oder Widerrufsvorbehalt, § 36 Abs. 2 Nr. 3 VwVfG), über die Androhung des Verwaltungszwangs (§ 13 VwVG), über die Anordnung der sofortigen Vollziehung (§ 80 Abs. 2 Nr. 4

VwGO) oder über eine Kosten- und ggf. Gebührenfestsetzung (z. B. §§ 2, 14 GebG NRW i. V. m. Gebührenordnung) verbunden werden. Die einzelnen Entscheidungen werden dann zweckmäßigerweise fortlaufend nummeriert.

Beispiel:
1. Sachentscheidung
2. Zwangsmittelandrohung
3. Die vorstehenden Nrn. 1. und 2. werden für sofort vollziehbar erklärt.
4. Gebührenentscheidung

Durchlaufend nummeriert werden auch mehrere Entscheidungen in der Hauptsache, mehrere Nebenentscheidungen bzw. das Eingehen auf mehrere Einwendungen des Betroffenen.

Beispiel:
1. Sachentscheidung
2. Auflagen
2.1 ...
2.2 ...
3. Bedingungen
3.1 ...
3.2 ...
4. Entscheidungen über Einwendungen
4.1 Folgende Einwendung wird als unzulässig zurückgewiesen...
4.2 Folgende Einwendung wird als unbegründet zurückgewiesen...
4.3 Folgende Einwendung ist berücksichtigt.

Nebenentscheidungen können nur unter jeweils bestimmten Voraussetzungen getroffen werden: Mit der **Androhung eines Zwangsmittels** (Zwangsgeld, § 11 VwVG; Ersatzvornahme, § 10 VwVG; Ersatzzwangshaft, § 16 VwVG; unmittelbarer Zwang, § 12 VwVG) gibt die Behörde zu erkennen, wie sie ihre Sachentscheidung durchsetzen will, falls der Empfänger des Bescheides sie nicht befolgt.

Zu beachten sind hier Form- und Verfahrenserfordernisse wie Schriftform, Fristsetzung, Bestimmtheit des Zwangsmittels, Zustellung, unter Umständen voraussichtliche Kostenhöhe (s. im Ganzen z. B. § 63 Abs. 2 VwVfG NRW). Zur Androhung von Verwaltungszwang im Einzelnen s. Hofmann/Gerke, a. a. O., Rn. 1121 ff.

Wenn überwiegende öffentliche Belange oder überwiegende Interessen eines Beteiligten die sofortige Vollstreckung des Verwaltungsaktes verlangen, kann die **sofortige Vollziehung** angeordnet werden. Dies ist dann schriftlich zu begründen (§ 80 Abs. 3 S. 1 VwGO). Im Einzelfall hat der Bearbeiter abzuwägen, ob ein gegenüber dem Interesse des Bescheidempfängers überwiegendes z. B. öffentliches Interesse gegeben ist.

Für einige Verwaltungshandlungen werden **Gebühren** erhoben. Wann eine gebührenpflichtige Amtshandlung vorliegt und in welcher Form eine Gebühr zu erheben ist, ergibt sich aus den verwaltungskostenrechtlichen Vorschriften des Bundes- bzw. Landesrechts.

(2) Ermächtigungs- oder Handlungsgrundlage (Antwortnorm)

Wie im Gutachten ist auch im Bescheid anzugeben, auf welche Norm sich die Sach- bzw. Nebenentscheidung gründet. Bereits im Entscheidungssatz kann die Antwortnorm genannt sein.

Zur Bezeichnung von Rechtsquellen und zur Verwendung von Abkürzungen vgl. die Geschäftsordnungen der Behörden.

(3) Begründung (Subsumtion)

Nun wird geprüft und dargelegt, ob z. B. ein Antrag **zulässig und** inhaltlich **begründet** ist (s. dazu § 39 Abs. 1 VwVfG; Ausnahme: § 39 Abs. 2 VwVfG). Nach § 39 Abs. 1 S. 2 VwVfG muss die Begründung die „wesentlichen tatsächlichen und rechtlichen Gründe" enthalten, die die Behörde zu ihrer Sach- bzw. Nebenentscheidung veranlasst hat. Der Adressat muss erkennen können, von welchen tatsächlichen und rechtlichen Erwägungen sich die Behörde konkret leiten ließ (**tragende Entscheidungsgründe**). Das bedeutet zugleich, dass nicht alle Feststellungen und Erwägungen zu nennen sind. Welche Gründe wesentlich sind, hängt von den besonderen Umständen des Einzelfalls ab (s. zum Ganzen Büchner/Joerger/Trockels/Vondung, a. a. O., Rn. 240 ff.; Hofmann/Gerke, a. a. O., Rn. 328 f.).

Innerhalb der Begründung ist – auch äußerlich – zwischen der Sachverhaltsdarstellung (Sachverhalt) und der rechtlichen Würdigung (Rechtsgründe) zu differenzieren.

Beispiel:
I. Tenor
   1. Sachentscheidungen
   2. Nebenentscheidungen
   2.1 ...
   2.2 ...
II. Gründe
   1. ... (Sachverhalt)
   2. ... (Rechtsgründe)
   2.1 Zuständigkeit
   2.2 Zulässigkeit (falls fallbezogen erforderlich)
   2.3 Begründetheit der Sachentscheidung
   2.4 Begründetheit von Nebenentscheidungen
   2.4.1...
   2.4.2...

- **Sachverhaltsdarstellung**

Hierzu gehören die tatsächlichen Vorgänge, die zum Erlass der Verfügung führten, und die sich aus dem Sachverhalt ergebenden Umstände, die für die rechtliche Würdigung maßgeblich sind. Unter Umständen ist auch auf das sachliche und rechtliche Vorbringen der Beteiligten (z. B. in einer Anhörung, § 28 VwVfG), auf Maßnahmen, die die Behörde getroffen hat, also das Verfahren (§ 10

VwVfG), sowie auf Auswahl und Würdigung von Beweismitteln, falls umstrittene Tatsachen in Rede stehen (§ 26 VwVfG), einzugehen.

- **Rechtliche Würdigung**

Es genügt nicht, nur die einschlägige(n) Norm(en) zu nennen, auf die die Verfügung gestützt wurde, es muss vielmehr auch der Subsumtionsvorgang verdeutlicht werden. Ggf. kann es sogar erforderlich sein, den Sinn einer herangezogenen Regelung kurz zu erklären. Anders als im Gutachten wird mit dem Ergebnis begonnen und sodann mitgeteilt („Denn ..."), dass die jeweilige Rechtsfolge eintreten konnte, weil die tatbestandlichen Voraussetzungen vorliegen. Nach den Grundsätzen der Einfachheit und Zweckmäßigkeit (10 VwVfG) ist strikt fallbezogen vorzugehen, sind also nur die Voraussetzungen zu erörtern, die auch tatsächlich gegeben sind. Bei Streitfragen wird dieser Umstand erwähnt und (allerdings kürzer als im Gutachten) begründet, warum man welcher Ansicht gefolgt ist. Inhaltlich ist, soweit der Einzelfall dazu veranlasst, auf formelle wie materielle Fragen einzugehen.

Auch hier können Prüfungsschemata zur Gedächtnisstütze helfen. Sie dürfen aber wie im Gutachten (S. 169) nicht zum Schreiben von Falschem oder Überflüssigem verleiten. Was im Gutachten vielleicht mit einem Satz noch zu erwähnen ist, hat im Bescheid grundsätzlich überhaupt nicht angesprochen zu werden.

Zulässigkeit: Die sachliche und (anschließend) örtliche Zuständigkeit ist in der Regel kurz zu behandeln, und zwar gleich zu Beginn der rechtlichen Würdigung. Bestehen keinerlei Zweifel, wird lediglich angegeben, aus welcher Rechtsgrundlage sich die sachliche bzw. örtliche Zuständigkeit ergibt. Auch sonstige formelle Aspekte sind nur auszuführen, wenn Anlass besteht, wenn z. B. im Tenor ein Antrag mangels Vorliegens einer Sachentscheidungsvoraussetzung abgelehnt wird oder das Vorliegen einer Zulässigkeitsvoraussetzung umstritten ist.

Begründetheit: Hier ist in einer auch für einen Rechtsunkundigen verständlichen Sprache darzulegen, warum ein Antrag für begründet bzw. unbegründet, warum – in einem von Amts wegen eingeleiteten Verfahren – der erlassene Verwaltungsakt für begründet gehalten wird. Rechtlich ist – abgesehen vom hypothetischen Aufbau – wie im Gutachten zu argumentieren. Auch bei Bescheiden wird also die Rechtsgrundlage genannt und werden nur die fallwesentlichen Voraussetzungen erörtert. Wird einem Antrag in vollem Umfang entsprochen, ist allenfalls eine kurze Begründung erforderlich (s. dazu § 39 Abs. 2 VwVfG).

Bei **Ermessensentscheidungen** ist in der Regel zu verdeutlichen, dass die Behörde Ermessen ausgeübt, dass sie abgewogen hat, ob und wie verfügt werden soll und warum sie sich gerade für die verfügte Maßnahme entschieden hat.

Die einzelnen Sach- bzw. Nebenentscheidungen werden in der beschriebenen Weise **getrennt begründet**, wobei sich die Begründung von Nebenentscheidungen in der Regel auf die Wiedergabe der einzelnen Normen beschränken kann.

Nach Abschluss der Begründung aller Entscheidungen ist in einer Rechtsbehelfsbelehrung auf die möglichen Rechtsbehelfe hinzuweisen (vgl. § 59 VwGO, der nur für Bundesbehörden gilt; §§ 58, 70 Abs. 2 VwGO; § 73 Abs. 3 S. 1 VwGO).

- **Widerspruchsbescheide**

Gegen bestimmte behördliche Maßnahmen muss grundsätzlich vor Klageerhebung schriftlich oder zur Niederschrift (§ 70 Abs. 1 VwGO) Widerspruch eingelegt werden (s. dazu §§ 68 bis 73 VwGO). Die Widerspruchsbehörde prüft in dem Fall die **Recht- und Zweckmäßigkeit** des Ausgangsbescheides nach (§ 68 Abs. 1 S. 1 VwGO) und erlässt den Widerspruchsbescheid (§ 73 VwGO). Ein solches **nur bei Anfechtungs- und Verpflichtungsklagen** zulässiges Vorverfahren ermöglicht, durch eine umfassende Kontrolle und ggf. Änderung des Bescheides der Ausgangsbehörde einen verwaltungsgerichtlichen Rechtsstreit zu vermeiden.

S. zum Ganzen Hofmann/Gerke, a. a. O., Rn. 351 ff.; Blum/Günther, Das Widerspruchsverfahren, 4. Aufl. 2008.

2 Die Hausarbeit

2.1 Allgemeines

Die bisher behandelten methodischen und lösungstechnischen Aspekte gelten grundsätzlich auch für Hausarbeiten. Im Gegensatz zu Klausuren müssen zur Beantwortung der durchweg anspruchsvolleren und umfangreicheren Fragestellungen meistens auch Fachliteratur und Rechtsprechung zu den jeweiligen Problematiken ausgewertet werden. Der Bearbeiter kann und darf sich also in der Regel nicht auf seine eigenen Einfälle und Gedanken zum Gegenstand der Hausarbeit beschränken. Überdies sind bei Hausarbeiten zusätzliche Formerfordernisse zu beachten.

Meistens wird in Hausarbeiten die Bearbeitung von Konfliktfällen verlangt. Gelegentlich sind aber auch zu bestimmten Themen zu Hause Aufsätze zu schreiben (s. dazu den Abschnitt „Themenarbeit", S. 195).

Bei der Abfassung von Hausarbeiten kann das **Internet** gute Dienste leisten. Das gilt vor allem für die Suche nach Gesetzestexten oder etwa Gerichtsentscheidungen in den amtlichen Sammlungen (s. zum Ganzen seriöse Datenbanken wie etwa „Juris", die z. B. neue Vorschriften bzw. Rechtsprechung stets sorgfältig einpflegen), aber auch für Fachbeiträge. Die neuen Informationstechniken verleiten allerdings gerade Anfänger dazu, vor Abschluss der eigenen Überlegungen zu schnell und unkritisch Veröffentlichungen im Internet zu berücksichtigen oder auszuwerten, die nur auf den ersten Blick oder ggf. auch gar nicht inhaltlich mit der Hausarbeitsproblematik zusammenhängen. Fehler können sich hier zum einen bereits bei der Eingabe falscher Suchwörter einschleichen; zum anderen verkennen Bearbeiter einfach allzu leicht, ob der gefundene Internet-Text passt, also die spezifische Thematik wirklich behandelt, und – auch eine große Fehlerquelle – ob er sachlich korrekt und insofern tatsächlich hilfreich ist.

Aus Erfahrung kann nicht nachdrücklich genug davor gewarnt werden, dass jeder, also auch ein Nicht-Fachmann, zu jedem, also auch zu einem Rechtsgegenstand, etwas ins Internet stellen kann (s. zum Ganzen Tettinger/Mann, Einführung in die juristische Arbeitstechnik, 4. Aufl. 2009, Rn. 34 ff.; ferner Möllers, Juristische Arbeitstechnik und wissenschaftliches Arbeiten, 5. Aufl. 2010, Rn. 182 ff.). Es besteht mithin die Gefahr, sachlich Unrichtiges zu benutzen. Ganz abgesehen davon dürfte eine Überfülle an Stoff, und nicht selten erscheinen eher zu viele als zu wenige Beiträge, hinderlich sein und womöglich Bearbeiter zeitlich in Bedrängnis bringen. Außerdem können solche Internet-Texte, wird man zu einem Aspekt besonders fündig, zu falschen Gewichtungen verleiten.

2.1.1 Hausarbeiten sollten **äußerlich ansprechend gestaltet** werden. Dazu gehört, dass der Text auf fortlaufend nummerierten DIN A4 Bögen einseitig in Maschinenschrift/Computerausdruckschriftgröße 12 (Zeilenabstand: 1,5; Rand: linksseitig ca. ein Drittel der Seite) geschrieben und gebunden oder geheftet wird. Meistens ist der Höchstumfang der schriftlichen Ausarbeitung vorgegeben.

2.1.2 Da ausreichend Zeit zur Verfügung steht, wird eine stilistisch einwandfrei lesbare Arbeit erwartet. Wie Klausuren sollten auch Hausarbeiten **sachlich abgefasst** sein, also etwa keine verstärkenden oder floskelhaften Wendungen enthalten (s. zum Ganzen S. 172).

Nicht nur in Klausur-, sondern auch in Hausarbeitstexten findet sich sehr oft eine zu große Zahl von Rechtschreib-, Grammatik- und Interpunktionsfehlern, die durchaus mindestens zu inhaltlichen Missverständnissen führen können. Computerbenutzer sollten bedenken, dass bei fachspezifischen Texten die allgemeinen elektronischen Prüfprogramme (z. B. zur Rechtschreibung) nicht immer zuverlässig sind. Mit einer gründlichen Durchsicht der gesamten Hausarbeit ließe sich einer hohen Fehlerquote in jedem Fall entgegenwirken. Überdies würden dabei aus Versehen gelöschte Textstellen (keine Seltenheit bei PC-Benutzung, wie sich immer wieder zeigt) leichter bemerkt.

2.1.3 Hausarbeiten bestehen üblicherweise aus mehreren Teilen. Sie beginnen mit dem **Deckblatt**, das Angaben über Verfasser, Veranstaltung und Gegenstand der Arbeit enthält. Bei Fallbearbeitungen wird der Aufgabentext mit Fragestellung auf einen gesonderten Bogen geschrieben, der auf das Deckblatt folgt. Der schriftlichen Ausarbeitung werden ferner **Gliederung** (Inhaltsverzeichnis), **Literaturverzeichnis**, Verzeichnis der benutzten **sonstigen Hilfsmittel** und ggf. **Abkürzungsverzeichnis** vorangestellt. Auf einer separaten Seite muss die unterschriebene Versicherung beigefügt werden, dass der Bearbeiter die Hausarbeit selbstständig verfasst und keine anderen als die angegebenen Quellen und Hilfsmittel benutzt hat.

2.1.4 Gliederungen sollten übersichtlich den gesamten Aufbau der Gedankenführung und zugleich auch die Schwerpunkte der Arbeit erkennen lassen. Gliederungen sind wie Inhaltsverzeichnisse stichwortartig abzufassen. Hinter jedem Gliederungspunkt wird die Zahl der Seite genannt, auf der seine ausführliche Behandlung anfängt. Die Gliederungspunkte werden später im eigentlichen Hausarbeitstext den jeweiligen Ausführungen vorangestellt.

Für die Untergliederung bieten sich verschiedene Systeme an. Sehr übersichtlich lassen sich die Gliederungspunkte mit Hilfe des **Dezimalsystems** kennzeichnen, wobei die Zahlenreihen nicht zu lang sein, d. h. nicht über drei Ziffern hinausgehen sollten. Denkbar ist aber auch eine **Mischung des Gliederungssystems** aus großen und kleinen Buchstaben sowie römischen und arabischen Ziffern. Bei detaillierten Gliederungen ist im Auge zu behalten, dass das einmal gewählte Gliederungsprinzip auch durchgehalten wird.

Wäre der Schwingtür-Fall (S. 153 f.) als Hausarbeit zu lösen, könnte gegliedert werden:

1. Anspruch aus § 985 BGB (bezüglich der Schuhe)
1.1 Eigentum des B
1.1.1 Gutgläubiger Eigentumserwerb gem. §§ 929, 932 BGB
1.1.2 Ausschluss des gutgläubigen Erwerbs durch § 935 BGB
1.1.3 Zwischenergebnis: Gutgläubiger Erwerb der Schuhe
1.2 Rechtmäßiger Besitz des K
1.2.1 Besitz des K
1.2.2 Rechtmäßigkeit des Besitzes des K
1.2.3 Zwischenergebnis: Kein rechtmäßiger Besitz des K
1.3 Ergebnis: Anspruch aus § 985 BGB gegeben
2. Anspruch aus § 812 BGB

2.1.5 Zu jeder Hausarbeit gehört ein **Literaturverzeichnis**, in dem grundsätzlich alle benutzten und verwerteten Quellen, z. B. Lehrbücher, Kommentare und Monografien, zu nennen sind. Aufsätze werden nur dann aufgenommen, wenn sie für die Hausarbeit von besonderer Bedeutung sind. Fundstellen aus Entscheidungssammlungen, Gesetzestexten und Beiträgen in Tageszeitungen werden stets nur in Anmerkungstexten angegeben wie eben normalerweise auch alle verwerteten Aufsätze.

Anzulegen ist ein **alphabetisch geordnetes** Literaturverzeichnis, wobei die Reihenfolge der Verfassernamen maßgeblich ist. Wenn nicht zu viele Titel aufzunehmen sind, ist auch eine Gliederung nach Art der Quelle, also z. B. nach Kommentaren, Lehrbüchern etc., möglich.

Bei Kommentaren, Lehrbüchern oder Monografien werden Verfasser (stets ohne akademischen Titel; nur bei Verwechslungsgefahr mit Vornamen), genauer Buchtitel, Auflage (möglichst die jüngste auswerten) und Erscheinungsjahr, gelegentlich auch der Erscheinungsort, genannt.

Beispiele:
- Bringewat, Methodik der juristischen Fallbearbeitung, 2007
- Engisch, Juristische Methodik, 11. Auflage 2010
- Göhler, OWiG-Kommentar, 11. Auflage 2010

Gehört ausnahmsweise ein Aufsatz aus einer Zeitschrift, einer Festschrift oder einem Sammelband ins Literaturverzeichnis, sind entsprechend Verfasser, genauer Titel des Beitrags und jeweilige Fundstelle, also z. B. Zeitschrift mit Jahrgangs- und Seitenzahl, anzugeben. Die Fundstelle kann abgekürzt werden, sofern die Abkürzung im Abkürzungsverzeichnis erklärt wird. Beispiel: Faust, Der praktische Fall. Die Rechtsstellung des Bundestagsabgeordneten, VR 1978, S. 368 ff.

Quellen, die aus den neuen Informationstechniken geschöpft worden sind, müssen ebenfalls genau gekennzeichnet werden. Sollten darüber hinaus weitere Hilfsmittel benutzt worden sein, sind sie auch im Literaturverzeichnis zu dokumentieren.

2.1.6 Wie zitiert und belegt wird, macht gerade Anfängern Schwierigkeiten. Auch die **Zitier- und Belegtechnik** ist nicht im Einzelnen festgelegt. Erkennbar muss in jedem Fall sein, von wem welcher Gedanke der Hausarbeit stammt. Werden fremde Ausführungen aus Literatur oder Rechtsprechung verwertet, ist das wahrheitsgemäß zu verdeutlichen, indem die richtige und genaue Quelle angeführt wird. Was der Bearbeiter nicht selbst nachgelesen hat, gehört nicht zitiert. Erst recht darf er fremdes Gedankengut nicht als eigenes ausgeben.

Im Hausarbeitstext hätte es z. B. zu heißen: Nach Ansicht des BVerfG ist... Demgegenüber vertritt X die Auffassung, dass ... Letzterer Meinung ist zu folgen, weil ...

Zitate sollten stets sparsam und problemorientiert eingesetzt werden, also nur dort, wo etwa zur Auslegung eines Begriffs oder zu einem Streitstand Fachäußerungen gebraucht werden. Selbstverständliches gehört nicht zitiert. Was sich unmittelbar aus dem Gesetz ergibt, bedarf keiner Bestätigung durch einen Kommentar. Ein Zitat kann ein eigenes Argument des Bearbeiters nicht ersetzen; die Argumentation darf auf die Ansicht des Zitierten gestützt werden, der Bearbeiter muss dann aber fall- oder themenbezogen begründen, warum er sich der Meinung angeschlossen hat. Entsprechendes gilt umgekehrt für den Fall, dass er eine Ansicht (das kann ausnahmsweise auch einmal die höchstrichterliche Rechtsprechung sein) ablehnt.

Zur Zitation s. Tettinger/Mann, a. a. O., Rn. 326 ff.; s. dazu auch Pappermann, Zur Bedeutung von Literatur und Rechtsprechung bei der Anfertigung von Hausarbeiten, VR 1977, S. 314.

Der Bearbeiter sollte stets so knapp wie möglich zitieren und nicht seitenlang einfach fremde Ausführungen abschreiben. Ist es ausnahmsweise sinnvoll, fremde Gedanken wegen ihrer besonderen Ausdrucksweise wörtlich wiederzugeben, werden solche Zitate in Anführungszeichen gekleidet. Bei sinngemäßer Wiedergabe fasst der Bearbeiter den fremden Gedankengang in der zitierten Quelle mit eigenen Worten zusammen und nennt die Quelle.

Die genauen Quellen werden in **Anmerkungen** am Fuß des Textes auf der jeweiligen Seite (**Fußnoten**) oder am Schluss eines Abschnitts bzw. der Arbeit, sofern sie nicht zu umfangreich ist, angeführt. Alle Zitate werden am Ende der direkten oder indirekten Wiedergabe fremder Gedanken nummeriert, korrespondierend dazu die entsprechenden Fußnoten oder sonstigen Anmerkungstexte.

Da im Literaturverzeichnis das benutzte Schrifttum bereits exakt bezeichnet ist, genügen an anderer Stelle Nachname (ggf. bei Kommentaren auch Bearbeitername), Kurztitel (bei Büchern) bzw. Zeitschriften-Abkürzung (bei Aufsätzen), Seitenzahl bzw. Randnummer; bei Kommentaren sind einschlägiger Paragraf bzw. Artikel sowie Anmerkung bzw. Randnummer zu nennen.

Bei Lehrbüchern oder Monografien z. B. Larenz/Canaris, S. 109 ff., wenn im Literaturverzeichnis eingetragen ist: Larenz/Canaris, Methodenlehre der Rechtswissenschaft, Studienausgabe, 3. Aufl. 1995; bei Aufsätzen z. B. Faust, VR 1978, S. 370.
Gibt es in benutzten Quellen auch Randnummern, sollten sie wegen ihrer größeren Genauigkeit statt der Seitenzahl angegeben werden (z. B. Rüthers, Rn. 806 ff. statt S. 493 f.).

Stehen zitierte Bücher nicht im Literaturverzeichnis, müssen sie im Text vollständig gekennzeichnet werden.

Wird auf Lehrbücher oder Monografien hingewiesen: z. B. Canaris, Die Feststellung von Lücken im Gesetz, 2. Aufl. 1983, S. 31 ff. Bei Kommentaren heißt es dann z. B. Jarass, in: Jarass/Pieroth, GG, 11. Aufl. 2011, Rn. 2 zu Art. 13.

Benutzt man Entscheidungen der Rechtsprechung, die in Entscheidungssammlungen oder Zeitschriften veröffentlicht sind, werden die Nummer des Bandes der Entscheidungssammlung bzw. Zeitschrift (abgekürzt) und der Jahrgang angegeben sowie grundsätzlich jeweils zwei Seitenzahlen: die erste markiert, wo der Abdruck der Entscheidung beginnt, die zweite, auf welche Seite sich das Zitat genau bezieht (z. B. BVerfGE 30, 173, 193).

Wird hintereinander oder in kurzen Abständen aus derselben Quelle zitiert, braucht der Bearbeiter die Fundstelle nicht ausführlich zu wiederholen. Es genügt dann z. B. BVerfGE a. a. O., 197, bzw. – etwa bei Büchern – Bringewat, a. a. O., Rn. 102, zu schreiben.

Bei Texten aus den neuen Informationstechniken sollte differenziert werden. Decken sich elektronische mit gedruckten Quellen, ist herkömmlich zu zitieren, also wie auch sonst bei Schrifttum. Sind die zitierten Ausführungen dagegen für den Inhalt entscheidend, ist es ratsam, sie ausgedruckt der Arbeit beizufügen. Hier kommt es u. U. auch auf die Angabe des Erscheinungsdatums an, da solche Beiträge theoretisch ständig geändert werden können.

Zum Zitieren von Internet-Texten im Einzelnen s. Möllers, Juristische Arbeitstechnik und wissenschaftliches Arbeiten, 5. Aufl. 2010, Rn. 476 ff.

In Anmerkungstexten werden nicht nur die genauen Quellen benannt, sondern wird durch Querverweise auch auf andere Textstellen hingewiesen. Fußnoten dienen überdies dazu, den Hauptgedanken noch weitergehend zu erklären oder z. B. Mindermeinungen zu erwähnen. Stünden auch solche Erläuterungen im Haupttext, könnte das den Gedankenfluss unterbrechen.

2.1.7 Abkürzungen, die nicht allgemein oder fachsprachlich üblich sind (z. B. „Rn." für „Randnummer(n)"), werden in einem **Abkürzungsverzeichnis** erläutert, und zwar in alphabetischer Reihenfolge. Will man nicht im Literaturverzeichnis genanntes Schrifttum, abgekürzt im Hausarbeitstext zitieren, ist das ebenfalls im Abkürzungsverzeichnis zu berücksichtigen (z. B. „JP" für „Jarass/ Pieroth, GG, 11. Aufl. 2011").

Wie in Klausuren sind auch in Hausarbeiten aus Gründen besserer Lesbarkeit und Klarheit Abkürzungen grundsätzlich zu vermeiden. Umgangssprachlich übliche Kürzel wie „z. B.", „u. a.", „etc." oder fachsprachlich selbstverständliche Abkürzungen etwa für Gesetze (GG, VwVfG, BGB) sind davon freilich ausgenommen.

Wird auf die Motive zu einem Gesetz zurückgegriffen, genügt es im Text das z. B. mit „Begr., S. 76" abzukürzen. Im Abkürzungsverzeichnis müsste es dann entsprechend heißen: „Begr." – „Begründung des Regierungsentwurfs vom 18.7.1973 zum Entwurf des VwVfG".

2.2 Die Themenarbeit

Themenarbeiten wie z. B. Seminararbeiten oder Aufsätze haben in aller Regel, wie der Begriff schon sagt, ein Thema und keinen Fall zum Gegenstand. Der Bearbeiter muss hier eine komplexe Problematik selbstständig konzipieren, mit Hilfe einschlägiger Quellen ausarbeiten, im Rahmen von Seminarveranstaltungen auch vortragen und sich einer Diskussion seiner Thesen stellen.

Auch hier empfiehlt sich, zunächst einmal das vorgegebene **Thema gründlich zu bedenken**, seinen Rahmen abzustecken und sich die eigenen Einfälle zu Aufbau und Schwerpunktbildung, überdies eine vorläufige Gliederung zu notieren. Aus Zeitgründen sollte frühzeitig das gezielte, also themen- und problemnahe und systematische Suchen, Erfassen und Zusammenstellen des auszuwertenden Materials geplant werden. Bücher und sonstige Informationen, erst recht, wenn sie z. B. von Institutionen eingeholt werden müssen, lassen sich in der Regel nicht im Handumdrehen beschaffen.

Als allerersten Einstieg in die Thematik und Suche nach den wichtigen Aspekten der Arbeit bieten sich auch allgemeine und spezielle Nachschlagewerke an. Bei Verwendung des Internets (z. B. „Wikipedia") sollte der Bearbeiter stets bedenken, dass dort auch Nicht-Fachleute Beiträge veröffentlichen bzw. verändern können, dass Qualität und Korrektheit solcher Ausführungen also nicht garantiert sind. Zur Benutzung der neuen Informationstechniken im Übrigen s. das zur Hausarbeit Gesagte, S. 191.

Zur Suche in Bibliotheken s. Tettinger/Mann, Einführung in die juristische Arbeitstechnik, 4. Aufl. 2009, Rn. 13 ff.

Spielen bei Themenarbeiten bestimmte gesetzliche Regelungen eine Rolle, ist es meistens sinnvoll, dazu erst einmal die einschlägigen Anmerkungen in Lehrbüchern und Kommentaren zu lesen und den dort genannten Hinweisen auf weitere Literatur und Rechtsprechung nachzugehen. Normalerweise sollten jeweils die jüngsten Beiträge berücksichtigt und verwertet werden. Meistens geben die Bibliografien oder Anmerkungstexte aktueller Bücher oder Aufsätze wichtige Hinweise auf weiterführende Veröffentlichungen.

Zur Gesetzessuche s. Tettinger/Mann, a. a. O., Rn. 60 ff.

Zweiter Abschnitt: Technik der Fallbearbeitung

Gerade Anfänger neigen dazu, wahllos und unsystematisch Unmengen von Kopien anzufertigen bzw. Internet-Texte zu speichern oder auszudrucken, deren Sichtung nicht zuletzt unnötige Zeit vergeudet. Auch für Themenarbeiten gilt: erst wenn man eine gewisse Vorstellung von dem hat, was man ansprechen und ausführen will, sollte gezielt kopiert bzw. ausgedruckt werden (s. dazu auch S. 191).

Das einschlägige Material ist nunmehr systematisch und themenbezogen **genau zu lesen**; ggf. muss zur Vertiefung speziellerer Problematiken weitere Literatur gesammelt werden.

Am besten notiert man sich schon bei der ersten Benutzung von Büchern und Zeitschriften die für das Literaturverzeichnis erforderlichen Daten. Entsprechendes empfiehlt sich auch für die Abkürzungen, die ins Abkürzungsverzeichnis gehören. Ist man sich einigermaßen sicher, einen Internet-Text für die Themenarbeit gebrauchen zu können, sollte er sogleich gespeichert oder ausgedruckt werden, weil er u. U. nicht so leicht wieder ermittelt werden kann.

Es ist ratsam, während der genauen Sichtung des Informationsmaterials ständig das Konzept der Themenarbeit zu bedenken und ggf. umzubauen. Es spart Zeit, wenn man sich sogleich in der vorläufigen Gliederung notiert, wo man welchen auf den ersten Blick verwertbaren Beitrag verwenden kann.

Vor Abschluss der Literatursammlung und vor Beginn der Niederschrift ist es wichtig, noch einmal exakt zu prüfen, ob Gedankenführung, Thesen, Begründungen, gewählte Schwerpunkte etc. richtig und auch streng problembezogen sind, und ob insbesondere zur Stützung der wichtigsten Argumentationen ausreichend fundiertes Material vorhanden ist.

Erst wenn das alles feststeht, sollte mit der schriftlichen Ausarbeitung begonnen werden, wobei der Bearbeiter am besten zunächst allgemein in seine Thematik einführt, ggf. historische Aspekte berücksichtigt und das Thema eingrenzt. Nach diesem Einstieg werden die Probleme der Themenarbeit unter Auswertung der gesammelten Materialien dargestellt. Abschließend fasst man die wichtigsten Thesen und Ergebnisse in einer Gesamtwürdigung zusammen. Im Rahmen von Seminarveranstaltungen sind mitunter zudem Thesenpapiere zu erstellen.

Zu den Formalien s. die Ausführungen zur Hausarbeit, S. 191 ff.; allgemein zur Anfertigung von Themenarbeiten Tettinger/Mann, a. a. O., Rn. 340 ff.

Sachverzeichnis

A

Abkürzung(sverzeichnis) 172, 192, 195
Abstraktion 46 ff.; s. Begriff; Sprache, Begrifflichkeit; Rechtssatz
Abwägung 101, 104, 114 f., 142; s. Güterabwägung
Adressat s. Gesetz
Ähnlichkeit s. Analogie; Erst-recht-Schluss
Älterer Rechtssatz s. Gesetz, Alterung; lex posterior
Äußeres Tatbestandsmerkmal s. Tatbestandsmerkmal, objektives
Aktenauszug 155
Akzeptanz von Recht(sentscheidungen) 2, 3, 13, 45, 87, 136, 149, 179
Allgemeiner Rechtsgrundsatz s. Rechtsgrundsatz
Allgemeingültigkeit von Recht(sentscheidungen) 4 f., 12, 22, 31; s. Rechtssatz, Allgemeinverbindlichkeit
Alltagssprache s. Sprache, Umgangssprache
Alternative Voraussetzungen s. Tatbestand
Alternativlösung s. Hilfslösung
Alterung s. Gesetz
Analogie 37, 121, 124, 130 ff., 179; s. argumentum a simile
 – Ähnlichkeit 131, 134 f., 137, 139
 – Allgemeingültigkeit des Analogieschlusses 134
 – Einzelanalogie 132 f.
 – Gesamtanalogie 133 f., 138, 139
 – Gesetzes- und Rechtsanalogie 132, 133
 – Struktur 130 f.
 – und Auslegung 132, 136
 – und Teleologische Extension 139 f.
 – und Teleologische Reduktion 140 f.
 – und Umkehrschluss 132
 – Verfahren 133 ff.
 – Zulässigkeit 124, 133, 134, 179
Andeutungstheorie 92
Anfängliche Lücke s. Lücke im Gesetz
Anmerkungstext 194 f.
Anspruchsgrundlage 31, 168; s. Antwortnorm
Antwortnorm 29, 35, 40, 44, 51, 57, 61, 77, 146, 162 f., 166, 168, 173, 177 f., 185, 188; s. Rechtssatz
 – Aufbereitung 62 f.
 – Bestimmung 59 f., 62, 182 ff.
Anwendbarkeit von Rechtssätzen 17 ff., 36, 61, 142, 147, 177
Anwendungsvorrang 14, 17, 61
Argumentation 105, 107, 109, 111 f., 129, 136, 138 f., 144, 151, 169, 170, 174 f., 176 f.; s. Begründung
 – ökonomische 112 ff.
Argumentationsmethoden 109 ff.
Argumentum
 – ad absurdum 111 f.
 – a fortiori s. Erst-recht-Schluss
 – a maiore ad minus/a minore ad maius 137
 – a simile 132; s. Analogie, Ähnlichkeit
 – e contrario 124, 132, 138; s. Umkehrschluss
Aufbauregeln s. Fallbearbeitung
Aufbauschemata 162
Auffinden von Rechtssätzen 59 ff., 162 ff.; s. Antwortnorm, Bestimmung; Fallbearbeitung; Rechtsanwendung
Aufhänger 59, 162 ff., 173, 183; s. Antwortnorm
Auslegung 16, 19, 20, 27, 37, 61, 63, 70, 72, 80 ff., 141, 146 f., 179, 183; s. Bedeutungswandel; Fallfrage; Gegenwartssinn; Sachverhalt; Sprache, Sprachgebrauch
 – Aufgabe 80 f.
 – Begriff 80

- Begründung 106, 109, 114, 116
- enge (restriktive) 93, 113, 136, 140, 141
- Ergebnis 108 f., 179
- europarechtskonforme 120
- grammatische s. Wortlaut
- Grenzen 89; s. Wortlaut, eindeutiger
- historische (genetische) 89, 97 ff., 105, 107
- Methoden
  s. Auslegungsmethoden
- objektive s. Auslegungstheorie
- objektiv-teleologische 102, 117
- Rangverhältnis
  s. Auslegungskriterien
- Regeln s. Auslegungsregeln
- Sonderprobleme 113 ff.
- subjektive s. Auslegungstheorie
- systematische (Kontext-) 89, 93 ff., 97, 105, 107, 118
- systemkonforme 94, 97
- teleologische (Normzweck-) 20, 89, 97, 99 ff, 105 f., 108, 126, 136, 139, 144, 151, 159;
  s. Normzweck; Teleologie
- und Analogie 132, 136
- und Gesetzesbindung 123
- und Rechtsfortbildung 121
- und teleologische Extension 139 f.
- und teleologische Reduktion 141
- und Wandel in Staat und Gesellschaft s. Bedeutungswandel; Gegenwartssinn
- verfassungskonforme 94, 118 f.
- völkerrechtskonforme 120
- von Ausnahmevorschriften 113 f.
- von Europarecht 120
- von Generalklauseln 114 f.
- von Gewohnheitsrecht 115
- von Rechtsgrundsätzen 114 f.
- von Rechtsprechung 13, 115
- von Staatsverträgen 119
- von Verfassungsrecht 116 ff.
- weite (extensive) 93, 139
- Wortsinn- (Wortlaut-) 82, 89 ff., 105, 107
- Zeitpunkt s. Bedeutungswandel; Gegenwartssinn
- Ziel s. Auslegungsziel

Auslegungskriterien 88 ff., 93, 105 f., 107 ff., 112, 117, 179;
  s. Auslegung, historische/systematische/teleologische/Wortsinnauslegung
- Rangverhältnis 107 f.

Auslegungsmethoden 88 ff., 106 f.
Auslegungsregeln 88, 106 ff., 116
Auslegungstheorien 85 ff.
- objektive 85, 86 f., 92, 97, 106
- objektivierter Wille des Gesetzgebers 88, 102, 117
- subjektive 85 f., 92, 106

Auslegungsziel 85 ff., 106 f., 179
Ausnahme(vorschrift) 33 ff., 104, 113 f., 140, 142; s. Auslegung

B

Bedeutungswandel von Recht 26, 47, 74, 86 f., 91, 101 ff., 109, 118;
  s. Auslegung, teleologische; Gegenwartssinn

Bedeutungszusammenhang
  s. Auslegung, systematische; Rechtsordnung, System

Bedingung s. Tatbestand, Voraussetzungen

Begriff 45 ff.; s. Bedeutungswandel; Generalklausel; Gesetz; Rechtssatz, Bestandteile; Rechtsfolge, Merkmale; Tatbestandsmerkmal
- Abstraktheit 1, 5, 25, 46 ff., 49, 69
- Arten 25 ff.
- Bedeutung 26, 49, 52
- Begrifflichkeit 47 ff.
- bestimmter 45 ff., 48 ff., 92
- Bestimmung 48, 55, 69 f., 71, 178; s. Legaldefinition
- Eindeutigkeit 72; s. Wortlaut, eindeutiger
- Erkennbarkeit 45
- Konkretisierung 26, 69, 70, 71

Sachverzeichnis

- Mehrdeutigkeit 47, 84; s. Wortlaut, mehrdeutiger
- normativer 26; s. Tatbestandsmerkmal, normatives
- unbestimmter 26 f., 47 ff., 69, 70, 73, 78, 81, 83 f., 92, 99, 109, 114 f.
- wertausfüllungsbedürftiger 26, 49 f., 73, 78, 84, 114, 149

Begrifflichkeit 47 f.; s. Abstraktion; Begriff; Rechtssatz; Sprache
Begriffsjurisprudenz 110
Begründung 72, 74 f., 136, 149, 150 f., 171, 177; s. Auslegung; Bescheid; Entscheidung; Gutachten; Rechtsfortbildung
- Umfang 75, 176, 179 f., 185, 188
- von Gesetzen 100

Belegtechnik s. Zitiertechnik
Beredtes Schweigen 126, 148; s. Lücke, bewusste
Berichtigung von Rechtssätzen s. Rechtsfortbildung; Redaktionsversehen
Bescheid(technik) 181 f., 185 ff.
- Aufbau 181 f., 185 ff.
- Begründung (Subsumtion) 181, 185 f., 188 ff.
- Nebenentscheidungen 187
- Rechtsbehelf 186
- Stil 181, 185 f.
- Tenor 186 f., 189

Bestimmter (Norm-/Rechts-)Begriff s. Begriff, bestimmter
Bestimmtheit s. Begriff; Rechtssatz
Bestimmtheitsgebot 38, 92, 123, 134; s. Rechtsstaat(sprinzip)
Betriebsvereinbarungen 13
Beweis(last) 34, 40, 57, 114, 157
Bindung 114, 157
- an Gesetz und Recht 49, 80, 102, 119, 121, 123, 124, 149
- an den Sachverhalt s. Fallbezogenheit; Sachverhalt

Blankett(gesetz) 38 f.
Bürgerliches Recht s. Recht, privates

Bundesrecht 11, 14, 15
- bricht Landesrecht 15
Bundesverfassungsgericht 13, 118

C

Computer(einsatz) 191, 194, 195, 196
Conclusio s. Syllogismus, Schlusssatz
Contra legem s. Rechtsfortbildung

D

Datenverarbeitung s. Computer(einsatz)
Definition s. Begriff, Bestimmung; Legaldefinition
Definitionsnorm s. Legaldefinition
Denkender Gehorsam s. Auslegung und Gesetzesbindung
Derogat-Regeln 15, 16, 19, 142, 148; s. Konkurrenz; Rang von Rechtssätzen
Deskriptiver Begriff s. Tatbestandsmerkmal
Desumtion 77
Diskurs(theorie) 81
Druckfehler in Gesetzen 83
Durchsetzbarkeit von Recht(sentscheidungen) 5, 22, 35 f., 44, 79, 99

E

EDV s. Computer(einsatz)
Effektivität, Effizienz 6, 45, 105, 111 f.; s. Argumentation, ökonomische
Eindeutigkeit 1, 74, 82, 91, 119; s. Begriff; Wortlaut, eindeutiger
Einfaches Gesetz s. Gesetz
Einflussfaktoren der Rechtsgewinnung 149 ff.; s. Rechtsfindung, subjektive
Einheit der Rechtsordnung s. Auslegung, systematische; Rechtsordnung, Widerspruchsfreiheit
Einklagbarkeit s. Durchsetzbarkeit
Einrede 35 f.; s. Gegennorm; Rechtssatz, Durchsetzung hindernder

Einwendung 33 ff.; s. Gegennorm; Rechtssatz, rechtshindernder/rechtsvernichtender
Einzelanalogie s. Analogie
Einzelbegriffssubsumtion 64 f.; s. Subsumtion
Einzelfallgerechtigkeit s. Gerechtigkeit
Einzelfallregelung 4; s. Urteil; Vertrag; Verwaltungsakt
Empfängerhorizont s. Gesetz; Adressat
Empirie 109
Empirisches Tatbestandsmerkmal s. Tatbestandsmerkmal, deskriptives
Enge Auslegung s. Auslegung
Entscheidung(sergebnis) 51 ff., 74 ff.; s. Allgemeingültigkeit; Auslegung; Evidenz; Rechtsanwendung; Rechtsfortbildung
– Begründung 75, 106, 176, 179 f.
– des (Konflikt-)Falls 18, 51 ff., 62, 64, 74 ff., 181
– Richtigkeit 52, 74 f., 81, 84, 107, 108, 149
– wertende s. Wertentscheidung
Entscheidungsanweisung s. Gebot; Rechtsfolge, Geltungsanordnung
Entscheidungssatz s. Bescheid, Tenor
Entsprechende Anwendung s. Analogie; Verweisung
Entstehungsgeschichte 97 ff., 102 f., 114, 119, 179; s. Auslegung, historische
Ergänzung von Rechtssätzen s. Rechtsfortbildung
Ergebnis s. Entscheidung; Richtigkeit
Ermächtigungsnorm 188; s. Antwortnorm
Ermessen 12, 24 f., 47, 78 f., 189
Erst-recht-Schluss 137
Ethik s. Moral
EU-Recht 5, 9, 12, 14, 17, 119; s. Auslegung, europarechtskonforme; Auslegung von Europarecht
Evidenz von Entscheidungen 75

Extension s. Teleologische Extension
Extensive Auslegung s. Auslegung, weite

F

Fachsprache s. Sprache
Fakten s. Tatsachen
Fall s. Fallbearbeitung; Sachverhalt
Fallbearbeitung 153 ff.; s. Bescheid; Gutachten; Rechtsanwendung; Stil
– Vorüberlegungen/Vorarbeiten 154 ff.
– Niederschrift 171 ff.
Fallbezogenheit 153, 163 f., 173, 175, 176, 179 f.; s. Sachverhalt, Bindung
Fallfrage 60 f., 68, 70, 146, 154, 158 ff., 162, 173 f., 175, 181
Fallrecht 5; s. Kasuistik
Fallvergleich 92 f.; s. Abwägung
Fiktion 32, 36, 39 f., 70, 90
Förmliches Gesetz s. Gesetz, formelles
Folgen(analyse) 45, 105, 111, 116, 151
Formelles Gesetz s. Gesetz
Formelles Recht s. Recht
Formulierungsfragen s. Bescheid/Gutachten, Stil; Stil
Fortbildung von Recht s. Rechtsfortbildung
Fragestellung s. Fallfrage
Fußnote s. Anmerkungstext

G

Gebot 3, 7, 22, 45; s. Sollenssatz
Gefälligkeit 7
Gegennorm 31, 33 ff., 44, 64, 77, 79, 166, 168, 169; s. Auffinden von Normen; Normengefüge; Rechtssatz, unvollständiger
Gegenwartssinn von Recht 86 f., 97, 99, 102 f., 114, 129; s. Auslegung, objektiv-teleologische/teleologische; Auslegungstheorie, objektive; Bedeutungswandel

Geltung von Recht(ssätzen) 5 f., 10, 13 ff., 17, 107; s. Akzeptanz; Durchsetzbarkeit; Gesetz, Alterung; Rang von Rechtssätzen
- Begriff 5 f.
- Gültigkeit 5, 13, 14, 60, 61, 168, 177
- Teilnichtigkeit 15

Geltungsanordnung 20, 51; s. Rechtsfolge

Geltungsvorrang 14 ff., 19, 60, 61

Gemeinschaftsrecht s. EU-Recht

Generalklausel 49, 99, 109, 114 f., 142, 149; s. Auslegung

Genetische Auslegung s. Auslegung, historische

Gerechtigkeit 5, 7 ff., 10, 74, 101, 105, 115, 123, 124, 134, 141, 144, 145, 149; s. Gleichbehandlung; Gleichheit(sgrundsatz)
- Begriff 7 f.
- materielle 7, 124
- Vorstellung von 7

Gerichtsurteil 4; s. Rechtsprechung
- als Rechtsquelle 13, 115

Gesamtanalogie s. Analogie

Gesamtsubsumtion 64 f.; s. Subsumtion, Einzelbegriffssubsumtion

Geschlossenheit s. Rechtsordnung, Widerspruchsfreiheit

Gesetz 10, 11, 46, 49, 52, 94, 162; s. Recht; Rechtsgrundsatz; Rechtsordnung; Rechtssatz
- Adressat 4, 5, 45, 93
- Alter(ung) 16, 73, 88, 102 f., 106, 108, 125; s. lex posterior
- Aufbau 94 f., 97, 107; s. Auslegung, systematische
- Bundes- 11, 14, 15
- einfaches 11
- s. Entstehungsgeschichte
- formelles 10, 11, 14
- Funktion 45
- Landes- 11, 14, 15
- materielles 10, 11

Gesetzesanalogie s. Analogie, Einzelanalogie

Gesetzesanwendung s. Rechtsanwendung

Gesetzesauslegung s. Auslegung

Gesetzesberichtigung s. Rechtsfortbildung; Redaktionsversehen

Gesetzesbindung s. Bindung an Gesetz und Recht

Gesetzesgehorsam s. denkender Gehorsam

Gesetzesimmanente Rechtsfortbildung s. Rechtsfortbildung

Gesetzeskonkurrenz s. Konkurrenz

Gesetzeskraft 13, 115; s. Gerichtsurteil als Rechtsquelle

Gesetzeslücke s. Lücke, Regelungslücke

Gesetzesmaterialien 86, 97 f., 101, 179; s. Auslegung, historische

Gesetzesnorm/-vorschrift s. Rechtssatz

Gesetzessprache s. Sprache

Gesetzessystematik s. Auslegung, systematische; Gesetz, Aufbau

Gesetzestext s. Auslegung, Wortsinn-; Wortlaut

Gesetzesübersteigende Rechtsfortbildung s. Rechtsfortbildung

Gesetzeszweck s. Normzweck

Gesetzgeber s. Auslegung, historische; Auslegungstheorie, subjektive; Entstehungsgeschichte; Wille des –

Gesetzgebung 5, 10, 13, 15, 36, 39, 40, 46, 62, 83, 85 f., 99; s. Gewaltenteilung

Gesetzgebungsprärogative 49, 80, 123; s. Bindung an Gesetz

Gesetzlicher Rechtsraum s. Rechtsfortbildung

Gesetz und Recht; s. Bindung an –

Gewaltenteilung(sprinzip) 13, 92, 122, 128, 134

Gewohnheitsrecht 10, 12, 13, 15, 115; s. Auslegung

Gleichbehandlung 78, 100, 132, 139, 141; s. Gerechtigkeit

201

Gleichheit(sgrundsatz) 5, 7 f., 10, 78, 131, 132, 134, 141, 143; s. Gerechtigkeit
Gleichrangigkeit von Rechtssätzen 107 f.; s. Konkurrenz; Rang von Rechtssätzen
Gliederung 169, 192
Grammatische Auslegung s. Auslegung, Wortsinnauslegung
Grundrechte 9, 20, 143.; s. Auslegung von Verfassungsrecht; Güterabwägung; Verfassungsrecht
Grundrechtliche Spannungslagen 143 f.; s. Güterabwägung
Grundsatz s. allgemeiner Rechtsgrundsatz
Gültigkeit von Recht(ssätzen) 5, 13 ff.; s. Geltung
Güterabwägung 130, 142 ff.
– Verfahren 143
Gutachten(technik) 153, 175, 180, 181, 182 ff., 189
– Aufbau 181 ff.
– Begründung 181
– Ergebnis 181, 184
– Hypothese 146, 182, 184
– Stil 181, 184, 185
– Subsumtion 181, 182 f.
Gute Sitten s. Sitte

H

Hausarbeit 191 ff.; s. Themenarbeit
Hermeneutik 88; s. Auslegung
Hermeneutischer Zirkel 150
Hierarchie s. Rang von Rechtssätzen
Hilfslösung 180
Hilfsnorm 31 f., 40, 44, 64; s. Auffinden von Normen; Rechtssatz, erläuternder
Hin- und Herwandern des Blicks 52; s. Fallbezogenheit; Rechtsanwendung
Historische Auslegung 97 ff.; s. Auslegung
Höherrangigkeit von Rechtssätzen s. Geltungsvorrang; Rang von Rechtssätzen

Hypothese, hypothetisch 146, 185; s. Analogie, Verfahren; Gutachten, Aufbau

I

Imperative 22
Imperativentheorie 4
In-claris-verbis-Regel 82
Inneres Tatbestandsmerkmal s. Tatbestandsmerkmal, subjektives
Institut s. Rechtsinstitut
Interessenabwägung s. Abwägung; Auslegung, teleologische; Güterabwägung
Interessenkollision s. Güterabwägung
Interesse(nlage) 3, 8, 30, 100, 104, 111, 115, 123, 130, 133, 134, 136, 141, 142
Internet s. Computer(einsatz)
Interpretation s. Auslegung
Isomorphie 147 ff.
Irrationalität; irrational 122 ff.; s. Einflussfaktoren; Rechtsgefühl; Vorverständnis

J

Jüngerer Rechtssatz s. Gesetz, Alterung; lex posterior
Juristischer Syllogismus 54 ff.; s. Syllogismus

K

Kann-Vorschrift 79 f.; s. Ermessen
Kasuistik 5, 46; s. Fallrecht
Klassische Auslegungskriterien s. Auslegung, historische/systematische/teleologische/Wortsinn-
Klausur(technik) 153 ff.; s. Bescheid-/Gutachtentechnik; Fallbearbeitung
Kollisionslage s. derogat-Regeln; Güterabwägung; Konkurrenz von Rechtssätzen
Kollisionslücke s. Lücke
Konditionalprogramm s. Rechtssatz, Struktur; Wenn-dann-Schema

Konflikt(fall) s. Entscheidung; Fallbezogenheit; Sachverhalt
Konkordanz, praktische
  s. Güterabwägung; Praktische Konkordanz
Konkretisierung von Normbegriffen/Rechtssätzen s. Auslegung; Begriffe; Rechtsanwendung; Subsumtion
Konkurrenz von Rechtssätzen 17 ff., 41, 142; s. derogat-Regeln; Güterabwägung
Konsens(theorie) 109
Konsumtion 20 f.
Kontext 93 ff., 103, 104, 114, 141; s. Auslegung, systematische
Kumulative Voraussetzungen
  s. Tatbestand

L

Landesrecht 14; s. Gesetz, Landes-
  – Bundesrecht bricht 15
Lebenssachverhalt s. Sachverhalt
Legaldefinition 24, 31 f., 37, 48, 70, 83, 90, 98, 100, 178
Leitbeispiele 5; s. Fallrecht; Kasuistik
Lex s. derogat-Regeln
  – posterior 16; s. Gesetz, Alterung
  – specialis 19 f.; s. Spezialität
  – superior 15; s. Rang von Rechtssätzen
Literaturverzeichnis 192 f.
Lösungsskizze 154, 170 f.;
  s. Fallbearbeitung, Vorarbeiten
Logik, logisch 72, 73 f., 95, 134 f., 138, 168; s. Richtigkeit
Lücke im Gesetz 1, 17, 19, 61, 121, 125 ff., 138, 146;
  s. Rechtsfortbildung; Sachverhalt
  – anfängliche 128
  – Arten 127 ff.
  – Begriff 125, 140
  – beredtes Schweigen 126
  – bewusste 125 f.
  – Feststellung 125 f., 133, 134, 139
  – nachträgliche 128
  – Norm- 127 f.
  – offene 128, 130 ff.
  – Rechts- 127 f.
  – Regelungs- 107 f., 142
  – Schließen s. Lückenschließung
  – unbewusste 125 f.
  – verdeckte 128, 140 f., 142
Lückenschließung 129 ff., 138, 148;
  s. Analogie; Erst-recht-Schluss; Güterabwägung; Rechtsergänzung; Teleologische Extension; Teleologische Reduktion
  – Überblick 130

M

Maßnahmegesetz 4
Materielle Gerechtigkeit
  s. Gerechtigkeit
Materielles Gesetz s. Gesetz
Materielles Recht s. Recht
Mediation 112 f.
Mehrdeutigkeit s. Auslegung; Begriff; Wortlaut
Methodik
  s. Argumentation(smethoden); Auslegung; Rechtsanwendung; Rechtsfortbildung; Subsumtion; Syllogismus
Mittelbegriff 53; s. Syllogismus
Moral 6, 8, 114

N

Nachträgliche Lücke s. Lücke im Gesetz
Natur der Sache
  – und Rechtsfortbildung, gesetzesübersteigende 145
  – und teleologische Auslegung 104
Naturrecht s. Recht, überpositives
Negatives Tatbestandsmerkmal
  s. Tatbestandsmerkmal
Nichtigkeit s. Geltung; Gesetz, Gültigkeit
Niederschrift s. Fallbearbeitung
Norm s. Rechtssatz
Normadressat s. Gesetz/Rechtssatz, Adressat

Sachverzeichnis

Normativer Begriff s. Begriff; Rechtsfolge, Merkmal; Tatbestandsmerkmal
Normative Tatsache
 s. Rechtstatsache
Normative Vorgabe s. Bindung; Gesetz; Rechtssatz
Normbegriff s. Begriff; Legaldefinition
Normengefüge 41 ff., 77, 166
Normenhierarchie 13 f., 116; s. Rang von Rechtssätzen; Rechtsordnung, Stufenbau
Normenkonkurrenz s. Konkurrenz
Normenkontrollverfahren 13
Normenwiderspruch s. derogat-Regeln; grundrechtliche Spannungslagen; Konkurrenz; Rechtsordnung, Widerspruchsfreiheit; Widersprüche
Normlücke s. Lücke im Gesetz
Normmerkmal s. Begriff; Rechtsfolge, Merkmal; Tatbestandsmerkmal
Normsetzer/Normsetzung
 s. Gesetzgeber/Gesetzgebung
Normzweck 20, 24, 45, 49 f., 73, 86, 92, 93, 97 f., 99 ff., 102, 103, 106, 108, 115, 117, 119, 132, 134, 139, 140, 142, 144, 179; s. Auslegung, objektiv-teleologische/teleologische; Bedeutungswandel; Gegenwartssinn; Teleologie
 – Arten 99 ff., 104
 – gewandelter 99, 101 ff., 151
Nulla poena sine lege/nullum crimen sine lege 124
Nutzen s. Effektivität; Argumentation, ökonomische

O

Obersatz s. Syllogismus
Objektive Auslegungstheorie
 s. Auslegungstheorie
Objektives Recht s. Recht
Objektives Tatbestandsmerkmal
 s. Tatbestandsmerkmal
Objektivierter Wille des Gesetzgebers 87 f.

Objektiv-teleologische Auslegung
 s. Auslegung
Observanz 12
Öffentliches Recht 9; s. Recht
Ökonomische Analyse des Rechts 112
Ökonomische Argumentation
 s. Argumentation
Offene Lücke s. Lücke im Gesetz
Ordnung 3, 7; s. Rechtsordnung

P

Pflichten 9, 23, 28, 142
Pflichtenkollision s. Güterabwägung
Philologische Auslegung
 s. Auslegung, Wortsinn
Planwidrigkeit s. Lücke im Gesetz
Präjudiz 115, 116, 122;
 s. Rechtsprechung; Richterrecht
Prämisse s. Syllogismus
Positives Recht s. Recht
Praktikabilität 105, 111 f.
Praktische Konkordanz 143 f.
Primärnorm 12; s. EU-Recht
Prinzip s. Rechtsgrundsatz
Prinzipienkollision s. Güterabwägung
Privatrecht 9; s. Recht
Prognosenentscheidung
 s. Folgen(analyse)
Prüfungsreihenfolge 154, 166, 169 f., 178; s. Fallbearbeitung; Klausurtechnik
Prüfungsschemata 162, 169
Prüfung von Rechtssätzen
 s. Fallbearbeitung; Rechtsanwendung

R

Radbruch'sche Formel 10, 124
Rangregeln s. derogat-Regeln
Rang von Rechtssätzen 11, 13 ff., 17, 60, 96 f., 118, 164, 168;
 s. Geltungsvorrang
Ratio legis 99 ff.; s. Auslegung, teleologische; Normzweck; Teleologie

Sachverzeichnis

Recht 1, 3, 122; s. Geltung; Gesetz; Gewohnheitsrecht; Rechtsquelle; Rechtssatz; Richterrecht
- Begriff 3, 11
- Durchsetzbarkeit 5 f.
- formelles 10, 14
- Funktion 1, 3
- geschriebenes 10
- materielles 10
- nationales 14, 17
- objektives 9 f., 51, 59
- öffentliches 9, 60, 94, 151, 165
- positives 10, 123, 144
- privates 9, 60, 94, 99, 160 f., 165, 168
- überpositives 10
- ungeschriebenes 10, 12; s. Gewohnheitsrecht
- Zwangscharakter 5 f.; s. Durchsetzbarkeit

Rechte 9 f.; s. Pflichten
- objektive 9
- subjektive 9

Rechtfertigung s. Begründung; Argumentation(smethoden)
Rechtmäßigkeit 15
Rechtsanalogie s. Analogie, Gesamtanalogie
Rechtsanwendung 1 f., 37, 48, 51 ff., 59 ff., 62, 64, 130, 132, 150, 177 ff.; s. Auslegung; Entscheidung(sergebnis); Fallbearbeitung; Rechtsfortbildung; Subsumtion; Syllogismus
- Aufgabe 2, 51
- Arbeitsschritte 56 f.
- Ergebnis 40, 44, 59; s. Entscheidung, Richtigkeit
- Konkretisierung 48 f., 70, 91
- Hin- und Herwandern des Blicks 52, 61, 68
- Verfahren 56 ff.
- Ziel 51

Rechtsauslegung s. Auslegung
Rechtsbegriff s. Begriff
Rechtsbehelf s. Bescheid
Rechtsergänzung 130, 138 f.

Rechtsethisches Prinzip 115, 145; s. Rechtsfortbildung, gesetzesübersteigende
Rechtsfindung s. Auslegung; Rechtsanwendung; Rechtsfortbildung
- subjektive 74, 84, 107, 112, 115, 121, 134, 149 ff.

Rechtsfolge 1, 22 ff., 25, 28, 36, 39, 42, 46, 51, 52 f., 54 f., 56 f., 60, 62, 77 f., 100, 104, 126, 130, 137, 140, 146, 160, 162; s. Sollenssatz; Wenn-dann-Schema
- Geltungsanordnung 18, 28, 34, 39, 40, 51 f., 56, 77, 79, 140
- Konkretisierung 56, 77 f., 79
- Merkmal 28, 31, 42
- Subsumtion 77 f.

Rechtsfolgeanordnung s. Rechtsfolge
Rechtsfolgemerkmal s. Rechtsfolge
Rechtsfolgeverweisung s. Verweisung
Rechtsfortbildung 19, 61, 80, 93, 98, 107, 121 ff., 147 f., 179; s. Richterrecht
- Aufgabe 121 f.
- Begründung 122, 144
- contra legem 123 f., 126
- gesetzesimmanente 122, 125 ff.
- gesetzesübersteigende 122, 127, 139, 144 f.
- im gesetzlichen Rechtsraum s. Rechtsfortbildung, gesetzesimmanente
- und Auslegung 121
- Zulässigkeit 123, 124, 145

Rechtsfrage s. Fallfrage
Rechtsfreier Raum s. Sitte, Sittlichkeit
Rechtsgefühl s. Rechtsfindung, subjektive
Rechtsgeltung s. Geltung
Rechtsgewinnung s. Auslegung; Rechtsanwendung; Rechtsfindung; Rechtsfortbildung
Rechtsgrundsatz 10, 13, 18, 101, 111, 114, 138, 139, 141, 143, 162; s. Auslegung; Gesetz; Rechtsquelle

205

Rechtsgrundverweisung 36;
  s. Verweisung
Rechtshindernder Rechtssatz
  s. Rechtssatz
Rechtsidee s. Gerechtigkeit
Rechtsinstitut 10
Rechtslage s. Fallfrage
Rechtslücke s. Lücke im Gesetz
Rechtsnorm s. Rechtssatz
Rechtsordnung 1, 5, 9, 13, 17, 25, 28, 29, 57, 61, 74, 122, 127, 131, 134, 138, 142, 146, 149
  – Begriff 3
  – Elemente 3 ff.
  – Gesamtrechtsordnung 7
  – Stufenbau 14
  – System 7, 60, 94 f.;
    s. Auslegung, systematische
  – Teilrechtsordnung 7, 146
  – Widerspruchsfreiheit 7, 14, 15, 41, 60, 93 f., 96, 108, 116, 118
Rechtsprechung 13, 32, 115 f., 121, 139, 145; s. Auslegung; Bindung; Gerichtsurteil; Gewaltenteilung; Rechtsquelle
  – Auslegungspraxis 32, 115
  – ständige 13
  – und Lehre 32, 44, 49 f., 70, 90, 114, 147, 176, 180
Rechtsprinzipien
  s. Rechtsgrundsätze
Rechtsquelle 10 ff., 13, 51, 60, 162
Rechtssatz 1, 3 f., 7, 22 ff., 45 f., 51, 67, 162 ff., 175; s. u. a. Anwendbarkeit; Auslegung; Durchsetzbarkeit; Geltung; Konkurrenz; Rang von Rechtssätzen; Sollenssatz
  – abstrakt-genereller 4, 8, 10, 11, 46 f., 49, 54, 67, 77
  – Adressat 4; s. Gesetz
  – Allgemeinverbindlichkeit 4 f., 12, 22, 31, 51, 107, 122
  – Arten 28 ff., 178
  – Begriff 25 ff.
  – Bestandteile 22 f., 25 ff., 31, 169; s. Rechtsfolge; Tatbestand
  – Bestimmtheit 45 f., 92
  – Bestimmung 59 ff., 181

  – Durchsetzung hindernder 29, 35 f., 44
  – Erkennbarkeit 45
  – erläuternder 29, 31 f.
  – rechtshindernder 29, 33 f.
  – rechtsvernichtender 29, 34 f.
  – Struktur 22 ff., 62; s. Wenn-dann-Schema
  – unvollständiger 28, 31 ff., 35, 36, 41 ff., 44, 63 f., 94, 166, 175 f., 183; s. Gegennorm; Hilfsnorm
  – vollständiger 28 ff., 33, 35, 41 ff., 44, 59 ff., 94, 182 f.;
    s. Antwortnorm
  – Wenn-dann-Schema 22 f., 78
  – zusammengesetzter 30
  – Zweigliedrigkeit 22, 62
Rechtssatzgefüge s. Normengefüge
Rechtssicherheit 7, 8, 11, 108, 110, 114, 117, 141, 144;
  s. Rechtsstaat(sprinzip)
Rechtssprache s. Sprache, Fachsprache/Gesetzessprache
Rechtsstaat(sprinzip) 7, 93, 116, 122, 123; s. Bestimmtheitsgebot; Rechtssicherheit
Rechtssystem s. Auslegung, systematische; Rechtsordnung, System
Rechtstatsache s. Tatsache
Rechtsüberzeugung 3, 6, 8, 10, 13;
  s. Akzeptanz; Gewohnheitsrecht
Rechtsvernichtender Rechtssatz
  s. Rechtssatz
Rechtsverordnung 11 f., 14, 15, 16;
  s. EU-Recht
Rechtsvorschrift s. Rechtssatz
Redaktionsversehen 83 f., 92;
  s. Textkritik
Reduktion s. Teleologische Reduktion
Regelungslücke s. Lücke im Gesetz
Regelungszweck s. Auslegung, teleologische; Normzweck
Restriktion s. Teleologische Reduktion
Restriktive Auslegung s. Auslegung, enge

Sachverzeichnis

Rhetorik
  s. Argumentation(smethoden);
  Topik
Richterrecht 13, 115, 122;
  s. Gewohnheitsrecht; Präjudiz;
  Rechtsprechung
Richtigkeit von Entscheidungen 73 ff.;
  s. Entscheidung(sergebnisse)
Richtlinien, europarechtliche
  s. EU-Recht

S

Sachverhalt 1, 48, 54 f., 56, 60, 61, 66, 74, 81, 132, 137, 146, 149, 162 f., 174, 180, 186, 188
  – Abwandlung 157 f.
  – Aufbereitung 57 ff., 71
  – Aufteilung 154 f.
  – Auslegung 156 f.
  – Bindung an 155 f., 173, 179
  – Element 71, 73; s. Tatsache
  – Feststellung 55, 57 f., 154
  – Sachverhaltslücke 155, 156 f., 180
  – Sprache 67 f., 71
  – Unterstellung 157
  – vertypter 45; s. Rechtssatz, abstrakt-genereller; Tatbestand
Sachverhaltsbezogenheit
  s. Fallbezogenheit; Sachverhalt, Bindung
Satzung 12, 14, 15
Scheinbegründung 151;
  s. Begründung
Schluss, logischer s. Logik
Schlussfolgerung s. Syllogismus, Schlusssatz
Schlüssigkeit der Gedankenführung 147 ff.;
  s. Argumentation(smethoden)
Schweigen des Gesetzgebers
  s. beredtes Schweigen; Lücke im Gesetz, bewusste
Schwerpunktbildung 173 f.
Sein und Sollen s. Sollenssatz
Sekundärnorm 5; s. EU-Recht
Seminararbeit 195 f.

Sinngemäße Anwendung s. Analogie; Verweisung
Sinn (und Zweck) von Gesetzen/ Rechtssätzen s. Auslegung; Normzweck; Teleologie
Sinnzusammenhang s. Auslegung, systematische
Sitte 6, 79, 126, 149
Sittlichkeit 6, 79, 149
Sollenssatz 51, 56, 79, 80, 83
Späterer Rechtssatz s. Gesetz, Alterung; lex posterior
Spezialität 16, 19 f., 168, 177;
  s. Konkurrenz; lex specialis
Sprache 45 ff., 62, 67 f., 90 ff., 172, 181, 191 f.; s. Stil
  – Begrifflichkeit 45 ff.
  – Fachsprache 45, 46 f., 82 f., 85, 90 f., 107
  – Gesetzessprache 45 ff., 83, 90 f.
  – Sprachgebrauch 47, 89
  – Umgangssprache 25, 45, 46, 47, 48, 82 f., 89
Staatsvertrag s. Auslegung
Ständige Rechtsprechung
  s. Rechtsprechung
Stil 172, 191; s. Bescheid; Gutachten
Strafrecht 9, 98, 100, 124, 134, 140, 161, 165, 178, 179
Streitfragen-Behandlung 176, 179 f., 189
Struktur eines Rechtssatzes
  s. Rechtssatz
Stufenbau der Rechtsordnung
  s. Rechtsordnung
Subjektive Auslegungstheorie
  s. Auslegungstheorie
Subjektive Rechte s. Rechte
Subjektive Rechtsanwendung
  s. Rechtsfindung, subjektive
Subjektives Tatbestandsmerkmal
  s. Tatbestandsmerkmal
Subjektstheorie 9
Subsidiarität 20, 40
Subsumtion 51, 52 ff., 56, 58, 64 ff., 72 ff., 78, 81, 132, 136, 139, 176, 177 f., 181, 189; s. Rechtsfolge; Syllogismus; Tatbestand

- Begriff 52
- Einzelbegriffssubsumtion 64 f., 72, 75, 183
- Ergebnis 74 f.
- Schema 76, 141
- Verfahren 55, 64 ff.

Subsumtionstheorie 52

Syllogismus 53 ff., 65 ff., 74, 75
- allgemeiner 53
- juristischer 54 ff., 61, 62, 66 ff., 77
- Mittelbegriff 53, 54
- Obersatz 53 ff., 61, 62, 64, 66 ff., 77
- Prämissen 66 ff., 69, 72
- Schlusssatz (conclusio) 53, 56, 61, 64, 66, 72, 73, 75, 136
- Untersatz 53 ff., 66 ff., 75

Syntaktische Auslegung
 s. Auslegung, Wortsinn

System s. Rechtsordnung

Systematische Auslegung 93 ff.;
 s. Auslegung

T

Tarifverträge 13

Tatbestand 22 ff., 25 ff., 46, 48, 51, 52 f., 54 f., 70, 74, 78, 81, 100, 104, 137, 146
- Voraussetzung 22 f., 27, 29, 36, 39, 58, 62 f., 168, 169, 178
  - alternative 63, 177
  - kumulative 63

Tatbestandsmerkmal 22, 25 ff., 31, 36, 64, 73, 146, 18; s. Begriff; Sprache
- Arten 25 ff.
- deskriptives (empirisches) 25 f., 42, 48, 73
- geschriebenes 27
- negatives 27, 32, 34, 42, 62, 177
- normatives 26 f., 42 f., 48
- objektives (äußeres) 27, 42
- positives 27 f.
- subjektives (inneres) 27, 42
- ungeschriebenes 27, 30, 42, 62

Tatbestandsverweisung
 s. Verweisung

Tatsache 1, 39, 52, 57 f., 64, 67, 71, 146; s. Sachverhalt, Element
- Rechtstatsache 57, 59

Tatsachenfeststellung s. Sachverhalt, Feststellung

Technik der Fallbearbeitung 153 ff.;
 s. Bescheid(technik); Fallbearbeitung; Gutachten(technik)

Teilnichtigkeit s. Geltung

Teleologie 94, 99 ff., 114, 115, 122, 125, 129, 135, 139, 140;
 s. Auslegung, teleologische; Normzweck

Teleologische Auslegung 99 ff.;
 s. Auslegung; Teleologie

Teleologische Extension 130, 139 f., 141

Teleologische Restriktion (Reduktion) 130, 140 f.

Tenor s. Bescheid

Terminus technicus s. Sprache, Fachsprache

Textkritik 83; s. Druckfehler; Redaktionsversehen

Themenarbeit 195 f.

Topik 52, 110 ff.

Treu und Glauben 10, 49, 70, 138

Typisierung s. Sachverhalt, vertypter

Typen 47

U

Überpositives Recht s. Recht

Überzeugende Begründung
 s. Akzeptanz; Begründung

Umkehrschluss 124, 138

Unbestimmter Norm-/Rechtsbegriff
 s. Begriff

Ungeschriebenes Recht
 s. Gewohnheitsrecht; Tatbestandsmerkmal

Ungleichbehandlung/Ungleichheit
 s. Gleichbehandlung; Gleichheit

Untersatz s. Syllogismus

Unvollständiger Rechtssatz
 s. Rechtssatz

Unwirksamkeit s. Geltung, Gültigkeit

Urteil s. Gerichtsurteil; Rechtsprechung
Urteilsstil 181, 184

V

Verallgemeinerung(sfähigkeit)
 s. Allgemeingültigkeit
Verbindlichkeit s. Rechtssatz, Allgemeinverbindlichkeit
Verbot 3; s. Gebot
Verdeckte Lücke s. Lücke im Gesetz
Vereinigungstheorie 87
 s. Auslegungstheorien
Verfahrensrecht 9, 10, 168
Verfassung 11, 116 ff., 143
 – Bedeutungswandel 117 f.
 – Einheit 116, 118, 144
 – Prinzipien 14, 118, 143, 145
 – Wertordnung 116, 118, 138
Verfassungsauslegung s. Auslegung
Verfassungsbeschwerde 180
Verfassungskonforme Auslegung
 s. Auslegung
Verfassungsprinzipien s. Verfassung
Verfassungsrecht 9, 14, 96, 100, 143
Verhältnismäßigkeit(sgrundsatz) 100, 138, 143
Verhaltensanweisung s. Gebot; Rechtsfolge, Geltungsanordnung
Vermutung 40
Vernunft, praktische 102, 103 f., 108, 119
Verordnung s. Rechtsverordnung
Verständlichkeit s. Stil
Verstehen s. Auslegung
Vertrag 4, 11, 60, 90
Vertrauensschutz(prinzip) 10, 101, 111, 138, 143, 145
Verwaltungsakt 4, 32, 60, 85, 186 f.
Verwaltungsrecht 9, 24 f., 47, 78, 100, 173, 185 f.
Verwaltungsvorschrift 12, 88
Verweisung 32, 36 ff., 39, 90, 100, 103, 132
Völkerrecht 9, 12, 14
Völkerrechtskonforme Auslegung
 s. Auslegung
Volitives Denken 112

Vollständiger Rechtssatz
 s. Rechtssatz
Vorarbeiten/Vorüberlegungen
 s. Fallbearbeitung; Klausurtechnik
Voraussetzungen s. Tatbestand
Vorrang s. Anwendungsvorrang; Geltungsvorrang
Vorverständnis 149 ff.;
 s. Rechtsfindung, subjektive

W

Wahres Ergebnis s. Richtigkeit
Wandel des Normzwecks
 s. Bedeutungswandel; Gegenwartssinn; Normzweck
Weite Auslegung s. Auslegung
Wenn-dann-Schema 22 f., 53, 62
Wertausfüllungsbedürftigkeit
 s. Begriff; Generalklausel
Wertentscheidung 26, 30, 47, 49, 55, 70, 73, 80, 84, 87, 92, 94, 104, 117, 134 f., 140
Wertmaßstab 8, 10, 13, 45, 87, 107, 114, 118
Wertordnung 3, 7, 87, 97, 99, 143, 144; s. Verfassung
Werturteil s. Wertentscheidung
Wer will was von wem woraus 146 ff., 160
Widerspruchsbescheid 190;
 s. Bescheid(technik)
Widerspruchsfreiheit der Rechtsordnung s. Rechtsordnung
Widersprüche (in der Rechtsordnung) 7, 74, 92, 94, 108, 142;
 s. Güterabwägung; Konkurrenz
Wille des „Gesetzes" 85 ff., 106;
 s. Auslegungstheorie, objektive
Wille des Gesetzgebers 85, 86 f., 106, 119; s. Auslegungstheorie, subjektive; objektivierter –
Willkürverbot 7, 75;
 s. Gleichbehandlung; Gleichheit(sgrundsatz)
Win-win-Situation s. ökonomische Analyse
Wirksamkeit s. Geltung, Gültigkeit

Wortlaut, Wortsinn 88, 89 ff., 107, 114, 119, 132, 139; s. Auslegung, Wortsinnauslegung; Begriff; Rechtssatz, Bestimmtheit
- als Grenze der Auslegung 89, 92 f., 107, 121, 139, 141
- eindeutiger 91, 92, 107, 119, 140
- mehrdeutiger 91 f., 93, 96, 119; s. Begriff
- möglicher 92 f., 108, 121, 136, 141, 144

Wortsinnauslegung 89 ff.; s. Auslegung

Z

Zeitgemäßheit s. Gegenwartssinn
Ziel s. Auslegungsziel
Zitiertechnik 193 f.
Zivilrecht s. Recht, privates
Zuordnung s. Subsumtion
Zuordnungstheorie 9, 52
Zweck s. Auslegung, teleologische; Normzweck
Zweckmäßigkeit 7, 105, 123, 126, 168, 190
Zwingende Bedürfnisse des Rechtsverkehrs s. Rechtsfortbildung, gesetzesübersteigende